当大明遇上大清 2

宿巍 著

中国出版集团 现代出版社

图书在版编目（CIP）数据

当大明遇上大清 2 / 宿巍著．—北京：现代出版社，2020.1

ISBN 978-7-5143-8018-7

Ⅰ．①当… Ⅱ．①宿… Ⅲ．①战争史—中国—明清时代 Ⅳ．①E294

中国版本图书馆 CIP 数据核字（2019）第 161660 号

当大明遇上大清 2

作　　者：宿　巍
责任编辑：袁子茵
出版发行：现代出版社
通信地址：北京市安定门外安华里 504 号
邮政编码：100011
电　　话：010-64267325　64245264（传真）
网　　址：www.1980xd.com
电子邮箱：xiandai@vip.sina.com
印　　刷：三河市宏盛印务有限公司
字　　数：335 千字
开　　本：710mm×1000mm　1/16　　印　　张：27
版　　次：2020 年 1 月第 1 版　　印　　次：2020 年 1 月第 1 次印刷
书　　号：ISBN 978-7-5143-8018-7
定　　价：56.00元

目　录

第一章

引狼入室

集体哭穷——一群极品铁公鸡

崇祯十六年（1643）十月，大明督师孙传庭战死渭南，随着他的死，大明在关内最后一支有战斗力的部队“秦兵”——陕西明军不复存在。

长期流动作战的李自成终于可以不被人撵得到处跑了，当年那个打得他只剩一十八骑的猛人孙传庭，因为朝廷的催战，不得已率领尚未训练好的新兵东出潼关，与李自成决战，结果兵败身亡。

孙传庭战死后，陕西的局面彻底失控，连孙传庭都败了，剩下的各路明军意志动摇纷纷投降。李自成顺利占领陕西。

崇祯十七年（1644）正月初一，李自成在西安建国，国号“大顺”，起这么个国号，也就是讨个口彩，求个事事顺利。不过，这个年号在甲申年（1644）的最初几个月里，确实让李自成交上了好运。正月初一刚刚建国，正月初八，李自成就迫不及待率领他的大顺军出征，向北京进发。

消息传到北京，明朝君臣立刻陷入了恐慌。此时虽然名义上明朝还有一百多万军队，但真正有战斗力的，只剩下驻守在山海关外的关宁军，兵力不过数万。关宁军轻易还撤不得，因为关外的清军正在步步紧逼，关宁军还要守宁远、山海关一线的关宁防线。

危急时刻，崇祯召集朝臣研究对策。左中允李明睿提出，事到如今，只有南迁。避敌兵锋，保存实力，以图再举。其实，崇祯心里很清楚，李明睿是对的。

李明睿只是一个小官，他只是出来探口风的，他的后台是都察院左都御史李邦华，南迁一事李邦华才是幕后的主角。崇祯显然是愿意南迁的，但崇祯不愿担负“逃跑”的罪名，希望手下众臣能担起责任主动提出南迁，先由他否定，众臣再请，他最终再“迫不得已”被迫同意，然后再走。

迁都事关重大，崇祯虽然愿意但也要顾虑群臣特别是内阁的态度。崇祯找来内阁首辅陈演，让他出来表态支持南迁，但陈演耍滑头啥也不说。陈演是靠迎合皇帝上位的官场老油条，崇祯的心思他很清楚，他也明白崇祯让他扮演的角色，但他不想出头，不想担责，只想混。应该说，崇祯朝大部分官员都是这么想的，也是这么干的，但平时混还行，这都什么时候了，火烧眉毛，还想混，那就混不过去了。

二月，陈演被罢免内阁首辅。三月，魏藻德上台，他也是崇祯朝最后一任内阁首辅。三十五岁高中状元，不到四十岁就成为内阁首辅，崇祯待魏藻德不薄，魏藻德又是怎么回报崇祯的呢？背叛。

魏藻德，字师令，直隶通州人。崇祯十三年（1640）的状元。书读得不错，但人品就只能呵呵了。论脸皮的厚度魏藻德一点也不输给他的前任陈演，都是那么不要脸，他们的下场也居然出奇地相似。

后来李自成兵临城下，崇祯问魏藻德有何对策，一向口若悬河的魏藻德此时却闭口不言。崇祯再三追问，说你只要开口，我立刻下旨照办，魏藻德跪在地上，屁股撅得老高，一声不吭。三天后，崇祯自杀，他投降。崇祯朝的内阁首辅就这个德行。指望他们支持南迁负起责任，那是不靠谱的。

明朝在名义上有两个首都，一个是南京，另一个是北京。崇祯一度想南迁去南京，然后重整旗鼓再打回来。李邦华、李明睿等人甚至已经计划好了南迁的路线，只要在朝会上走个形式，事情就成了。但就在最不可能发生意外的朝会上，却发生了意外。

朝会上，李明睿提出趁李自成主力未到，立刻南迁。只要群臣不反对，崇祯同意，便可迅速南下。但李明睿的南迁建议，一经提出就遭到强烈反对，反对最激烈的是一个叫光时亨的官员。他声泪俱下斥责那些建议南迁的大臣，说你们深受国恩，如今国家有难，你们不思忠君报国，反而挑唆皇帝南逃，动摇军心。最后在朝堂上大呼："不杀李明睿，何以安民心。不杀李明睿，何以治天下。"经他这么一搞，逼得崇祯只好表态："国君死社稷，乃古今之正。朕志已定，毋复多言。"其实所谓反对，并非出于爱国心，光时亨这些人讲起话来慷慨激昂，其实只是想捞一个好名声，大明的存亡，他们才不关心！光时亨这类人是典型的爱国贼，就会搞道德绑架，这帮人干正事的本事不咋地，捣乱却很在行，被他们这么一闹，南迁彻底泡汤，君臣只能坐守穷城。

既然不准备南迁，那就只剩下固守了。不过守城需要有战斗力的部队，北京的三大营，也就是个摆设，关键时刻是指望不上的。崇祯跟满朝文武也都清楚，要想保卫北京，只能从外地调兵。明朝九边重镇的边防军，在之前与清军十几年的拉锯战中消耗殆尽，守北京能指望的只有吴三桂的关宁军。崇祯先是找来吴三桂的老爹吴襄商议让关宁军入关，保卫北京。吴襄却趁机狮子大开口，说调动关宁军至少要一百万两白银。但朝廷拿不出这笔钱。此时，连守卫北京的军队都发不出军饷，国家财政已经到了山穷水尽的地步。朝廷一面盼着各地军队来京师勤王，一面又怕他们来，因为是真没钱啊！外地军队来了，就要给军饷，不然，别说指望军队去抵挡流寇，这些拿不到饷银的士兵就会先闹起来。

关于甲申之际，大明国库还有多少存银，一直是个热门话题。坊间流传甚广的一个说法是，北京城破时，崇祯的内帑还有很多的黄金白银，存在库里，原封未动，数额多达数千万两。只是崇祯吝啬，舍不得动用云云。直到今天还有人相信这些荒谬得不值一驳的谣言。

事实上，崇祯的户部早就入不敷出，国库穷得底朝天。至于皇帝的内帑，也只有七万两白银，这可能还是多说。崇祯即位以来一直很节俭，吃得少，穿得也差，为了凑军饷，甚至连皇宫里的金银器皿都拿出去卖了。崇祯要是真如传说中那么有钱，他会傻到这时还不拿出来用!

崇祯是实在没办法了，才放下皇帝的尊严，低三下四求大臣们，请大家慷慨解囊共赴国难。官员们却集体哭穷，一毛不拔。平时捞钱一个比一个狠，这时却一个比一个抠门。

国家有难，有钱出钱，有力出力。崇祯发出捐款号召后，朝廷官员、皇亲国戚，反应平平，却有一位六十多岁的布衣老人来到户部，捐出了毕生积攒的四百两银子。崇祯得知此事，深为感动，下令任命这位深明大义的老人为“锦衣千户”。

相比这个捐出全部积蓄的布衣老人，那些文武百官、皇亲国戚的表现就十分不堪了。

内阁首辅魏藻德只捐了五百两，也难为他怎么拿得出手；大多数人跟魏藻德一个德行，只捐了几百两甚至几十两敷衍应付。最高一笔也只有两万两。更多的权贵则哭穷的哭穷、耍赖的耍赖，有的人甚至把自家锅碗瓢盆搬到街上摆摊售卖，那意思家里穷得揭不开锅了，只有砸锅卖铁给您凑钱了。还有的在自家豪宅贴出“此房急售”的字条，表示实在没钱，只能卖房给皇帝筹款。各种卖力表演，只是想告诉皇帝，我们很穷，真的很穷，实在拿不出钱。这些人不去当演员真是可惜了，不是学表演出身，却都是影帝影后的实力。

崇祯听说后，心里恨恨的，这些人穷不穷，他很清楚，平时吃着国家的，喝着国家的，占尽便宜，却一点不想付出，国家有难，一毛不拔，这副嘴脸，着实让人寒心。

崇祯心急如焚，李自成的大顺军每天都在逼近，想来想去，崇祯想到了岳父周奎。他知道周奎有钱，如今大难临头，周奎身为国丈，与大明休戚与共，怎么也该表示表示吧。但崇祯过高估计了他这位岳父的道德水准。崇祯先给周奎封侯，然后让周奎捐十万两白银出来，给大家带个头。周奎的表演堪称影帝，听说让他出钱，马上哭得死去活来，说："老臣安得多金？"我哪有那么多钱啊！老戏骨周奎试图把自己包装成一个勤俭节约的清廉官员，说家里实在穷，穷得只能买发霉的米吃。但这套鬼话，他自己都不信，崇祯当然更不信，最后实在赖不过去了，才勉强答应捐一万两。硬生生把他女婿给他的捐款指标从十万压到一万，还明确表示只能捐这么多了，再多一两也拿不出来了。

此时是三月十日，距京城陷落、崇祯自杀还有九天。

崇祯很郁闷，但他拿这位岳父也没办法，但一万两也太少了，怎么做榜样？于是崇祯把数额从十万两降到两万两。周奎看糊弄不过去了，就进宫去找女儿周皇后求援。周皇后深明大义，要求父亲也深明大义，为皇亲国戚做表率。做完思想工作，周皇后拿出五千两银子交给父亲，让父亲捐出去。但周奎又干了一件奇葩事：他只捐出三千两，扣下两千两揣进了自己的腰包。捐款居然捐出了盈余，周奎以他的卑劣德行，再次刷新了人们对世界的认知，最后这位周奎靠着女儿资助的三千两，勉强捐出一万三千两。

在这次皇帝苦苦哀求的捐款救国运动中，从文武百官、皇亲国戚手中总计只募得捐款二十万两。后来，大顺军进北京从这些人家里抄出七千万两。同一批人，二十万，七千万。舍不得钱保家卫国，最后全部白送给抄家的。这就是崇祯朝皇亲国戚、文武百官的道德水准。

丑态百出——不要脸的投降官员

二月初八，大顺军占领太原，在太原兵分两路，李自成率主力北进经居庸关进攻北京；部将刘芳亮率偏师东出固关，经保定北上，目标也是北京。

三月初八，大顺军抵达宣府。听说大顺军来了，总兵王承胤、白广恩毫不含糊，第二天便率兵出城，来到阵前，二话不说，倒地便拜。敢情这二位不是来打仗的，领兵出城不是迎战是投降。这两位倒是干脆，敌人来了，不犹豫也不纠结，打都不打，直接投降。敌人兵临城下，宣府巡抚朱之冯登城组织防守，下令士兵开炮，可是没人听令。朱巡抚亲自点火准备开炮，却被人从后面拽住，大炮的线孔也早已被人用铁钉钉住。这是摆明不想抵抗。朱之冯仰天长叹："不意人心至此。"一句话，人心散了，将领望风而降，士兵不愿抵抗，见大势已去，朱巡抚自杀殉国，宣府失守。

三月十七日，大顺军两路大军先后到达北京城外，守城明军士气低落。崇祯如同热锅上的蚂蚁，一日之内，三次召集大臣议事，妄图抓住最后一根救命稻草。但大臣对他只是敷衍。退朝后，各位大臣言笑自若。京城危急，他们却一点不当回事儿，崇祯终于明白，偌大的北京城，真正关心战局的只有他，他的这些大臣已经在商量如何开门迎接新主了。

三月十九日，大顺军在遇到微不足道的轻微抵抗后，顺利进入北京。崇祯皇帝自杀殉国。

相比于皇帝的刚烈，他的大臣们大多是没有节操的墙头草。在北京的两千多名官员中，追随崇祯殉国的大臣只有二十一人，勋戚仅有七人。剩下的几乎都降了，用降官如潮来形容一点也不过分。

三月二十一日，崇祯的遗体被发现，被草草塞进东华门外一副原本用来安葬穷人的薄皮柳木棺材。那些昔日的大臣面对他们皇帝的遗体，表现得耐人寻味：痛哭得以头抢地者只有一个姓刘的主事；哭拜的也仅有三十人；礼节性拜了几拜的有六十人；更多的人是连看都不愿多看一眼，就匆匆走过，最过分的是一个叫周钟的庶吉士，此人数次从先帝遗体前经过，不仅不拜不哭，竟然连马都不下。

庶吉士属翰林院，品级不高，却在皇帝身边，明代内阁大学士多是庶吉士出身，是国家高级储备人才。既是天子门生又随侍左右，对崇祯多少应该有些感情，可周钟的表现不仅令当时士子齿冷，也令后世读史者鄙视。周钟生长于人文荟萃的江南，从小就被夸为才子。复社是才子济济的大社团，周钟曾是复社社长，乃当时江南文坛领袖。饱读圣贤之书，以儒家道统为行事准则的才子，应该比普通大臣更多一份忠诚。但在周钟身上，却恰好相反。

周钟在当时名气很大，连李自成的智囊牛金星对他也是久仰大名。当魏藻德等人削尖脑袋想在李自成新政权中混个一官半职时，牛金星主动向李自成推荐周钟。牛金星为了给新政权制造舆论，令周钟写两篇文章。一篇是《士见危授命论》，周钟不愧是在翰林院混过的，文笔了得，一篇大作一挥而就，牛揽卷读之，大为赞叹。不过，这个题目着实有点打脸，以周钟在甲申之际的表现，题目叫“士见危即降论”似乎更合适。

另一篇则是给李自成上的劝进表，周钟极尽吹捧之能事，说李自成“比尧舜而多武功，迈汤武而无惭德”——这个两个月前还被官府通缉、被称作流贼的人，在周钟看来，其文治武功已经超越了历代君王的典范——尧、舜、商汤和周武王。但周钟并未得意多久，大顺军很快倒台，周钟狼狈逃回江南。因为他写的这些读之令人作呕、听之使人肉麻的谄媚文章，他投靠大顺军的事早已尽人皆知。朝廷追究附逆官员，这位不要脸的所谓才子被南明朝廷抓了典型，被砍了脑袋。当时留在北京的朝廷官员几乎都降了，人数多达数千，有关部门也抓不过来，也就是抓几个倒霉的家伙，应付应付。本来以周钟的级别，都不会有人注意他，说句难听的，抓他都是抬举他。这么个不起眼的小人物也被砍了，只能怪他当初得意忘形，两篇肉麻的吹捧文章搞得尽人皆知，加上他又是一个小官，出事也没人给他说话。其实，在北京附逆的官员多了，几乎叫个官，职位级别都比他大。可人家都没事，偏偏他被抓去砍头，能怪谁呢？这是他咎由自取，怨不得别人。

李自成进北京时，投降的明朝官员都跪在城门前迎接。那位曾极力阻止崇祯南迁的光时亨，跪在队伍的最前列。光时亨“顺应潮流”也换了老板，投靠了李自成。不久前在朝堂上慷慨陈词反对南迁的，与此时此刻跪在地上屈膝投降的是同一个人。很多人恐怕难以适应这种转变，但这就是爱国贼的真实嘴脸。不过光时亨并没有高兴多久，一个多月后，清军入关。在山海关大战中，李自成大败，被迫撤出北京。光时亨听说福王朱由崧在南京登基，便决定南逃，想继续做他的“大明忠臣”。他以为他在北京干的那些事儿不会有人知道，可他刚到南京，便被关进大牢。原来在北京时，得意忘形的光时亨曾写信给当时的同僚们，劝他们投降“圣主李自成”。这些信件被他的同僚们悉心保存着，后来落到了南明朝廷的手里，光时亨终于为他的丑行付出了代价，被斩首示众，得到了一个叛臣应有的下场。

大顺军进城后，官员们争抢着前往大顺政权吏府接受甄别请求录用，原形毕露，丑态百出。原给事中时敏赶往报名时，吏政府大门已经关闭，时敏一时情急，敲门大喊我是兵科时敏，才得以进门。原考功司郎中刘廷谏朝见时跪倒在地，大顺军的丞相牛金星说：“你老了，胡子都白了，还来干什么？”刘廷谏恬不知耻地说：“太师，我还不老，只要您用我，胡子自然就变黑了。”

那些投降的明朝官员一心等着被新主召用，可他们等来的却是要钱的“债主”。崇祯缺钱，刚进北京的大顺军看起来似乎比崇祯更缺钱。

大顺军对这些摇尾乞怜的投降官员充满鄙夷。在他们看来，崇祯未必有多可恶，反倒是这些降官才是祸乱天下的罪魁祸首，其实，这么想也没错。这些贪官污吏有的是钱，而且都是从百姓身上搜刮的民脂民膏，现在该是他们偿还的时候了。那些做着升官发财美梦的降官很快就要倒霉了。

进北京的大顺军有二十多万，这么多军队却没有军饷，很多人都听过那句流传极广的政治童谣：开大门迎闯王，闯王来了不纳粮。既然不纳粮，这么多人吃什么？大顺军早就想好了，降官们有的是钱。大顺军将目标瞄准了降官。

大顺军还给他们的行动取了一个好听的名目——追赃助饷。

追赃助饷具体由李自成的大将刘宗敏负责。身经百战的刘宗敏对这项工作充满自信。毕竟，这么多年，领兵打仗之外，他干得最多的就是打土豪斗地主。之前这些年，大顺军的军饷都是这么解决的，刘宗敏对此工作可谓驾轻就熟。不过，以前都是在地方上，小打小闹，也就占几个县城，斗几个乡下的土财主，这回可是在京城干，高官云集，满城勋贵的北京自然不是县城的那些土豪劣绅可比。为了不辜负闯王的信任，也为了敲诈出更多的钱财，刘宗敏命人特别赶制了五千副夹棍，用来逼迫赃官们交钱。夹棍上有棱，用铁钉相连，凡不从者，大刑侍候。

刘宗敏随便找了两名随从，在承天门前的棋盘街试验夹棍的威力，结果产品“质量过关”，那两人被夹得血肉模糊，第二天就死了。刘宗敏的草菅人命由此可见一斑，他杀人没有理由，也不需要理由。数千夹棍随即正式投入使用。那些前来向李自成朝贺，做着“洗心革面”“重入新朝”美梦的明朝降官被集中关押。门开了，他们不会想到，等待他们的是一场噩梦。有八百人被捆成粽子，被士兵像赶牛赶羊一样赶出来，一路押到刘宗敏的住处（田贵妃父亲田弘遇的宅邸，陈圆圆就是田弘遇带进北京的），那些制造精良的夹棍正张开大嘴等着他们。

据说刘宗敏每天的工作是这样的，他黎明起身，坐在院子当中，挨个点名。他为明朝原各级官员制定了严格的缴纳标准：内阁十万，部院、京堂、锦衣卫将帅七万，科道五万，吏部郎三万，翰林一万，部曹则以千为单位，各有定额，不给打折。愿意出钱的，刘宗敏即令手下把他们押解到前门的当铺，把家产当掉，得一收条，上写："某官同妻某氏，借救命银若干。"然后就拿着这救命的银子，回来救命。

但并不是所有人都拿得出这笔钱，刘宗敏的手下不得不夜以继日地"劳作"。那些天，北京的天空中时常回荡着凄厉的令人毛骨悚然的哭号声。一些文官，没见过血，一见粘着血的夹棍，还没用刑，便晕过去了。晕过去了，不要紧，泼一桶冷水，接着审。不交银子，谁也别想过关。在这点上，刘宗敏倒是一视同仁。不管你是内阁首辅，还是部堂小官，不扒层皮，这关是过不去的。

刘宗敏亲自审问崇祯最后一任内阁首辅魏藻德。

魏藻德被大顺军抓住后，李自成问他为什么不追随皇帝殉死？魏藻德说："我正准备效力新朝，哪敢去死？"但他的厚颜无耻并没有得到青睐，迎来的只是深深的鄙视。

魏藻德也被用刑，刘宗敏问他："你位居首辅，为什么如此乱国？"

魏藻德被夹棍夹得一边号叫一边带着哭腔答道："我是书生，不懂政事，是皇帝无道，才导致亡国。"

刘宗敏勃然大怒："你当官三年就做到了首辅，崇祯哪里对不起你，竟敢诬他为无道昏君！"说完，不由分说抡起巴掌使劲抽了魏藻德十几个大耳光。魏藻德的无耻卑劣连刘宗敏都看不过去了，连崇祯的敌人刘宗敏都为崇祯鸣不平。

手下士兵见状，更卖力气。魏藻德的十指都被夹棍夹断，被迫交出白银数万两。然而刘宗敏不相信一个内阁首辅只有几万两白银，魏藻德实在扛不住了，大呼："我有一女，愿献与将军为妾！"刘宗敏听了很高兴，唤人立取其女，奸污后送入军营，听凭军士轮奸。但刘宗敏并未因此放过魏藻德，数天后，魏藻德便被酷刑折磨而死，投机不成，死于非命。

魏藻德的前任，也做过内阁首辅的陈演比魏藻德乖巧多了。陈演本想逃离北京，但因家产太多没舍得走。陈演没等刘宗敏对他用夹棍，就主动送去四万两白银。刘宗敏起初对这位"识时务"的前明朝高官的表现很满意也很客气，没怎么为难他。

不想，随后陈演的家仆将他告发，说他家中地下还藏着数万两银子。刘宗敏立即派兵去挖，好家伙，满院子全是白花花的雪花纹银。刘宗敏大怒，陈演这老小子居然敢隐瞒财产不据实上报。刘宗敏开始对陈演大刑伺候，这么一用大刑，果然又有新收获，又追得黄金数百两，珍珠成斛。

崇祯加派三饷费尽周折闹得民怨沸腾，好不容易才凑集两千万两，百姓便不堪重负；而大顺军仅在北京一地，就搜刮了七千万两。

对刘宗敏的这种野蛮做法，牛金星是不同意的。但刘宗敏的理由是："如今最担心的是兵变，而不是民变。如果士兵们不满，那才是灾难。相比之下，百姓容易对付，到时候挨家挨户地杀，用不着费一文钱。部队不能没钱，不去抢，钱从哪儿来？"怼得牛金星一句话也说不出来。

大顺军不仅要钱，也要女人，要漂亮的女人。大将刘宗敏就得到了一位美女，可他不知道，大顺军覆亡的起点就是从他夺占这个女人开始的，因为这位美女是名花有主的，她的情郎叫吴三桂。想必很多人已经猜到这位美女是谁了，对，她就是陈圆圆。吴三桂跟他手下的部队对当时的天下有多重要，不须多说，可李自成、刘宗敏偏偏就没引起足够的重视。也正是这一点，让李自成跟他的大顺军走上巅峰不久便跌入万丈深渊。

冲冠一怒不为红颜——叛臣吴三桂

从三月十九日进入北京到四月底仓皇撤离，在北京的这四十多天恐怕是李自成跟他的将领们一生中过得最为惬意的一段时光了。不过，对吴三桂来说，却刚好相反，这些日子吴三桂是在纠结矛盾中度过的，过得相当痛苦。不是为国家忧心，而是为他个人的前途担心。

北京失守前，崇祯曾给几位手握兵权的统兵大将吴三桂、左良玉、唐通、刘泽清、黄得功发去诏令，令他们火速带兵救援北京。可是，这些人阳奉阴违就是不来。特别是吴三桂，他的兵力最多，部队战斗力最强，距离北京也很近。可是，吴三桂的反应却很耐人寻味，之前，朝廷曾就要不要放弃宁远退守山海关，一度犹豫，更早之前，吴三桂就主动上书，请求撤退入关。因为此时山海关外只剩宁远一座孤城，他不想守了。

局势变化很快。三月初六，大顺军已经逼近北京，京师危急，崇祯这才下定决心要吴三桂火速带兵入关，这次不是撤不撤守宁远，而是要吴三桂赶紧带兵来救北京。先别管宁远了，顾不上了，赶紧来救北京，眼下当务之急是保住北京。面对皇帝的紧急求援，吴三桂的办法是慢处理。崇祯令他火速带兵救援，吴三桂却慢慢腾腾带着几十万军民搞搬迁，实际就是抗令。国家危急，关键时刻，吴三桂考虑的还是他的个人利益。

三月十六日，吴三桂率领军民混杂的庞大的撤退大军进入山海关。

这时候，他应该或多或少知道了京城的情况。大顺军正在步步紧逼，此时，吴三桂但凡还有一点报国之心，就应率兵加快速度，去保卫北京，昼夜兼程，还来得及，可他没有这么做，而是忙着在开平、昌黎一带安置军民。这都什么时候了，火烧眉毛，还搞这个。几天宝贵的时间就这么过去了。

三月二十日，等吴三桂率军经永平府进入遵化时，才得知京师已于一天前陷落，吴三桂傻了。

吴三桂一开始就对救援京师不积极，听说北京失守，直接率军退回山海关。

三月二十二日，早已沦为阶下囚的吴襄派人给儿子送去一封家信，大意是说，我们跟清军打了十几年，结仇已深，不好投降，不如投降大顺军。

山海关上的吴三桂也急于知道北京家中的状况，这封信实在太重要了，正如那句著名的古诗所言，“烽火连三月，家书抵万金”。吴三桂收信后，一连给吴襄写了五封信。在三月二十五日写给吴襄的信中，吴三桂说：“知已归降，欲保家口，只得降顺，达变通权，方是丈夫。”私信，最能看出一个人的人品，这里面没有官话套话，全是大实话。

李自成也有意招降吴三桂，吴襄的那封家书就是他授意发出的。在得知吴三桂率军折返山海关后，李自成知道，有门儿。他立即改变了对吴襄的态度，专门派人请吴襄入宫，当天就封吴襄为侯。

发动亲情攻势的同时，李自成又派原明朝总兵降将唐通、原明朝吏部郎中降臣左懋泰带着四万两白银去吴三桂军中“劳军”。两位特派员还带来了李自成的诏书，至于诏书的内容嘛，不用猜也知道，让吴三桂认清形势，归顺，就前途光明，封侯拜将，好处大大的。不投降嘛，几十万大军很快就过来“陪你打猎”。何去何从，你看着办吧。这是典型的胡萝卜加大棒，听话就给胡萝卜，不听话就给大棒。威逼利诱，就是想让吴三桂入伙。

其实，李自成多虑了，吴三桂在给吴襄的信中已经表明了态度，他愿意投降。他没想做明朝的忠臣，不需要劝，但身负使命的唐通尽职尽责，拉着昔日同事的手，摆事实、讲道理。吴三桂对投降没有疑义，既然大方向定了，也就不必纠结了。此刻，吴三桂最担心的是他的爱妾陈圆圆。

之前，因为一直为前途担忧，吴三桂没工夫去想他的老爹吴襄跟爱妾陈圆圆。吴三桂很清楚，他的资本就是手下的数万关宁军。只要军权在手，就不忧荣华富贵，这是他讨价还价的资本，投大顺军还是投清军，必须考虑清楚。既然已经考虑清楚了，那么眼下最要紧的就是他爱妾的安危。

吴襄了解吴三桂的心思，所以吴襄很早就想把陈圆圆送出北京，送到吴三桂的军营去。不料，吴襄的一番美意却招来儿子的一顿数落："如此年轻小女，岂可轻令出门，父亲何以失算至此。"眼下兵荒马乱的，陈圆圆这么年轻漂亮的小女子，怎么可以出来抛头露面，您怎么这么糊涂！

因为怕美人出事，吴三桂连老爹也一块训，他担心陈圆圆年轻貌美，路上被人相中抢走。还真被吴三桂说中了，只不过不是从路上抢走的，是从家里抢走的，没办法，美女就算不出门，也有人来抢。

吴三桂答应唐通投降，并接受了李自成送来的银两。吴三桂告诉唐通，过几天就动身去北京朝见新主。吴三桂是这么说的，也是这么做的。

吴三桂很快就率军从山海关出发前往北京。沿途，吴三桂令人到处张贴告示："本镇率所部朝见新主，所过秋毫无犯，尔民不必惊恐。"吴三桂的安民告示走一路贴一路，从山海关一直贴到永平。

到了永平，不贴了。因为吴三桂得到了令他震惊的消息，他的老爹吴襄被用刑拷掠，更让吴三桂愤怒的是他一直担心的爱妾陈圆圆被人抢走了。抢人的是李自成手下大将刘宗敏。

吴三桂一度还抱有幻想，认为刘宗敏之所以抢人，只是垂涎陈圆圆的美色，不知道陈圆圆是他的爱妾，纯属误会，得知实情后，或许会主动送回来。这时，一旦反目，陈圆圆反而活不成了。此时的吴三桂还想委曲求全。

但随着传出的消息越来越多，吴三桂的担忧被一再证实，吴三桂对大顺军失望了。失望之后是愤怒，吴三桂视为生命的是军队军权，在吴三桂的心里只有权力、地位，他是一个私心很重的人，君父、爱妾可以丢弃。当他决定投靠新主后，爵位就是他的地位，他以为还可以在新政权中维持他的权力、地位。可是从大顺军对他老爹、爱妾的态度上，他才明白，大顺军给他的爵位，一钱不值。

崇祯十七年（1644）三月二十七日，吴三桂在永平府起兵，与大顺军决裂。四月八日，吴三桂率军反攻从唐通手里重新夺回山海关。当初，唐通从吴三桂手里接过山海关，只带了本部八千人马。后来，李自成又给唐通补了四千兵，即便如此，也只有一万两千人，守山海关还是不够。

关宁军有三四万人，兵力至少是山海关大顺军的三倍。吴三桂的水平比唐通高出不止一个层次，所以这场战斗的结果顺理成章，吴三桂胜，大胜。唐通败，惨败。

唐通带着八千人来接收山海关，逃回北京时只带了八个骑兵。剩下的多数投降了吴三桂。

对吴三桂来说，打败唐通容易，但接下来的事就难办了。要是知道大顺军不把他当回事，还不如不降。原来是明朝的总兵，投降李自成，成了明朝的叛臣；现在又反李自成，第二次当叛徒。结果就是忠于明朝的人拿他当叛徒，大顺军也把他当成出尔反尔的小人。现在的吴三桂是里外不是人。真是早知今日何必当初。可是后悔也晚了。

世上要是真有后悔药，不管多贵，相信吴三桂都愿意花钱买。可惜，后悔药买不着，肠子悔青的吴三桂在悔恨之余，开始寻找替罪羊，很快他就找到了，他老爹，吴襄。就是这个老糊涂，当初劝他投降，才有今日。于是，吴三桂将矛头对准了吴襄，对吴襄好一通埋怨，发泄心中的怨气。他也知道，当他反攻山海关的那一刻，他老爹就活不成了。他必须用老爹将自己洗白，重新打起大明旗号跟大顺军对抗。

不过，想洗白可不是那么容易的。不久之前，就是他老兄，将投降大顺的安民告示贴满了大街，吴三桂投降大顺已经是尽人皆知。如今反悔想不认账，那些贴在墙上的告示就在那里，可是啪啪打脸哪，泼出去的水还怎么往回收。想到这儿，吴三桂就更恨，后悔听他爹的，走错路。

远的不说，就是手下这帮人，如何面对。虽然他是主将，可今天投这个，明天投那个，难保军中众将不对他有想法。好在这些人都是追随他多年的亲信，而且吴三桂在拉人方面也很有一套，很舍得下本钱，将两个女儿都许配给了部将，更多的人则用钱收买。所以，对手下，吴三桂还是有信心的，但必要的过场也得走。

四月十二日，吴三桂在军营自编自导自演了一出闹剧。说他误听他老爹的话，降了反贼，弄得他不忠不孝，有何颜面立于天地之间，说着就要拔剑自刎。当然，吴三桂不是真的要自杀，他留给了部下充裕的反应时间，身边懂事的部下也及时领会了上级的意图，大家一拥而上夺过宝剑，上前苦劝。吴三桂顺坡下驴，这才不闹了。

但吴三桂清楚，这出闹剧并不能完全消除军中的疑虑。于是吴三桂又使出了第二招，歃血为盟，以盟誓团结众将。

接着，四月十四日，吴三桂在演武场召集从辽东撤下来的关宁军以及山海关驻军举行誓师大会。当地的乡绅父老头面人物也悉数到场，当着众人的面，吴三桂将李自成派来的使者斩首祭旗，表示与反贼势不两立。然后，吴三桂率领众将与乡绅们歃血为盟，表示要万众一心，兴复大明。

之所以把乡绅们找来，是要解决粮饷。吴三桂手下现在有四五万人，加上随之入关的数十万辽民，这么多人都要吃饭。吴三桂现在能控制的只有山海关，他也只能求助当地乡绅。

吴三桂深知先声夺人的重要性。誓师之前，吴三桂发布的讨贼檄文就已经贴满了从山海关到北京的大街小巷，看看人家这发传单的效率。檄文列举了大顺军入京后的罪状：杀害帝后、拷掠缙绅、掠夺财富，最后号召士民，杀贼复仇。

讨贼檄文写得很有煽动性，檄文在北京以不可思议的速度迅速传开。忠于明朝的士民奔走相告，纷纷在私下传阅。虽然只是一张小小的传单，但产生的效果却是巨大的，京城人心浮动。北京的大顺军更是如临大敌，以至于大白天也不得不紧闭城门。

不过，此时吴三桂的处境相当不妙，北京的李自成得知吴三桂反水，已经准备出兵来山海关找吴三桂“喝茶”了。吴三桂也清楚仅凭手上现有的兵力和少得可怜的地盘（他能控制的仅有山海关），很难同横行京畿的大顺军抗衡，那就必须借助外力。华北大部已被大顺军控制，吴三桂所部与南方明朝的联系被阻隔，吴三桂可以借助的外力也只有山海关外的清军了。

经过与亲信部下紧急密商，不紧急不行，大顺军就要打来了。吴三桂决定向清军借兵，他的这个想法应该是在反攻山海关的时候就有了，至少在四月十二日之前确定的。因为三天后吴三桂的使者就在翁后与清军相遇了，而从山海关到翁后有六百多里，就算昼夜兼程一天一夜走二百里，也要走上三天三夜。

当然，清军从来都是无利不起早，借兵哪有白借的道理。吴三桂跟他的幕僚部下们早就商量好了给清军的报酬：让出北京，以黄河为界。这种条件，只有大明皇帝才有权决定，但崇祯已死，南明的新皇帝还要再等一个月才即位。此时，吴三桂顾不了那么多了，不过他的割地借兵也是慷他人之慨。因为黄河以北直到山海关，此时已经是大顺军的地盘，吴三桂把大顺军的地盘作为跟清军借兵的条件，也是够狡猾的。不过，清军主帅多尔衮也不傻，可没那么好忽悠。到头来，吴三桂还是被多尔衮牵着鼻子走，最终成为清军的马前卒。

从吴三桂动了引清兵入关的念头开始，事情的发展就不是他所能控制的了，实力决定话语权。

就在吴三桂紧锣密鼓备战的同时，清军也没闲着。吴三桂忙着要跟大顺军开战，清军也在忙着备战，只是忙着要与吴三桂开战。因为清军还不知道关内的变化，此时他们心中的作战对象还是吴三桂的关宁军。因为他们要进关，守在山海关的就是关宁军。不过，后来战局的发展大大出乎他们的预料，他们居然不是打进关的，而是被请进关的。

崇祯十七年（1644）三月十六日，也就是一个月前，清军锦州守将得知宁远有变，那时吴三桂正率领军民撤退入关。清军在探知宁远明军撤退的迹象后，觉得机会来了，马上进行战前动员，准备四月初大举进犯明朝。

四月四日，范文程上书摄政王多尔衮，认为明朝内有流寇外有“我国”，四面受敌，这是进攻中原的良机。他还给多尔衮出主意，清军入关后，也学当年的皇太极，在山海关附近占据几座坚城，作为前进基地，然后稳扎稳打，步步为营。明朝迫于形势也许会与我们讲和，也未可知。

从范文程的奏疏看，清军此时还不知明朝发生的一系列重大变故，还希望与崇祯“言归于好”。

四月初九，清摄政王多尔衮率领八旗主力正式出兵，恭顺王孔有德、怀顺王耿仲明、智顺王尚可喜的部队悉数从征。清军这次可谓倾巢出动，兵力有十万之多。

四月十二日，清军渡过辽河，大约就在此时，清军才得知北京巨变。清军主帅摄政王多尔衮当即向“随军顾问”洪承畴讨教进兵方略。因为清军的对手已经从明军换成了大顺军。多尔衮问洪承畴算是问对人了，从崇祯二年（1629）到崇祯十二年（1639），洪承畴整整打了十年农民军，可以说是剿寇专家。在当时，很难找出比洪承畴更了解农民军的人了。崇祯十二年（1639），就是洪承畴与孙传庭密切配合，把李自成打得只剩一十八骑。当时，正赶上清军南下，不然，让洪承畴一直待在关内，明朝出现转机也未可知。

因为对手变了，作战目标变了，清军的策略也需要做出改变，洪承畴给多尔衮提出三点建议：

一、出兵之前只是为了进攻明朝，但现在是剿贼平乱。

二、不屠杀百姓，不焚烧房屋，不抢掠财物。以往清军入关留给大明百姓的印象就是抢夺、杀戮，这次必须严明军纪，改变形象。当然，清军到时候能不能做到那就另说了。

三、必须迅速进兵，兵贵神速。特别是在这个非常时期，凭多年跟农民军打交道的经验，洪承畴告诉多尔衮，李自成若是听说清军入关，很可能会焚烧北京的宫殿，然后带着从北京抢劫的财物西逃。这些人多是骑兵，速度很快。去慢了，东西就都被抢跑了，到时清军就算进了北京，也是得地不得财。清军要及时在敌人西撤的路上派兵截击，必能获胜。洪承畴的确很有两把刷子，多尔衮当即采纳。清军的进军速度明显加快。

四月十五日清晨，清军从驻地拔营出发。刚走不远，就在翁后（今辽宁阜新）遇见了吴三桂派来联络的使者，副将杨坤与游击郭云龙。他们从山海关带来了吴三桂给多尔衮的书信，信的开篇是中国式的礼貌寒暄，接下来才进入正题，借兵。吴三桂在信中先是简要说明了近期北京发生的大事，先帝殉国，贼兵入城，然后说自己地狭力弱，泣血求助，欲借兵杀贼报君父之仇。

信中，吴三桂还很“热心”地给清军安排了入关的路线，让清军从中协（喜峰口、龙井关）、西协（墙子岭、密云）入关，他从山海关出发，兵分数路，分进合击，夹击据守北京的大顺军。

从吴三桂给多尔衮安排的进兵路线上看，吴三桂显然有点儿一厢情愿。多尔衮对吴三桂给他的路线图，连理都懒得理，一眼都不愿多看。多尔衮甚至认为这是吴三桂故意给他设的套，设好圈套让清军往里钻。这也不奇怪，两军在关宁前线打了十几年，可谓血海深仇。

十几年的敌人，突然来信要握手言和，还热心地连进兵路线都给安排好了，换成谁都会起疑心。摄政王多尔衮拿不定主意，找来英亲王阿济格、豫亲王多铎商议对策。多尔衮、阿济格、多铎是同父同母的亲兄弟，他们的母亲就是在皇太极逼迫下被迫殉葬的阿巴亥。几人商量后，觉得不妨先看看情况再做决定。于是，多尔衮表示同意出兵，让郭云龙回去复命，将杨坤留下当人质。

将吴三桂的使者打发走，多尔衮马上又追加命令，派人回去火速征调红夷大炮来山海关军前，因为之前就是想抢一把，并没有明确的目标，现在听说中原大乱，这是清军千载难逢的机会，必须把重炮搬来。关键时刻还是大炮顶用。

从四月十五日到四月二十二日的八天里，吴三桂的使者与多尔衮的使者往返多达八次，也就是说他们几乎天天联系。这八天对双方来说都是至关重要的，双方围绕着借兵、割地到裂土封王，讨价还价。吴三桂从最初的割地借兵拥立明朝到得到清方裂土封王的保证投降清朝，一系列的转变令人目不暇接眼花缭乱。吴三桂立场转变之快也令人感叹。不过也不奇怪，他本就不是大明纯臣，哪边出的价高就投哪边，也符合他的做人风格。

八天的时间，吴三桂与多尔衮从敌人变成盟友，转换迅速，也改写了很多人的命运。吴三桂、多尔衮依据形势做出的及时反应，也说明他们的机敏干练，他们能有今天的地位不是偶然的。唯一反应迟钝的是大顺军，李自成在这八天里故意搞慢动作，好像在有意成全敌人的合作。

四月九日至四月十六日，清军每天行军约六十里；从四月十七日至四月二十日，清军的速度明显加快达到每天八十里。到了四月二十一日，清军居然一天强行军二百里。清军行军速度的变化源于双方的谈判有了新的进展。

就在四月十七日，吴三桂做出最终决定，投降清军。形势紧急，刻不容缓，使者带上降书连夜出发。四月二十日，多尔衮收到书信，这才要求清军长途行军日达二百里。四月二十一日晚上，多尔衮率领清军到达山海关外二里的欢喜岭。多尔衮的变化是因为吴三桂的变化，吴三桂的变化是因为大顺军主力已经逼近山海关。留给吴三桂的时间不多了。这才促使吴三桂决定立即降清，请清军速来增援。

四月二十日，大顺军兵临城下。四月二十一日，李自成在石河布阵。

形势逼人，吴三桂已经没有讨价还价的余地了，他干脆选择剃发投降。四月二十二日清晨，吴三桂的使者早早来到清军大营拜谒多尔衮，不早不行，有求于人。多尔衮与使者简单交谈几句就将来人打发走了。虽说谈的时间不长，说的话却很重要，因为目前军情紧急，大顺军已经在进攻关城了。必须长话短说，直入主题。

使者回去后不久，吴三桂就亲率数百名部下出城来到清军大营。清军对吴三桂的到来也是盛陈仪仗，表示欢迎。吴三桂是以降将的身份来的，因为之前的书信往来就已经定了，所以，吴三桂上来就跪拜多尔衮。接着，双方盟誓，然后吴三桂接受剃发。在清人看来，投降就要剃发，这是归降的标志。随着吴三桂来的部下也都剃发，表示投降。

但前线正在打仗，吴三桂以军情紧急，没有时间让全城军民剃发，请求延期。多尔衮也同意了。不过，为了打起来避免误杀，多尔衮让关城军民一律在肩头斜缠白布以便同大顺军区别。吴三桂得令随即率部返回山海关。

鹬蚌相争渔翁得利——山海关之战

大顺军主力四月十三日从北京出发，十五日到密云，十七日才走到永平，其间足足走了五天。在永平，大顺军前锋遭遇抵抗，不过阻击大顺军的是本地的乡勇，大顺军轻易就击溃了乡勇。因为没有发现吴三桂的主力，加上吴三桂派来的六个当地士绅一再声称吴三桂见到太子就会投降，所以李自成对前锋报告乡勇拦阻的事并未在意。从永平到山海关，大顺军又慢悠悠地走了四天。

四月二十日，李自成十余万大军方才齐集山海关前十五里的七星寨。不过即便如此，李自成还是比多尔衮先一步赶到山海关。大顺军第一梯队四万多人在石河遭遇吴三桂布下的第一道防线。这是由明朝山海关总兵高第部下一万人和临时招募的乡勇组成的联军，战斗力嘛，可想而知，很差。但在吴三桂亲自指挥下，加上部分关宁铁骑的参战，仍给大顺军制造了不少麻烦，两军大小十三战，互有胜负。吴三桂最大限度地迟滞大顺军推进的目的达到了。大顺军在这道防线上浪费了过多的时间。

主力大军到后，李自成发现吴三桂派来的六名士绅代表企图逃跑，感觉被忽悠的李自成勃然大怒，立即派人追杀。六名代表五人被杀，只有一个叫高选的人身中三箭逃了回去。直到这时李自成才意识到他中了吴三桂的缓兵之计，于是下令全军立即发起攻击，但这天大顺军终究没能攻破石河防线。而吴三桂其实也并未在这道防线上放上他的主力，守在这里的士兵仍以乡勇为主。吴三桂一直将乡勇与关宁军轮换作战，出阵作战派关宁铁骑出击，防守时则换上乡勇。吴三桂很清楚，大仗还在后面，他必须保存实力，不能过早消耗主力关宁铁骑的战斗力。

四月二十一日清晨，李自成先令吴襄去劝降吴三桂，结果吴三桂以火箭射吴襄左右人，表示与吴襄划清界限。他说：“父既不能为忠臣，儿又安能为孝子！”吴三桂当着大顺军的面骂吴襄，劝降劝不下去了。见劝降不管用，李自成亲率大顺军主力发动进攻。吴三桂也不示弱，领兵迎战。双方激战半天未分胜负。中午，吴三桂调关宁铁骑下去吃饭休息，换上乡勇虚张声势。吴三桂这边换人，李自成那边可没换，仍以主力猛攻。乡勇再勇，毕竟不是正规军，很快就顶不住了。大顺军攻破石河防线，乡勇溃散。但吴三桂的主力却未受多大损失，此时吴三桂的部队正守在附近的四个卫城，坚守第二道防线。吴三桂本人则率主力关宁铁骑在山海关前结成大阵，居中策应，与大顺军主力正面搏杀。

山海关号称天下第一关，地势险要易守难攻，关下有四座卫城，东西两个分别叫东罗、西罗，南北叫南翼、北翼，与关城、长城、敌楼互相呼应，形成一个系统的防御体系。

突破石河防线后，面对山海关关城一带坚固的防御工事，李自成充分发挥兵力优势，全线进攻。以主力和吴三桂的关宁铁骑正面对攻；同时派兵猛攻西罗、北翼两城；又派唐通直扑山海关西面三十里的一片石，准备从那里攻破防线，绕到关外从背后攻击吴三桂，来一个前后夹击，围歼吴三桂主力。

一片石，因山脚下沟谷之中有九座水门的缘故，又名九门口。《临渝县志》：“大青河水自关外入，其水分九道而下，今名九门口。”关上建有二十多个敌楼、烽火台、战台等防御工事，在东北方向还有一个小卫城，东西向是二洞城门。一片石在关口和长城前都挖有拒马沟，防卫严密。

唐通部猛攻一片石，但吴三桂的部队战斗力十分强悍，不但防守严密，在兵力处于劣势的情况下，仍派精锐缒城而下进行侧翼突击，多次击退大顺军的进攻。

二十一日下午，从北京运来的红夷大炮送到一片石。在猛烈的炮火支援下，大顺军倚仗兵力优势不断发起强攻，激战至深夜。一片石终于被大顺军攻破，吴三桂的部队沿长城退向山海关。

唐通部在占领一片石后，即北出长城，向东运动，从一片石绕向东面的山海关立营，向吴三桂发起进攻。夜色中，他们没能发现隐藏在十五里外黑夜中的十余万八旗军。

唐通率军攻击一片石的时候，吴三桂就已经意识到他被包围了。但因为主力都在正面与大顺军苦战，也抽不出兵力去增援。

这天战斗最激烈的是北翼城，曾一度被大顺军攻破。守在这里的是吴三桂部将副总兵冷允登，他后来回忆起当天的战斗："亲王（指吴三桂）领兵当锋，派臣守北城。奈此城逼山受敌，贼欲联络直下，故独日夜狠攻……贼势蜂拥，竟扑边城直上，臣只率亲丁尽力堵战，正在呼吸存亡之间，急请亲王拔兵协剿。"吴三桂听说北翼城被攻破，亲自率领突击队赶来，击退已经攻进城的大顺军，守住了北翼城。

与此同时，大顺军骑兵趁吴三桂不在，从山海关西北方向突破吴三桂军主力大阵，直扑西罗城，守军以火炮还击。吴三桂本人因已赶去北翼城，就派部将赴援，在城下与守军前后夹击，大顺军在这一面的进攻也被击退。

东罗城是向关外撤退的唯一通路，也相当吃紧，所谓"危急劳瘁，倍于两城"。因为离主战场最远，所以关宁军凭借火炮、火铳、弓箭等远射武器，大量杀伤大顺军。虽然守得辛苦，但总算顶住了。

当晚，吴三桂派出当地士绅前往关外清军大营，告之多尔衮，山海关危急，请他马上进军。这就是之前说的，二十二日清晨，出现在清军大营的吴三桂的使者，但多尔衮按兵不动。

四月二十二日早上，多尔衮站在山海关外二里的欢喜岭上，把指挥所设在岭上的威远台，耐心观察关宁军和大顺军的动向。

四月二十二日上午，大顺军从山海关内外同时向吴三桂发起进攻。吴三桂所部被包围，与清军联系不上。

战斗开始不久，压力最大的北翼城少数守军，可能是乡勇，突然开城出降，但很快被吴三桂挫败。为了击退东面的大顺军，守军不顾清军就驻在东面不远处，以大炮向东侧猛烈轰击，以至多尔衮一度误以为守军是在向清军开火。

两军拼力血战，形势已经十分危急，吴三桂知道不能再这么拖下去，必须请清军助战，这才决定去见多尔衮。但吴三桂所部已被大顺军重重围困，他必须先突围。吴三桂亲自组织突击队，在炮火支援下，突破东侧一万多大顺军的包围，冲进清军大营。

山海关之战，三方的参战兵力，一直是关注的焦点。

先说大顺军，虽说提起大顺军，动辄就是数十万，好像很多，但从西安出发到占领北京，一路上需要分兵去守新的占领区，加上战斗伤亡，即便时常有投降明军加入，兵力也还是越来越少。大顺军在北京有二十多万人，这其中真正有战斗力的部队，也就十万上下。李自成带去山海关的有十多万人，但有战斗力的也就七八万。对付吴三桂的部队还勉强，再加上清军，就铁定不是对手了。

山海关守军，关宁军有四万左右，加上招募的七千新兵，地方乡勇三万，总兵力约八万。但精锐部队只有关宁军。

清军的主力是八旗，但满洲八旗兵力并不多，至多也就六万。当时清军动员了三分之二的兵力入关，算下来，满洲八旗兵力不过四万，加上蒙古八旗两万、汉军八旗三万，即使加上“三顺王”孔有德等人的四万，总兵力也只有十四万。

多尔衮在吴三桂剃发归降后，马上下令图赖率军攻击正在攻城的唐通部。唐通措手不及，前面又有山海关和关宁铁骑拦路，退无可退，全军被歼。唐通这次带着一百多个骑兵逃走，比上次的八个骑兵稍强一点。山海关的后顾之忧被解除。

再说山海关战场。吴三桂回到关内，按约定令全军剃发，来不及剃的用白布缠在肩膀或背上，以区别于大顺军。阿济格率左翼军一万还有尚可喜部从北水门入关，多铎率右翼军一万加上孔有德部从南水门入关，多尔衮自中门率满洲八旗三万入关。至此，清军主力进入山海关。

不少史籍记载：“清军投入战斗以前，大顺军毫无觉察，等到发现突阵而来的是清军，立即失魂落魄地奔逃。”这与当时情况不符。李自成这时已经发现了清军。大顺军同吴三桂部作战时包围了山海关，吴三桂往威远台请清军参战时是冲过大顺军阵地的。清军入关，大顺军不可能不知道。问题是这时候即便知道清军进关，也来不及檄调援军了。

清军十多万人马驻在山海关外二里处的欢喜岭，并没有地形上的遮蔽，哪怕只凭肉眼，大白天也能看见，十多万人马如何隐藏。

但事到如今，大顺军只能硬着头皮应战，在八旗军和关宁铁骑面前临阵退却，只会被后者的骑兵追杀，甚至发生大溃败。

这次战斗是山海关大战开战以来最激烈也是最残酷的，双方都表现出了极强的战斗力和悍不畏死的气势。

吴三桂率领全部关宁铁骑列阵山海关西。他身后的阿济格、多铎部队被关宁军遮挡起来，东边的多尔衮部队则一直延伸到海边。

大顺军在野战战术上，也很有特色。《明史》记载：“临阵，列马三万，名三堵墙。前者返顾，后者杀之。战久不胜，马兵佯败诱官兵，步卒长枪三万，击刺如飞，马兵回击，无不大胜。”

战斗打响后，战场上“炮声如雷，矢集如雨”。吴三桂、吴国贵等为前锋率领关宁精锐，一马当先杀进大顺军的“三堵墙”。

关宁军知道成败在此一战，打得格外勇猛，玩命冲杀，虽然人数不如对方多，但一开始并不处于下风。惨烈的搏杀，自早上开始一直杀到午后。李自成的“三堵墙”战法慢慢发挥作用。吴三桂的部队虽然很能打，但也架不住对方人多和车轮战术，渐渐有点招架不住。

吴三桂的四万部队被两倍于己的十万大顺军包围，虽然他左冲右突，多次冲开大顺军的包围圈，但随即又被李自成在庙岗上用旗号指挥的机动部队堵住，好不容易打开的缺口，又迅速合拢。关宁铁骑玩命往外冲，但大顺军也拼命堵击，关宁军冲了几次都冲不出去。

多尔衮一直在冷眼旁观。进关的清军约有五万，还有一半部队在山海关城内和关外驻扎。他迟迟不动手，让吴三桂先行攻击，消耗大顺军。现在，见双方都显出疲态，特别是当他发现吴三桂的部队开始有点顶不住时，才下令清军出击。

清军终于出击了。

列阵在关宁军背后的阿济格、多铎的两万骑兵，从关宁军的西面绕出，向大顺军侧翼发起攻击。

此时山海关突然自西向东刮起一阵狂风，飞沙走石，遮天蔽日，席卷而来。

大顺军处在下风口，亏吃大了，士兵被风刮得连眼睛都睁不开，军心动摇，乱成一团，纷纷后退。但清军却顺风而来，顺风也让清军的弓箭射程大大增加。清军策马狂奔乱箭齐发，箭矢如雨射向大顺军。此时的大顺军与关宁铁骑拼杀多时，早已筋疲力尽，已成强弩之末，面对清军骑兵的冲击大顺军只能勉强招架，很快便被清军击溃。

李自成在庙岗听见西面战场突然杀声震天，转身一看，只见无数骑兵“戴缨帽如万朵红云，风卷而西”。手下人说：“此非吴兵，必东虏也。上位宜急避之。”李自成跌足叹息，二话不说，转身策马离开战场。

李自成的率先撤退，使大顺军失去指挥。因清军的突然介入，战场形势逆转。两万清军骑兵和四万关宁军对大顺军形成里外夹击，大顺军单就对付关宁军就已经够吃力了，与关宁军的搏杀已有三个时辰（六个小时），已精疲力竭。多尔衮以逸待劳，两万清军适时发起总攻，成了压垮大顺军的最后一根稻草。大顺军全军溃散，大将刘宗敏身负重伤。大顺军被清军压向东面，但东面是老龙头海面，再无退路，跑到这里的大顺军沿着海边继续溃退，或被杀，或溺死，死伤殆尽，清军追杀四十里方才收兵。

崇祯的三个儿子当时也随军出征，战后，不知所踪。

山海关之战，大顺军惨败，伤亡惨重，战死七八万人，野战部队损失殆尽。以后直到李自成兵败被杀再也未能组织起有战斗力的部队。后来大顺军被清军一路从北京追杀到湖北，几乎毫无还手之力，就是因为主力被消灭，清军又不给大顺军喘息之机，一路追杀，最终逞强一时的大顺军土崩瓦解。

此役，关宁军也损失惨重，精兵猛将折损过半，元气大伤。唯一获利的就是在一旁坐山观虎斗的多尔衮，关宁军与大顺军鹬蚌相争，清军渔翁得利。等两军拼得差不多了，清军再上去捡现成的胜利果实。

四月二十三日，山海关战后的第二天，关城军民全部剃发。多尔衮令阿济格、多铎、吴三桂当天就从关城出发，追击李自成的败兵，不给对方以喘息之机。以骑兵为主的清军很快便追上败退的大顺军。双方在永平红花店再战，大顺军再次大败。李自成在撤退途中杀了吴襄。打不过吴三桂，只能拿吴襄出气泄愤。

四月二十六日，大顺军撤回北京。四月二十九日，李自成在北京匆忙称帝，第二天便率众西逃。吴三桂一路尾随追击，眼看就要追到北京，吴三桂请求进城，但多尔衮不准，强令吴三桂不得停留继续追击。

大顺军从卢沟桥到固安沿途丢弃的财物、妇女到处都是，这些都是大顺军从北京抢来的，但带着沉甸甸的金银、娇滴滴的女人跑不快，虽然丢弃有点舍不得，但保命要紧，也顾不得了。大顺军一路逃，一路丢。吴三桂一路追，一路捡。大顺军在北京日夜加班斗地主得来的钱财丢得满地都是，白白便宜了在后面追赶的吴三桂。追击路上，吴三桂还有意外惊喜，那就是遇上了他朝思暮想的爱妾陈圆圆。陈圆圆也被丢在路上，大顺军连陈圆圆这般美女都不要了，可见逃得有多狼狈。

两人在定州重逢，自然是百感交集。但军情紧急，吴三桂来不及与陈圆圆畅叙离别相思之苦，便率军匆匆出发了。吴三桂在庆都再次大败李自成。山海关、庆都两次大战，也是后来吴三桂跟清廷讨价还价的资本。

接连大败，恼羞成怒的李自成于五月初五在真定与吴三桂再战一场，结果还是大败。实在打不过吴三桂，李自成只能继续西逃，率军退入山西。

五月初二，清军进入北京。九月，清廷迁都北京。十月，清廷正式册封吴三桂为平西王。

敌人的敌人还是敌人——借虏平寇

大明实际上有两个首都。朱元璋建立明朝时以南京为首都，永乐皇帝朱棣称帝后，开始筹划营建北京。永乐十八年，明朝正式迁都北京，以北京为新都，以南京为留都。明朝的两京制最大的特点就是在留都南京保留了一整套与北京相同的中央机构，从六部到都察院应有尽有，只差皇帝跟内阁，北京与南京的机构几乎没有差别。只不过，一个有实权，一个是摆设。北京的六部处理具体政务，南京的六部没啥事干，是公认的清闲之地，只有官场不得志受排挤的才会被派到南京。

不过，要说南京全是闲差，也不尽然。有实权的官还是有的，只是很少罢了，这里面权力最大的就是南京兵部尚书。

崇祯十七年（1644），南京的兵部尚书是史可法。一个与文天祥齐名的英雄。他的品格令人敬仰，但面对纷繁复杂的乱局，他的应对能力似乎稍显不足，难以担当力挽狂澜的大任。

四月初一，留都以南京兵部尚书史可法的名义发布檄文，号召天下臣民捐资助饷，起兵勤王。四月初七，史可法率军准备北上勤王，他还不知道北京的巨变。但不久，确切的消息传来，北京沦陷，崇祯殉国。这消息犹如晴天霹雳，顿时令南京的各级官员乱成一团，尽管他们也预感到事情不妙，但真的发生了，还是难以接受。

当务之急是册立新君，但崇祯的三个儿子，一个也没逃出来。现在可以选择的合适的人选只有福王、桂王，还有钱谦益等人支持的潞王。当时福王朱由崧在淮安，桂王朱常瀛在广西，潞王朱常涝在杭州。血缘上，福王、桂王更近，地理上，福王距南京也最近。桂王朱常瀛远在广西，老迈多病，第二年就死了，不过他的第四个儿子朱由榔后来确实做了皇帝，即南明的永历皇帝。这个本不需争论的事，因为一部分私心为重的东林党人的搅局，变得复杂起来。

以钱谦益为代表的一小部分人，从个人利益出发，积极支持拥立潞王，他们拥立潞王的理由是“立贤”。可是潞王真的贤吗？一年后，当明军在杭州城下与清军血战时，就是这位被部分东林党人口口声声说的“贤人”潞王，竟在城上向城下的清军抛洒酒食，犒劳敌人。

显然，潞王并不贤，钱谦益等人未必不知道，但他们还是选择支持潞王，这当然是有原因的，支持潞王，只是不希望福王上位。因为东林党与福王有仇，不过，不是现在这个福王朱由崧，而是他的父亲老福王朱常洵。

当年，万历皇帝喜欢郑贵妃，偏爱郑贵妃所生的朱常洵，打算立朱常洵为太子。以东林党为首的朝廷官员坚决支持长子朱常洛并最终赢得了这场旷日持久的储君之争。明代著名的三大案围绕的就是这件事，当年明月在他的书里有详尽的叙述，当时的东林党是正义的。

数十年后，东林党人反对册立福王，原因是怕朱由崧上台后，进行报复。当然，以明代官场的行事作风，这很有可能。正因为这个原因，钱谦益的提议得到了相当多东林党人的支持，南京兵部右侍郎吕大器、南京户部尚书高弘图等人都支持钱谦益。

但各地官员还是有不少人支持立福王，朝野形成公然对立的两派。实权人物史可法左右为难，因为按亲疏，应当立福王，但史可法是东林党人左光斗的得意门生，东林党的立场，他不得不考虑。为此，史可法特意过江前往浦口秘密会见另一个实权人物凤阳总督马士英。马士英有军权，手下管着好几位总兵。两人密商的结果是和稀泥，既不立福王也不立潞王，舍近求远迎立桂王。这么做对两边都交代得过去。

可是，谁知风云突变，当马士英从浦口回到凤阳，突然得知，手下高杰、刘泽清、黄得功、刘良佐四大总兵已经在凤阳发誓拥立福王。马士英大吃一惊，但马上见风使舵，也表示支持福王。虽然马士英是他们的上级，但四大总兵手下有军队。有兵权就有话语权。

南京的史可法不知凤阳的变化，还打算依照与马士英达成的协议办。被蒙在鼓里的史可法还在给马士英写信，陈述福王不可立的七大理由：贪、淫、酗酒、不孝、虐下、不读书、干预有司。白纸黑字，想反悔都不行。这下，史可法的把柄就攥在马士英的手里了。马士英成了册立功臣，史可法则迅速失势。

四月二十九日，福王朱由崧在史可法陪同下乘船来到南京城外的燕子矶，南京的官员不敢怠慢纷纷前往码头拜谒。五月初一，朱由崧上岸前往祭拜孝陵，从朝阳门进入南京。五月初三，朱由崧出任监国。原南京兵部尚书史可法被任命为东阁大学士，不过史可法的兵部尚书被换成了礼部尚书，兵部尚书给了另一位阁臣马士英。马士英成了这场册立事件的受益者，东阁大学士加兵部尚书，赚大了。

尽管表面风光，但史可法清楚，他在这个新朝廷里注定不会受欢迎，因为他反对福王的书信就在马士英那里，朱由崧想必也知道这事，知趣一点儿，还是早点走人为上。因为以上原因，史可法申请去江北督师，也因为相同的原因，五月十二日，朱由崧愉快地批准了史可法的申请。

五月十五日，朱由崧登基称帝，改明年为弘光元年，弘光政权正式建立。五月二十日，史可法被迫渡江北上，去江北督师。新政权刚刚建立，原南京兵部尚书史可法就被排挤出朝廷。新政权是靠江北的四大总兵支持才得以建立的，坐上皇帝宝座，自然要投桃报李。

总兵高杰封兴平伯，驻守徐州、泗州；总兵刘良佐封广昌伯，驻守凤阳、寿州；总兵刘泽清封东平伯，驻守淮安、扬州；总兵黄得功在不久之前已经被先帝崇祯封靖南伯，就晋升侯爵。

高杰，陕西米脂人。原来也是农民军，与李自成还是老乡，一直在李自成那里干，但因为长得帅，被李自成的老婆邢氏看上了，一个帅哥，一个少妇，干柴烈火，发生了不该发生的事。高杰知道，在农民军里是混不下去了，再加上那几年，官军追得急，造反不好干，行业不景气，高杰干脆带着邢氏投了官军。

高杰率部反正后，干的主要工作就是围攻农民军。拐走李自成的老婆，还打李自成的队伍，李自成要是不恨他，那是不可能的。高杰的业绩就是靠打李自成，高杰先跟着洪承畴，后来孙传庭来了，又跟着孙传庭，但不管跟谁，打的都是农民军。高杰能当上总兵也是靠打农民军。

孙传庭潼关兵败身亡，陕西各地官军差不多都投降了，只有高杰不降。这倒不是他有多高尚，实在是不敢。高杰跟李自成仇深似海，李自成占了陕西，高杰去了山西。

不久，高杰率部辗转南下。高杰的部队打仗很猛，抢老百姓也不含糊，向来骄横，军纪就谈不上了，倒霉的是沿途的百姓。高杰军走一路抢一路。这时，高杰手下有三万人马。凤阳总督马士英听说高杰南来，很想将这支部队抓在手里，就主动派人联系。高杰正愁没处去，两人一拍即合，高杰部被安置在徐州。来得早不如来得巧，高杰南下正赶上南明拥立风波，几番折腾下来，他居然成了定策元勋。

黄得功，辽东开原人。少年从军，行伍出身。十几岁时，黄得功因为偷喝母亲酿的酒，被母亲责骂。黄得功也不多说，提刀出门，当时辽东到处都是战场，明军跟后金军正打得不可开交，黄得功就混在明军里，冲进战场，混战中砍了两颗敌军的人头，就回来了。因为明军是按首级论功行赏，黄得功一下就赚得几十两银子。黄得功回家就把银子交给母亲，说这是补偿你的酒钱。黄得功，就是这么一个有性格的人。

参军后，因为作战勇猛，崇祯九年（1636），黄得功就当上了副总兵，还是中央禁军。不久，朝廷从中央禁军中选拔精锐组建勇卫营，黄得功成为这支部队的指挥官。当年清军入塞，黄得功率部先后转战良乡、涿州，表现出色。崇祯十年（1637）八月，黄得功率勇卫营南下平寇。崇祯亲自检阅，为部队壮行。

进入中原战场的勇卫营，勇不可当，曾在四天内打了三仗，三战三捷。但仅有勇卫营也挽救不了大明。

刘良佐，山西大同人。京师巨变时，他正率部驻在河南，他也是马士英主动邀请来的。刘良佐的部队，风格与高杰军大同小异，战斗力不如高杰军，但抢老百姓却一点儿也不输给高杰军。他们“沿途淫劫”，臭名远扬。临淮百姓得知刘良佐的队伍来了，纷纷登城据守，关闭城门，不让刘良佐的部队进城。刘良佐听说后勃然大怒，下令攻城。搞笑的是，他们居然攻不进去。这就尴尬了，后来还是马士英出面让他们移驻寿县，他们才有立足之地。

刘泽清，山东曹县人。北京危急时，崇祯下令让刘泽清率军增援，刘泽清不想去，但又不好直接抗旨不遵，就撒谎说坠马受伤了，去不了。等大顺军占领北京，又开进山东，刘泽清干脆变成刘跑跑率部南逃，逃到淮安。原本，刘泽清是支持钱谦益拥立潞王的，但后来听说风向不对，高杰、黄得功等人都支持福王，他也随风倒，转而支持福王。刘泽清是典型的墙头草。

江北四镇，刘良佐、刘泽清只是跑龙套的，唱大戏的是高杰、黄得功，因为这两人的实力最强。可偏偏这两人还互相看对方不顺眼。

高杰相中了富庶的扬州，想把扬州作为自己的驻地。

扬州是京杭大运河上一颗璀璨的明珠，繁华富庶。扬州又是全国盐业的集散地，明朝的两淮都转盐运使司就设在这里，扬州担负着国家盐课的征收和漕粮北运，这地方想不富都不行。只要稍稍动动脑筋，就能坐在银子堆上数钱玩。从全国各地涌入扬州淘金的人越来越多，原来的城不够用，就在旧城东面又修了一座新城，两城中间就是那条以香艳闻名的小秦淮。小秦淮两岸是扬州新城最繁华的地方，歌楼舞榭，栉比鳞次，名妓风流，盛极一时。

金钱、美女，军阀想要的，这里全都有，也难怪高杰会喜欢这里，其实，是个人都喜欢。但高杰的部队一路南下烧杀抢掠，“名声在外”，好事不出门，坏事传千里。扬州的老百姓听说了高杰所部的暴行，哪还敢让他的部队进城。

高杰率兵包围扬州后，扬州城内的官员、绅士分成两派，一派是以城防副使马鸣騄为首的主守派；一派是郑元勋为首的主和派。主守派的理由是高杰在扬州城外进行大屠杀，放他们进城，扬州城必生灵涂炭。主和派的理由是在扬州城外搞屠杀的是高杰的部下杨成，大敌当前不应内斗，应该打开城门放高杰进来。主和派之所以有信心与高杰谈和是因为郑元勋对高杰有恩：高杰在山东巡抚王永吉手下当参将时犯法当斩，王永吉的好友郑元勋得知后劝王永吉以大局为重，高杰才逃过一劫。有意思的是，率先主动出击的居然是主和派，攻打了准备进攻扬州的高杰军，并将俘获的士兵钉在扬州城墙上。意在告诉高杰：和谈不代表不抵抗，你们继续攻城，我们乐意奉陪。

高杰见自己的兵被钉在城墙上，下令屠杀扬州城外的村民作为报复。郑元勋只身前往高杰军营要求高杰退兵，严惩屠杀百姓的杨成，保证扬州城与外界的交通。高杰接受了郑元勋的部分条件：军队后撤；保证扬州北门通行，但出城的商人必须持有高杰发放的符券；严惩杨成。

郑元勋拿着高杰发放的符券回到城内，将符券发给城中商人。但符券很少，未得到符券的商人大为不满，开始散播谣言说："高杰以免死牌与郑某，非郑元勋亲昵与贿不得。"符券摇身一变成了免死牌，没有拿到的人在高杰入城后都会被杀。主守派的马鸣騄与主和派的郑元勋有仇，听说"免死牌"的谣言，马鸣騄觉得除掉郑元勋的机会来了。他立即向高杰军发动进攻，未做防备的高杰军损失惨重。高杰立即下令反击攻城并在城外展开新一轮屠杀。

扬州城内，听信谣言的扬州民众将郑元勋打死泄愤，事情越闹越大。督师史可法听说此事，不得不出面来高杰营中调解。高杰素来不服管，也就洪承畴、孙传庭能指挥他，即便史可法是督师，高杰也不买账。高杰虽然跋扈，却很听老婆的话，简直就是言听计从，这位老婆就是高杰从李自成那里拐来的邢氏。邢氏说你得尊重史可法。高杰说好，听你的。

邢氏的枕边风，加上史可法一个多月的耐心劝说，高杰才勉强同意，以扬州附近的瓜洲作为交换，撤兵走人，一场风波才算平息。

但一波未平一波又起，史可法担心高杰闹事，让黄得功驻军仪真，暗中牵制高杰。恰好登莱总兵黄蜚北上赴任。黄蜚与黄得功同姓，两人以兄弟相称，黄蜚写信给黄得功请后者派兵保护。

黄得功亲自率领三百骑兵从扬州出发到高邮迎接黄蜚，真的很够意思。高杰的副将胡茂桢得知消息飞马报告高杰。高杰早就想对黄得功下手，就在途中设下伏兵，要杀黄得功。

黄得功走到土桥正准备埋锅造饭，高杰的伏兵突然杀出，打了黄得功一个措手不及。黄得功不愧是久经沙场的老将，反应极快，他飞快跳上战马，拍马就跑。但他跑得再快，也没有弓箭快，伏兵乱箭齐发，将他的坐骑射倒。混乱中，黄得功又跳上另一匹马，玩命向外冲，连杀数十人，杀出一条血路冲出包围。但随行的部下就没那么幸运了，三百骑兵无一生还。伏击黄得功的同时，高杰又派兵攻打黄得功的大本营仪真。黄部没有准备，损失惨重。

黄得功怒了，这事换成谁都得找高杰拼命，但黄得功还是强压怒火向朝廷上书，表示愿与高杰决一死战。史可法派人调解，但黄得功如何咽得下这口气，就在这时黄得功的母亲去世，史可法前来吊丧，温言抚慰。劝黄得功以大局为重，黄得功才没有报复，没有将事件扩大。

江北四镇的跋扈，南京的弘光政权看得一清二楚，但他们也拿这些拥兵自重的军阀没辙。朝廷都没辙，史可法就更没办法了。督师史可法更像一个庭外调解员，到处忙着和稀泥。别说北伐收复失地，这些军头不闹事，朝廷就烧高香了。

军队指望不上，那就只能寻求外援了。当时，南京的政权刚刚建立，情报不灵，不知道吴三桂已经降清，还真以为吴三桂是借清兵打败了李自成，收复北京。一个个兴高采烈，以为清兵帮他们报了君父之仇，甚至一厢情愿地想借清兵“围剿”农民军。

一六四四年五月二十七日，南京政权的实际掌权人马士英还天真地表示，应速救吴三桂，让他跟清军商谈具体联合事宜。史可法也对吴三桂抱有幻想。很快，朝廷加封平西王吴三桂为蓟国公。可怜的弘光政权还在做着联虏平寇的迷梦。

既然制定了联虏平寇的政策，就要执行。六月初，听说朝廷要组建北上联系清廷的使团，一个叫陈洪范的家伙特别积极，抢着报名。要知道，当时北方正在打仗，很多人唯恐这差事派到自己，躲还来不及，这个家伙居然主动往前凑。只要了解这个人的为人，就会发现这很不正常。反常就有问题，陈洪范主动报名出使北方，目的很简单，去当汉奸。

陈洪范在崇祯年间多次出过场，不过，他出来纯粹是捣乱，这个家伙救过杀人如麻的张献忠两次。不是他多事，很可能会少死很多人。

张献忠年轻时在延安府当过两天捕快。后来因犯事丢了饭碗，又跑到延绥镇总兵王威麾下当兵。但很快又因为触犯军法，被判处死刑。就在张献忠脑袋即将搬家时，参将陈洪范来拜访总兵王威，见到张献忠，觉得此人相貌奇特，是个“人才”，就跟王总兵说情，救了张献忠。张献忠的确是个“人才”，造反的“人才”。

崇祯十一年（1638），可以说是造反行业特别不景气的一年。李自成被打成光杆司令跑进原始森林啃野果，张献忠也被打得鼻青脸肿东躲西藏，跟官军玩躲猫猫。张献忠感觉实在混不下去了，只剩最后一招了，投降。张献忠打听到他的老朋友陈洪范在经略熊文灿手下当总兵，立即备了一份厚礼送给陈洪范，请他引见，居中调停，请求投降。陈洪范收钱就办事，张献忠部顺利被招安。张献忠是投降专业户，每次打不过就投降，等风头过去，再反。如此反复多次，已经形成固定套路。

祸国殃民的事，陈洪范没少干。崇祯十年（1637）的皮岛海战，也是这个陈洪范，临阵脱逃，还带走了七八千人马，致使皮岛明军实力大损，皮岛最终失守。

这个家伙居然混到现在还没被收拾，又混入了北使团。不仅混进去，还当了副使。弘光批准他的申请，也实在是愿意去的人不多。

北使团出发前，朝廷开会讨论，既然派出使团，就要有明确的任务，不然，去干吗？首先当然是跟清廷讲和，感谢对方杀败闯贼，为明朝报君父之仇。再有就是慰问吴三桂，接下来是谈实际问题。

因为清军已经入关，让清军哪儿来的回哪儿去，估计人家不干，派兵北伐，连流寇都剿不平，就更别提跟清军打了。割地是免不了了，有人主张以淮河为界，有的主张划黄河而守。其实，他们大可不必为此纠结，因为清人就没打算研究这个问题，他们要的是全部，他们才没有耐心在地图上画圈圈，讨价还价。

搞笑的是马士英，他居然十分认真地研究起两国君主的关系，认为弘光比福临大，两国应是叔侄关系，明朝是叔，清廷是侄，至少在辈分上，明朝要压过清人一头，多少找回一点体面。清廷那边已经在秣马厉兵，马士英却还在这儿找体面，人蠢到这个份上也挺不容易的。

七月二十一日，明朝以兵部右侍郎兼右佥都御史左懋第为正使，以陈洪范、马绍愉为副使，出使清廷。使团携带国书，给吴三桂的敕书，还有一千两黄金、十万两白银从南京出发。九月底，使团走到北京附近，清人正忙着迁都。十月初一，福临要在北京即位，使团被要求停止前进，何时进京，等候通知。直到十月十二日，使团才被允许进入北京。

北使团进京后被安排住在鸿胪寺。第二天，清廷礼部派人来使团驻地，来人一副趾高气扬的派头，上来就问："你们来此何干？"明朝来使很有礼貌地回答："我朝天子因贵国为我们打败流贼，又为先帝发丧成服，特派我等前来致谢。”来人一脸不屑，大嘴一撇，把手一伸，说：“有书信吗？拿来交给我吧。”明使心里老大不乐意，心说，你算老几，在这儿要派头。但场面上还要过得去，就说，确实有书在此，但不能交给礼部，因为这是国书，需要当面呈交贵主。来人脸色明显更难看了，说：“凡进贡文书都需交礼部呈递。”明使一听不禁怒火中烧，敢情拿咱们当进贡的属国了，真是岂有此理。但又不好发作，只能强压怒火，再三声明，这是明朝国书，不是藩属的进贡文书。双方一个索要，一个不给，谁也不肯让步，最后，来人气哼哼地走了。

转天，清廷内院学士刚林来到鸿胪寺，这位一上来就鼻子不是鼻子脸不是脸的，比昨天那个还横，竟然连南明朝廷的合法性都不承认。明使自然是据理力争。刚林粗鄙鲁钝，说不过明使，理屈词穷，狠狠地说：“不必多言，告诉你们，我们即将发兵扫平江南。”正使左懋第闻言大怒，回敬道：“江南地方尚大，人马众多，你们未必扫得了。”双方言语间充满了火药味，话说到这个份上，也谈不下去了，双方不欢而散。

清廷到最后也没有接受使团的国书。国书虽然不要，但白花花的银子却照单全收，谁跟钱也没仇，尤其是清军，那是见了银子就迈不动步的。

十月二十六日，那个刚林又来了，这次是来撵人的。刚林说你们明天就走人，不许在北京停留，我们派兵押送你们去济宁。听听，对外交使团不说护送说押送，言辞充满敌意。刚林还十分嚣张地对正使左懋第说，你回去告诉你们朝廷，我们大清即将发兵南下，你们就等着吧。

左懋第见清廷态度强硬，就退而求其次，说既然你们不收国书，那让我们去先帝陵墓前祭拜一下总可以吧。谁知，这个刚林还火了，说：“我们替你们哭过了，祭过了。你们还做甚。”第二天，使团就在三百清兵的押送下启程南归。

这时潜伏在使团里的陈洪范急了，他还不想走，因为他卖国当汉奸的目的还没达成呢！怎么能走。十一月初一，使团走到天津，陈洪范秘密给清廷写信，表示愿为清廷效力，请他们扣留正使左懋第、副使马绍愉，放他回去招降江南众将。多尔衮得信大喜，马上派人去追。十一月初四，清兵在沧州以南十里追上使团，将一行人又押回北京。清廷照陈洪范的意思扣留了左懋第、马绍愉，只把他放了回去。

陈洪范回江南的路上，路过高杰的防区，这个家伙很想为清廷卖力，就主动去拜访高杰，想让高杰反水。当然，陈洪范没有明说让高杰投降，只是暗示对方，现在清廷得势，即将南下。高杰虽然骄横跋扈，但不愿当汉奸，轻蔑地说："他们想要河南，那就让他们拿北京来换吧。"陈洪范一听话不对味，也不再多说，灰溜溜地走了。

回到江南的陈洪范开始四处活动，上蹿下跳，却没人搭理他。因为很多人都怀疑陈洪范是清廷的奸细，三个人出使，一个人回来，想不被怀疑也难。但弘光政权也没人去认真追究，只是将陈洪范削职为民了事。

左懋第被扣后，清廷经常派人来劝降。左懋第于是写了一副"生为大明忠臣，死为大明忠鬼"的对联贴在门上，以表明心志。闰六月十五日，清廷颁布薙发令，强令汉人剃发，使团随员艾大选遵令剃发，被左懋第乱棍打死。清廷派人责问，左懋第说："我以我国的国法杀我们的人，与你们何干？"清廷设"太平宴"宴请左懋第，左懋第不吃。

清廷派洪承畴劝降。左懋第对洪承畴说："你是鬼。洪督师早在松山就为国捐躯了，先帝赐祭九坛，怎么会又有一个洪承畴？"洪承畴羞得面红耳赤狼狈而退。金之俊劝他："先生何以不知兴替！"左懋第针锋相对："你何以不知羞耻！"

屡次劝降不成，多尔衮大怒，亲自提审左懋第。左懋第直立不跪。当问道："你为何不肯剃头？"左懋第回答："头可断，发不可断！"弘光元年一六四五年闰六月十九日，左懋第在北京宣武门外菜市口英勇就义。与左懋第一同殉国的还有兵部主事陈用极、游击王一斌、都司张良佐等。

七月十七日，北使团尚未出发时，史可法就从一个叫丘茂华的人口中得知，吴三桂在庆都追击大顺军时就已经使用清军旗号剃发易服了。这个丘茂华是从北方逃回来的，他提供的情报应该可靠。

但史可法仍想再做努力，争取吴三桂。在朝廷派出官方使团北上后，史可法也派出了他的密使，一个和尚。密使的任务就是找到吴三桂，转达史可法的意思，劝吴三桂归明。

当时，吴三桂已经跟随清军西征。密使从江淮出发经河南，转向西北，寻找吴三桂。当时的北方既有清军也有大顺军，还有明军，彼此的地盘犬牙交错，路上常有土匪乱兵打家劫舍，密使历经千辛万苦，一路苦苦追寻，终于在黄河岸边找到了吴三桂的大军。

这个密使也认为吴三桂当初降清是迫不得已，良心尚在。可当这位密使走进吴三桂大营时，却惊讶地发现吴三桂全军已然剃发垂辫，尽做胡装，从发式到服装与清军已经没有分别。看到眼前的一幕，密使怒气上冲，可当他发现吴三桂大营中还有许多八旗兵时，又认为吴三桂剃发易服可能也有不得已的苦衷。

在密使的再三恳求下，吴三桂终于答应接见密使。可密使看到的吴三桂却是这么一副打扮，头戴红顶，身穿黄马褂，箭衣蹄袖。吴三桂对接待明使明显不耐烦，只听了几句就听不下去了，说：“为明复仇，我已尽力。”说罢，也不容密使说话，就以这里是清军大营，明朝使者到此多有不便为由，将密使赶出军营。

明朝这才认清吴三桂的真面目。

崇祯十七年（1644）夏，清军兵分两路，同时出击山西、山东。六月，清廷派固山额真觉罗巴哈纳、石廷柱出兵山东，一路招降一路攻击，迅速占领山东大部。九月，清廷又从宁远调兵增援山东，镇压各地的抗清势力。十月，豪格率大军开入山东，进驻济南，坐镇指挥。

九月，投降大顺军驻于山西北部的唐通在清军的策反下反水。清军固山额真叶臣率领固山额真李国翰、金砺（原明军广宁镇武堡都司，辽西沦陷，投降后金）、副将孙定辽（原明朝副将，大凌河降清），会合蒙古八旗固山额真伊拜、汉军八旗固山额真刘之源于所部，还有从山东增援过来的固山额真觉罗巴哈纳、石廷柱，各路人马在固关集中后杀入山西。十月初，清军包围太原，用红夷大炮轰开城墙，攻克太原，斩杀大顺军守将陈永福，很快攻占山西，大顺军余部退入陕西。

清廷决定将八旗主力兵分两路，一路以英亲王阿济格率领平西王吴三桂、智顺王尚可喜从山西北部绕路进攻陕北，然后南下进攻西安，占领陕西，摧毁大顺政权。一路由豫亲王多铎率领恭顺王孔有德、怀顺王耿仲明取道河南，南下进攻弘光政权。

清军的总指挥是坐镇北京的多尔衮，他的胃口不是一般的大，但他把事情想得太容易了。十月初四，河南的大顺军集中兵力发动反攻，连续攻克济源、孟县，包围沁阳。消息传到北京，多尔衮大吃一惊，他没想到，这时候，被揍得鼻青脸肿的大顺军居然还有力量反击。多铎部进攻江南，河南是必经之地，不消灭河南的大顺军，多铎部的侧翼就会暴露在大顺军面前，看来必须先解决中原的大顺军才能南下。

于是，多尔衮命令多铎部改变进攻路线，先不要去管弘光政权，南进改为西征，先解沁阳之围，然后进攻潼关，配合阿济格部南北夹击大顺军。

十月二十五日，多铎、孔有德、耿仲明率军出发，进入河南后，击溃怀庆的大顺军，从孟津渡过黄河。十二月十五日，多铎部攻占陕州，逼近潼关。

十月十九日，阿济格、吴三桂、尚可喜率军出居庸关经宣大，从塞外直奔陕北，经过大同时，原明朝降将姜瓖反杀大顺军守将张天林向清军投降。十二月初，阿济格部经偏头关、保德，渡过黄河，南下进入绥德。十二月十二日，先期投降的唐通与阿济格所部在榆林东北会合。之后，阿济格所部兵分两路，吴三桂率骑兵攻取三边，尚可喜率所部围攻延安。李自成、刘宗敏听说陕北危急，率大军北上准备增援，走到洛川，得知清军多铎部正在向潼关攻击前进，一时陷入进退两难的窘境。李自成也不知是该北上还是东进，为此很是纠结，在洛川停留十天，迟迟不动，最后还是决定先去潼关，堵住多铎部的入陕之路。只能让守在陕北的李过先挺住了。

守在陕北的大顺军李过在延安与尚可喜大战二十多天，但清军的红夷大炮运到前线后，形势逆转，李过抵挡不住率部逃往榆林。清军的大炮攻城战术玩得已经很熟练了，可是大顺军大炮很少，扛不住对方的大炮猛轰，只能撤退。

从起点回到起点——潼关战役

十二月二十九日，潼关战役打响。李自成很清楚，潼关丢了，他的老窝就保不住了，他只能重新做流贼，四处流窜。为了守住潼关，李自成将剩下的主力几乎都集中到潼关，派上大顺军最能打的刘宗敏指挥，要与清军在潼关再来一次主力决战。上次在山海关战败，丢了华北，这次潼关再败，丢的就是西北。

潼关地处黄河渡口，位居晋、陕、豫三省要冲，是进出三秦之锁钥，西入关中的必经之地，素有“畿内首险”“四镇咽喉”“百二重关”之名。

潼关是李自成的伤心地，当年就是在潼关南原，被孙传庭打得只剩一十八骑。

率先发动进攻的是大顺军，大将刘宗敏率主力步兵出关，占据关口前的小山，预防清军直接攻城。居高临下也有利于之后的战斗，占得先机。

多铎看出了大顺军的意图，迅速予以回击。护军统领图赖率一百精锐骑兵，向在山顶列阵的大顺军发起冲击。这些身披重甲的八旗骑兵，虽然装备了威力很大的清弓，但对近身肉搏也很在行。他们的反复冲击，吸引了大顺军的注意。山海关之战中，正是这些关外骁骑，击溃了十多万大顺军，所剩不多的大顺军重步兵依然倚着长盾，单手持枪。后排的弓弩手依次射击，希望阻退敌人。

但清军真正的攻击是前锋统领努山、鄂硕等人率领的步兵。他们在骑兵吸引大顺军注意力时，成功地从侧翼上山。习惯于在山林间作战的清军步兵，几乎人人都是射箭能手。前排身披重甲的清兵，还装备着长矛与砍刀，近战犀利。他们的突然杀出，让大顺军步兵措手不及。后者基本上仿效明军，后排弓弩手缺乏护具武器，害怕贴身近战。在清军步兵和骑兵的两面围攻下，大顺军步兵开始溃退。潼关以南的高地，被清军控制。

此后的几天里，双方按兵不动，在各自的营地内迎来惴惴不安的新年。心急气躁的李自成不希望出现这样危险的对峙局面，他在一月四日的晚上，派刘芳亮率兵数千对清军发动夜袭。

这招对明军或许有效。但清军的营地防守严密，在营地四周挖有壕沟，筑有土墙、遍插鹿角。大顺军的夜袭被严阵以待的清军轻易击溃。在此后的两天里，大顺军的几次夜袭也归于失败。或许在李自成看来，利用暗夜突袭是大顺军击败八旗兵的仅有的机会。

接连三次夜袭失败，大顺军转而开始在潼关城下掘壕固守。他们在营垒前挖掘壕沟，将挖出的黄土转而垒成护墙。这样，清军就发挥不出骑兵的冲击优势，步兵也将陷入守军的多重火力。即使部分壁垒被攻克，守军也能从身后的潼关城上攻击清军。

大顺军有许多明军留下的单管手炮、三眼铳、虎尊炮、火箭，还有西北边军惯用的弓箭、大将军炮，以及还在发挥余热的手拉式抛石机。有如此强大的火力配置，加之全力构筑的阵地工事，李自成决心在潼关固守。

然而孔有德、耿仲明率领的炮兵的到来，改变了战场形势，清军的炮兵火力得到加强。清军炮兵一月九日抵达潼关。经过两天的准备，清军于十一日对潼关发起猛攻。清军炮兵在大顺军所有武器的射程之外构筑炮兵阵地，并将原本用于海上远程交战的炮弹，用来轰击城墙。守军虽然也装备了不少火器，但被射程更远、精度更高的红夷大炮压制。

清军趁机发起总攻，步兵潮水般涌向城墙，他们推着攻城用的盾车步步紧逼。后排的弓箭手张弓拉箭，以密集的箭矢，压制城上的大顺军。大顺军的火器虽然打不着远处的清军炮兵，打城下的步兵还是够得着的。但守军的火器对皮糙肉厚的楯车，也只是挠痒痒。清军箭如雨下，城头的士兵连头都不敢抬。

眼看全军即将崩溃，李自成只能使出最后一招。三百名闯王麾下最精锐的骑兵，从壁垒间的通道杀出，猛冲清军步兵。同时，另一支部队从北面出击，对攻城部队进行侧翼夹击。前者在遭到清军步兵的火枪轮射与八旗骑兵的反冲锋后，迅速溃败。后者则遭遇了负责外围警戒的蒙古八旗。一番短促而血腥的马上厮杀，大顺军丢下人马尸首，奔逃而去。

损失惨重的大顺军，只能撤出阵地，退入潼关。野战打不赢，守也守不住，因为自从清军有了红夷大炮，就再也不用凿墙挖洞了。

这天晚上，李自成得知北路清军由阿济格率领已经进入陕北，连夜撤退，逃回西安。第二天，剩下的七千大顺军投降，清军占领潼关。

潼关丢了，意味着李自成只能接着跑路，陕西待不下去了。李自成就是这么想的，他离开潼关后首先想到的就是战略转进，也就是逃跑，逃得离清军越远越好。大顺军撤退的速度是相当快的，十一日战败，十三日逃回西安，当天就收拾金银包袱逃走，连一天也不敢多待，这逃跑的速度比在北京时还快。

清军占领潼关后，并没有立即追击，多铎下令在潼关休整两天，正月十六日清军才出发，正月十八日占领西安。

但李自成跑得太快，将西安拱手让给清军，却坑苦了守在陕北的李过、高一功。清军轻取西安，堵住了他们南下的退路。他们不得不绕个大圈，经陕西入四川，转道进湖北。

大顺军从此被分成两股，李自成、刘宗敏、刘芳亮、牛金星、宋献策率领的是大顺军主力东路军。李过、高一功率领的从陕北撤退的大顺军是西路军。

多铎原来的任务是进攻弘光政权，这时清军已经占领陕西，侧翼威胁解除。多铎按照多尔衮的命令，于二月二十四日出关，取道河南，执行原定计划。而追击李自成大顺军余部那是阿济格的事儿。

阿济格这些天挺郁闷的。因为原本攻取陕西是他的任务，却被多铎抢了头功，阿济格去内蒙古买马，耽误了时间，功劳被抢，还被多尔衮一顿训。

急于将功补过的阿济格，打起仗来比平时更卖力，主动加班，也不要加班费，不分昼夜追杀大顺军。李自成就惨了，被阿济格一路追着屁股打。在河南邓州，湖北承天、德安、武昌、富池口，江西九江，两军连打八仗，清军八战八胜。李自成被阿济格一路狂虐，打也打不过，跑又跑不快。阿济格的主力是骑兵，李自成撤退时带着家属，自然走不快。

大顺军从陕西撤退时有十几万人。三月，在襄阳又补充了留守在这里的白旺部七万人，兵力猛增到二十多万。白旺部是生力军，白旺很想跟清军在襄阳打几仗，总这么被清军追着打也不是事儿，影响士气不说，也太被动了。但李自成不答应，李自成已经被打成了“恐清症”，看见清军的旗号条件反射就想跑，结果二十万大军一路打一路散，逃过长江，只剩几万人，屡战屡败，士气低落。

四月，清军在江西九江附近再次大败大顺军，刘宗敏被杀，宋献策投降，牛金星早在这之前就跟儿子牛佺投降了清军。大顺军东路军剩下的几万人每天都奔走在逃亡的路上，他们也不知还要逃多久，逃到何时是个头。不过，对李自成来说，他的跑路之旅很快就要结束了。

五月，李自成率领数万败兵还有家属一路流窜至湖北通山县的九宫山，李自成只带了二十几个随从走在前面为大军探路。给大军探路本来是侦察兵也就是斥候的活儿，李自成不管怎么说也是首领，犯不着客串斥候，可李自成偏偏就这么干了，还只带了二十几个人，就算这里是山区，只带这么点人，也着实少了点，路上一伙土匪都能把他们收拾了。李自成一伙虽然没碰上土匪，却遇上了民团。按说民团的战斗力是很渣的，李自成的大顺军打不过清军，打不过关宁明军，但打这帮民团应该还是跟玩似的，但架不住对方人多，而且这帮人也不讲套路，上来就是群殴，结果这次闯王也没能闯过去，大风大浪经得多了，却在阴沟里翻了船，被民团当场斩杀。大顺军大部队得知消息对当地民团进行了疯狂的报复，但也改变不了事实，大顺军余部后来有的降清，有的归明，逐渐淡出乱世大舞台。

当阿济格追得李自成四处乱窜时，最紧张的却不是李自成而是左良玉。因为左良玉发现，李自成虽然一直在跑，方向感却很强，一路就朝南边跑，南面就是他左良玉的地盘。左良玉心想难不成李自成是想来抢武昌。左良玉猜得没错，李自成就是奔武昌来的。

左良玉最怕的就是李自成，说起左良玉，可算是崇祯朝的名人，当然不是好名。左良玉是靠打农民军起家的，农民军两大首领李自成、张献忠都是他的老熟人。可是说来也怪，左良玉遇着张献忠，怎么打怎么赢，碰上李自成，怎么打怎么输。左良玉跟农民军打了十几年，打得最露脸的就是崇祯十三年（1640）的玛瑙山之战，那场仗打的就是张献忠，左良玉打得最丢脸的是崇祯十五年（1642）的朱仙镇之战，那次的敌手就是李自成。朱仙镇是左良玉的伤心地，那一战，左良玉败得相当惨，精锐主力损失殆尽。

虽然后来左良玉很快又招兵买马重整旗鼓，但新招的不是土匪就是溃兵，战斗力很渣，抢老百姓却很凶。这是一支典型的打仗业余、抢劫专业的土匪队伍。左良玉的军营就是土匪窝，左良玉在朱仙镇大败后，就不怎么好好打仗了。他长期盘踞在武昌一带，不服从朝廷调遣，既不打清军，也不打农民军，成天就待在军营喝酒吃肉，缺钱花就出去抢。

可是，左良玉的好日子到头了。弘光元年（1645）三月，李自成大军逼近武昌。左良玉可不想打仗，只想祸害老百姓。左良玉跟南京的马士英不对付。于是，左良玉就打着讨伐马士英“清君侧”的旗号，率军东下，临走前在武昌狠狠抢了一把，然后一把火，火烧武昌，向东逃窜。

左良玉放弃武昌东逃，将武昌留给了李自成。李自成来了，但也没待多久，因为李自成后面还有一个怎么甩也甩不掉的超级跟屁虫阿济格。阿济格是一个很烦人的家伙，一根筋，就知道追。李自成见清军追来，丢弃武昌，也向东跑。一个有趣的现象出现了，阿济格追着李自成跑，李自成追着左良玉跑，一个追一个。不过，这个追逐游戏很快就结束了。先是四月初，左良玉病死。接着，五月初，李自成被杀。五月十三，左良玉的儿子左梦庚率十万大军向阿济格投降。六月，阿济格向清廷报捷，班师北撤。清军不怕明军却畏惧江南的暑热。

第二章

血色江南

教科书式的鸿门宴——睢州之变

多铎在帮阿济格搞定陕西后，带着孔有德、耿仲明开进河南。明河南总兵许定国听说清军入境，异常激动，投降的机会终于来啦，等了好久啊！

早在数月前，那时清军还没过黄河，许定国便迫不及待地派人秘密过河联络驻兵黄河北岸的清肃亲王豪格要求投降，请清军过河接收。可是当时豪格兵少，压根儿不敢过河。对“热情”的许定国，只能好言抚慰。虽然一时不敢派兵来，但还是要许定国送人质过去表明诚意。许定国是真心想当叛徒，一点没犹豫，就把两个儿子许尔安、许尔吉送进清军大营。

就在许定国为搭上清军的关系卖国有望而沾沾自喜时，一个消息却令他大惊失色。大明的主力部队开来了，而且距他的驻地睢州城不远了。转眼就到，再一打听，领兵大将是高杰，许定国心里开始发毛，高杰是他的仇人。许定国一直想杀高杰，可问题是他又打不过高杰，两人表面上同朝为官，实则势同水火。要是让高杰知道他投靠了清军，他许定国就死定了。急迫之下，许定国派人去找豪格求援，请后者派兵过河支援。可是，豪格手底下没多少兵，说啥也不肯派兵。

被逼急了的许定国，居然有了更阴毒的主意：将高杰骗进睢州，干掉高杰，再去投清军。

高杰这次率军北上是奉史可法的命令，任务是“围剿”河南的农民军。之前，清军老说南明坐享其成，不派兵剿匪，搞得南明在外交上很被动。史可法派高杰来河南，就是要显示明朝的实力。高杰进入河南后，写信给豪格转达史可法联合剿匪的意思。可是，清军早就不想谈了，啥联合围剿，人家要一锅端，不管你是大顺军，还是明军，都是攻击目标。

弘光元年（1645）正月初十，高杰与巡抚越其杰、巡按陈潜夫率兵两万来到睢州。高杰其实已经知道许定国通敌的事了，也知道许定国把儿子送到清营当人质。可是，高杰从骨子里瞧不起许定国，高杰认为有自己在，许定国就不敢轻举妄动。许定国确实很怕他，但怕他不等于不敢杀他。

正月十二日，许定国在城里摆下酒宴，派人请高杰进城赴宴。名义上是接风洗尘，实际是要将高杰骗进城杀掉，因为城外都是高杰的人，许定国没有机会下手。

巡抚越其杰、巡按陈潜夫在官场混迹多年，很有经验，他们也知道高杰与许定国有过节，就劝高杰别去，说那很可能是一桌鸿门宴。可是高杰自信得过了头，他自以为城外全是他的部队，许定国不敢把他如何，不听劝告，只带了三百亲兵，就大摇大摆地进城了。

许定国十分热情地将高杰跟他的三百亲兵迎接入城。

高杰一行被安排入住原登莱巡抚袁可立的府邸。许定国曾是袁可立的部下，许定国能当上河南总兵也是蒙袁可立的提携，可是许定国却将杀人现场选在他老上级的府邸，典型的恩将仇报。

许定国摆的鸿门宴就设在袁府。这座府邸建于万历年间，原是三进院落，后几经改建、扩建，房屋多达数百间，是睢州城里数一数二的豪宅。袁府的“石仙堂”“藏书楼”都是当地小有名气的名楼，许定国设宴款待高杰的地方就在“藏书楼”。许定国选在这里动手也是有原因的，袁府庭院深深，被多重院落分割，方便伏兵，埋伏一两千人不成问题，还能分散安置高杰带来的人。一旦打起来，深宅大院也方便动手，只要行动迅速，外人很难知道。即使有少数漏网之鱼，有这么多重院落，也插翅难逃。

虽然许定国与高杰有仇，但说到底，他们还是一路人，土匪风格的军阀。既然是同道中人，自然就很熟悉对方的喜好，所以许定国投其所好，找来数百名美女，来陪高杰跟他的卫队。这些美女一个个花枝招展，娇柔妩媚，她们殷勤劝酒，很快高杰的三百部下就被灌得酩酊大醉，醉卧温柔乡中，不省人事。

深夜，酒宴接近尾声，多数人都醉了。一直在焦急等待的许定国迫不及待地发出行动信号，这个晚上最累的就数他了，表面强颜欢笑，内心高度紧张。随着一声号令，伏兵四起，不得不说高杰的反应还是很快的，立刻拔刀反抗，混战中，他先后格杀数人。但应了那句老话，双拳难敌四手，对方毕竟有备而来且人多势众。好汉也怕群殴，高杰很快力气用尽，被敌兵用长枪攒杀。他的三百部下不是在睡梦中身首异处就是在格斗中被杀，一个也没逃出来。因为事前多数人已被灌醉，遇到的反抗微乎其微，府邸之外的人一点动静都不知道。

许定国杀完人，当天晚上就跑了。第二天，等高杰城外的部下们得到消息，许定国早跑到黄河北岸的清军大营邀功请赏去了。高杰的部队当时就炸了锅，愤怒的高杰部下冲进睢州城，他们捉不到许定国，就拿城里的老百姓出气。睢州的老百姓可倒霉了，平白遭受一场大难。整个睢州城被闹了一个鸡飞狗跳，袁可立的府邸也被乱兵放火焚毁。得知高杰被杀，史可法哀叹道："中原不可为矣。"弘光政权唯一的一次北进因高杰的死而宣告结束。

进入三月，弘光政权考虑的已经不是北进，因为北方多铎率领的清军正步步逼近。西面的左良玉父子偏偏也在这个时候顺江东下来捣乱，他们倒是很会挑时候。明军两面受敌，不得不分兵拒战，这使得本来就不多的兵力更加捉襟见肘。

四月初四，左良玉病死在九江，他的儿子左梦庚心中没有一丝一毫的家国观念，接着闹腾，带兵连续占领彭泽、建德、安庆，兵锋直指太平府。为堵住左梦庚的乱兵，马士英不得不从江北淮河防线调兵南下阻击叛军，江北四镇的黄得功、刘良佐先后被调往江南平叛。左梦庚虽然这时还不是汉奸，却做到了很多汉奸想做却做不到的事。他削弱了明军江北防线，从侧翼有力地配合了多铎从北面的主攻。

南京的明朝官员曾为先防清军，还是先打左良玉的叛军发生激烈争执。刑部侍郎姚思孝、御史乔可聘认为左良玉威胁不大，眼前当务之急应集中兵力守住江淮，不应撤调江北兵马，造成江北防线空虚，给清军可乘之机。马士英听了，气得破口大骂："你们这些东林党，就想拿防江做借口，纵容左良玉杀进京城。好如了你们的愿，清军来了还可以议和，叛军来了，被杀的是我马士英。不必多说，我已调刘良佐的兵过江。"

马士英一度将驻守江北的史可法也调回南京布防。史可法带兵过江走到草鞋峡，得知黄得功已经击败叛军，便请求入朝。但马士英不想让史可法来南京，就借口清军迫近，让史可法不必进京直接回江北去。

不屈服的城市——血泪扬州

三月初五，清军兵分三路向归德府出发。其中，多铎、孔有德、耿仲明率一军由河南府出虎牢关，固山额真拜尹图等率一军由河南府出龙门关，这两路是八旗军主力。清兵部尚书宗室韩岱、梅勒章京伊尔德、侍郎尼堪等人率领蒙古骑兵一同进兵。三路清军的目标都是归德府。

韩岱率领外藩蒙古骑兵直接从北京南下前来增援。这支清军南下后，在兰阳（今河南兰考）附近渡黄河，渡河后直奔归德。沿途“招抚一府三县”，一仗未打。三月二十一日，由降将许定国引路，三路清军先后进入归德。在河南的大顺军余部刘芳兴等先后向清军投降。

驻守归德、徐州一线的明军是原高杰部。一六四五年三月底，随着清军大举逼近，弘光政权终于意识到稳定高杰旧部的重要。这才授予高杰部下李本深左都督之衔，命其统领高杰军队。但为时已晚，高杰旧部在清军大举进逼之下，失魂落魄，望风奔溃。李本深已无力收拾局面。由于史可法素得高杰部军心，高杰旧部纷纷放弃防地，南逃扬州，去投史可法。

屯兵山东的清军主将阿巴泰见多铎在中原进兵顺利，也不甘寂寞，派满洲镶白旗固山额真准塔进攻徐州。高杰部将徐州总兵李成栋得知清军逼近，不敢抵抗，放弃徐州，乘船南逃。

四月初九，清军顺利接收徐州。因为没打仗，清军直接就进城了，与其说是占领不如说是接收更合适。

四月初九，多铎率领的清军主力从归德出发，取道泗州，直奔扬州杀来。四月十三日，明军焚毁淮河大桥后南逃，清军在未遇抵抗的情况下于第二天平安渡过淮河。

刚刚从各地逃入扬州的高杰旧部已成惊弓之鸟，得知清军逼近，仓皇向泰州、瓜洲逃窜。除高杰部将之外，不属于四镇的总兵张士元、张天禄等人也率军逃离扬州。

四月十七日，溃兵在瓜洲抢夺民船，试图逃往江南。守在镇江的总兵郑鸿逵奉令阻止溃兵渡江。当时扬州士民为躲避清军，纷纷逃至瓜洲乘舟渡江。郑鸿逵所部不分青红皂白，也不管对岸来的是兵还是民，乱炮齐发。很多船只被炮火击沉，溃兵百姓死伤惨重。

四月十八日，清军兵临扬州城下。在此前后，数天内，高杰旧部纷纷降清。

四月十九日，高杰部将总兵杨承祖率军降清。几乎与此同时，高杰部将李本深也率部投降。四月二十一日，不属于四镇的总兵张天禄与张天福两兄弟也率部下三千人降清。四月二十三日，高杰部将总兵李成栋率部向清军投降。高杰旧部到这时差不多都投降了。

泗州沦陷，史可法退守扬州。清军步步紧逼，扬州兵少力弱，形势岌岌可危。史可法下令四镇及周边明军紧急驰援扬州，但应者寥寥；史可法甚至写血书请他们派兵增援，但各地军阀依然不为所动；史可法调他们来保卫扬州，他们公然抗令。不过，他们很快会来扬州，只不过，不是听史可法的调令来保卫扬州，而是奉清军主帅多铎的命令来进攻扬州。

清军在扬州城外几乎未遇抵抗，反而因为接受大批投降部队实力大增。那些本应保卫扬州的外围明军，反过来却被清军用来进攻扬州。

困守扬州的史可法心境悲凉，感叹“人心已去”。苦心经营江北一年，用尽江南财赋建成的江北四镇，临战，却望风溃逃，争相投敌，江淮防线土崩瓦解。

忠勇之士还是有的，扬州外围众多明军中只有刘肇基服从指挥率所部四千人从白洋河赶来增援。当年，在辽东，洪承畴麾下的刘肇基就曾率步兵救援被清军围困的吴三桂所部骑兵，如今他的老上级洪承畴、他在辽东的同僚吴三桂都投降了，只有他，还在为大明苦战。刘肇基在率军去扬州的途中路过高邮，那里有他的家人，但刘肇基过家门而不入。他赶到扬州后，史可法让他率部去守至关重要的北门。

刘肇基曾建议史可法，趁清军初到立足未稳，主动出击。但此时的史可法方寸已乱，他可能也知道局势已难以挽回，现在能做的也只有固守城池，至于能守多久，他也不清楚。但有一点，他是清楚的，那就是他以死报国的日期不远了。

清军合围扬州，并未立即攻城。因为扬州是座大城，仅仅依靠步兵云梯，很难攻下，清军在等他们的攻城利器——红夷大炮。曾被明军当作守城王牌的红夷大炮，现在却成了清军的攻城工具。

清军派人劝降，但守军不予理睬。

四月二十三日，清军的大炮运到前线。第二天，清军在扬州西北的一片高地上架起大炮，炮轰扬州。清军有炮，明军也有，守城明军也用大炮向城外的清军猛烈还击。史可法亲自在西门督战，大炮对大炮，双方的炮战打得十分激烈，城上城外，到处硝烟滚滚，烟雾弥漫。与明军对阵的清军是汉军正黄旗炮兵。南下以来，他们几乎没打过硬仗，但在扬州，他们遇到了顽强的抵抗，清军炮兵死伤惨重。《八旗通志》记载，清军在扬州阵亡将领四人，其中三人属于汉军正黄旗，被明军击毙的祖应元、李向舜、金应德都是汉军正黄旗甲喇额真。三人均在攻城时中炮阵亡。这三人是清军的指挥官，级别相当于团长，按八旗编制，一个甲喇额真可领兵 1500 人。一场攻城战有三名甲喇额真阵亡，并不多见，指挥官尚且如此，士兵的伤亡就更多了。

但清军的优势是后援充足，清军的后援就是不久之前在扬州外围投降的明军。当天，降将张天禄、张天福率部从瓜洲赶来扬州助战，他们助的是清军，这伙刚刚投敌的叛徒负责进攻城南。李成栋的部队稍后也赶来参战，与清军一起围攻扬州。

四月二十五日，清军轰坍西北城墙蜂拥而入，明军迎着敌人冲上去，与入城清军贴身近战，双方在城内展开巷战。刘肇基率四百亲兵与清军逐街逐巷反复争夺，格杀清军一千余人。怎奈清军越来越多，刘肇基在巷战中阵亡，与他一起战死的还有副将庄子固、马应魁、姜云龙，前营参将陈光玉、李隆、徐纯仁所部四百人牺牲殆尽。史可法被俘，多铎亲自劝降，但史可法不为所动。多铎还搬出洪承畴说服史可法，结果只能是徒劳。史可法不久被害。史可法虽死，但仍被江南军民视为抗清英雄，受到人们的敬仰。

清军攻占扬州，多铎下令屠城。大屠杀从四月二十五日持续到五月九日，扬州城内尸积如山，血流成河，池塘都被鲜血染红。开始进行屠杀的是八旗兵，过了几天，李成栋等高杰旧部也入城杀掠。这些降军的狠毒不亚于八旗军，扬州军民被杀的有数十万人。这就是历史上的“扬州十日”。

投降他们是认真的——四镇投敌

清军攻下扬州，缴获了大批船只。

五月初八深夜，长江江面出现浓雾，大雾弥漫，江面能见度很低，清军趁机抢渡长江。率领水师守卫江防的是郑芝龙的弟弟郑鸿逵。郑鸿逵反应很快，看见清军，开船就跑。因为郑鸿逵的“配合”，长江天堑形同虚设，清军顺利渡过长江。五月初九，清军上岸后轻松占领镇江。

消息很快传到南京，弘光的反应也是逃。五月初十凌晨，弘光带着老娘还有马士英等少数大臣悄悄打开城门，逃离南京。天亮后，南京军民才知道弘光已经跑了，全城顿时乱成一团。

五月十四日下午，清军前锋骑兵进抵南京洪武门外，这时南京城内主事的是守备勋臣赵之龙。这个家伙倒很镇定，因为他已经打定主意投降了，要说明的是，这不是他一个人的意愿，那是全城多数官员的集体选择。听说清军来了，赵之龙立即派人出城洽降。

第二天，多铎率领清军主力来到南京城外，守备勋臣赵之龙、礼部尚书钱谦益等三十余名高级官员大开城门，欢迎清军。不过，多铎并未立即进城，进城的是清军的警卫部队。警卫部队在城里反复搜索，确认安全后，多铎才在十七日入城，他也怕城内有埋伏。

南京留守百官的热情很快消除了多铎的疑虑，事实证明，多铎想多了。南京的明朝官员是很有诚意的，他们在勋臣赵之龙率领下大开洪武门跪迎清军，多铎对欢迎仪式很满意。南京的文武大臣争相跪拜，各种的谄媚讨好，都想在新政权里谋个好职位。时人评价这些人“面厚于铁，膝软于棉”。脸皮比铁还厚，膝盖比棉花还软，刻画得可谓入木三分。

再说出逃的弘光、马士英，他们还未跑出多远，第二天就在路上被人劫了。虽然弘光、马士英在逃难，但也是有军队护送的。打劫他们的不是一般的山贼草寇，对方也是军队。不过不是清军，而是地方民团。连军队都敢打劫，可见当时的局势有多乱。

混乱中，弘光跟马士英失散，各自逃生。马士英的儿子马銮率勇卫营的士兵拥着弘光去太平府投奔刘孔昭，不料却吃了闭门羹。刘孔昭闭门不纳，弘光只得去芜湖投奔黄得功。

黄得功打败左梦庚的叛军后一直驻兵芜湖，对南京刚刚发生的变故一无所知，弘光的突然到来，令他大吃一惊。

五月十六日，清军进入南京后，不久江北四镇之一的广昌伯刘良佐也率部降清。多铎命贝勒尼堪率八旗军追击逃走的弘光。刚刚投降的刘良佐奉命率部随行。

黄得功想奉弘光南走杭州，但很快被清军追上。刘良佐喊话劝降，被黄得功破口大骂。见劝降不成，清军随即发起进攻。激战中，黄得功手臂受伤，裹伤再战，指挥部下将士奋勇抵抗。黄得功的注意力都放在正面与清军搏杀。可他不知道，部将田雄、马得功已决意降清，他们趁黄得功不备，在背后暗放冷箭。俗话说得好，明枪易躲暗箭难防。

黄得功想不到部下会叛变，被射中喉部，伤势沉重的他知道大势已去，不愿被俘，自刎而亡。

黄得功自杀后，他的部下左协总兵田雄、右协总兵马得功立即投降。两人将弘光捉住送给清军请赏。据说，当时弘光哭着苦苦哀求他们放过自己，但这二人哪里肯听。他们对弘光说，我们的富贵荣华全靠你了，如何放得你。田雄将弘光背在身上，马得功在后面抓住弘光的两只脚，就这么送到清营。弘光气得狠狠咬田雄的脖颈，但还是做了清军的俘虏，被押往南京。与田雄、马得功一道降清的还有不属于四镇系统的卜从善、丘越、于永绶等共计十二位总兵。

至此，明朝江北四镇原高杰部、原黄得功部、原刘良佐部先后降清。只剩下实力最弱的刘泽清部还在观望。

刘泽清在崇祯朝官至山东总兵，甲申之变后南逃，逃到淮安，成为四镇之一。他一向穷奢极欲，到淮安后不久便大兴土木，营建宅邸。刘泽清与左良玉这些军阀把军队看作私产，只想保存实力，大敌当前，只会逃跑。

刘泽清之所以迟迟未向清军投降，倒不是他多有操守，而是他驻守的淮安开始并非清军的主攻目标。清军在占领归德、徐州之后，并未立即南下淮安，而是取道泗州渡淮河至扬州。直到江南战局已定，驻守山东的清军才向淮安发动进攻。

五月十八日，从山东南下的清军准塔部到达徐州。次日，清军在徐州附近渡过黄河，然后水陆并进，向淮安进发。二十一日，清军进至邱州。明军在清军到来时望风而逃，未做抵抗。准塔率军一路前进，睢宁、沭阳、桃源等县纷纷迎降。二十五日，清军进至淮安以北的清河。

清河位于黄河、淮河、运河的交汇处，“水势深固”，是防卫淮安的最后一道屏障，总兵马化豹、副将张士仪等率兵一万七千余人驻守于此。明军连营十里，拥有战船千余只，还有不少红夷大炮。准塔认为正面强攻，必然伤亡惨重，便决定声东击西。

清军兵分两路，一路由游击范邦、吉天相率领八旗汉军，与明军正面相持，用红夷大炮轰击明军水师，吸引明军主力；另一路由满洲、蒙古八旗军组成，在镶红旗蒙古梅勒章京康喀尔率领下，携带战马乘船入清河以西的洪泽湖，这支军队的任务是横渡洪泽湖，在南岸登陆，偷袭守军侧后。然而，准塔高估了这支明军的抵抗意志。

战斗开始后没多久，范邦等人刚用火炮将明军战船“打落数只”，明军便失去斗志“扬帆而遁”。康喀尔率军登上洪泽湖南岸后，才发现明军早已逃走。于是，偷袭变成追击。清军下船上马追赶明军，一直追到淮安城下。一路上清军缴获大小船五百六十一只、马四百七十六匹、红夷大炮二十六尊，俘杀明军副将、参将各一人。

淮安城中的刘泽清得知清军逼近，将“淮扬十四州县土地、人民、兵马、钱粮”统统交给部将总兵柏永馥，他则携带家眷率领部下一万余人弃城逃走，由淮安沿黄河东逃。

据准塔给清廷的奏报，五月二十五日，总兵马化豹作为明军主将，曾率部在清河阻击清军。而在刘泽清后来给清廷的奏疏中提到，马化豹是同他一道乘船逃亡的。

刘泽清在明军于清河大败之后，先收容了马化豹等人的败军，才乘船逃跑，其逃跑日期在五月二十五日之后。《国榷》记载刘泽清于五月十七日“自浦口逃常熟福山港”。而实际上，刘泽清既未到过浦口，也没有前往福山。去福山的是诚意伯刘孔昭。清军占领南京后，驻守太平府的刘孔昭率部下三千人乘船东逃，于五月二十三日来到福山。《国榷》可能将刘孔昭与刘泽清二人的事弄混了。当时，刘泽清与漕运总督田仰等人乘船沿黄河东下，经涟水入海。入海后，起初想南下，但船队在海上遭遇飓风，又被迫折返。

刘泽清当时还有士卒上万人、战船三百艘，这支船队停泊在黄河入海处的庙湾海口。刘泽清逃离淮安后，留守总兵柏永馥见大势已去，便率领乡绅百姓投降了。

五月二十八日，清军占领淮安。刘泽清所部或降或逃，作鸟兽散。这时，清廷命驻山东沂州的总兵夏承德向淮安以东攻击。这个夏承德就是崇祯十五年在松山献城投降、出卖洪承畴与三千明军将士的那个汉奸。

夏承德有兵五千。六月初，他率军南下，沿途基本未遇抵抗，所要做的仅仅是接收刘泽清部投降的溃军。六月十三日，刘泽清军火器左营都司虞绍勋、千总王用廷等人率部向夏承德投降。

刘泽清南行受阻后，萌生降清的念头。而田仰与刘泽清部将张士仪、张鹏翼、王朝先等人都不愿投降，他们率领数千将士、一千余艘船只与刘泽清分道扬镳，扬帆南下。因田仰、张鹏翼等人与崇明乡绅沈廷扬素有交情，就去了崇明岛与那里的明军会合。

崇明岛在明末一直是海盗的老巢。崇祯十六年，岛上的海盗首领顾荣绰号顾三麻子接受招安。弘光即位，任命荆本彻为下江监军道，驻守崇明。弘光元年（1645），清军南下，宗室义阳王朱朝埠逃到崇明。顾荣准备干掉荆本彻，拥立义阳王。荆本彻听说后，三十六计走为上计，率部出海逃往宁波。这时，田仰、张鹏翼带兵上岛，他们与顾荣一起推义阳王为主，田仰为总督，顾荣为大将军，以崇明为基地竖起抗清大旗。

在得知刘泽清的下落后，六月二十三日，淮安城中的准塔派人来招降。虽然清廷表示对他既往不咎，决不食言。但刘泽清仍很犹豫，并未立即投降。

不过，刘泽清也没有去崇明与田仰等人会合，依旧与清军保持着不战不和的微妙关系。但是刘泽清部在庙湾海口停泊近两月，粮食吃光了，再也拖不下去。闰六月二十四日，刘泽清带着手下仅剩的“兵二千、船三十”前往淮安拜见准塔，正式向清军投降。

石城岛总兵马登洪一度降清，后又回归明朝，朝鲜总兵林庆业因秘密反清而流亡明朝，二人都被刘泽清收留。这时他们也被刘泽清裹挟来到淮安，落入清人之手。下面就要说到一位具有传奇经历的朝鲜将领林庆业。

三百年来，朝鲜深慕中华，繁荣昌盛的大明令朝鲜士民心驰神往。朝鲜受大明影响，信奉儒家思想，全面仿效学习大明，号称小中华。即使清军天启七年（1627）、崇祯九年（1636）两次进攻朝鲜，迫使朝鲜订立城下之盟，朝鲜也从未真正屈服，仍与大明秘密保持往来。崇祯殉国的消息传到朝鲜，朝鲜举国哀悼，很多人悲痛得自杀殉君，因为在很多朝鲜人看来明朝是他们的父母之邦。

朝鲜将清军视作夷狄，私下称清帝为“胡皇”，称清使为“虏使”，对内仍用崇祯年号。朝鲜君臣感恩明朝，认为：“我朝三百年来，服事大明，其情其义，固不暇言。而神宗皇帝（明神宗万历皇帝朱翊钧）再造之恩，自开辟以来，亦未闻于载籍者。宣祖大王所谓义则君臣，恩犹父子，实是真诚痛切语也。”

再造之恩，是指万历三大征之一的抗倭援朝。

崇祯十五年（1642）秋，松锦大战，明军战败，有降将告发朝鲜阁臣崔鸣吉、兵使林庆业等一直潜通明朝。皇太极得知后极为愤怒，派固山额真英俄尔岱、户部承政车尔格、内院大学士刚林、学士罗硕等携朝鲜世子进驻凤凰城，命令朝鲜将议政崔鸣吉以下朝鲜大臣押送凤凰城待审。结果崔鸣吉等朝鲜大臣被判有罪，被押解至沈阳囚禁，只有林庆业逃往中国。

林庆业，字英伯，号孤松，在丙子胡乱中因抗击清军而成名。

林庆业出生于朝鲜忠清道忠州，本贯平泽林氏，是判书林整的后代。天启七年（1627），后金东征朝鲜，朝鲜史称“丁卯胡乱”，林庆业被派往江华岛增援。然而，他晚了一步，等他赶到那里，朝鲜已经同后金议和了。林庆业是坚定的主战派，但作为一名武将，他改变不了大局。

崇祯六年（1633），林庆业担任宁边副使，在义州修筑白马山城。崇祯九年（1636），清军再攻朝鲜，朝鲜史称“丙子胡乱”。林庆业据守白马山城抗击清军，将清军阻挡在白马山城防线以北，同时向朝鲜朝廷请求增援。然而朝鲜大臣金自点一向看林庆业不顺眼，生怕后者立功，对外封锁消息。等朝鲜君臣得到消息，清军已经逼近汉城。

朝鲜国王仓皇逃往南汉山城避难，清军随后紧追包围南汉山城。围困几十天后，朝鲜国王被迫投降，与清军签订和约，成为清人的藩属。这次林庆业也接到了勤王诏书，他率军前往南汉山城救驾，只是这次，他们又晚了，等林庆业赶到南汉山城，朝鲜已经投降。

崇祯十年（1637），清军要求朝鲜发兵协助其攻击明朝。朝鲜派林庆业为元帅率水师随同出征。命运有时就是这么捉弄人，林庆业心向明朝，更是坚定的抗清将领，好不容易等到有领兵作战的机会，却是跟着敌人去打自己的宗主国。林庆业当然不愿给清军卖力，到了前线也是出工不出力，还多次秘密派人联系明军，将清军的进攻计划透露给明军。清军吃了大亏，却一头雾水，搞不清状况。

一六四〇年，林庆业又奉命率军随清军进攻明朝。为破坏清军的进攻，他暗中派人凿沉运粮船，及时将清军的动向报告明军。清军在战场上处处被动，终于琢磨出不对劲了，反应迟钝的清军也开始怀疑林庆业。

一六四二年，松锦大战，明军战败，出了叛徒，有人出卖了林庆业。清军立即遣使赴朝，强迫朝鲜交出林庆业并押赴沈阳。然而，林庆业在押解途中趁机逃脱，躲进一座佛寺，削发为僧。第二年，林庆业在朝鲜待不下去，便逃往明朝。

林庆业辗转投奔刘泽清，继续抗清。可惜，他错投了人。隆武二年（1646），林庆业在被押解回国途中被仇敌杀害。林庆业的事迹在中国知道的人并不多，但在朝鲜他是一个名人，令人敬仰的英雄。

有一个叫崔孝一的朝鲜义士也从朝鲜来到中国抗清。崇祯年间，崔孝一举家浮海来到中国登州。

清军两次攻入朝鲜掳走数十万朝鲜人在辽东拍卖。很多朝鲜人都与清军有血海深仇。崔孝一在朝鲜时就当过兵，来到中国后，加入明军，屡立战功，但他也错投了人，他投奔的明军将领是吴三桂。

后来，崇祯自杀，吴三桂降清。崔孝一不降，他从军营逃出，但没有回国，而是历尽艰辛来到北京昌平，在崇祯墓前自杀。那么多明朝旧臣在易代之际屈膝投降，一个朝鲜人却做到了以身殉国，疾风知劲草，国乱显忠臣。

江阴八十一日——喋血孤城

大学士马士英在溧水与弘光失散后，带着四百贵州兵护卫邹太后逃往杭州。五月二十二日，一行人抵达杭州，待在这里的潞王朱常淓与在杭官员前往迎接。马士英起初还盼着黄得功护驾弘光来杭州，兵合一处，重整旗鼓。但不久，方国安、朱大典率军逃到杭州，大家这才知道，弘光被俘，黄得功自杀，四镇降清。

六月初七，在百官的要求下，邹太后下令潞王监国。可是，潞王死活不愿意，在他看来，这时候谁称帝谁倒霉，在家躲着，清军都不放过，称帝，那还不是主动站出来给清军打。在邹太后流着眼泪反复劝说下，潞王朱常淓才勉强同意。

六月初八，潞王朱常淓很不情愿地就任监国。浙江巡抚张秉贞被任命为兵部尚书，但大权仍掌握在马士英手里。这个朱常淓也是烂泥扶不上墙。第二天就派陈洪范去清军那里以让出江南四郡为条件割地求和。这个陈洪范自从出使北京回到江南，就到处散播投降论，那是举国皆知的汉奸，可就是这么一个公开的大汉奸，到现在也未受到任何处罚。这时，又打着潞王监国代表的旗号去清军那里商谈卖国事宜了。

清军已经看出南明的虚弱，谈判不如占领。六月十一日，清军逼近杭州。马士英见势不妙，又想溜，他主动交出印信，匆忙间登上郑鸿逵的水师战船，正准备溜之大吉，却被前来讨饷的方国安手下的士兵堵个正着。大兵们可不管那些，上去揪住马士英，愣是将后者从船上给拖了下来。跌进水里的马士英成了落汤鸡，又被士兵们架着去了方国安的大营。马士英一直待在方国安军中，直到隆武二年（1646）方国安兵败投降，他才躲进深山。后被降清的总兵叶承恩出卖，被清军斩首。

杭州城里的大臣逃的逃，躲的躲，没逃也没躲的直接就投降了。

多铎进入南京，将其统帅的八旗军、外藩蒙古兵分一半给贝勒博洛，命其攻取苏杭二州。一些四镇降兵也被征调同行。

南京沦陷，远近府县望风归降。博洛率清军沿大运河水陆并进，于五月三十日进入常州。六月初三，清军前锋抵达无锡。一路上，清军几乎未遇抵抗，直到苏州附近，才发生小规模战斗。

降清的鸿胪寺少卿黄家鼎被清军任命为安抚使，前往苏州等地索取“降顺册”。五月二十五日，黄家鼎一伙来到苏州城外的虎丘。当夜，苏州知府陈师泰弃城逃走。次日，黄家鼎被当地士绅迎入苏州，官民纷纷前来拜见献上册籍。

得意忘形的黄家鼎却不知道，很快便有人来取他这个叛徒的项上人头。

五月二十九日，兵备副使杨文聪率五百黔兵由镇江撤到苏州。听说黄家鼎为清军充当走狗，义愤填膺，决定除掉这个叛徒。

杨文聪以拜见谢赏为名入城来见黄家鼎，因为这些日子前来拜码头的人特别多，所以黄家鼎一点没怀疑。杨文聪带兵将黄家鼎等二十余名汉奸全部斩杀。六月初四，清军骑兵万余人奔袭苏州，杨文聪率部撤走。清军前锋“人各二马”速度极快。六月初八，清军主力离开苏州向杭州进发。次日，博洛率军经吴江进入嘉兴。

六月十二日，清军兵临杭州城下。陈洪范奉博洛之命进城劝降，潞王新任命的兵部尚书张秉贞也在一旁怂恿，两人卖力游说，潞王早已没心思抵抗了。潞王正要开城投降，总兵方国安与侄子方元科领兵一万来到杭州，这支明军与清兵在涌金门外大战，潞王朱常淓为讨好清军，竟让人从城上往下抛酒肉犒劳清军。城外明军气得目瞪口呆愤而出走，渡钱塘江投鲁王去了。

六月十四日，潞王正式投降，清军进入杭州。湖州、嘉兴、绍兴、宁波也先后投降。潞王与不久前被俘的弘光，以及在江南投降的周王、惠王被押往北京。一年后，他们被以谋反罪名处死，这些人当然不会“谋反”，在江南有兵有将，尚且不敢抵抗，已经做了囚徒，又怎么会“反”呢！但杀人总要有理由，清军已经意识到这些人的潜在威胁。清廷需要的仅仅是个说法，至于人们信不信，在他们看来并不重要。

清军只用一年多的时间就占领了长江以北大半个中国，这令多尔衮信心大增。六月，在接到多铎占领南京的消息后，多尔衮的自信再度膨胀，他认为大局已定，看来征服天下易如反掌。得意忘形的多尔衮再度颁布薙发令，令原明朝官民剃发易服，改穿满人服饰。就是这道命令，掀起轩然大波，天下为之骚动。

其实，就在一年前，清军刚进北京的时候，多尔衮就发布过薙发令，但应者寥寥。多尔衮也曾强行推行薙发令，但遭到河北军民的强烈抵制，北京局势一度十分动荡。当时清军刚入关不久，多尔衮也被吓住了，没敢再坚持，不剃就不剃吧。

当然，在任何时候，捧臭脚的人都是有的。有一个叫孙之獬的汉奸，虽是汉人，却主动剃发穿满装。可是等他上朝时，尴尬了。

清军刚进北京时，在朝会上，满人剃发留辫身着满装站成一班；原明朝降臣仍旧束发冠带而朝站成一班。可孙之獬这么一搞就乱了，他一身满人装束，就想往满人班里凑，但满人认为他是汉人，不带他，将他轰出来。不得已，他又站回汉人班列，但汉官束发而冠瞧不起小人嘴脸的孙之獬，对这个一心讨好的奴才从心里往外瞧不起，也往外轰他。孙之獬弄了一个猪八戒照镜子，里外不是人。

懊恼的孙之獬一气之下，给清廷上书，请求全体臣民一律剃发。有不少人说，清廷宣布剃发易服是听了孙之獬的主意，这实在是高估了他。因为早在清军入关前，在辽东时就已经强迫汉人剃发易服，二十多年前就这么干了。不管孙之獬说不说，清廷都会这么干。只不过，清军入关之初，局势不稳，还不敢在全国推行。

随着清军的步步推进，多尔衮的腰杆明显硬气了。弘光元年（1645）六月初五，清廷向全国发布薙发令，命令全国官民一律剃发。消息传出，举国大哗，一时全国军民群情激愤。一些原本已经投降的地区，听说薙发令毅然举起反清复明的大旗。可以说很多人是被薙发令逼反的。但清军似乎铁了心，一定要明朝官民剃发。在清军那里，就一个标准，剃发易服是明朝官民投降的标志，不剃发不易服，就是不愿投降，就是心怀明朝。

六月二十六日，在常州府江阴县，到任刚两天的清知县方亨接到薙发令，随即让人张贴布告，叫百姓剃发，消息很快传遍全城。闰六月初一，江阴的读书人齐聚孔庙，大家一致同意“头可断，发不可剃”，决定号召民众举行起义。县令方亨见百姓不肯从命，就秘密派人去常州府送信，请上级派兵镇压。不料，信被义民搜获，方亨立即被控制起来。六月初二，江阴士民推举典史陈明遇为首领，占领县城，正式反清。

闰六月，反清浪潮，席卷江南。

苏州各地在六月底已有乡兵聚集，他们以白布裹头，人称白头军。昆山诸生陆世钥“聚众千余”与清军对抗，他还与活动在松江一带的明吴淞副总兵吴志葵取得联系。

闰六月十一日，苏州的清廷官员正式贴出剃发的黄纸榜文。次日，城外的枫桥便有百姓聚集抗拒剃头。闰六月十三日，陆世钥率大批乡兵来到苏州，吴志葵的部将鲁之玛、蒋若来也率家丁数百人赶来增援。

乡兵打着明军旗号，“声言副总兵吴圣嘉统蒋、陈、朱、鲁诸将入城，精兵云集矣”。乡兵们从葑门冲入城中，杀吴县知县薛应琦，一把火将巡抚、知府、知县衙门烧成灰烬。

苏州城中的清军总兵土国宝手下只有数百士兵，见乡兵人多势众，不敢迎战，躲到苏州府学和瑞光寺附近藏起来。入城的乡兵虽然人多但只是乌合之众，也不敢与清军接战，当天晚上便撤出城外，一哄而散。接下来的几天，城外到处都有乡兵活动。直到十八日，数千清军从南京前来增援，才稳住苏州局势。

苏州府所属的昆山县，在苏州城发布薙发令的第二天，即闰六月十二日，由知县阎茂才下令剃发。十三日，即有众多百姓手持木棍涌入县城。

乡兵冲入苏州城的消息传到昆山，昆山百姓备受鼓舞，他们放火烧了县衙，还把县令阎茂才拖到城外乱刀剁成肉泥。当时的昆山县没有清军，所以百姓起事特别顺利。十五日，昆山士民将曾任明朝狼山副总兵的王佐才请入城中主事。

闰六月十二日，吴江县也接到了来自苏州的薙发令。当天，陆世钥带着他的白头军经吴江前往苏州。他们冲入吴江城，清吴江知县狼狈逃走。

吴江人吴易曾任弘光政权的兵部职方司主事，他和秀才沈自炳等人在南京失守后来到太湖，坚持抗清。这时，他也率部来到吴江，组织守城。二十二日，苏州城李率泰带着从南京调来的清兵进攻吴江。城中乡兵到底是乌合之众，一哄而散，吴江城再次易手。吴易等人只得退入太湖，在广阔的河汊湖荡中，与清军周旋。

苏州府治下的太仓，在闰六月十三日传令剃发。十四日，就传来乡兵攻入苏州的消息。太仓四乡百姓也跃跃欲试，打算攻打太仓，很快便聚集两三千人。他们也头缠白布，手持竹竿、木棒，来到太仓城外。

但是太仓不同昆山，这里驻有正规军，从前的明军现在投降清军的张天福部。次日，张天福的部队出城镇压，乡兵一触即溃，四散逃走。但清军人少，也没敢追。苏州府的嘉定、常熟两县，也爆发了反清起义，两城都被义军占领。

苏州府东面的松江府，多铎委任前明朝金山卫参将洪恩炳为安抚使接管松江。当时屯军崇明岛的明将吴志葵派人四处联络，试图夺取松江。闰六月初一，吴志葵的使者来到金山卫。金山卫的明军当时虽已降清，但一直密谋反抗。

六月初三，他们公开反清，推举世袭指挥使侯承祖为统帅，北上进攻松江府城，吴志葵也率军沿黄浦南下。这时，松江城中的前两广总督沈犹龙、兵科给事中陈子龙等原明朝官员聚集数百人，发动起义。洪恩炳狼狈逃走。

江南各地的反清起事多是民众自发，彼此缺乏联系，也没有统一指挥，基本上是各自为战。但这些起事有一个共同特点，即都以恢复明朝为号召。江阴百姓“设高皇帝位于明伦堂，誓众起师”，苏州乡兵“执大明义师旗”，昆山士民起兵时也在城中“设坛置高皇帝、烈皇帝神位、树大明旗帜”。

金山卫的官兵在密谋反清时，也“哭拜圣位前”，烧掉清军发给的冠服，“以示不臣二姓”。而松江、吴江等地的反清活动则是直接由明朝将领、官员率领。吴志葵、陈子龙、吴易等人还曾与浙闽的鲁监国、隆武等南明政权取得联系。隆武二年（1646）闰六月，清军对大运河沿线之外的江南地区几乎失去控制。

江南八旗军兵力有限，只能集中兵力驻守要点。驻杭州的博洛一面分兵镇压浙北嘉兴、湖州等地的抗清义军，一面还要防备当时鲁王政权的方国安、马士英等人率军渡钱塘江北上。

八旗军除留下必要的兵力守南京，大部分被多铎派往苏州一带镇压抗清义军。面对岌岌可危的局势，多铎手中的八旗军明显不够用。于是，南明降军在清廷眼中的价值瞬间提升。在金坛、江阴、溧阳、太仓、嘉定、松江，到处都可以看到他们的身影。降军中人数最多、战斗力最强的原明朝江北四镇降军成了清军用来镇压抗清义军的主力。

四镇之一的刘良佐在南京降清后，被多铎命令“以原官从征”，跟随八旗军追击弘光至芜湖。此后，他的部下被临时安置在南京附近。

闰六月初六，清常州知府宗灏再次派出一支千余人的小部队由常州前往江阴镇压“乱民”。江阴义军都是临时组织起来的百姓，缺乏训练，真打起来也不一定是清军的对手，好在江阴城中有原来明军留下的弓弩、大炮、火药。

宗灏派来的清军人少不说，还没有攻城的重武器，与江阴义军在城外打了几仗，也没占到便宜。薙发令下后，常州城外也是乡兵四起。

宗灏自顾不暇，哪还有兵力去增援江阴。南京的多铎只好派刘良佐部去江阴。

闰六月二十一日，刘良佐率军来到江阴城下。江阴义军主动出城迎战，因为之前与清军交过几次手，也打了几个胜仗，义军信心大增，胆也大了，但在城外还是被刘良佐击败。刘良佐的部队战斗力很渣，但毕竟还算是正规军，野战乡兵很吃亏。于是江阴义军也改变战术固守不出，刘良佐从东门到北门，列营十六座，企图围困江阴。但刘良佐只有三四千人，即使加上城外原有的一千多清军，也就四千多人。可是城里却是全民皆兵，人数超过十万。刘良佐也不敢贸然攻城，只是趁机带人在城外四处抢掠，相比打仗，这才是他的老本行。

清军将大营安在江阴城北的制高点君山。闰六月二十四日，刘良佐命人将劝降书射入城中，但守军并不理会。而城中乡兵见形势危急，不少人纷纷逃出城外，但遭到刘良佐所部追杀，死伤惨重。

闰六月底，常熟秀才金镶见江阴义军陷入苦战，前去增援。他招募了四百壮士，先屯于城外的沙山，等候常熟城中的义军首领严拭率主力前来会合，然后一起去救江阴，但严拭迟迟不至。金镶只好率部下四百壮士先行出发。

刘良佐得知常熟义军来援，十分紧张，因为他不知道对方究竟来了多少人，便将手下三千兵马尽数调往江阴东南进行阻击。清军在江阴东南的周庄设下埋伏。常熟义军分为前后两队，前队进入周庄后立即遭到清军猛烈炮击。二百多人全部战死，金镶只得率义军后队二百多人退回常熟。

到七月初一，刘良佐扫清外围，江阴义军与各地义军失去联系。清军开始攻城，城中义军虽人数众多，也不乏武器，但由于缺少组织，只是一盘散沙，没有得力的指挥，一时相当被动。

陈明遇被江阴义军推为首领。他虽有威望，却只是忠厚长者，团结军民、处理民政是他的优点，但领兵打仗不是他的强项。打仗，还需要专业的人。危难之中，陈明遇想到了一个人，正是这个人的到来扭转了局势，使江阴义军没有像其他义军被迅速击溃。

七月初五，义军主帅陈明遇派人缒城而出，将住在城外的原江阴县典史阎应元请入城中指挥守城。阎应元出身武生，曾率兵击退顾三麻子的海盗。他入城后，将城中义军重新组织分区防守。每二十人防守一个城垛，以十人为一队，轮流休息。生火做饭、传递砖瓦等后勤安排专人负责。

红夷大炮、油灯、砖石等战备物资也妥善分配，保障供给。城中义军号令严明，分工明确，井井有条。阎应元来得很及时，因为从十一日起，刘良佐就开始派兵猛攻北门。刘良佐的这支清军也就是原来的明军，并没有携带火炮，他们架浮桥渡过护城河，搭上云梯就开始爬城。

北门由阎应元亲自带人防守，清军刚一靠近，城上便炮石俱下，清军数次强攻都被打回去。

七月十五日，刘良佐转攻城东北，这次他改变战术想挖掘城墙。清军逼近城墙后“设三层牛皮帐，中设九梁八柱，矢石投之，皆反越不能入”，而士兵就躲在牛皮帐下挖城墙。他们以为有牛皮帐护身就安全了，可他们低估了群众的智慧。城中守军见招拆招用粪便和桐油，用大锅烧热后，往下浇。结果牛皮帐破了，躲在下面的清军被烫得皮开肉绽，剩下的仓皇而逃。

强攻失败，清军调来火炮轰击北门，炮火“彻夜不息”。城墙被轰坍数丈，但阎应元指挥石匠及时抢修堵住缺口，随塌随补。清军有大炮，江阴义军也有。你打炮，我也打炮，双方你轰过来，我打过去，大炮对射。当时城中有明军留下的“火药三百瓮，铅弹子千石、大炮百位、鸟机千张”。江阴义军将这些军火“很大方地送给”清军，清军在主动挑起的炮战中也没占到便宜，死伤惨重，城下堆满了清军的尸体。

清军的两个带兵大将见手下士兵的尸体堆积如山，也急了。他们每人身披两层铠甲带头爬城，很快就爬到云梯尽头城垛处，义军刀砍枪刺，这两人重甲护身竟然毫发无伤，众人慌了。这时，有人急中生智，大喊，刺他们的脸，两人只顾拨打眼前的兵器，露出破绽，说时迟那时快，一个姓汤的少年趁机用钩镰枪一下钩住一个大将的脖子，一个姓姚的竹匠飞快地跳过去，迅速割下清将的头。没了头的尸体坠落城下，清兵上前抢夺尸体，城上的义军瞅准机会，又是一阵火枪弓箭密集攒射，城下顿时哀号声一片，又躺倒不少清兵。

七月十五日，城北君山上的清军因遭义军炮击，不得不转移阵地。刘良佐数千兵马围攻江阴一个月了，却仍攻不下江阴，清军只得调兵增援。起初，多铎并未将江阴一座小城放在心上，以为凭刘良佐的军队就能解决这些“乌合之众”。

但多铎低估了义军，也高估了刘良佐。

江阴义军经过血与火的洗礼，早已今非昔比，他们不会后退，也没有地方可退。

刘良佐部队的战斗力一向很渣。当初在江北，刘良佐的部队就以战斗力差、抢掠百姓臭名昭著，临淮只是一座县城，当地百姓不让刘良佐的土匪兵进城，刘良佐调兵攻城，居然攻不进去。

闰六月，江南到处军情紧急，多铎将贝勒博洛率领南京的部分八旗军派往他认为最急需兵力的苏州一带防守，又将李成栋等降将派往吴淞、太仓等地，一时也没有多余的人马调往江阴。直到七月上旬，苏州的八旗军连续攻克昆山、常熟两城，镇压了当地的抗清义军。直到这时多铎才腾出手来解决江阴。

七月初六日，博洛率领八旗军用红夷大炮攻占昆山城。七月十四日，博洛到达苏州，并未进城，即匆匆西去，他的目的地正是江阴。但当天苏州大雨滂沱，船只受阻，直到次日，才得以前行。

七月十七日，一百余门火炮运抵江阴城下。江阴城下的刘良佐意识到，必须赶在八旗军大队到来之前拿下江阴。但他部队的战斗力实在很渣，刘良佐只好用老办法，劝降。十八日，焦急万分的刘良佐亲自到江阴城下劝降，却遭到阎应元的一顿痛骂，悻悻而退。

次日，贝勒博洛率领八旗军来到江阴，他到江阴后做的第一件事就是将刘良佐捆起来打了一顿板子。因为在博洛看来，刘良佐实在够饭桶，江阴只是一座小城，城里也没有正规军都是乡兵，这么久还打不下来，显然是刘良佐故意偷懒。

不过，打起来，博洛才发现江阴城防守严密，并不好打，便决定动用红夷大炮轰开城墙。从七月二十日起，清军将火炮集中到君山的制高点上，猛轰江阴北城。

但江阴守军早有准备，总能迅速将轰塌的城墙封住，这下博洛也没辙了。清军只是不停地向江阴增兵，此前一直在浙江北部嘉善、平湖等地作战的降将杨承祖部也被调来参战。多铎又命令刚刚镇压松江起义的李率泰带领部分八旗军，从苏州赶来江阴增援。多铎本人也亲赴常州坐镇指挥。

这很可能是弘光元年（1645）五月多铎进入南京城后，唯一一次前往江南其他地区，足见清军对江阴之战的重视。不过，兵力上处于优势的清军依然无法突入城中，攻守双方一直处于相持状态。

江阴城被围一个多月，城中粮食开始短缺，只能限量供应。直接指挥攻城的博洛得知后，想换个打法，不再强攻，改为长期围困，毕竟强攻伤亡太大，江阴军民的顽强超出了他的想象，他也没想到一个江阴，居然这么难打，他想将清军主力调走，但刘良佐力劝博洛继续强攻，降将比主将还积极，博洛拗不过他。你要打，那就打吧。

为攻下江阴，博洛压上了最后的赌注。八月二十日，清军从江宁沿长江水路运来二十四门火炮，集中轰击城墙。这批火炮很可能是当时清军装备的最先进的“神威大将军炮”，威力惊人。十几里外都能听到隆隆的炮声，感觉到猛烈的震动。

八月二十日当天，大雨如注，但清军的炮击并没有因恶劣天气停止，炮击整整持续了一夜。次日天明，城墙被轰开，清军蜂拥而入。

城被攻破时，阎应元正在东门督战，听闻清军进城，即率众杀向西门。阎应元与他的部队虽然英勇，怎奈敌人太多，这支小部队很快被清军包围。混战中，阎应元身中三箭，他对身边的部下说："为我谢百姓，吾报国事毕矣。"言罢，拔出佩刀直刺胸口，顿时血流如注，之后，阎应元纵身跳入湖中，部下跳下去拉他。就在这时，刘良佐率兵赶到，清兵将阎应元救出，押到刘良佐面前。刘良佐与阎应元早就认识，还很有交情，此时此地，见到阎应元，不禁百感交集，用手不停地拍打阎应元的肩膀号哭不止。阎应元倒是很坦然，当天晚上，阎应元从容就义。陈明遇也在巷战中为国捐躯。

惨烈的巷战一直持续到八月二十二日，损兵折将的清军随之开始进行大屠杀。八月二十三日，屠杀停止，战前二十万人口的江阴，这时只剩下五十三人。悲壮的江阴守城战结束了。

江南各地的抗清活动遭到清军的血腥镇压，劫后余生的士民被迫剃发，剃发之日，哭声遍野。

清军随军带着剃头匠，攻下一城，便强行剃发。清军的野蛮政策，令江南士民更加怀念明朝。

随着江阴之战的结束，江南的抗清运动陷入低潮，而夏天的到来也令惧怕暑热的八旗军饱受江南湿热天气的困扰。多铎认为南方已平，不需用兵，便决定全军北返。

八旗军主力撤走后，稳固江南新占领区就要依靠原明朝投降的军队，如何处置庞大的降军成了多铎北返之前必须解决的大事。

首要对降将做了安排。多铎受命南征，对地方文武有自行委任之权。在对降将的处置上，多铎往往暂时承认他们以往的"总兵""副将"的头衔，之后再发给临时性的豫亲王"札付"，授予职衔。待报请摄政王多尔衮批准后，再由清廷颁发印信，任命正式官职。高杰部将杨承祖，刚投降时也是"以总兵职衔体统效用"，八月才被多铎"票委"为苏州总兵。

到弘光元年（1645）秋，多数降将都得到了多铎的札委，高杰部将李成栋被任命为吴淞总兵、郭虎为广德总兵、胡茂祯为宁国总兵、高进库为江宁副将。黄得功部将马得功被任命为镇江总兵。一些不属四镇系统的将领也都得到了安排，如总兵王之纲被多铎任命为徐州总兵，总兵张天禄起初“以原官从征”，隆武二年（1646）被任命为“徽宁池太提督总兵”。多铎在使用降将时，授予他们与其原官相当的新职，一般不降职使用。

不过，也有特殊。比如刘良佐、李本深二人，他们在南明分别位居广昌伯、左都督，多铎不愿承认他们的官职，但若授予总兵之类的官衔，又相当于将二人降职，势必会引起他们的疑惧。于是，多铎采取“以原官从征”，回避对他们的正式任命。

刘泽清与李成栋、田雄等降将不同，他在投降之后被清廷闲置。刘泽清在清军到来之际没有主动迎降而是选择逃亡，一直躲藏了两个月才穷困来投，令清廷极为不满。而且，刘泽清逃离淮安后，部下作鸟兽散，他投降时手下已经没有多少人了，对清廷没有多大利用价值。

清廷本来就对刘泽清的兵马看不上眼，又对他缺乏信任，就将他从淮安带到北京控制起来。刘泽清当然知道其中的利害，他以奉老母回老家曹县为由请求延期，但清廷不答应。刘泽清进京后，没有被授予任何实职，实际被软禁起来，隆武二年（1646）被清廷以谋反罪斩首。刘泽清的部将由于是四镇中最晚归降的，也不被重用。刘泽清手下最早投降的总兵柏永馥，在隆武二年（1646）才被清廷起用，随肃亲王豪格征讨张献忠，后出任四川永宁总兵。

投降的明军有二三十万之多，清廷当然不会全部接收。经过一番挑选，只留下战斗力较强的一小部，而将剩余的遣散。南明四镇军队的战斗力也有强弱之分。高杰所部多是彪悍善战的陕北人，在四镇中战斗力最强。高杰部下的“前三营”李本深、李成栋、胡茂祯尤为强悍。

黄得功所部曾长期与张献忠等农民军作战，也有很强的实力。相比之下，刘良佐、刘泽清部的战斗力很弱。特别是刘泽清，一向善于保存实力，临阵脱逃，他的军队几乎没打过硬仗。人数虽多，战斗力却最渣，地方民团都比他们强。

对此，清军统帅多铎心中有数。弘光元年（1645）五月底，多铎遣散原黄得功所部兵一万余人。六月，多尔衮又专门就处置降军指示多铎“归顺之骑兵，仍归彼处，步兵应留若干，应裁若干，尔等酌量裁减”。

不久清军又令降军中“原系各处营制内抽调者，各回本营，新招募者，准归本籍。水师战船，领兵官照旧修理，用心操练”。清廷对降军中战斗力较强的骑兵和八旗军所缺的水师感兴趣。至于临时拼凑的新兵，则直接遣散。

经过精简，各降将手下人马大幅减少。据清廷档案记载：隆武二年（1646），李成栋所部只剩下三千四百人，田雄部只有三千二百人。李成栋、田雄都是原江北四镇的主要将领，降清时，手下拥兵都在一万以上。

清廷对降军裁汰力度之大可见一斑。一万人也就保留两三千人，这还是主力部队。

经过整编的四镇降军被调往江南各地，原高杰部将李本深、高进库被安排在南京、镇江一带，杨承祖随博洛前往杭州，李成栋被派往吴淞，胡茂祯被派往凤阳。原黄得功部将马得功被派往镇江，田雄被派往杭州。而四镇之一的刘良佐起初驻南京，后被调往金坛、江阴。

多铎的这些安排是有深意的，他把降将中地位最高、潜在危险性最大的如李本深、刘良佐留在南京附近，以便南京的八旗军随时控制。

而对李成栋、田雄这些地位稍次的悍将，则放心使用，将他们派往战斗的第一线。清廷将八旗主力集中于北京、南京等战略地区，投降的汉人部队，分散安置，越散越好。

四镇降将不再是“藩镇”，力量被大幅削弱，他们的军队所需粮饷全部依赖清廷供应，不允许自行募兵，只能乖乖听从清廷调遣。明朝的骄兵悍将不服号令的地方军阀居然被清军制服了。

弘光元年（1645）八月，多罗贝勒勒克德浑、固山额真叶臣、洪承畴来到南京接替多铎、博洛，南京改称江宁府。

九月，多铎、博洛率八旗主力北上返回北京。

立国东南——隆武政权

清军主力北撤，给了明朝重整河山的机会。清廷的薙发令遭到士绅百姓的强烈抵制，人心思明。

弘光元年（1645）六月十一日，杭州城，当得知潞王决意降清后，一个人愤怒地离开杭州，在一群文武大臣的拥护下前往福州建立新的抵抗政权，这个人就是唐王朱聿键。

唐王朱聿键是朱元璋第二十三子朱桱的八代孙，已经是很疏远的宗室。但在当时江南的明朝宗室要么投降要么隐藏，可以被选择拥立的并不多，朱聿键恰好在杭州，就被一些大臣拥立。当时，清兵已经逼近杭州，朱聿键只得率领支持他的大臣南走福州。

说起来朱聿键也是一个苦命的人。他爷爷朱硕熿喜欢爱妾所生的幼子，十分讨厌世子也就是他爹朱器墭。为了让心爱的女人的儿子上位，老爷子也是拼了。居然将长子朱器墭孙子朱聿键关了起来，这一关就是十六年。简直令人难以置信，这是亲爷爷干的事。

崇祯二年（1629），朱聿键与他爹朱器墭仍老老实实被关着，外面的人却等不及了。急于上位的朱器墭的弟弟下毒毒死了哥哥朱器墭。老唐王朱硕熿也就是朱聿键的爷爷打算让爱妾的儿子上位，取消朱聿键的继承权。不过，却被地方官员制止，这个人也是崇祯朝的一个牛人——陈奇瑜，就是在车厢峡大败农民军的那位，读过《明朝那些事儿》的人，对他应该不会陌生。陈奇瑜当时正在南阳做官，他去唐王府邸吊唁，警告老唐王，世子死因不明，更改世袭人选，朝廷日后追查，你逃脱不了干系。心虚的老唐王没敢动。就在当年，老唐王也死了。崇祯五年（1632），苦大仇深的朱聿键成为新唐王。

杀父之仇，不共戴天。朱聿键始终没有忘记当年他爹的死，他在耐心地等待机会。崇祯九年（1636），朱聿键将他的两位叔父福山王朱器塽、安阳王朱器埈杖杀。

崇祯九年（1636），可谓多事之秋。八月，清军入塞，京师告急。朱聿键主动上书，要求带兵北上勤王，但崇祯不许。崇祯不是不要援兵，不是不愿各地军队北上勤王，事实上，他是非常需要，望眼欲穿。但天下之大，谁带兵勤王都行，就是藩王不行。外人还好说，血统越亲近的越不被允许。原因很简单，怕藩王造反。明朝历史上是有教训的，所以历代皇帝都特别留心宗室藩王，不许藩王扩充军队，任何理由都不行。

朱聿键是宗室子弟，规矩他应该是懂的。可是，他接下来的举动却让人十分不解，他竟然带着王府的一千多名护军出发了，走到半路被严令返回。朱聿键带着他的小部队没机会跟清军交手，却在南下回家的路上，与几股农民军遭遇，打了几仗，互有胜负。但这不重要，重要的是，朱聿键越线了。很快，朱聿键就为他的冲动付出了代价。十一月，朱聿键被贬为庶人，发往凤阳监狱，专门关押宗室子弟的皇家监狱。他的弟弟朱聿镆被崇祯封为新唐王。

旧唐王朱聿键又开始了牢狱生涯。朱聿键入狱后，先后有两任漕运总督朱大典、路振飞上书崇祯为朱聿键求情。但崇祯似乎铁了心，谁求情也不行。直到崇祯十七年（1644），崇祯自杀，弘光上台，朱聿键才被从监狱放出来。若不是甲申之变，他很可能会把牢底坐穿，再也出不来。

朱聿键出狱后，被安排去广西平乐府闲住。可是，他没去。要说明的是，这可不是他有意违抗不服从安置，他不去的原因很简单，说起来还有点心酸，没钱。堂堂一个王爷居然凑不齐去广西的路费，但这就是事实。今时不同往日，承平年代，王爷身居深宫，锦衣玉食，但现在是天下大乱，公子王孙与平民百姓同受战乱之苦。朱聿键几经辗转来到杭州。在杭州没住多久，清军就来了，接着，潞王降清。朱聿键不愿投降，他是坚定的抵抗派。

黄道周、苏观生等大臣劝朱聿键监国，担起复国重任。于是，在郑鸿逵率兵护送下，朱聿键、黄道周君臣进入福建。迎接他们的是福建地方实力派人物郑芝龙。闰六月初六，朱聿键一行进入福州，第二天，朱聿键就任监国。闰六月二十七日，朱聿键在群臣的拥戴下正式登基称帝，以福州为临时首都，改名天兴府，以福建布政使司作为行宫。大明隆武政权正式建立。

隆武政权迅速得到福建、赣南（明军仍在坚守江西南部）、广东、广西、湖南、四川、贵州、云南等地军民的支持拥护。

隆武皇帝朱聿键即位后，大封有功之臣。郑氏兄弟首先受封：郑芝龙封平虏侯、郑鸿逵封定虏侯、郑芝豹封澄济伯、郑彩封永胜伯。

为收揽人心，隆武皇帝几乎将东南名臣“一网打尽”。黄道周、苏观生、何吾驺、陈子壮等二十余人先后被任命为大学士入阁，人数之多，堪称有明一代之最。

功臣虽多，但多是陪衬，很多甚至只是列一个名字，隆武政权能在福建立国，依靠的是郑芝龙，这是一个有故事的人。

中国人的海上传奇——郑氏集团

郑芝龙，原名郑一官，福建泉州府南安县人。俗话说靠山吃山、靠海吃海。福建（简称闽）靠海，闽人重商，泛海经商是闽人的传统。郑芝龙是个典型的福建人，不安于现状，有股闯劲儿，他又不喜欢读书，平时就爱跟一群哥们儿喝酒聊天，聊得最多的话题是去外面闯世界。

天启元年（1621），从小就不安分的郑芝龙再也按捺不住他那颗躁动渴望冒险的心，背着简单的行李就去了澳门，去投奔福建著名的海商——他的舅舅黄程，学做生意，那年郑芝龙才十八岁。在澳门，郑芝龙学会了葡萄牙语，还入了天主教，他还有一个教名“尼古拉斯·加斯巴德”。自然，他也认识了不少葡萄牙人。

海外经商的经历，开拓了郑芝龙的视野，也让他长了许多见识，结交了很多朋友。在众多朋友中有两个人是郑芝龙发迹的贵人。天启三年（1623），郑芝龙给舅舅黄程押运货物去日本，在那里他认识了其中一个改变他命运的贵人——李旦。

李旦，福建泉州人，与郑芝龙是老乡，他也是天主教徒。李旦是当时有名的大海商，常年在日本经商，他就住在日本平户。平户是日本对外贸易的中心，李旦则是平户海商的老大，主营中日进出口贸易。当年搞外贸很赚钱，李旦这些年也是赚得盆满钵满。在亚洲的日本、中国和东南亚地区，到处都活跃着李旦的商船队。郑芝龙跟着李旦搞外贸，边干边学，后来郑芝龙几乎完全复制了李旦的商业模式，也成了威震东亚的大海商。

李旦其实是一个有着双重身份的商人，他是海商也是海盗。这在当时的海上再正常不过，做海外贸易，要想做大，就必须有强大的武装商船队。因为你不抢别人，别人就抢你。当年在海上搞外贸的多是亡命之徒。手里有枪，别人才不敢抢你，生意才能做大。

嘉靖年间的大商人王直就是一个典型的例子。开始，他也是一个正经商人，只想赚钱发财，但被人抢了几次后，就不正经了。因为正经赚不到钱，还很可能送命。为了赚钱更为了保命，他的船队也配上了火枪大炮，开始横行海上，逮谁抢谁，王直的海外基地就设在日本平户。

郑芝龙几乎就是踏着前辈们的足迹前进，扬帆海上，搏击商海。生意好做就做海商，生意不好就做海盗。拿起刀枪是海盗，放下刀枪是海商。当时，西方的葡萄牙人、西班牙人、荷兰人也这么干，他们在中国东南沿海一带做海商兼海盗，一边打劫一边做生意。

郑芝龙在日本生意做得风生水起，事业发展顺利的同时也在日本收获了他的爱情。天启三年（1623），郑芝龙迎娶了日本肥前平户岛主田川七左卫门之女田川氏为妻。爱情事业双丰收。第二年，郑芝龙的长子在日本平户出生，郑芝龙给自己的第一个儿子取名郑森，这个郑森就是后来大名鼎鼎的民族英雄郑成功。

郑成功出生的时候，郑芝龙并不在日本，他正在逃亡。这就要说到郑芝龙生命中的另一个贵人——颜思齐。

郑芝龙刚到日本不久就认识了这位影响他一生命运的大哥。颜思齐也是福建人。早年在家乡因事杀人，不得已亡命海外。在老家时，颜思齐学了一手裁缝的手艺，到了日本就开了一家裁缝店维持生计。后来，颜思齐见做外贸赚钱，也下海经商，做起了生意。

俗话说，在家靠父母，在外靠朋友。海外的中国人自然而然很抱团儿，当时的中国与日本都奉行闭关锁国政策，只开放有限的港口进行贸易。日本只与中国、荷兰等少数几个国家贸易。而郑芝龙因为之前给荷兰人做过翻译，是其中为数不多的同时能跟日本人、荷兰人打交道的中国海商，这引起了颜思齐的注意，两人很快成了朋友。

颜思齐喜欢结交朋友，特别是在异国他乡，他认识到中国人只有团结起来才能不被欺负，才能生存下去。于是，就在天启四年（1624）农历六月十五日，颜思齐等二十八人正式结拜兄弟，郑芝龙是其中年纪最小的一个，他们举行了古老庄重的结拜仪式，从此成为生死与共的兄弟。

颜思齐为首的华商势力迅速壮大。当时平户的一些地方势力对中国商人巧取豪夺，有一艘中国商船因为不肯缴纳高额的税金，货物被日本税务官扣押。冲突中，中国船主被日本人打成重伤，颜思齐身为华商领袖，又好打抱不平，率领一帮兄弟将日本平户税所一把火烧了。

事情闹大了。华商与幕府之间的冲突不可避免，与其坐以待毙不如主动出击。颜思齐决定先发制人，在八月十五中秋节月明之夜发动进攻，占领平户。可是，因为一个小小的疏漏导致行动失败。八月十三这晚有人过生日，颜思齐手下一个兄弟酒喝多了兴奋过头，回家将准备起事的事说给了妻子。他的妻子是日本人，这个日本女人连夜去官府告发。得到举报，幕府军队立即出动，赶来平户。

颜思齐、郑芝龙等人对此毫不知情，眼看大祸临头。好在郑芝龙的岳父在日本的衙门里做事，得到消息急忙赶回来告诉郑芝龙，郑芝龙又急忙把消息报告颜思齐。

颜思齐只得与兄弟们驾驶原本用来攻打平户幕府的十三艘大船驶离日本。他们在平户多年积攒的万贯家财，一夜之间全都没有了。颜思齐等二十八兄弟就这样踏上了逃亡之路，他们不知该逃往何处，可去的地方只有舟山和台湾。舟山当时是航运中心和著名的贸易港口，去舟山发展机会大，好处显而易见。但命案在身的颜思齐是明朝官府缉捕的对象，他不能去舟山。

剩下的只有台湾，当时的台湾还是一个荒凉的海岛，当地土著以打猎捕鱼为生。一片蛮荒，瘴气弥漫，自然条件恶劣。但逃难中的颜思齐，却看到了台湾的潜在价值。

颜思齐选择去台湾，此后他的名字便与台湾的历史紧紧连在一起。

经过八个昼夜的海上航行，他们终于抵达台湾，一个充满危险、未知与机会的新世界。台湾虽然荒凉，位置却很好，是海上商路的枢纽，从东亚去东南亚的商船基本上都要从这片海域过，往来的商船很多，对搞海外贸易的人来说，这点很重要。

颜思齐与兄弟们商量后决定，就在台湾安营，垦田建寨，开发台湾。颜思齐可算是建设台湾的第一人，他也被后世尊为开台王。

但一年之后，颜思齐就病死了，郑芝龙被推举为首领，带领大家招徕大陆移民垦荒种地，台湾的最初开发更多还是在郑芝龙的主持下进行。不过，垦荒种地多是招穷困百姓来干，他们自己是不干的，干过海商赚过大钱的人是不会有兴趣在田间地头消磨时光的，来钱慢不说，挣得也少。他们爱干的还是做生意，但做生意也要有本钱。因为在日本损失惨重，所以郑芝龙带着他的兄弟们在台湾又干起了老本行——海盗，这行来钱快，还不需多少本钱，胆子大，敢玩命，够狠就行。他们这些人就是这种人。走台湾海峡的商船很多，这对搞外贸的人很重要，对海盗也是，郑芝龙的船队在这里“生意”很好。

颜思齐去世的同一年，李旦也死了，临死前，李旦将一部分船队留给儿子经商，剩下的多数都给了郑芝龙。

有贵人相助，郑芝龙的实力迅速壮大。开始组建属于他的海上舰队。在那个时代，海盗，或者说海商，几乎是沿海所有有野心、有魄力的男人的首选职业。渡海来投奔郑芝龙的人特别多，其中的很多人后来成为郑氏名将，如郑明、杨耿、陈辉、郑彩等都是这时候来的，郑芝龙把部队编成十八营，号称“十八芝”，也是从这时起他正式改名郑芝龙。

郑芝龙因为经常与葡萄牙人、荷兰人打交道，深知西洋人船坚炮利，当时明朝的水师装备已经落后于西方。而郑芝龙常年往来海上，免不了与西洋人起冲突，海盗就是这样，今天在一个桌上喝酒，明天就在海上开船对轰。有时，郑芝龙头一天还在欢宴时教荷兰人中国式划拳，第二天就去打劫荷兰船，搜刮财物后，再把船偷偷凿沉。而荷兰人也这么干，他们也常抢郑芝龙的船队，趁郑芝龙“做生意”时从背后下黑手。对此，双方都不会有啥心理负担，对海盗来说，今天吃鱼，明天喂鱼，也是很平常的事，重要的是发大财，及时行乐。

为发财，他们是连同行也不放过的，两伙人经常黑吃黑。装备落后，打起来就很吃亏。郑芝龙是个只想占便宜不肯吃亏的主。所以，他想方设法改造战船购买装备。

为了组建一支强大的海上舰队，郑芝龙煞费苦心，多次派人绘制荷兰人、葡萄牙人的船只图纸，打造仿制，礼聘各类火器制造技师。他的麾下有来自葡萄牙、西班牙、荷兰的各国兵器工匠。

郑芝龙一开始并未引起荷兰人的注意。当时荷兰人收购中国的生丝、瓷器，主要通过另一大海商许心素。

作为与李旦齐名的海商，许心素在明朝天启年间一度炙手可热，他不但在沿海有着广泛的人脉，更重要的是他接受了明朝的招安，是福建总兵俞咨皋的心腹幕僚。他是当时整个东南沿海唯一一个与荷兰人有合法贸易权的商人，这种半官半商的身份很吸引荷兰人。双方的贸易往来十分频繁，尤其在荷兰人入侵台湾后，许心素一度垄断对驻台湾荷兰人的“独家供货权”。他每次供应给荷兰人的生丝，通常都在二百担以上，每担价格高达一百四十二两。

当时，在东南沿海活跃着很多海商、海盗，郑芝龙觉得这么多同行，会“影响行业发展”，“有必要进行整合”。通俗地说就是黑吃黑，只有同行之间才是赤裸裸的仇恨。

“官商”许心素跟他的后台福建总兵俞咨皋成了郑芝龙的第一批“整合”对象。

天启七年（1627），郑芝龙率领一百余艘战舰，攻击明朝海防重地铜山所，袭扰中前卫。明军水师作战不力，福建总兵俞咨皋被撤职押送京城治罪，许心素因此失势，失去靠山的许心素只是一个普通的商人，很快被郑芝龙擒杀。

福建明军水师实力一直很强，之所以在与郑芝龙的对抗中落于下风，就不能不提三年前的另一场海战——中国明朝水师与荷兰舰队之间天启四年（1624）的澎湖海战。

从西班牙独立后，荷兰迅速壮大成为海上贸易强国。当时荷兰的商船数量超过欧洲所有国家商船数目的总和，荷兰人也因此成了“海上马车夫”。荷兰开始在全世界建立贸易据点，开拓殖民地。17世纪在荷兰被称为“黄金年代”。

万历三十年（1602），荷兰建立东印度公司，开始将势力向东方渗透。天启二年（1622），荷兰舰队七艘军舰搭载士兵九百人，悍然侵占中国领土澎湖，明朝得报后令福建巡抚南居益将荷兰人赶出澎湖。

天启四年（1624）二月，福建巡抚南居益亲自乘船到金门督战，福建总兵俞咨皋、守备王梦熊率领士兵一万人、兵船二百艘渡海出击。大军到澎湖后在白沙岛登陆，与占据在这里的荷军接战。

荷兰军队倚仗着工事坚固，加上荷兰战舰的海上策应，明军久攻不下。荷兰守军头目高文律固守不出，明军强攻受挫只好改为长期围困。七月，南居益又派火器部队支援，明军在得到增援后发动总攻，一直打到风柜仔的红毛城下，双方又形成僵持。八月，明军兵分三路，直逼夷城，荷兰人势穷力孤，不得不撤离占领两年的澎湖。

明军苦战七个月，炸毁红毛城，收复澎湖，荷兰守军头目高文律等十二人被俘。此战，明军动用兵船二百艘，兵力一万，交战七个月，损兵折将，用去军费十七万七千余两，终于取得胜利，高文律后被送往北京斩首。荷兰残兵败将仓皇逃往台湾南部。

虽然明军取得了最后的胜利，但其水师也遭受不小的损失，天启四年（1624）的澎湖海战后，明朝裁撤沿海水师，防线内缩。结果从天启四年（1624）至天启七年（1627），浙江、福建沿海海盗四起，活跃在福建沿海的有刘香、杨六、蔡三、钟六等众多海盗。

郑芝龙抓住机会，趁机壮大势力，横行台湾海峡。

郑芝龙的势力滚雪球般越滚越大，其中一个原因就是他几乎把持了当时最赚钱的对日贸易。

那时海上大宗对日出口商品是生丝，其利润率达到百分之一百四十；出口商品牛尾药的利润率最高，达百分之四百五十以上。当时海上贸易，平均的利润率在百分之一百五十左右。所以，有些正常贸易，做商人远比做海盗赚钱。中国的化妆品在日本也很受欢迎，被疯狂抢购，运去多少就卖出多少，一点不愁卖，这跟现在正好相反。

这一时期日本政局的对外政策发生重大变化，帮了郑芝龙的忙，从万历四十四年（1616）开始，日本因为国内天主教势力膨胀，对天主教以及信奉天主教的国家采取敌视态度。天启五年（1625），日本当局正式下令，禁止葡萄牙、西班牙等国来日贸易。天启六年（1626），日本下令在日的葡萄牙人、西班牙人离开日本。而信奉基督教的荷兰人渔翁得利，与日本的贸易额成倍增加。同样获利的还有郑芝龙，因他与日本的特殊关系，贸易份额也大大扩大。

而他与荷兰人之间的矛盾也日益激化，还是因为同行的仇恨，海上战争，在所难免。

郑芝龙的这支新兴的海商力量以台湾为基地，迅速崛起强大，成为明朝东南沿海的又一大患。然而明朝很快发现，每逢福建灾荒、饥民遍野，郑芝龙经常携带满船粮食，来沿海施粥赈济，当然，也没少了趁机招兵买马。

从天启五年（1625）到天启七年（1627），三年时间，郑芝龙已拥有近千艘大小战舰。水师实力让荷兰人都不敢小视，他的战船不仅有购买的、缴获的，还有自己造的。在造船工艺上，郑芝龙学习荷兰技术，开发新型战船。当时他的战船，已经装备三十门火炮，是具有强大火力的超级战舰。郑芝龙还有自己的兵工厂，完备的军火生产线，在武器装备上实现了自给。

这个时期，郑芝龙不断从福建沿海招募移民到台湾。自颜思齐时代开始的台湾移民潮，被郑芝龙延续并发展起来。郑芝龙在台湾的总部位于安平城即今天的台南市，以此为中心，散布着上万大陆移民，他们多是郑芝龙趁福建灾荒的机会招募的难民，在当地耕种土地，向郑芝龙缴纳租税。

郑芝龙和荷兰人的第一次海战，发生在天启七年（1627），当时郑芝龙正率军袭扰福建沿海，背后却突然被荷兰人捅刀子，双方在福建铜山发生激战。结果，郑芝龙第一次向荷兰人展示了郑氏水师的强大实力。荷兰舰队一艘战舰被击沉，一艘战舰被俘获。

在之后的一年里，郑芝龙的战船遍布台湾海峡，只要看到荷兰人的战舰，二话不说，冲上去就打。从天启七年（1627）到崇祯元年（1628），仅一年时间，荷兰人被击沉的商船就有十艘之多，还有多艘军舰被俘。荷兰人在台湾总共也没多少船，这么打下去实在吃不消，打到最后，荷兰人都要崩溃了。荷兰驻台湾总督揆一后来回忆："我们都不敢在中国沿海露面，否则就会成为一官（郑芝龙）的俘虏。"看来，嚣张的荷兰人也怕横的。

郑芝龙接班后的台湾，经济迅速发展，郑芝龙治下的百姓安居乐业，粮食堆满谷仓，还有逐渐壮大的军队。此消彼长，相形之下，反而是荷兰人的处境越来越难了。郑芝龙占有农业区，而荷兰人占有森林高山，但荷兰人的粮食需要靠总部的补给。郑芝龙的海上剿杀政策，让荷兰人吃饭都困难。如果这种情况继续下去，卷铺盖走人的，肯定是荷兰人。

正当荷兰人焦头烂额时，崇祯元年（1628），传来一个惊人的消息：郑芝龙走了。郑芝龙离开台湾，带走了他精心打造的那支强大水师和所有的军事装备；留在台湾的，只有那些肥沃的良田，屯垦的百姓，繁荣的村庄。一切一切，都成了留给荷兰人的礼物。没有打败仗，没有天灾人祸，为什么郑芝龙就这么放弃啦？

很快荷兰人就弄清楚原因了：郑芝龙当官了。郑芝龙从接班颜思齐那天起，就想着被招安，曾经多次向明朝示好，包括在福建饥荒的时候，主动安排流民去台湾，以减轻朝廷负担，并自己承担相关费用。在和明军作战时，故意不追杀败逃的明军，抓到的俘虏也全部放回。甚至有一次，他活捉了明军游击卢玉英，不但不杀反而礼遇有加，只是请卢玉英回去转告闽浙总督熊文灿："如果肯接纳他郑芝龙投降的话，他愿意誓死效力，让东南半壁江山从此高枕无忧。"

一来二去，郑芝龙的态度也让朝廷动了心。早在天启七年（1627），泉州巡海道蔡善继就曾招抚过郑芝龙，但这位蔡大人态度傲慢，见面的时候偏要摆谱，让郑芝龙下跪，郑芝龙不跪。郑芝龙可是海盗的头，平时都是别人跪他，他可不跪别人。蔡大人提这么个要求，说明他是混官场的，却不懂江湖。江湖人是好面子的，老大在小弟们面前必须够威风。郑芝龙要是跪了，以后还怎么带小弟。毕竟，人家以后还要在江湖上混呢！结果，双方不欢而散，招安泡汤。

次年，闽浙总督熊文灿亲自出面招抚。郑芝龙在得到熊文灿不拆分军队、不削弱势力的保证后，接受招安。郑芝龙就此告别海盗身份，成为明朝官员。

接受招安后，郑芝龙将其驻在台湾的三万军队和上千艘战舰统统带到了福建。结果就是正掀起开发热潮的台湾，只剩下少数郑芝龙的旧部，以及大批平民百姓。郑芝龙离开之后，荷兰人逐渐吞并了郑芝龙的地盘，开始了对台湾的殖民统治。

郑芝龙接受招安后也没忘了荷兰人。崇祯元年（1628），郑芝龙与荷兰人签订了一项沿海贸易协定，规定了荷兰人来华贸易的次数，船只吨位，交易规模，以及向自己所应缴纳的税金。

郑芝龙离开台湾岛后，他的据点台南，一度还在他的控制之下，当地百姓照样要向他缴纳租税，这个传统一直延续到他的儿子郑成功接班后。但毕竟鞭长莫及，回迁大陆的郑芝龙，渐渐将自己的力量转移到福建。荷兰人这才步步为营，在之后的多年里一步步吞并了郑芝龙在台湾的地盘。

郑芝龙接受招安，步步高升，多年后升任福建副总兵，成为明军福建水师的主帅。

郑芝龙完成了从海盗到将军的华丽转身，在历经四年的海外漂泊后，终于衣锦还乡。

崇祯三年（1630），郑芝龙派人去日本接郑成功母子回国。当时日本幕府严禁日本人出国，特别是女人，因此不肯放人。郑芝龙让族弟郑芝鹗带了五十多艘战舰包围日本的长崎港，跟着，郑芝鹗又去江户威胁幕府，说我郑家军十万精兵、千艘战舰，倘若日本当局一意孤行，我们不承诺不使用武力。吓得幕府立即放郑成功母子出国。

郑芝龙回到大陆后在泉州城南三十里筑安平城，建造府第，作为根据地。安平港口、船坞一应俱全，外海船舶可以直接开到安平城下。

有了官方背景，郑芝龙如鱼得水。他的商船队以不可思议的速度扩张，日本、吕宋到处都可以看见郑氏的船队。以郑芝龙为首的郑氏集团终于成为荷兰人的贸易劲敌，夺去了属于荷兰人的制海权，使荷兰人在台湾的贸易遭受重大损失。双方矛盾升级，同为海上强国，解决矛盾的方式自然是海战。

崇祯六年（1633）七月七日，荷兰驻台湾总督率领十三艘荷兰战舰，以突然袭击的方式进攻驻守南澳岛的明军。南澳守军奋起还击。

五天后，荷兰舰队北上厦门，当时厦门港内停泊着几十艘明军船只。荷兰舰队再次偷袭，击沉中国十五艘舰船，并登岸大肆掠夺，随后封锁厦门湾，强迫厦门、金门的中国人向荷兰进贡，并威胁要明朝开放贸易。

荷兰人提出中国要立即停止同西班牙、葡萄牙等国的贸易，只与荷兰人单独贸易，否则就开战。明朝不是后来的清廷，没有屈膝投降的习惯，当然不会答应。

明朝也相当强硬，也不多说，直接开打，打头阵的自然是郑芝龙跟他的海上舰队。

崇祯六年（1633）十月二十二日黎明，料罗湾。著名的金门料罗湾海战打响。

料罗湾位于金门东南海岸，是金门岛东南部面向台湾海峡的一个海湾，建有深水港口，是金门与台湾之间往来的重要通道。

一万明军、二百艘战舰列阵金门料罗湾。对面是荷兰舰队与海盗刘香的船队。

明军水师以郑芝龙部为先锋，利用东风两路突击。明军率先发起进攻，水师主力舰队直奔荷兰舰队，只用少数兵力监视刘香的海盗船。同时，他们采用了荷兰人在欧洲战场从未见过的打法——火攻。

明军一百五十艘战船中，只有五十艘是炮舰，其余一百条小船都是火船。随着一声令下，在大船火炮掩护下，百条火船蜂拥而上。

即使见多识广的荷兰人也很少见这种大场面。

参战的九艘荷兰战舰，有两艘一开战就被火船搭住焚毁，另外两艘在炮战中被硬碰硬撞沉，一艘被俘，剩下的几艘重伤逃走。

连荷兰舰队都被打败了，刘香的海盗船就更不值一提了。刘香船队的几十艘船几乎全沉在料罗湾里了。

料罗湾海战的胜利确立了郑芝龙的海上霸主地位。

崇祯十二年（1639），不甘心失败的荷兰人，派战舰来找事，再次被郑芝龙率兵吊打。两次战败的荷兰人终于被打服了。荷兰人在见识了郑芝龙的厉害之后，改变敌对态度转而与郑芝龙合作，以期求得在几乎完全由他垄断的贸易中得到一些好处。从此以后东亚海域的控制权完全掌握在郑氏集团手中，所有在这片海域上航行的船只都必须向郑芝龙交钱。

当时郑氏集团的势力已经达到“凡海舶不得郑氏令旗，不能来往，每舶例入两千金，岁入以千万计，以此富敌国”的地步。相比之下，明朝全部商业税加起来，一年也只有三百多万两（其中的市舶税只有四万两）。

想在海上做生意，就必须给郑氏集团交钱，按船收费，郑氏会给交钱的商船一面郑氏的令旗。往来商船只要插上郑氏令旗就能确保平安，放心做生意。不交钱嘛，也可以，但你要记住，郑氏曾经还有一个身份——海盗。

即便是号称“海上马车夫”的荷兰人的商船，也必须每年向郑氏交纳一千万法郎的进贡，才能保平安。

日本是郑芝龙的主要贸易国。明末，“海禁”政策有所松弛，日本德川幕府迫切要求恢复中日通商贸易，郑芝龙把日本作为主要海贸对象，开辟了从家乡泉州到日本长崎的海贸航道。郑芝龙用平底船运往日本的大宗商品主要是生丝及丝织品，他还与葡萄牙商人秘密合作，把澳门货物海运日本，再把日货销往吕宋，卖给西班牙人。

从崇祯十四年（1641）至隆武二年（1646），郑芝龙的商船频繁往返于福建、台湾、澳门以及日本和东南亚各国之间，其货船进出日本港口数量，比荷兰船多出七倍以上。

有了雄厚的经济实力，郑芝龙开始招兵买马，他的军队有十几万人，大小战船数千艘，实力在东南堪称第一。了解郑芝龙的这些经历，才能理解他后来做出的选择。他可以跟荷兰人兵戎相见，也可以跟荷兰人把酒言欢，做海盗、做商人、做官，都是在逐利，都是为自己。他的心中只有利，家国于他如浮云。

受制于权臣的隆武政权——力不从心

隆武政权从建立的那天起，出师北伐就是它的使命。因为清军已经过了长江，想与清军隔江对峙也办不到，北伐收复失地是唯一的出路。就算他们想蜗居在福建，清军也不答应。形势摆在那里，你不北伐，人家就会南下。反正早晚要打，不如先发制人，趁清军主力北还，北上收复江浙。但隆武帝朱聿键一年前还在蹲大牢，他的班底完全是拼凑出来的，隆武政权所能依靠的只有郑芝龙。可是这位实力派人物却不给力。本来拥立隆武帝的就是黄道周、郑鸿逵，郑芝龙也只是勉强同意，他只想守住现有的地盘，保存实力。

郑芝龙一心做他的进出口贸易，大笔捞金。隆武帝一心想北伐，可是要兵没兵，要钱没钱。兵都在郑芝龙手里，钱也都在郑芝龙口袋里。可是郑芝龙就是不出兵，隆武帝干没辙。

后来在隆武帝的再三督促之下，郑芝龙、郑鸿逵才勉强派了两支部队，分别去江西、浙江增援那里的抗清义师。郑芝龙派郑彩率兵出杉关增援江西；郑鸿逵派部将黄克辉出兵浙江。隆武帝派给事中张家玉监军随同郑彩部出征。郑彩的部队进入江西后不敢深入，只在福建和江西交界的地方来回武装游行，清军他们不敢打，抢当地百姓却很积极。因为清军颁布了薙发令，留发不留头，留头不留发。清军随军还带着剃发匠，走到哪儿就剃到哪儿。郑彩的部队这下有了借口，遇到剃发的百姓，二话不说抓住就杀。交战区的百姓可倒霉了。不剃发，清军杀；剃发吧，明军杀。结果，明军每到一地，当地百姓便逃散一空，明军想找个向导都找不到。

隆武帝得知后，特意下令给前线明军将领："兵行所至，不得妄杀。"留发的是顺民，剃发的是难民。隆武帝在南明的几个皇帝中，还是很想有一番作为的，也是比较关心民间疾苦的。他在位期间，严惩贪官、体恤百姓，生活上也一改皇室的铺张奢侈，布衣蔬食，以身作则。

隆武帝只是名义上的皇帝，实权掌握在郑芝龙兄弟手里，这些人对隆武帝只是敷衍应付，勉强维持表面的君臣关系。

郑彩的部队一味消极避战，听说清军来了，撒腿就跑，张家玉拦都拦不住，气得直接上书向皇帝告状。黄克辉的部队也是望敌奔溃，一点也指望不上。败报传来，隆武帝大怒，下令将郑鸿逵贬官，双方撕破脸皮。

隆武帝君臣知道郑芝龙兄弟靠不住，北伐只能另想办法。隆武帝首席大学士黄道周早就对郑芝龙兄弟的拥兵自重跋扈骄横不满，从未领兵打过仗的他，自告奋勇，主动上书，要求率军北伐。隆武帝很感动，但他拨不出兵马钱粮，只能给予精神上的鼓励。黄道周几乎就是以壮士一去兮不复返的悲壮开始了他的北伐。

郑芝龙巴不得黄道周早点走，两人向来不和，还曾在朝堂上为争上朝的班次大吵。郑芝龙麾下十几万精兵，却一个兵也不给黄道周，粮饷也仅仅拨给一个月的份额。黄道周只能带着临时招募来的三千多人踏上征途。黄道周没指望郑芝龙良心发现给他支援。黄道周的部队里很多是肩扛扁担的农民，他的部队也被人叫作扁担兵。

稍有军事常识的人也知道，一支临时拼凑起来的缺乏作战经验的部队是打不过凶悍的清军的，但黄道周知其不可而为之，他仍在为挽救大明做最后的抗争。

隆武元年（1645）七月，黄道周率军从福州出发，九月进入江西。当时施琅（原名施郎）在黄道周军中做一名小校，施琅虽然年轻，却很有经验，他也看出来了，以这么一支部队去抵挡清军，就是驱群羊入虎口。施琅给黄道周出主意，不如解散这支部队，只带少数骨干从小路去赣州以首席大学士督师的名义，征调各路明军。但黄道周并未听从他的建议，施琅便一个人脱离部队回福建去了。

其实，施琅的主意可行性也不高，黄道周何尝不知道这点，但各地明军观望不进，皇帝都调不动，他一个大学士就能调得动了？黄道周有他的想法，那就是沿途招募团结义师。黄道周率军出江西入浙江，所到之处，义师群起响应，队伍增加到一万多人，也打了几个小胜仗。不过，那些都是小股敌军，也就是地方民团、县衙差役之类的角色。很快，他们就遇上了正规军。黄道周率部从衢州去徽州救援在那里抗清的金声率领的义师，结果进入山区后，因为地理不熟，迷路了。他们没有找到友军，也没遇见敌人。实际上，他们与要救援的义军近在咫尺，只隔了一座山，可惜，直到金声兵败被俘，他们也没有发现对方。清军在击溃金声义军后，就开始寻找黄道周。

黄道周率部返回江西，清军兵分三路，跟踪追击。十二月二十五日，明军陷入重围，一场血战后，黄道周兵败被俘。

隆武二年（1646）二月初二，黄道周被押往南京。在这里，黄道周见到了洪承畴，后者很有耐心地劝降，得到的却只有轻蔑与鄙视。洪承畴坐镇南京以来，部下送到他面前来的抗清义士很多，他也是很有耐心地劝降，但结果都令他大失所望，回应他的都是深深的鄙视。洪承畴应该很有挫败感，尽管他是胜利者，但他恐怕找不到胜利者的感觉，他的劝降只是白费唇舌自取其辱。其实，原因很简单，想投降的早就投降了，还在坚持抗清的，都是大明的忠臣义士，在他们举起抗清大旗时，早已将生死置之度外，又岂是他能说动的。

隆武二年（1646）三月初五，黄道周在南京英勇就义。临刑前，黄道周向南跪拜，然后撕裂衣服，咬破手指，留血书给家人："纲常万古，节义千秋；天地知我，家人无忧。"最后时刻，黄道周大呼："天下岂有畏死黄道周哉！"头被砍断身体仍久久不倒，人们在为他整理遗容时发现他的衣服上写着"大明孤臣黄道周"七个字。他的四个学生与他一起被害。隆武帝得知黄道周殉国，痛惜非常，如折臂膀。朝廷追封文明伯，谥忠烈。一百多年后，乾隆在知道黄道周的事迹后称其"以身殉国，不愧一代完人"。将黄道周送上刑场为清廷效力的洪承畴却被乾隆指定编入《贰臣传》名列甲等。

隆武帝在福建处境艰难，郑芝龙郑鸿逵兄弟上朝，当着皇帝的面，扇扇子，全然不把皇帝放在眼里。隆武帝也是受够了郑芝龙的气，实在待不下去了。郑芝龙跋扈骄横已是全国尽知，外省官员纷纷上书，请求隆武帝御驾亲征，离开福建，脱离郑芝龙的掌控。督师湖南的何腾蛟请隆武帝移驾赣州，接替黄道周督师江西的苏观生也劝隆武帝："郑氏不足以有为，且事权悉为所握，请赴赣州，经略江西、湖广。"

隆武元年（1645）十二月十六日，隆武帝从福州出发，御驾亲征。二十六日抵达建宁。第二年三月十一日，隆武帝才从建宁走水路来到延平，到了延平就走不下去了，因为有人拦路。数万军民遮道呼号，请圣驾不要离开福建。面对此情此景，隆武帝就是想走也走不了了，就这么在延平一困就困了将近半年。其实，所谓百姓拦路，并不是代表民意。真正不想让皇帝走的人是郑芝龙，他才是这出闹剧的幕后主使。

从这也可看出，郑芝龙还是有点政治水平的，他没有公然阻止皇帝亲征，避免招致舆论的声讨，却搞了一出军民请愿的闹剧。但他的聪明没有用在正地方。

隆武帝始终未能走出福建，除了郑芝龙组织的"请愿团"的"极力挽留"，被隆武帝寄予厚望的何腾蛟不给力也是原因之一。何腾蛟跟隆武帝是老相识，早在隆武帝还是藩王时，两人就认识，所以隆武帝称帝后，对何腾蛟相当器重，将湖广都交给何腾蛟。

可是，何腾蛟的表现却让人失望，他知道隆武帝是一个想有一番作为的强势皇帝。隆武帝真到了赣南，离他近了，他就不好专权了。因为此时的他大权在握，湖北、湖南都是他说了算，地方官员多是他的亲信。这点明末清初思想家王夫之看得很清楚："顾腾蛟以便制楚，文武将吏皆出其门，不忍失权籍。"

早在隆武二年（1646）正月，隆武帝就让何腾蛟派兵来接他，"先遣精甲一万，迎朕湖东（江西省湖东道）"。可是，直到四月，也不见动静，隆武帝只好派人去长沙催。何腾蛟磨磨蹭蹭直到五月，才派郝永忠（郝摇旗）率兵一万从长沙出发，可是这支部队的行军速度实在慢得出奇，九月才走到郴州，走了四个月居然还没出湖南。隆武帝直到遇害也没等到湖南的迎驾部队。郝永忠走这么慢，显然是受何腾蛟的指使，不然，他怎么敢！

隆武帝困在福建走不出去，郑芝龙却准备"开门迎客"了。隆武二年（1646）六月，清军突破明军的钱塘江防线，分兵四路，攻城略地。七月，清军占领浙江。八月，清军南下福建。

早在这年三月，清军就派使者秘密进入福建与郑芝龙接触。对郑芝龙进行诱降。郑芝龙的表现令使者相当满意，回去后禀告上级，说郑芝龙"很有诚意"。

六月初，清军主帅征南大将军多罗贝勒博洛又命人拿着他的书信招降郑芝龙。郑芝龙这时已经决定降清。八月，清军南下，郑芝龙密令仙霞关守将施福放弃天险主动撤退，以示诚意。

八月十三日，清征南大将军多罗贝勒博洛、清闽浙总督张存仁、清福建巡抚佟国鼎率领清军从衢州出发进攻福建。八月十八日，清军在未遇到任何抵抗的情况下占领仙霞关，之后，迅速向福建腹地快速推进。

面对清军的大兵压境，拥兵数十万的郑芝龙却以海寇攻击他的家乡安平为由，擅自带兵返回泉州。虽然谁都知道，这只不过是郑芝龙给自己找的一个跑路的借口。只是，这个借口找得实在有点搞笑，安平是他的大本营，他的身家大多在那里，这个还说得过去，但说到海寇，天下谁人不知，他郑芝龙是全国最大的海寇。当然，现在已经不是了，但实力却比当年更强，拥有几十万军队数千条海船的郑氏集团，是东南最大的海上势力，谁敢抢他。这就好比拿着根木棍去抢警察局，那不是抢劫，而应该被认定为是一种自杀行为，但凡神经正常的也干不出来。

隆武帝说，你别走。郑芝龙说，我不。隆武帝也知道郑芝龙的脾气，说走就走，就算皇帝的话，郑芝龙也不听。隆武帝只好说，那你带我一块走吧。这次，郑芝龙连理都懒得理，也不回话，直接走人了。

郑芝龙走了，这次没人阻挡隆武帝去赣南了。八月二十一日，隆武帝带着皇后嫔妃以及随驾官员从福建延平启程前往江西赣州。因为不知道清军已经入关（仙霞关），隆武帝走得并不快，还带了很多行李，随从甚至有三个人骑一匹马的。可是，隆武帝身边的军队却很少，只有忠诚伯周之藩、给事中熊伟率领的五百多名士兵随行护驾。

八月二十七日，隆武君臣得知清军追上来了，大惊失色，君臣纵马狂奔，可惜，为时已晚。第二天，隆武君臣在汀州被清军追上，周之藩、熊伟战死，隆武帝与皇后、沈妃、陈妃被俘，随即遇害。九月十九日，清军在多罗贝勒博洛率领下进入不设防的城市福州。

郑芝龙把他的几十万军队都集中到安平，将福建拱手让给清军。郑芝龙很大方，博洛也不客气。一个真心不抵抗，一个放心接收。

清军主帅博洛一面令清军攻击前进展示武力，一面让已经投降且与郑芝龙关系紧密的泉州乡绅劝降郑芝龙。郑芝龙对清军的步步急逼，老大不乐意，说我都同意归顺了，你们还苦苦相逼，也太没诚意了吧。

博洛听说郑芝龙不满，马上下令清军后退三十里，然后再派人拿着他的信去安平劝降。信中，博洛将郑芝龙狠狠吹捧了一番，表示现在两广还在明军手里，正是需要将军建功立业的时候，我这里闽粤总督的大印都给你铸好了，就等你来拿了。你快点来吧，咱们再商量商量具体细节。我在福州等你哦！

见信后，郑芝龙转怒为喜，特别是博洛信里提到的闽粤总督，这个对郑芝龙的诱惑太大了。博洛也知道郑芝龙就喜欢这个，所以他才投其所好，不怕郑芝龙不上套。利令智昏，郑芝龙果然乖乖往套里钻，别人拉都拉不住。

郑芝龙决意降清，郑芝龙的弟弟郑鸿逵、儿子郑成功苦苦相劝，郑成功甚至跪下来哭着劝父亲不要做千古罪人。但郑芝龙已经被博洛灌了迷魂汤，铁了心要投降，谁的话也不听。

十一月十五日，郑芝龙不听劝阻只带了五百亲兵来到福州拜见多罗贝勒博洛。博洛满脸笑容地迎接郑芝龙，见面之后，先是一番中国式的相互吹捧，接下来就是吃饭。酒桌上谈事也是我国悠久的历史传统，虽然也有不少人在饭局上送了命，特定叫法是鸿门宴。但依然有人禁不住诱惑，听说有饭局屁颠屁颠就跑来，当然，诱惑他们的不是饭菜而是利益。博洛诱惑郑芝龙的便是那顶实际并不存在的清闽粤总督的大印。博洛在福州大摆酒宴，宾主欢饮三天。事情到这里还很正常，但接下来发生的事就不正常了。就在第四天晚上，清军突然拔营起寨，撤军北归。郑芝龙被要求随军北上。郑芝龙心中暗叫一声，不好，中计了。

等郑芝龙明白过来，也晚了。一切都是博洛设的局。但郑芝龙鱼入网中，也只能听清军摆布。不管你以前有多威风，现在也只是阶下囚。

郑芝龙不想去北京，他这辈子就想当割据一方的军阀，逍遥自在。郑芝龙苦苦哀求，表示自己走了，自己的部下还有几十万人，失去约束，怕这些人闹事，还是请让我留在福建为大清效力吧。博洛心里冷笑，放你回去，想得美！好不容易把你忽悠来了，岂能轻易放你走，放虎归山，必有后患。老虎只有关进笼子才能放心。

博洛有他的想法，郑氏集团失去郑芝龙这个首领会更容易收拾，博洛让郑芝龙给部下写信劝降。郑芝龙只能照办，博洛估计得没错，郑芝龙的部下们接到书信，纷纷投降。奉命投降的有郑芝龙的弟弟澄济伯郑芝豹、武毅伯施福以下总兵十员，士兵十一万。

十一月三十日，郑芝龙自投罗网后，清军背信弃义攻入安平纵兵抢掠。郑成功的母亲被清兵害死，郑成功得到消息，痛不欲生。

国仇家恨集于一身，更坚定了郑成功的抗清信念。隆武二年（1646）年底，郑成功率张进、陈辉等九十余人分乘两艘大船从福建南下，去南澳招兵。

当时不愿投降的郑氏集团成员，纷纷退守沿海岛屿。郑鸿逵退守金门，郑成功的堂兄郑彩、郑联据守厦门。

郑成功之所以选择南澳岛，是因为那里是郑氏起家的地方。郑芝龙受招安后，在崇祯八年（1635），升任南澳副总兵驻守南澳岛，直到崇祯十六年（1643）离开南澳去福州做福建总兵，在岛上待了八年。南澳还有不少郑氏旧部。

郑成功到南澳后，受到留守南澳的郑氏旧部的拥护。郑成功就在南澳总兵府前的榕树下竖起抗清大旗，招兵买马。很多不愿降清散落各地的郑氏旧部纷纷渡海前来投奔。郑成功在南澳招兵数千，这成为他在东南抗清起兵的家底。

很多人知道郑成功是国姓爷，却不知郑氏并非只有一个国姓爷，郑成功也不是郑氏子弟中的第一个国姓爷。隆武帝即位之初，拥立功臣郑鸿逵就带着儿子郑肇基参见皇帝，隆武帝为了笼络郑鸿逵当场赐郑肇基国姓。郑芝龙听说后，也带着儿子郑成功来见隆武帝，有这种好事，怎么能少了郑芝龙！隆武帝见郑成功风度翩翩，一表人才，也很喜欢，也赐他国姓，郑成功原名郑森，隆武帝给他改名成功，从这时起，人们就叫他郑成功，国姓爷。

郑成功对隆武帝很有感情，所以，进入永历元年（1647），仍用隆武年号。这年的春节，郑成功是在南澳岛上度过的，这可能也是他有生以来过得最凄凉的一个春节。别人家团圆年，而他，家破人亡，母亲被杀，父亲被抓，他退守孤岛，浪迹天涯。陪伴他的只有透骨的海风与冰冷的海水。

郑成功海上练兵，力图恢复。

郑成功起兵之初兵少力弱。此时处在抗清第一线的是鲁王朱以海率领的明军。

第三章

东南抗清

鲁王朱以海浙东抗清——华夏衣冠

弘光元年（1645）闰六月，因清廷的一纸薙发令，江南群情激愤。青年士子反应尤其强烈，身体发肤受之父母，中国三千年束发而冠的传统，岂是说变就变的，金钱鼠尾辫是清廷对汉人的羞辱。明朝二百余年尊重女真习俗，从未让女真人束发冠服，清军入关便令汉人剃发易服，如此公开羞辱华夏衣冠，有血性的江南百姓怎肯甘心受辱。浙江各地原本已经投降，但就因为清廷强制推行薙发令，不甘受辱的江南百姓群起反抗纷纷起兵。

首倡义兵率先行动的正是江南的读书人。

闰六月初九，原明朝九江道佥事孙嘉绩杀清知县王玄如在余姚起兵。

闰六月初十，绍兴府余姚县秀才郑遵谦杀清绍兴知府张愫、会稽知县彭万里在绍兴聚众起兵。

郑遵谦虽然是一介书生，却颇有侠士之风，铮铮傲骨。他爹郑之尹曾在明朝为官，这时主动跑到杭州剃发降清，想捞个一官半职，可等郑之尹从杭州回来，才发现大事不妙，他儿子居然“聚众闹事”。郑之尹当场吓得半死，哭着说：“你就饶了我这一条老命吧。别给我惹祸了。”但郑遵谦不为所动。最后，郑之尹跪着央求，郑遵谦知道父亲贪生怕死只想保住富贵，索性不再理他，扬长而去。

义军虽然拉起来了，可是，这么多人要吃饭，粮饷从哪儿来？郑遵谦请来当地缙绅开会，请大家有钱出钱，有力出力，共赴国难。可这些自私吝啬的守财奴既不想出钱也不想出力。改朝换代，关我啥事，不就是剃发嘛，剃就剃呗，能保住富贵就行。当时的很多人都是抱着这种想法混日子的。

郑遵谦晓之以理、动之以情，可这帮老滑头油盐不进，一个个装傻充愣，说到捐款就哭穷。任凭郑遵谦说得口干舌燥，也没人肯解囊相助。郑遵谦知道，这些人天生贱骨头，不对这些人来点横的，他们是不会就范的。于是，郑遵谦脸色一变，痛斥这些行尸走肉："你们高官厚禄数十年，朝廷待你们不薄，今国破君亡，你们却不肯为国出力，你们还有良心吗？"说着，示意手下，将这些人拖出去斩首。士兵们得令一拥而上就往外架人。这些人吓坏了，一个个吓得体如筛糠，抖个不停。原明朝尚书商周祚、姜逢元等人带头连连求饶，表示愿意为义军供应粮饷。郑遵谦本来也是吓吓他们，并没有真要杀他们的意思，目的达到也就见好就收了。

闰六月十二日，宁波府秀才董志宁、原明朝吏科给事中林时对在宁波推原明朝刑部员外郎钱肃乐为盟主，宣布起兵反清。当地驻军也表示支持。形势一片大好，可是，偏偏这时有人想捣乱，向清军告密，告密的人叫谢三宾。

谢三宾，这是一个卑鄙的家伙，原任明朝太仆寺卿，本来林时对等人最先找的是他，可是这位贪生怕死，不敢干。钱肃乐等人起事后，他还想举报。他派人带着他写的信去找总兵王之仁，想请王总兵派兵前来镇压"乱民"。

驻守定海的浙江防倭总兵王之仁，之前已经投降清军了。清军主帅博洛让王之仁原职留任，还干他的总兵。所以，谢三宾才向他求援。与此同时，钱肃乐也派人带着密信去见王之仁，想策反王之仁。两路使者怀着完全相反的目的前后脚到达定海。王之仁先见了钱肃乐的使者。使者见了王之仁便慷慨陈词，将当前的大好形势一一讲给王之仁，王之仁降清也不是真心，这时也颇有悔意。

两人正谈着，谢三宾的使者来了。王之仁让使者先躲起来，出来会见谢三宾的使者，使者呈上谢三宾的密信，王之仁见信后，就全明白了。他告诉谢三宾的使者，十五日，我会带兵去。送走谢三宾的使者，钱肃乐的使者也出来了，王之仁对他说了同样的话，十五日，我会带兵去。不过，后面还多了一句，请转告钱公准备好大军所用的粮饷。就这么一句，王之仁的立场已经很明确了。

十五日这天，王之仁果然如约带兵前来，义师及远近乡村父老齐聚演武坪，参加反清复明的誓师大会。当地乡绅尽数到场，这里面就包括谢三宾。谢三宾自以为得计，坐在那里暗暗发笑，以幸灾乐祸的心情等着看钱肃乐等人的笑话。

大会开始后，王之仁从靴子里取出谢三宾给他的信，当众朗读。谢三宾顿感大事不妙，冲上去想抢信，可怎么可能呢。王之仁早已令士兵将谢三宾拿下，捆成粽子。王之仁看着谢三宾对一旁的钱肃乐说："陈兵誓众，当祭旗，不如就拿这个家伙祭旗吧。"谢三宾听了，吓得面如土灰，跪在地上，哀号求饶，表示愿捐钱赎罪。义军正缺饷银，也就同意了。谢三宾这才保住一条老命。

王之仁的部队有两万五千人，他们的加入令义军声威大振。不久，总兵方国安也率军前来会师，台州石浦游击张名振闻讯也率军赶来。

军队来了，粮饷有了。这时，大家才想起一件重要的事，君主。当时唐王朱聿键尚未称帝。在浙江的原明朝官员急需拥立一位宗室为号召，原来流落在浙江的明朝宗室还不少，但几乎都降清了。整个浙江只剩下寓居台州的鲁王朱以海。那就是他了。

闰六月十八日，原明朝兵部尚书张国维等派人去台州迎接鲁王朱以海。七月十八日，鲁王朱以海在绍兴就任监国，立王妃张氏为元妃。

张国维、朱大典、宋之普、方逢年入阁为大学士。孙嘉绩、熊汝霖、钱肃乐因起义有功一律加封右佥都御史督率所部义军。率军来归的总兵方国安封镇东侯、总兵王之仁封武宁侯、秀才郑遵谦封义兴伯。大学士张国维为督师，总督各路明军。

在此之前的闰六月二十七日，唐王先于鲁王即皇帝位，并迅速得到各地明军的承认和支持。但当时因为消息不通，鲁王这边并不知道，等知道也晚了。鲁王政权能发号施令的只有浙江，这就尴尬了。

东南几乎同时出现两个政权。想让他们不争是比较难的。隆武政权先出手了。九月初，隆武帝派兵科给事中刘中藻来绍兴颁诏，表面上是说两家不分彼此要同心抗敌，同时还表示鲁监国任命的大臣可以到隆武朝廷担任相同的官职，也就是说，隆武朝廷承认鲁监国任命的大臣。这招挺狠，明摆着，挖墙脚。隆武帝可以承认鲁监国任命的大臣，但不会承认鲁监国。一山不容二虎，一国不容二主。

果然，隆武使者的到来，在鲁监国政权内部引发内乱。同意开读诏书的与不同意的，公开分成两派，彼此争执不下。以大学士朱大典、督师钱肃乐、总兵方国安为首的一方同意开读；以大学士张国维、督师熊汝霖、总兵王之仁、国舅张国俊为首的一方坚决反对。这也是隆武朝廷希望看到的结果。开读诏书就意味着承认隆武政权，不读也就是不承认。

问题在于，开读诏书承认隆武政权，那鲁监国往哪儿摆？最尴尬的是鲁监国。鲁监国对那些支持开读的大臣很失望，一气之下，不干了，于九月十三日回了台州。十月初一，那些想读诏书的大臣还是打开了诏书。但不支持开读的一派到底还是占上风，派人迎回鲁监国。

隆武政权与鲁监国政权自此公开对立。

鲁监国政权中的一些人暗中上书隆武帝表示效忠，隆武帝对这些人大加封赏。鲁监国也不示弱，也对隆武政权的大臣加官晋爵。为了争取人心，两个政权官帽满天飞，很多人因此过了一回官瘾。

虽然处境尴尬，但鲁监国矢志于抗清，还是应该被肯定的。

朱以海这些年的坎坷经历也足以写一部小说。他虽然没有像朱聿键从小被关押，长大蹲大牢，但也足够传奇。两个藩王都挺不容易。崇祯十五年（1642），清军打进山东，攻破兖州，当时的鲁王朱以海派遇害，朱以派的弟弟朱以海也被清兵连砍数刀，但居然没有死，清兵气得索性不再理他，朱以海这才逃过一劫。崇祯十七年（1644）二月，朱以海袭封鲁王，三月，北京就沦陷了。大家还没从惊天巨变中缓过神来，农民军就杀进了山东。朱以海被迫逃亡，饱受颠沛流离之苦，好不容易逃过长江，几经辗转后在浙江台州闲居。

经历国破家亡的朱以海变得更加坚强，与那些身处深宫的皇帝、藩王不同，朱以海身逢乱世，饱受战乱之苦，他明白事到如今，只有抵抗一条路。危急时刻，他敢于挺身而出，举起抗清大旗。

鲁监国政权是在战火烽烟中建立的，从始至终，这个政权都在战斗。

当时，鲁监国所部明军与清军隔钱塘江对峙。清军占据浙西，明军据守浙东。但因为清闽浙总督张存仁坚持执行清廷的薙发令，强迫汉人剃发，浙西的百姓纷纷逃离家园，过江投奔明军。一时，呈现“隔江男女争渡”的场面。百姓在用行动投票，民心可用。浙东明军抓住时机，王之仁、方国安率领正规军在义师配合下先后收复富阳、於潜。

九月，张名振、王之仁、方国安率军两万进攻杭州。两军从早上打到中午，互有胜负，势均力敌。

十月，明军再次出击。张国维、钱肃乐、方国安率军渡江，在草桥大败清军。

十一月，鲁监国封方国安越国公、王之仁兴国公，并筑坛拜将，以方国安为大将军统领众军。

十二月十九日，鲁监国亲自到钱塘江畔犒师。二十四日，明军两万多人在王之仁、方国安等指挥下，兵分三路，渡过钱塘江，反攻杭州。

清闽浙总督张存仁也分兵派将，三路迎战。两军在杭州城外打成一片。但方国安的指挥作战水平明显比张存仁差很多，明军大败，损兵折将。

隆武二年（1646）二月十九日，清廷任命多罗贝勒博洛为征南大将军替换平南大将军勒克德浑。博洛在南京与勒克德浑做了交接后，就开始调集江南各路清军，南下浙江、福建。

五月十五日，博洛率军来到杭州视察战地，也就是战前侦察。也是博洛运气好，偏偏这年浙江大旱，钱塘江水位直线下降。清军的斥候甚至看见有人在钱塘江里洗澡，水浅得可以直接蹚过去。十天后，清军行动了。清军兵分两路，主力从杭州一线直接蹚河过去，因为水浅嘛；另一路水师沿海而进。

当时，钱塘江西岸驻守的明军总兵力将近三十万，方国安部八万、张名振部四万、王之仁部四万、郑遵谦部四万，加上各路义军，兵力雄厚。尤以方国安的实力最强，他还是主帅，可是坏事就坏在方国安。

方国安见清军杀来，第一反应就是逃跑。在一天深夜，他率部南逃，跑的时候还不忘带上鲁监国朱以海。问题是，朱以海不想逃，之前说过，朱以海很有勇气，很想跟清军打一仗。可是，方国安不想打还强行带着朱以海一块跑，这就是劫持。

方国安这么带头一跑，手下八万大军瞬间溃散。方国安部的逃跑直接导致钱塘江防线上的各路明军军心动摇，也跟着跑，兵败如山倒。张名振、王之仁想拦，哪里还拦得住，也只能跟着溃兵一起往下撤。气得王之仁大骂方国安误国，可这时骂有何用，只能先撤再说。二十九日晚，朱以海在张名振护卫下撤离绍兴，经台州撤往海上。

六月初一，清军占领绍兴。方国安率部投降，随他一起投降的有内阁大学士宋之普、方逢年，还有谢三宾。这个谢三宾本应处斩，但他家有钱，他走后门花钱从国舅那里买了一个内阁大学士。这个小丑接下来还会出场，还有更恶心的表演。鲁监国的吏部尚书商周祚、兵部尚书邵辅忠、刑部尚书苏壮都降了。武将投降的就更多了，光总兵就有十八个，副将以下多得数不过来。

疾风知劲草，国乱显忠臣。

有投敌卖国的，也有自杀殉国的。

鲁监国首席大学士张国维、督师兵部尚书余煌、礼部尚书陈涵辉、大理寺少卿陈潜夫先后自杀殉国。

督师大学士朱大典率部坚守金华。六月二十六日，清军主帅博洛亲自指挥满汉八旗围攻金华。这是一场被忽视的守城战，从一开始，攻城的就是主力清军，而且他们还用上了红夷大炮，但就是这么打，金华还是打不下来。博洛不得不调闽浙总督张存仁麾下的降军也就是原来的明军助战，在持续猛攻二十天付出重大代价后，七月十六日，清军才攻进金华。

守城明军顽强抵抗，与入城的清军进行巷战。但清军人多，填满街巷，守城明军牺牲殆尽。最后时刻，朱大典率领亲信将校来到火药局，他们将火药桶捆在身上，点燃引线，随着一声巨响，他们与冲进来的清军同归于尽。

浙东被清军占领，王之仁率领水师去舟山投奔黄斌卿。黄斌卿表面答应得挺好，满面笑容，热烈欢迎。却在暗地里下黑手，趁王之仁不备，偷袭王之仁的水师。黄斌卿不是汉奸却比汉奸更可恨，不是清军却比清军更凶狠。《南疆逸史》评价黄斌卿："怯于大敌，而勇于害其同类。"黄斌卿这个卑鄙的奸贼不敢打清军，却热衷内讧尤其对背后下黑手杀害明军将领特别积极，死在他手上的经查明的就有巡抚荆本彻、总兵贺君尧等人。

王之仁对黄斌卿的背信弃义愤恨不已，下令凿沉船只，宁可沉船，也不留给奸贼黄斌卿。王之仁只留一条大船，但他留这条船并非怕死偷生。王之仁令部下摆开将军仪仗，开船直赴吴淞口。当地清军以为他是来投降的明朝高官，这个不奇怪，因为当时投降的明朝官员很多，清军都见怪不怪，习以为常了。

六月二十八日，王之仁被清军送到松江府。清吴淞总兵李成栋不敢怠慢立即转送南京。王之仁在南京见到了洪承畴，没等对方开口，他先说话了。王之仁说我是大明总兵，不想死在乱军之中，死得不明不白，来你这里只是想死在明处，让史籍有所记录。洪承畴还想劝他，剃发投降，结果再次招来一顿痛骂，洪承畴只得下令将王之仁斩首示众。

一六四六年夏，鲁监国在张名振的保护下也渡海来到舟山。因为鲁监国有张名振的军队保护，黄斌卿不敢加害。但黄斌卿借口他是隆武帝封的官，不便接待，不让鲁监国进城。鲁监国、张名振只好率军在城外安营借住，看人脸色，寄人篱下。

九月，退守厦门、金门一带的郑彩、周瑞率领战船四百艘来到舟山，见鲁监国处境艰难，就请鲁监国移住厦门。十月二十五日，大军从舟山出发，经过一个月的海上航行，十一月二十四日抵达厦门。

必争之地赣南——赣州保卫战

赣州古称虔城，是一座有两千多年的历史名城。赣州所在的赣南东连福建西接湖南，又是广东的北方屏障，号称闽粤咽喉。清军南下广东，赣南是必争之地。

隆武二年（1646）三月，清军在轻取赣北后，清江西提督金声桓、总兵柯永盛乘胜向赣南进兵。六月初，清军进至赣州外围。隆武朝廷对赣州的防守极为重视，除令江西总督万元吉、江西巡抚刘广胤固守外，又令原本要来福建的大学士杨廷麟留在赣州指挥守城。与此同时，当时的隆武朝廷从全国各地征调援兵，支援赣州。在清军围城之前，先后到达赣州的有赵印选、胡一清率领的云南兵三千，两广总督丁魁楚、大学士苏观生派来的广东兵七千，湖广总督何腾蛟从湖南派来的两千兵，赣州城守军六千，加上各地来援的义军，明军在赣州的总兵力接近四万。

八月二十三日，清军夜袭城外的广东水师罗明部。罗明的部队原本是海盗，不久之前刚刚接受招安，未经训练，警惕性不高，被清军偷袭成功，八十多艘战船被烧毁，罗明连夜率部逃回广东。

八月二十八日，城外的广东兵被清军击溃。八月二十九日，云南兵被击溃。各路明军纷纷败退。赣州只剩下城里的六千明军。

九月初，清军扫清赣州外围，完成对赣州的合围。

十月初三深夜，清军对赣州城发起总攻。在向导引领下，清军选择小南门作为主攻方向。双方几番血战，战斗非常激烈，杨廷麟亲自上城督战。四日天明，清军在浓雾掩护下爬上城墙，攻入赣州城。守城明军与清军逐街逐巷反复争夺，赣州城内到处是喊杀声，青壮男人大都拿起武器参加战斗。青年妇女不愿受辱而自缢或投塘者不计其数。杨廷麟见满目尸首，血水横流，知道大势已去，投清水塘自尽。督师万元吉也投水自杀。赣州自杀殉国的官员有三十余人，六千明军牺牲殆尽。

到这年年底，江西、浙江、福建几乎全部沦陷。

不该出现的飓风——吴淞反正事件

这时鲁监国辗转于浙江、福建海上，过着“水上为金汤，舟楫为宫殿”的艰苦生活，时人称之“海上天子”。

但艰难困苦不仅没有让朱以海消沉，反而更激发了他复兴大明的斗志。永历元年（1647）正月，朱以海在长垣誓师，吹响反攻号角。

郑芝龙留在福建的旧部郑彩、郑联、杨耿纷纷率兵来会。朱以海为鼓舞士气，加封郑彩建国公、张名振定西侯、杨耿同安伯、郑联定远伯、周瑞闽安伯、周鹤芝平夷伯、阮进荡胡伯。一时间，明军在东南沿海掀起反攻高潮，频频出击，主动进攻清军，十分活跃。

受此鼓舞，四月，苏州发生了吴胜兆反清复明事件。清吴淞提督吴胜兆之所以反清，是因为他跟一个人不和，与他闹别扭的是清江宁巡抚土国宝。但这两个人闹矛盾起因却是太湖义师。这就不能不说，一度令清军闻风丧胆的太湖义军。

弘光元年（1645）闰六月，江南各地因剃发引发的起义进入高潮。苏州尤其热烈，是这次反清起义的中心，苏州府下属各县常熟、吴江、昆山、嘉定群起响应，大有燎原之势。

苏州吴江人吴易是崇祯十六年的进士，他与举人孙兆奎同入太湖起兵，加入到轰轰烈烈的反清大起义中。闰六月十一日，两人率领义军攻入吴江县杀清知县吴廷佐。在清军的血腥镇压下，年底江南各地义军大多被镇压下去，但太湖义军不仅没有被击垮，反而越战越强。因为他们更多时候是泛舟湖上，清军缺乏船只不会水战，义军就利用清军的弱点，在太湖上神出鬼没地打击清军。

一六四六年正月十五，太湖义军再次攻入吴江杀清署县事（相当于代理知县）孔胤祖。同年三月，义军放出风声，要三攻吴江。新任清吴江署县事陈日升吓得真魂出窍，他已经是吴江一年之内上任的第三任知县，前面两位都是被义军干掉的。兔死狐悲，陈日升赶紧派人向清江宁巡抚土国宝、清吴淞提督吴胜兆求救。吴胜兆派手下副将汪懋功带兵去太湖追击义军。

义军故意败退，撤入太湖。汪懋功带兵追到湖边，看着义军纷纷上船进了太湖，汪懋功想追上去，可他没有船，这个好办，去抢就行。汪懋功带着手下四处找船，很快，他们就找到了很多船，船上还有很多船工。汪懋功乐开了花，这群傻鸟，居然不跑，那就别客气了，连船带人全部征用。

船工们很听话，也服从指挥，十分配合，这让汪懋功大感意外。不过，军情紧急，他也没多想，就带人上船，往太湖里追下去。他实在应该多想想，在义军活跃的太湖，怎么会有那么多船等在岸边，还有那么多见到清兵也不慌乱、乖乖听话的船夫。

等清军追进太湖，义军早就不见踪影了。清军追来追去也见不到一个义军，正在疑惑之间，船队不知不觉已经划进太湖中心。就在这时，只听一声呼哨，所有的船工不约而同纵身跃入湖中，眨眼间就不见了。

船上的清军顿感大事不妙，很快他们的不安就得到了证实。各船船底同时发出巨大的声响。有人在下面凿船，不多时，船只一艘接一艘漏水，接着便沉入水底。清军纷纷落水，拼命挣扎，但清军大多不会水，一个个尽管拼命划水，但很快就从湖面上消失了。少数会水的清兵也被埋伏的义军水师围歼。

原来，船上的船工都是义军扮的，之所以乖乖待在那里被抓，就是为了将清军诱入太湖。清军在陆地上嚣张，到了水上就由不得他们了。

此战，义军全歼清军一千余人，大获全胜。太湖义军声势大振。隆武朝廷与鲁监国政权纷纷给予嘉奖。

但不久，吴易被捕牺牲，年底，太湖义军也被镇压下去。

在镇压太湖义军的过程中，吴胜兆率部乘机在苏州地区大肆抢掠，将很多义军收编，壮大队伍。吴胜兆与土国宝的矛盾也就此产生。江宁巡抚土国宝给他的上级清大学士洪承畴打小报告，告吴胜兆招降纳叛。洪承畴认为这事再寻常不过，就是巡抚与提督闹矛盾，他在官场多年，这种事他见得太多了。

洪承畴只是让吴胜兆搬家，移镇松江。吴胜兆知道是土国宝打他的小报告，恨得咬牙切齿。

愤恨不已的吴胜兆整天牢骚满腹。吴胜兆与土国宝原来都是明军，清军入关才投降的，两人又都是武将出身背景相同，吴胜兆的资历比土国宝还要深一点点，所以，吴胜兆不服土国宝。大家都是降将，凭什么你就压我一头，巡抚多个屁，老子也是提督就不服你。

当时，吴胜兆有一个幕僚叫戴之俊，此人是明朝生员，也就是秀才。戴之俊原来就是太湖义军，因清军镇压，被迫投降，心中仍不忘反清复明。他见吴胜兆天天骂街，对清廷不满，认为有机可乘，就鼓动吴胜兆率部反正，弃暗投明。吴胜兆说，就算我有这个心思，怎奈兵力单薄，缺少外援。戴之俊说，这个好办，我与陈子龙是好友，他认识黄斌卿，可以请他出面联络，到时请舟山明军接应，里应外合，拿下苏州。

戴之俊找到陈子龙，请他写信联络舟山的黄斌卿，陈子龙欣然同意。

陈子龙是江南有名的才子，文坛领袖。但更多的人知道陈子龙是因为他与柳如是的爱情故事。这对才子佳人两情相悦彼此欣赏也有过短暂的甜蜜幸福，但最终两人还是以分手结束。

国破家亡之际，陈子龙告别儿女情长勇敢地担负起复兴大明的重任，积极奔走联络各地义师反清复明。陈子龙写信给黄斌卿劝他出兵接应，同时还请友人夏之旭去见吴胜兆传递消息。

黄斌卿接到信，反应冷淡，之前说过，他怕清军，平时也就待在岛上当岛主，一般不轻易出来。他的专长是暗杀和偷袭抗清的明军，但舟山驻有鲁监国的部队，鲁监国朱以海虽然去了厦门，但他的军队主力仍在舟山。鲁监国部将定西侯张名振、监军张煌言、总督浙江水师沈廷扬听说后都很兴奋，大家都觉得机不可失，力主出兵，因为他们是真正的抗清队伍，大明军队。

黄斌卿见众人都赞成，只得勉强同意，派人接应。

双方信使秘密往来，最后定在四月十五、十六日两天，舟山水师来吴淞接应，因为海上风波不定，不好确定具体日期。

四月十六日，吴胜兆按计划行动，派人请清松江府海防同知杨之易、推官方重郎来提督署议事。两人到了地方就被吴胜兆的部下副将李魁带兵乱刀砍死。吴胜兆宣布起义，同时派督标中军副将詹世勋、左营中军都司高永义前往海边迎接舟山水师。

可是，天有不测风云，海上更是阴晴不定，刚才还是晴空万里，转眼便黑云压城，海上惊涛拍岸。舟山水师在来的路上在崇明附近海域遭遇飓风。

张名振、沈廷扬、张煌言所部将士乘坐的二百艘战船多数翻沉，士兵落水，很多人葬身海底。幸存的明军在海上几经挣扎，好不容易爬上海岸，却遇见了等在岸上的清军。明军衣甲尽湿，筋疲力尽，武器也丢了，几乎就是一支解除武装的部队。上岸的明军尽数被俘。张煌言趁乱混入人群，几经辗转方才脱险回到舟山。

沈廷扬与部下七百人被押往苏州，江宁巡抚土国宝劝降，沈廷扬的七百部下无一人肯降，被全部活埋。土国宝之狠毒可见一斑。沈廷扬被押送南京。在南京，沈廷扬见到了洪承畴，熟悉的场景再次出现。洪承畴苦口婆心地劝降，沈廷扬大义凛然，不为所动。最后，在洪承畴的叹息声中，沈廷扬被推出斩首。连洪承畴都数不清，类似的情形出现过多少次了。

在明军的几位主将中，经历最曲折惊险的莫过于张名振，张名振的船也被飓风吹翻。他好不容易漂到岸边，爬上海岸，发现海边有一座寺庙，便进入庙中求助。不幸中的幸运，他遇上了一位同情大明的名叫玄一的僧人。玄一见张名振的一身装束，就全明白了。不等张名振开口，玄一就主动给张名振剃发换衣，又给张名振准备了斋饭。张名振匆忙吃过饭，向玄一拜谢并将随身携带的银印交给玄一保存。情势紧急，两人也顾不上多说，张名振便起身告辞，匆忙找了一只小船，返回舟山。

张名振刚走不久，搜捕的清军便追踪而来。清军在庙里搜到了张名振的湿衣服还有银印，估计张名振并未走远，便向玄一追问张名振的下落。玄一故意指错路，清军追错方向。等清军发觉上当，张名振已安全脱险。懊恼的清军将玄一杀害。若没有玄一舍命相救，张名振恐怕也难逃清军的追捕。张名振知道只有将抗清大业进行到底，才对得起牺牲的烈士，他的生命已不属于他，属于大明。

再说吴淞岸边的詹世勋、高永义，两人在岸边焦急紧张地等待舟山水师。可等了一晚上，熬过漫长的一夜，直到天亮也未见海上有船队出现。两人就知道肯定出事了。起事能否成功，关键在于援兵能不能及时赶到，现在，不见援兵，事情就危险了。深感大事不妙的两人决定临阵反水。詹世勋、高永义两人带兵急急赶回提督府，进府后，二话不说，挥刀便砍，杀死李魁，生俘吴胜兆，参与密谋的幕僚知情人全被他们杀了。

接着，他们向南京报告了吴淞事件的经过，当然是按他们的叙述方式。吴胜兆叛变被他们发现并及时平定。坐镇南京的洪承畴那可是眼里不揉沙子的人，他知道事情不会那么简单，急忙找来操江总督陈锦、镇守南京的提督巴山紧急会商，商议的结果是，陈锦、巴山带兵前往苏州。四月二十二日，两人率军到达苏州，随即在苏州、松江一带对抗清志士展开大搜捕，风暴席卷江南。

陈子龙很快被捕，陈锦亲自审问。陈子龙被押入审讯室时面色从容、昂首挺立。陈锦问陈子龙："你为何不剃发？"陈子龙答道："留此见先帝于地下。"陈锦又问："你的同谋都有谁？"陈子龙回答："文天祥只有一人。"

这样的审讯，再进行下去也问不出什么结果。陈锦只能草草收场。

因为陈子龙是知名人士，清军将他列为重犯，派兵将陈子龙由松江押往南京。陈子龙被押上木船走水路去南京，在船上，陈子龙趁看守不备，纵身跃入江中，投水自杀。他投水的地方正是他的故乡松江。

顾咸正、黄锦标、左帅、刘承高等四十四位抗清志士先后被捕遇害。浙江的抗清事业受到重挫，但白色恐怖吓不倒真正的勇士。真的勇士敢于直面淋漓的鲜血。

当年冬天，宁波便发生了抗清复明历史上著名的“华夏翻城事件”。

被告密者出卖——宁波秀才起义

永历元年（1647），八旗军主力在占领浙江、福建后，北返休整。常年生活在北方的满洲八旗实在受不了江南的气候。这时候在前线与明军作战、镇压各地义军的是投降清廷的原明朝部队，以左良玉、高杰、刘良佐的部队为主。但八旗军撤走之前，对这些降军进行了大幅裁撤，只保留有战斗力的部队，人数只有原来的十之二三。

原先在明朝骄横跋扈的军阀，投降清军后马上变得老老实实，乖乖接受整编。整编的结果就是清军在江南的军队数量急剧减少，仅有的军队也大多集中在福建、广东前线。浙江的清军兵力极为空虚，浙江的秀才们决定抓住机会举行起义，光复浙江。

宁波秀才华夏、董志宁、王家勤、杨文瓒等人积极密谋策划反清起义。华夏当时是鲁监国兵部职方司郎中，董志宁、王家勤是大理寺评事，杨文瓒是御史。当然，起义，只靠几个秀才干不起来。不过，秀才们有外援——驻扎在舟山的鲁监国部队，还有四明山里王翊、李长祥率领的义军。

常言道，秀才造反三年不成。那是说，秀才们平时读孔孟之书晓周公之礼，理论水平是有的，懂的也多，秀才不出门，便晓天下事。可是，执行力却不高，四体不勤，五谷不分。真上战场就不那么灵了。

可是，宁波的秀才们却与百姓印象中的秀才不同，表现就是很有执行力。华夏等人准备以王翊、李长祥的义军突袭绍兴，得手后与舟山来的援兵合兵一处，拿下宁波。秀才们还与宁波城里的清军中军游击陈天宠、仲谟取得联系，后者答应到时起兵反正，里应外合，攻占宁波。

华夏等人秘密派人进山联络义军首领王翊，商议详细的作战计划。说起来，华夏与王翊还是同朝为官的同事，前者是鲁监国的兵部职方司郎中，后者是兵部职方司主事。当然了，鲁监国的朝臣多数都是有头衔并不在朝为官，当时朱以海自己还在海上漂着呢！他的朝廷里也实在安排不了那么多人。

华夏又派人到舟山，请明军出兵接应。别人都没问题，问题又出在黄斌卿身上。这位内战内行外战外行热衷于窝里斗的军阀，对反攻一向不感冒，但大家都愿意，就他反对，他也怕众意难违，只能勉强答应，这几乎就是年初时吴淞事件的重现。

华夏等人积极奔走联络，最后定于十二月初四，乘清浙江巡按御史秦世祯移驻天台，城里官员去渡口送行的机会，城内城外同时行动，夺取宁波。

万事俱备，只等时间一到，便内外并举。可惜，关键时刻又出事了。这次没刮飓风，但起事的计划提前被清军知道了，因为有人告密，告密的是谢三宾。这个该死的谢三宾，当初就应该把他杀了。谢三宾也不知从哪儿得知了起义计划，这个卑鄙可耻的家伙急忙跑去向清军告发邀功请赏。

秦世祯得到报告，立即派兵进山，围攻义军。王翊没有准备，猝不及防，仓促率部转移，但忙中出错，将鲁监国颁发的印信、敕书，特别是把华夏、董志宁几位秀才联名写给他的密信弄丢了。

清军在进山搜捕义军时，搜到了密信。清军利用谢三宾的告发材料，还有搜到的密信，按名单抓人。十二月初二，华夏被捕，接着，其他几位秀才也先后被捕入狱。董志宁安全脱身，后来在舟山保卫战中牺牲。王学勤在十二月十六日与清军的战斗中牺牲。

舟山明军并不知道宁波发生的变化，仍按原计划在十二月初四这天如约前来，数百艘战船直抵宁波东门。但城内没有动静，四明山的义军早已被击溃，不会再有接应。城外的舟山明军预感到事情不妙。

宁波清军早有准备，明军在城外与清军从上午打到黄昏，不见有援兵接应，只好原路返回舟山。

尽管击退了明军的进攻，宁波的清军仍惊魂未定，好悬，差一点就脑袋搬家。回过神来的清廷官员立即提审此次事件的主要组织者华夏。

清廷官员急于撬开华夏的嘴，好将抗清义士一网打尽，急于立功的清廷官员对华夏动用各种酷刑，简直到了丧心病狂的程度，详情就不必多说了。

华夏几次被酷刑折磨得昏过去，又被用凉水浇醒，但他始终咬定，策划人就是他。为了保护其他参与密谋的志士，华夏将所有的事情都揽到身上，任凭敌人如何拷打，宁死不招。清军见华夏不招供，只能先将他关进大牢。

华夏在狱中表现得很勇敢，他用实际行动向世人展现了真正的书生本色。国难当头，挺身而出，坚贞不屈，视死如归。从入狱到牺牲，他没有出卖一个同志（志同道合的人）。

那个卑鄙的告密者谢三宾，以为自己告发了反清起义，为清廷立下大功，这下不但能保住家产，说不定还能被清廷起用做官。谢三宾这厮正做着升官发财的迷梦，却不知，早就有人盯上他了。清军主审官员之一的孙枝秀惦记财主谢三宾的家财不是一天两天了。他明知谢三宾是告发起义的告密者，不可能参加起义，却硬说谢三宾参与了密谋，想将谢三宾也打成“谋反”的罪犯。这么一来，谢三宾的家产就会被充公，他的机会就来了，只要从中稍作手脚，便能发一笔横财。

为了顺利实施计划，孙枝秀特意派人到监狱里找到华夏，告诉华夏，出卖你们的人就是谢三宾。现在我有办法为你报仇，将谢三宾置于死地，只要你在堂上承认谢三宾是你们的同党，我就有办法杀他。孙枝秀认为，华夏没有理由拒绝他，这是唯一的复仇机会，只要谢三宾的谋反罪名成立，谢三宾的巨额家产就归他了，而华夏他们的仇也报了，一个得财，一个报仇。

可是，孙枝秀想错了。在大堂上，华夏公开否认谢三宾是同谋。华夏这么做的理由很简单，谢三宾不配。在华夏眼中，谢三宾这么一个猪狗不如的小人，反清复明青史留名的好事，不可以有谢三宾这类人。谢三宾原以为告发起义会发财做官，没想到告发不但没领到赏钱做上官，还被抓进大牢。这时，华夏一句话就能让他人头落地，谢三宾早就吓得屁滚尿流，跪在地上摇尾乞怜，丑态百出，乞求饶命，孙枝秀连理都懒得理他。

华夏不承认谢三宾是同谋，让谢三宾捡了一条贱命。谢三宾跪在地上不住地对华夏叩头，连声称华夏是长者。

永历二年（1648）五月初二，华夏英勇就义。

八闽大地义师起——反攻福建

浙江的各路反清起义先后失败，但福建却是另一番景象，那里的抗清武装已经遍地开花，福建各地义军蜂起，星星之火已成燎原之势。

福建抗清的大好局面，与鲁监国的亲自挂帅有很大关系。他是南明唯一敢于亲临前线的君主，鲁监国的到来，令义军深受鼓舞，士气大振。福建“义师起，八郡同日发”。

永历元年（1647）七月初四，王祁、李长蛟率领的义军攻克建宁府，杀清知府高简。战斗中，抗清义军击毙清军总兵李应宗、副将曹胤吉，之后乘胜收复崇安、建阳、松溪、寿宁。

清闽浙总督张存仁在给清廷的奏报中称福建“遍海满山，在在皆贼”。义军攻势如潮。张存仁唯恐连接闽浙两省的咽喉要地浦城被明军攻占，亲自率兵去浦城增援。八月初九，明军进攻浦城受挫，义军首领李长蛟、总兵张明阵亡。虽然遭遇挫折，但明军的攻势依旧强劲。十月，明军接连收复长乐、永福、闽清、罗源等县。

从一六四七年十月到一六四八年四月，义军首领王祁率各地乡兵经过七个月的围困，胜利占领福宁州。

义军围攻兴化府的过程更为曲折。一六四七年八月，义军包围了兴化府所在地莆田城。十一月，清军援兵赶到，义军在城外与清军大战一场，损失惨重，被迫退入山区。可是，福建已是遍地烽火，福建省会福州也处于义军的围攻之中。清福建巡按御史周世科眼看福州城里的清军就要顶不住了，不得不下令要进山追击义军的清军回来增援省会福州。莆田的义军抓住清军援兵撤走的机会，卷土重来，再次包围莆田。又经过数月的围困、围攻，永历二年（1648）四月，义军在一支反正清军的配合下，里应外合占领莆田城。

到永历二年（1648）春，明军与各地义师相互配合，共收复福建三府一州二十七县。明军乘胜围攻省会福州。鲁监国朱以海亲自到前线坐镇指挥，他的指挥部就设在福州城外的闽安镇。

但随着清军援兵的到来，形势急转直下。这批清军援兵不是江南的部队，他们是从北方调过来的八旗军。

张存仁被义军搞得焦头烂额，整天不是去解围，就是在去解围的路上，忙得团团转。可是义军并不见少反而越来越多，福建几乎到处都有义军，处处都是战场。张存仁带兵四处转战，一刻也不得闲，一年过去了，他发现清军能控制的地盘几乎只剩下了省会福州。老头儿实在折腾不下去了，给清廷打报告，说他有病，请求病退，提前退休。照这么个打法，就算不被义军打死，也得被累死，张存仁不傻，他还想多活几年呢。清廷很快批准了他的退休申请，张存仁丢下一个烂摊子走人了。来接班的是陈锦。陈锦在这时候被派到福建来，估计是不高兴的。陈锦，别急着哭，你的苦日子还在后头呢！

张存仁原是明朝宁远卫副将，自 1631 年在大凌河降清以来，一直都很卖力，出谋划策，哪儿都少不了他。现在连他都装病回家了，说明福建的形势已经是不能再乱了，他也搞不定了。

接替张存仁的陈锦也是降将，原是明朝大凌河都司，清兵入关前就投降了，资格也很老，至少比洪承畴老。但洪承畴虽然投降晚但能力强，后来居上是他们的上司。洪承畴也知道他们搞不定了，这才不得不请清廷派八旗兵来福建增援。

永历元年（1647）十一月，清廷任命礼部侍郎陈泰为靖南将军率梅勒章京董阿赖、李延龄、李帅泰领兵南下福建。

永历二年（1648）三月，清军援兵抵达福建，迅速转入反攻。在新任清闽浙总督陈锦的福建清军配合下，于三月二十九日包围建宁，经过数日猛攻，四月初四清军攻占建宁，义军首领王祁力战殉国。

到永历二年（1648）底，清军又重新夺回被义军收复的城池。永历三年（1649）正月，鲁监国被迫移驻闽浙交界的沙埕。

明军的败退，固然是因清军实力强大，但内部人的拆台捣乱不得不说也是重要原因。郑芝龙在隆武帝那里有多跋扈，郑彩在鲁监国这里就有多嚣张。郑彩投奔鲁监国后，仗着兵多，飞扬跋扈，在朝堂上说一不二，群臣敢怒不敢言。永历元年（1647）十月鲁监国兵部尚书、新任内阁首辅熊汝霖再也看不下去了，就说了郑彩几句。结果，这个家伙就火了，军阀脾气一上来，竟然不顾国法，公然杀害朝廷首辅。郑遵谦听说熊汝霖被害，愤怒异常，大骂郑彩。郑彩的耳目很多，这事很快就传到了郑彩的耳朵里，郑彩既然已经杀了内阁首辅，再杀一个郑遵谦，对他来说已经不是问题了。郑彩派人诱捕郑遵谦，不甘受辱的郑遵谦投海自杀。

郑彩连杀两位重臣，鲁监国朱以海气得要投海自杀，被左右大臣苦劝拦下。朱以海虽是监国，但对拥兵自重的郑彩也没有办法。最后，郑彩表面认错，杀了几个人顶罪，此事最后不了了之。

福建反清一度如火如荼，各地义军攻城夺地，人心振奋。可是郑彩又出来搅局。郑彩是典型的窝里横，杀朝廷大臣眼都不眨，但看见清军掉头就跑。见友军连连得胜，郑彩这厮又犯了红眼病，打清军，他不敢，但从背后下手偷袭友军，那他可很在行，打起来一点不含糊，又一个黄斌卿。

当时，隆武朝的大学士刘中藻在原籍福安县起兵反清，连战连捷，接连收复福安、罗源、宁德，甚至一度打进浙江，攻占庆元、松阳。郑彩趁刘中藻的义军在前线全力对付清军的时候，从背后对友军痛下黑手，偷袭刘中藻的义军，抢地盘。但郑彩不会想到，善有善报，恶有恶报，他的报应很快就来了。螳螂捕蝉，黄雀在后。郑彩在前线偷袭抗清义军，在厦门，有人也在背后偷袭他，袭取他的老窝。偷袭郑彩的人是郑成功。虽然偷袭友军是不对的，但郑彩这号人，人人得而诛之。以郑彩犯下的罪行，砍他十次都不多，不得不说，郑成功袭取厦门是大快人心。

虎溪夜月——郑成功智取厦门

永历元年（1647）春，郑成功率军移驻与厦门咫尺相望的鼓浪屿，在那里操练水师。郑芝龙降清后，郑氏集团瓦解，地盘和舰队被部下瓜分。金门被郑芝龙的四弟郑鸿逵占据；厦门是沿海对外贸易的集散地，被郑彩、郑联兄弟盘踞。郑成功起兵之初，兵力很少，地盘更是少得可怜，只能在安平、鼓浪屿、海澄一带的沿海小城、海岛上练兵。

郑成功一心重振郑氏海上雄风，但他势单力薄。郑氏集团几乎一半的舰船都在郑彩、郑联手上，虽然郑成功这两年一直在招兵买马，实力比之前壮大不少，追随郑芝龙降清的施琅、洪习山、黄廷等人先后反正来投，沿海一带的抗清志士如海澄人甘辉、漳浦人蓝登也投入郑成功麾下，但在郑氏集团内部，郑成功这一支的势力仍很弱小。

郑成功想以小吃大，吞并郑彩、郑联的船队，实现自己集团的跨越式发展。再说，那本来就是他爹的船队，身为郑芝龙长子的郑成功，对郑芝龙的船队理所应当拥有继承权。要不是郑芝龙被以绑架的方式突然被清军带走，郑氏船队的接班人肯定是郑成功。

但乱世，一切皆有可能。郑成功只能以自己的方式实现对郑氏集团的掌控。

虽然，郑成功想夺取厦门，只是“拿回属于自己的东西”，但郑彩、郑联的船只兵力的数量是郑成功的好几倍，郑成功想“拿回来”谈何容易。

不过，机会说来就来，郑彩参加鲁监国对福建的反攻，率领一支船队在沿海活动，不在岛上。

郑彩离开厦门前曾叮嘱郑联：“饿虎不可为邻，我带兵远出，你要留心防范，切不可大意！如果见到郑成功的船来厦门，你要特别注意。”

以前郑彩听郑鸿逵多次夸过这个侄儿，也见过郑成功，知道郑成功胸怀大志，不是寻常之辈，这才嘱咐郑联要他小心提防。郑联却一脸不屑不以为然，说郑成功不过是一个乳臭未干的孩子，徒有虚名而已，何足挂齿。沉迷酒色的郑联对郑芝龙的这个长子并不了解。郑彩说：“你错了，不要因为他年轻就放松警惕。我细心观察过他，郑成功调兵得法，是个将才。你我与之相比，怕还要稍逊一筹呢！”郑联有点不耐烦了，说：“哥，你打了半辈子仗，怎么现在变得如此胆小？我的兵船粮饷是他的十倍，他怎么敢打厦门的主意！”郑联把郑彩的话当耳旁风，照旧过着花天酒地的日子，不加设防，经常在万石岩他的住处饮酒作乐。

郑成功认为机会难得，准备动手，但对方毕竟人多势众，强攻，他担心自己这点人，怕吃不掉对方。

左先锋施琅足智多谋主意多，对郑成功说：“对付郑联不一定要硬打，当以计图之。”也就是用计智取。施琅虽然年轻，但很会打仗，尤其精通水战。郑氏水师“自楼橹、旗帜之法，皆琅启之”，郑成功很赏识施琅。

施琅说：“郑联是酒色之徒，国姓爷只需带上四只大船寄泊在鼓浪屿，他见您船少，一定不会起疑；其余船只伪装成商船，或寄泊在岛美、浯屿，或寄泊大担、白石头，或从鼓浪屿转入崎尾，或直接入港碇泊在厦门港水仙宫前。国姓爷只带少数随从登岸拜谒，再送上千石大米，郑联必喜而不疑，稳住郑联后再找机会袭击他，这是吕蒙取荆州之计。”郑成功点头赞许决定依计而行，选出五百精兵，令甘辉、施琅、洪政、杜辉四员得力大将统领，乘四艘大船从广东揭阳扬帆出发来取厦门。

永历四年（1650）八月十五日晚上，郑联与手下诸将大摆宴席，彻夜狂欢。按厦门风俗，中秋是非常重要的节日，要庆祝一个月。二更鼓后，郑成功的船只抵达厦门。郑成功求见郑联，但郑联已经喝得大醉，正呼呼大睡。当晚，郑成功在船上过夜。次日早上，郑成功再次登门拜访。

郑成功说："我屡战屡败都不好意思来见您，还望您多多指教；现奉送一些大米给您，略表心意。不知郑联兄以后能否借些兵助我抗清？"郑联说："派兵相助，理所当然。你什么时候用兵提前告诉老哥一声就行。现在不去说它，兄弟相见，不饮不快。来人哪，去备酒菜。"两人边饮边谈。

郑联见郑成功谦恭有礼，看上去对厦门没什么企图，就放松了。两人一起喝了几杯酒。又闲聊了一会儿，郑成功便起身告辞，说晚上要回请郑联，请他务必赏光到虎溪岩赴宴。郑联爽快地答应了。见郑联不加防备，郑成功便密令手下将船队开进厦门港，紧靠郑联的船停泊，约好到时以炮声为号，一齐动手。

虎溪岩满山岩石，奇险天成，大若虎踞，小如羊蹲。"虎溪夜月"是厦门著名的景点，也是厦门人中秋赏月的最佳去处。

郑成功在虎溪岩设宴款待郑联。郑联喝得很多，玩游戏"投壶角胜"，兴致很高。散席后，郑联的部下掌灯扶着醉醺醺的郑联走路回府。途经半山塘（今万石岩湖东侧一带）时，早已埋伏在这里的郑成功部将杜辉等人突然跃出，杀了郑联，把他的头割下藏好，飞报郑成功。郑成功立即在万石岩顶放炮，郑成功的部队听到信号迅速进入厦门，很快便控制全城。郑成功随后让心腹带兵守住郑联、郑彩的宅门，下令：非郑成功的命令，任何人不许擅自进入宅门！之前，郑联手下的将士、船只，已被施琅、洪政、甘辉等人控制，不敢妄动。郑联旧部陈俸、蓝衍、吴豪等人听说郑联已死，知道大势已去，便主动前来拜见郑成功。郑联的部下对贪图享乐不思进取的郑联早已怨声载道，而"国姓爷"名声在外，诸将纷纷表示，愿意归顺郑成功。

郑成功顺利收编郑联的部队，对郑联旧部大加封赏。封陈俸为戎旗镇前协，蓝衍为后协，吴豪为副将，黄屿为中冲镇管兵中军。"海上军皆属焉，可四万余人。”郑成功的部队一下扩充到四万。

一夜之间，厦门易主。

第二天，厦门城里的老百姓还不知道昨晚发生的事。郑成功派人出榜安民。百姓生活往常。

郑成功占领厦门如鱼得水，终于有了稳固的地盘可以施展自己的抱负。他任命蓝登为援剿后镇，蒋恺为副将；提拔周全斌为中军翼将率军镇守厦门。

接着郑彩的水师将领杨朝栋、王胜、杨权、蔡新等率全队舟师来投郑成功。

郑彩傻了，地盘丢了，队伍散了。

失去地盘、军队的郑彩，再也抖不起威风了。郑彩不得不厚着脸皮上书鲁监国，向鲁监国求救。郑彩好像忘了，他当初是怎么对待鲁监国君臣的。现在想起求救了，早干吗去啦?

鲁监国的部下将领张名振等人早就对郑彩恨之入骨，第一反应是，郑彩，你也有今天，救你，想得美。张名振等人没有放过痛打落水狗的机会，带兵过去，对郑彩又是一阵猛捶。

种瓜得瓜，种豆得豆。郑彩种下的恶果，他跪着也要吃完，这就叫自食其果。

郑彩走投无路，实在没地方去，最后求人走郑成功奶奶的门路，郑成功才允许交出兵权的郑彩在厦门闲住。

郑成功在厦门收拾了郑彩、郑联。紧接着，张名振、王朝先就在舟山解决了黄斌卿。正义会迟到，但不会缺席。鲁监国军队夺取舟山后，以舟山为大本营，从此有了稳固的基地，告别了漂泊海上的生活。

第四章

反正高潮

孙守法陕西抗清——围攻西安

孙守法，字绳武，陕西临潼人，原大明陕西副总兵，自幼习武，骁勇能战，善使铁鞭，人称孙铁鞭。孙守法是猛人，跟的也是猛人，曾在曹文诏手下当过游击，擒杀点灯子、不沾泥，后来，跟随孙传庭在黑水峪之战中生擒高迎祥。李自成占领陕西，他率部退入终南山坚持抵抗。

孙守法是一个坚定的人，乱世多的是随风倒墙头草，但孙守法却是青松。孙传庭战死，大顺军来了，陕西各地的明军差不多都投降了，他不降。清军开进潼关，陕西各地的军队，不论是大顺军，还是原明军又都降了，他还是不降。他拥戴秦王的儿子在五郎山抗清。

贺珍原是大顺军汉中主将。大顺军撤离关中，贺珍的处境就尴尬了，一不小心成了陕西小吃肉夹馍，被陕西清军与四川大西军两大势力夹在中间。驻军汉中的贺珍只有两个选择：投降或者单干，显然以他的那点兵力，单干的结果就是被干掉，因为两边他谁也打不过。剩下的只有投降，但以大西军与大顺军的关系，投降大西军，比被干掉也好不了多少。于是，弘光元年（1645）二月，贺珍投降了清军。

但降清后，贺珍的日子也不好过，清陕西总督孟乔芳总想将贺珍、罗岱等人分散安插，因为他们都是大顺军降将。孟乔芳担心这些人聚在一块闹事，就找各种理由调开他们。孟乔芳原来也是降将，从前是明军，早在清军入关前就投降了，论资历比张存仁还老。

孟乔芳想夺贺珍的兵权，可是贺珍也不傻，总能找到理由搪塞应付。来硬的，直接动武，孟乔芳手下能指挥的军队只有一万两千人，其中他的嫡系还不到五千人。凤翔总兵董学礼部有六千人，但董学礼这六千人也是刚刚投降不久，关键时刻，未必靠得住。贺珍的兵力是孟乔芳的好几倍，真打起来，谁解除谁的兵权还真说不准。

就在孟乔芳纠结要不要对贺珍动手的当口儿，贺珍先动手了。弘光元年（1645）十二月十七日，贺珍率军进攻凤翔，驻守凤翔的副将武大定、石国玺率部反正响应。贺珍一举拿下凤翔，这就叫先下手为强。

孙守法听说贺珍率部反正，主动派人前来联系，从前的敌人，因为清军的出现，成为盟友。

宝鸡驻军高汝砺部也举兵反正，响应贺珍，连下陇州、固原，杀清军总兵何世元。关中义军群起响应。孙守法、贺珍在秦岭起兵，进入关中。关中的鄠县、盩厔、鄠县、同州、宜君、郃阳、朝邑、泾阳、三原、临潼、澄城、白水、蒲城、乾县、武功等地均为义军控制。不到一个月，抗清义军便席卷陕西。

十二月下旬，贺珍、孙守法联合关中各部义军共七万人包围陕西省会西安，二十五日攻城。城内市民积极响应，甚至连陕西巡按黄昌胤也准备反正，清军在陕地的处境岌岌可危。坐镇西安的清陕西总督孟乔芳一面拒守，一面镇压市民与官员中的内应。清军主将何洛会率八旗军紧急增援陕西。义军屡攻不下，攻势减弱。这时清军李国翰部从山西来援，与孟乔芳内外合击。隆武二年（1646）正月初五，清军内外夹击大败义军。何洛会率领的清军也进入陕西，孙守法率军退回秦岭山中，贺珍在退回汉中的途中在武功、褒城两次被追击的清军击败，被迫退入深山。

隆武二年（1646）夏，孙守法、贺珍与大顺军刘体纯部在陕南会师，攻占兴安，但不久在优势清军围攻下失败。永历元年（1647），清军攻五郎山，孙守法善用铁鞭，素有“铁鞭孙守法”之号，在兴安府药箭寨战斗中，孙守法手持铁鞭打死数十名清兵，最后力尽殉国。孟乔芳在给清廷的奏议中，还特别提到缴获“铁鞭一条”。贺珍退到川东坚持抗清。

金声桓、王得仁江西反正——苦守南昌

弘光元年（1645）五月，左良玉的儿子左梦庚率领十万大军在九江附近向英亲王阿济格率领的清军投降，金声桓便是投降的几十员战将之一。阿济格接受降将后，率军北返，左梦庚等一干降将也被带去北京，金声桓被留下攻略江西。阿济格给他的官衔是提督江西军务总兵官。与金声桓一起被留下的还有原大顺军将领王体中。王体中原是大顺军湖北守将白旺的部下，清军南下湖北，大顺军溃败，他趁机杀白旺投降阿济格，被委任为副总兵，协助金声桓攻取江西。

金声桓、王体中率领本部人马从九江出发，一路南下。要说金声桓也很狡猾，他知道明朝官绅惧怕满洲八旗，就故意派人放出消息，说满洲八旗大兵二十余万（很能吹，满洲八旗总共加起来也不到十万）即将南下，说话的工夫就到了。你们明朝官民识时务的最好早点投降，免得到时候被杀掠屠城，后悔就晚了。其实，阿济格率领的八旗主力早就北上撤走了。金声桓这招就叫狐假虎威，也叫虚张声势。计策并不高明，但江西官绅信了，这就行了。

明朝江西巡抚邝昭听说满洲八旗兵二十多万马上开到，吓得下巴差点掉下来，连夜解印逃走。巡抚逃跑的消息不胫而走，要论逃跑的速度，南昌的官员们谁也不含糊，消息灵通的各级官员，几乎是一夜

之间便消失了，跑得那叫一个快。第二天，省会南昌已经找不到明朝官员了。

六月初四，因为当官的几乎跑光了，实在找不到官员。南昌的乡绅不得不选出代表去迎接金声桓、王体中率领的清军。

六月十九日，金声桓、王体中才率本部人马姗姗来迟，进入南昌。进城后，金声桓驻西城，王体中驻东城。两人整天忙着带兵敲竹杠，找当地的土财主大商人要钱，不给也行，就说你反清，到时候人进监狱，家产也得查封上交，所以，大大小小的财主士绅只能乖乖拿钱。这两人在江西就是这么一路过来的，大发横财。

不过，时间一长，两人的矛盾就多了。金声桓明显觉得，一城两主，有点挤。金声桓想找机会干掉王体中，但王体中的兵比他多，一时金声桓也找不到合适的机会。

但机会说来就来，闰六月，清廷的薙发令来了。金声桓的部队服从命令乖乖剃发，王体中却抗拒剃发。金声桓知道机会来了，他暗中拉拢王体中的部将游击王得仁，请王体中来府中议事，就在府里将王体中杀了，然后让王得仁统领王体中的旧部。但事情不会那么顺利，不服的人还是有的，王体中的旧部与金声桓的部队就在南昌城里大战两天两夜，但金声桓到底占了上风，在他的武力镇压与王得仁的招抚下，王体中的旧部还是接受改编服从王得仁的指挥。

到这年八月，江西全省只有赣州、南安等少数几座城池还在明军手里，剩下的几乎全被清军占领。金声桓、王得仁满以为这下会受到清廷嘉奖，升官发财。可是清廷反应冷淡，金声桓依旧是总兵，王得仁仅仅晋升副将。两人大失所望。

隆武二年（1646），金声桓上书清廷，请求赋予他在江西节制文武，便宜行事的权力，通俗点说就是江西由他说了算。但清廷很快就否定了他的上书。十月，清廷新任命的江西巡抚章于天走马上任。随着新巡抚的到任，新麻烦来了。

清江西巡抚章于天、清江西巡按董学成很快便查知金声桓们江西“斗地主”得了许多钱财的事。当然，巡抚、巡按大人并没有反腐追赃的意思，他们只是看着金声桓发财眼红，想从中分一杯羹。清廷学明朝给官员的俸禄极低。官员靠那点可怜的工资是铁定不够的。当官是来享福的，天天啃窝头，那还当官干啥。各级官员想尽办法捞外快。章于天就盯上了金声桓。

可是，金声桓的钱可不是好拿的。金声桓本来就对章于天的到来大为不满，巡抚一来，他的权力就小了，还想分钱，老子的钱也不是大风刮来的，凭什么给你。一个要钱，一个不给，文武矛盾逐步升级。当巡抚的自然少不了给总兵穿小鞋。

巡抚章于天、巡按董学成开始暗地里秘密搜集金声桓、王得仁的黑材料，以这两人的行事风格，找点材料，简直就是信手拈来。早在年初，黄道周出师北伐进入江西时就曾写信给金声桓，想策反后者，但黄道周很快兵败。接着，坚守赣州的督师万元吉也派人策反金声桓。万元吉与左良玉是老相识，与左良玉的部将们都很熟，万元吉就凭着老关系派人秘密来见金声桓。金声桓接见了使者，殷勤问候，然后秘密送走使者。

虽然金声桓这事做得很秘密，但还是被章于天抓到了把柄，将材料秘密上报清廷。金声桓也有耳目，很快就知道了。金声桓与王得仁聚在一起商议对策，最后决定，一不做，二不休，起兵反清。

永历二年（1648）正月二十七日，金声桓、王得仁在江西南昌杀清江西巡按董学成等，正式起兵，反清复明。江西文武官员被要求恢复明朝衣冠，多数顺从换装，少数不服的当场变成尸体。当时，章于天正在外地巡视不在省城，王得仁派兵将在瑞州的章于天抓回南昌。章于天很清楚抗拒的结果就是被直接干掉，为保命，这家伙表示愿意效劳。金声桓想留着这个奴才或许还有用才没有立即杀死章于天，直到南昌失守在即才将章于天的户口正式注销。

因为音讯不通，金声桓、王得仁当时不知道永历皇帝已经即位的消息，在发布的安民告示中仍使用隆武年号，称隆武四年。金声桓自封豫国公、王得仁称建武侯。不久，他们得知桂王朱由榔已经称帝，年号永历，文书告示马上改称永历二年。当时，弘光政权的大学士姜曰广正在江西新建原籍，金声桓、王得仁派人将姜曰广请进南昌，以吏部尚书兼兵部尚书的名义号召远近军民反清复明。

江西军民纷纷响应金声桓、王得仁。吉安府守将刘一鹏、李士元宣布反正，饶州守将潘永禧、袁州守将盖遇时也先后反正。

但为清廷效力的地方也是有的，南赣巡抚刘武元、南赣总兵胡有升、副将高进库等人据守赣州，与明军对峙。

金声桓、王得仁先后派出数十批使者到各地策动当地驻军起义，清河南开归总兵高第（原明朝山海关总兵）、清湖南长沙总兵徐勇（原明朝左良玉部下总兵），将使者杀害向清廷表心迹。

二月，金声桓、王得仁经过商议后决定，金声桓留守南昌，王得仁出兵北上夺取九江，然后顺江东下，进攻南京。王得仁率兵抵达九江，清九江总兵冷云登率部五千人反正，大开城门，欢迎明军。接着，明军迅速占领湖口、彭泽。

反正初期，进展顺利。这时王得仁手下一个叫胡澹的幕僚提出了一个大胆的计划——奇袭南京。这位幕僚认为："现在大军所过之处，望风归附，破竹之势已成。兵贵神速，全军应换上清军旗号，顺流而下，出敌不意，直取南京。到南京，就说是章于天派来搬兵求救的，南京清军必然不会怀疑。待开城门后，大军一拥而入，南京一战可定。到时，大江南北，黄河两岸，必群起响应。"

王得仁很重视这个计策，当即派人回南昌请示金声桓。他率军接着攻城略地，进入湖广，攻取黄梅、广济。安徽各地义军积极响应。长江沿线的清军纷纷向清廷告急。这时，不论进攻长江上游的武昌还是进攻长江下游的南京，必然给清廷造成巨大的压力，令清军顾此失彼，沿海的明军也可趁机反攻浙江、福建。清廷怕明军西进夺取湖广，下令在湖南作战的孔有德、尚可喜、耿仲明三王迅速撤回湖北。清廷更担心明军东进，特令驻防南京的固山额真朱马喇、江南总督马国柱率兵溯江而上，到安庆拦阻。长江沿线的清军已经被调动起来，说明他们怕了。因为清廷很清楚，清军在江南的兵力很少，从北方派援兵到南京至少需要两三个月，这个时间从九江打到南京足够了。

可惜，明军在进兵的战略上犯下大错。南昌的金声桓没有采纳沿江东下袭取南京的妙计，以致形势急转直下。

且说王得仁的使者赶回南昌，将袭取南京的作战计划报告金声桓。金声桓深知事关重大，他也不敢一个人做主，急忙召集文武开会讨论袭取南京的方案。

会上，多数人赞成东进攻取南京的方案，认为这是上策。也有人提出西取武汉，占领湖北，与湖南何腾蛟率领的明军会师，这也是好主意，不失为中策。还有人说攻城不顺的话干脆放弃城池，四处转战，当然这是下策。多数人都支持上策，进攻南京。

会议开到这里，进攻南京的方案，眼看就要通过了。就在这时，有人发言。就是这个人的一番话，改变了会议的方向。发言的人叫黄人龙，他说，上中下三策都不是好办法，因为你们忘了一件事，宁王事件。现在高进库就守在赣州，不攻下赣州，大军北上，后方空虚，赣州的清军必然反攻，我们就会重蹈宁王的覆辙。金声桓一介武夫，读书不多，自然也就不清楚宁王的事。黄人龙就说给他听，说当年宁王造反在江西起兵北上，就因为没防备赣州方向的王守仁，结果被赣州巡抚王守仁反攻得手，兵败被擒。宁王当年从南昌起兵，也说要顺江东下取南京，对近在咫尺的赣州没有引起足够的重视，才导致兵败。金声桓听明白了黄人龙的言外之意，也就是要他吸取宁王的教训。金声桓听得直冒冷汗，当即改变主意，调回王得仁军，南下反攻赣州。

事实证明，南下是不折不扣的昏招，赣州不足以威胁南昌，南京才是目标。金声桓搞错了主攻方向。

历史经验当然要汲取，但历史经验不是这么用的，此一时彼一时，宁王叛乱失败的原因很复杂。眼前的形势与宁王起兵时的情况，不具有可比性。明军此时兵力雄厚，赣州清军人心动摇，自守尚且不足，何谈进攻南昌。

三月十九日，金声桓亲率水陆大军“二十余万”包围赣州。史籍中对明军的兵力多有夸张，金声桓要是真有二十多万人，也不至于打赣州打得那么费劲了。因为赣州的清军总共只有七千人，其中清南赣总兵胡有升有五千人，高进库、徐启仁各一千。

金声桓包围赣州后，并未急于攻城，先派人劝降。胡有升不但不降，反而主动出击，出城与金声桓大战。但明军兵力占优，胡有升见对方人多，打不过，赶紧撤。可是，撤退时出问题了。有些人是撤了，但不是往城里撤，而是往城外撤，撤往城外的是徐启仁的部队。金声桓的劝降还是收到成效了。徐启仁率队出城后直接回了驻地南安府，不久便率部反正投奔金声桓。赣州城的清军兵力只剩六千。

明军随后发起猛攻，但赣州清军虽少，却占据优势地形。赣州三面环水，易守难攻。闰四月初一，王得仁率领从九江回师的部队也来到赣州加入攻城战，但即便如此，连续攻打二十余日，还是打不下来。

闰四月二十二日，城里的清军趁明军不备，开城出击，明军吃了点小亏，但一两次小反击，改变不了战局。明军在城外挖壕沟筑长围，将赣州层层包围。城里的粮食很快就吃完了，清军不得不杀马充饥。

长期围困，虽然困住了城里的清军，但时间一长，对明军更为不利。

因为清廷派来江西的援兵就快到了。

清廷在接到江西的告急文书后，迅速做出反应，调兵遣将。三月十五日，几乎就在明军包围赣州的同时，清廷派满洲正黄旗固山额真谭泰为征南大将军，会同满洲镶白旗固山额真何洛会、降将刘良佐率兵南下，增援江西。

闰四月三十日，何洛会部清军攻占饶州。五月初一，谭泰部清军占领九江。五月初七，清军前锋攻入南昌地界。正在围城的金声桓、王得仁得知消息，不得不撤兵回援南昌。

五月十九日，金声桓、王得仁率军回到南昌。六月初三，王得仁主动出城，迎战南下的清军主力。两军在七里街展开一场混战。王得仁战败，被迫退保南昌。

七月初十，清军趁势包围南昌。清军不急于攻城，而是先派兵扫清外围，然后到处抓民夫去替他们造浮桥挖壕沟。南昌附近的百姓倒霉了，被抓去挖沟，整天烈日炙烤，干的还是重体力活，一天却只给一顿饭，还是稀粥，被折磨致死的不计其数。整整折腾了一个月，清军的环城工事才结束。

从八月到十月，三个月的时间里，城内明军先后九次出城反击，都被清军击退。随着围城日久，城里的粮食紧缺，米价从一石六十两疯涨到六百两。城里能吃的都吃光后，就开始吃人。很多人为了不饿死，纷纷出逃，从开始的每天二三十人，发展到三四百人，但这些人逃出城也没生路。因为清军主帅谭泰早就下令，凡是从城里逃出来的，不问军民男女，一律格杀。

永历三年（1649）正月十八日，清军发起总攻。正月十九日下午，南昌城被攻破，金声桓在帅府投荷花池自尽，大学士姜曰广在家投河自杀。王得仁率兵从德胜门突围，却撞上迎面杀来的清军，王得仁杀死数百清兵，力尽被俘，被清军杀害。江西明军反正历时一年，遭到失败。

清军围城围了七个月，明军守了七个月。这期间，没有一支明军援兵去救南昌。在这场战役中，明军最高统帅部的表现，给分的话，只能是不及格。

说走就走的政府——永历朝廷

天启三年（1623），朱由榔出生在北京。天启七年（1627），朱由榔跟着父亲朱常瀛到衡州（今湖南衡阳）就藩。崇祯六年（1633），朱由榔受封郡王。崇祯十六年（1643），大西军攻陷湖南长沙，朱由榔随父南逃途中与父亲走散，后被大西军俘虏，受到混入大西军的明朝官员的保护，几经辗转逃到广西梧州，在这里见到了父亲朱常瀛。朱常瀛不久病故，朱常瀛有八个儿子，但前两个早亡，老三又有重病，于是老四朱由榔被册封桂王。

隆武二年（1646）九月，隆武帝遇害的消息传到两广，广西巡抚瞿式耜提议拥立朱由榔即位，但两广总督丁魁楚心怀观望不表态，事情就只能拖着，直到隆武朝廷的大学士何吾驺来信确认消息属实，丁魁楚才决定支持桂王朱由榔。

十月初十，朱由榔宣布出任监国。丁魁楚担任首席大学士兼兵部尚书，瞿式耜为东阁大学士兼吏部左侍郎。十月十六日，江西传来消息，赣州失守，朱由榔吓得惊慌失措。十月二十日，他就带着小朝廷逃往广西梧州。朱由榔最大的特点就是善于逃跑，敌人还在八百里外，他就收拾行李。

朱由榔逃了，朱聿鐭来了。这位新唐王是隆武帝朱聿键的弟弟。十月二十九日，唐王同邓王、周王在总兵林察的护送下，乘船来到广州。

隆武朝的大学士苏观生原本奉命救援赣州，但他却走三步退两步，不敢向前，直到赣州失守，他率军退回广东。听说朱由榔在肇庆监国，苏观生也想参与拥立，还想做他的大学士。可是，两广总督丁魁楚不带他玩，将他拒之门外，理由也很简单，怕他在新政府里分权。苏观生被拒还有一个原因，他不是科举出身，没有资格入阁。这算理由吗？说算也算，说不算也不算，乱世，谁还那么教条。

苏观生一气之下，干脆另起炉灶。你们不是不带我吗？那我就另建一个中央。苏观生趁朱由榔远逃梧州，聚集了一伙人请唐王监国。唐王于十一月初二就任监国，十一月初五便登基称帝。这个速度也是没谁了。在新政权中，苏观生大权独揽，因拥立有功，成为首席大学士，封建明伯，总算过了一回瘾。他是过瘾了，可把朱由榔坑惨了。苏观生故意抢在朱由榔之前，让唐王称帝。这么一来，朱由榔就被动了。

在苏观生的策划下，新唐王的广州政权匆匆建立，年号绍武，改明年为绍武元年。不过，这个年号没用上，因为这个政权没能熬过明年，确切地说，这个广州政权只存在了一个多月。

虽然广州绍武政权犹如流星一闪而过，但仍给永历政权带来不小的困扰。苏观生之前也想参加永历政权，特意派主事陈邦彦去联系。可是陈邦彦刚走，他就后悔了。他另立中央，陈邦彦并不知情。

十一月初八，朱由榔在广西梧州得知绍武政权建立的消息，内心的愤怒、尴尬、焦虑、震惊难以言表，情急之下，连夜召见广州使者陈邦彦。朱由榔开门见山问道："孤既监国，观生也已上表称贺，为何又在广州拥立唐王称帝，是何道理？"陈邦彦被问得一头雾水，因为他确实不知道这事，他来的时候，苏观生还支持永历。苏观生突然变脸，陈邦彦被蒙在鼓里。陈邦彦这时还不相信苏观生会另立中央，就小心地说，是不是消息有误，可能是民间的讹传。这时侍立在一旁的丁魁楚告诉陈邦彦，广州称帝情报确实。

这时，朱由榔又说话了：“现在只有战、和两条路，计将安出（怎么办）？”陈邦彦还是忠于永历的，当即献策，劝朱由榔“速返肇庆，正大位以属人心”，不要主动进攻广州。

三天后的晚上，十一月十一日，朱由榔召见陕西道御史连城璧，问：“先生从肇庆来，广州发生的事，您可知道？”连城璧回答：“臣本月初四离开肇庆，并未听说广州有何异动，在路上虽然听说了一些传闻，但臣不信。殿下监国，苏观生可是有表笺来贺的。”朱由榔说：“多方查证，消息属实。事到如今，该当如何？”连城璧也劝朱由榔尽快称帝，收系人心。

朱由榔也后悔当初不该草率出奔。第二天，朱由榔便率领百官返回肇庆。十一月十八日，朱由榔在肇庆称帝，年号永历，改明年为永历元年。

朱由榔称帝后，派兵科给事中彭耀、兵部职方司郎中陈家谟去广州，想劝说唐王退位归藩。可是，谈何容易，开弓没有回头箭，绍武政权既然已经建立，人家皇帝也做了，大学士也当了。你派几个使者，就想劝人家回到从前，怎么可能。

彭耀见了苏观生，说：“您受国厚恩，贪一时之利，不顾国家大计，天下万世，将以公为何人？”苏观生听了，勃然大怒，当即令人将两位使者推出去斩首。这意味着两个政权正式宣战。

之前，浙江的鲁监国与福建的隆武帝，虽说也有纷争，但还只限于挖墙脚。现在永历与绍武，可是话不投机，当场动手。

绍武政权方面，大学士苏观生派陈际泰率军进攻肇庆。永历政权方面，派林佳鼎为帅领兵迎战。十一月二十九日，双方在广东三水县城西遭遇，随即开打，陈际泰很快败下阵来。林佳鼎初战告捷，信心大增，下令全军昼夜兼程，直奔广州，打算乘胜追击，一举荡平绍武政权。

但绍武政权也有后招，苏观生之前招抚的数万海盗由总兵林察率领作为第二梯队前来迎战。林察与林佳鼎，两人同族，过去还是同事，彼此很熟。林察就利用这层关系，派人诈降。林佳鼎首战获胜，显然有点飘飘然了，再加上他与林察的老关系，对林察的诈降一点都没怀疑，傻乎乎就去了。

到了约定的地点，按照很俗套的剧情，伏兵四出，林佳鼎的部队中了埋伏。他们是走水路去的，坐的是走内河的小船。可是迎面驶来的却是海上巨舰，别忘了，人家过去可是海盗，海盗是在大海上混饭吃的。结果小船上的只能抬头仰望大船上的，人家不用打，直接撞就行，打水战明显吃亏，林佳鼎只能带人弃船登岸。结果一上岸，才发现岸上也有圈套，脚踩下去就拔不出来，敢情，这里是沼泽。怪不得选这么一个地方，原来早就算计好了。地形不熟又陷入泥沼的永历部队，被围上来的绍武军队四面围攻，全军覆没。败报传来，永历政权上下一片惊慌，乱成一团。

危急时刻，大学士瞿式耜自告奋勇主动请战，表示愿意率领招募的义师前去迎战。可瞿式耜还未出发，广州就传来新消息，绍武政权垮了。可是，听到消息的永历皇帝却一点也高兴不起来，因为打垮绍武政权的是清军。原来，清军趁绍武政权集中主力对抗永历军队的时候，从背后偷袭，乘虚而入，占领广州。

李成栋降清后，表现得十分卖力，跟着博洛进浙江下福建，攻城拔寨，充当先锋，双手沾满明朝军民的鲜血。与在明朝为将时得过且过的表现，简直判若两人。

隆武二年（1646）八月，李成栋因“战功赫赫”被清军主帅征南大将军博洛晋升为左都督，提督广东总兵官。李成栋的战功就是一路上的屠城杀掠，江阴屠城、嘉定三屠都有他。清廷见李成栋可用，就让他带兵去打广东。李成栋原来的驻地是吴淞，所部只有四千多人，清廷从各地调拨兵力，给他凑足五千。清廷又给李成栋找了一个叫佟养甲的搭档，这人的来头很大，与清廷关系紧密，佟养甲统领的是八旗兵，三千人。两人的兵力加起来也不到一万。

十二月初，李成栋、佟养甲率兵偷袭漳州、潮州。在未遇有力抵抗的情况下，清军轻取两地。接着，李成栋带兵长途奔袭广州，沿途每到一地就迅速解决传递情报的塘兵，然后用缴获的明朝地方官印信向广州报平安。清军就用这种办法迅速逼近广州。广州的绍武政权对即将到来的危险却一点也没有觉察。李成栋派部将林永茂率三百精兵先行出发，大军紧随其后。

直到清军兵临城下，绍武政权都不知情。十二月十五日，清军选出十名士兵用青巾包头混入广州。这十个人来到广州布政司衙门前，突然去掉头巾，露出发辫，广州军民这才知道清军已经进城。其实，这时进城的也只有这十个人，但就是这十个人，大呼小叫，居然搅乱了全城。

这十名清兵夺取了城门，接应林永茂率领的三百人进城。清军当天便占领广州城。不久，清军主力在总兵李成栋、副将杜永和率领下开进广州。

清军进城的时候，绍武君臣正在视察武学，观看射箭比赛。他们谁也没想到大祸即将临头。忽然，有人来报说清兵来袭。苏观生还不信，认为这人妖言惑众，将报信的人杀了。但刚杀完人，紧接着，第二个报信的就来了，说清军已经进城。苏观生还是不信，将这个报信的也杀了。但很快第三个报信的就到了，说的跟前两个丝毫不差，清军来了。苏观生将第三个报信的人也杀了。但这时候，估计连他自己都清楚，清军肯定进城了。

苏观生赶紧下令关闭城门，调兵迎战。可这时他才发现，调不到兵，精兵都派到前线打内战去了。广州城就这么稀里糊涂地丢了。

苏观生跑到他一手“提拔”的好友梁鍙家问计。梁鍙一脸忠义，说：“死耳，复何言！”于是两人商定分入厅堂左右的东西房，上吊报国。

梁鋆入房后，掐住脖子嗷嗷叫了几声，又踢翻凳子“配音”。苏观生听见声音，以为梁鋆殉国了。苏观生在墙壁上写下“大明忠臣，义固当死”，然后悬梁自尽。梁鋆随即冲进屋指挥仆人扛着苏观生的尸体跑去向清军投降，声言献“伪大学士”。梁鋆品行的卑劣已经难以用语言形容。苏观生虽说活着的时候，贪图权力，争强好胜，但总算是对得起他的身份，死得壮烈。

朱聿𨮁在混乱之际想乔装出城，但很快被认出，被清军捕获。李成栋派人送来饮食，朱聿𨮁说：“我如果喝你一勺水，有何面目见先帝于地下。”也悬梁自杀，守住了最后的尊严。

十二月二十五日，广州失守的消息传到肇庆，永历皇帝又坐不住了。不得不说，他逃跑的速度真的很快，搬家也相当有效率，说搬就搬。第二天，永历皇帝就带着小朝廷再次逃往梧州。

永历元年（1647）正月初一，永历朝廷逃到梧州。十六日，李成栋接收肇庆。但他并未停止追击的脚步，继续向前，追踪永历一行，于正月二十九日进入梧州。在此之前，永历朝廷早已逃走，逃到了下一个避难地广西桂林。

永历朝的首席大学士丁魁楚，在逃离梧州时，自行脱离组织，并未跟永历逃往桂林。他带着家眷与多年搜刮得来的财宝乘船去了岑溪。二月，丁魁楚派人携带重金向李成栋接洽投降。李成栋听说丁魁楚这些年没少捞钱，早就惦记上了这笔财富。他怕丁魁楚溜走，不仅答应接受投降，还表示丁魁楚可以继续当他的两广总督。丁魁楚大喜过望，想也没想，就带着一家人还有四十船的财宝出来投降。丁魁楚利令智昏，他也不想想，他既没军队也没地盘，清廷怎么可能让他接着当两广总督。这摆明了是李成栋忽悠人，李成栋自己想当两广总督都当不成，这么一个肥缺怎么会给他。

果然，李成栋的部将杜永和在半路上，按照李成栋的意思将丁魁楚杀了。丁魁楚多年搜刮的财宝也归了李成栋。据说仅白银就有八十多万两，李成栋发了一笔横财。

攻城略地又大发横财的李成栋依然不依不饶，对永历君臣穷追不舍。永历皇帝感觉桂林也不安全，于二月十五日逃离桂林，逃往全州。

行前，大学士瞿式耜苦苦相劝，劝永历不要急着走，说您一年之内一再移跸，从肇庆到梧州，从梧州到桂林，每逃一次，人心就散一次，不组织抵抗，一味避敌逃窜，如何中兴！但永历听不进去，还是去了全州。

三月十一日，一小股清军窜到桂林，被及时赶到的明军大将焦琏率军击退。本来这只是一场小规模战斗，进攻的清军只有数百人，桂林依然在明军手里，但听到消息的永历又不淡定了，还想跑。瞿式耜请求皇帝，为了稳定人心，千千万万不要离开广西。但永历哪里肯听，四月，还是去了湖南。

实际上，从三月开始，李成栋的广东清军就不再追击永历了。之前侵犯桂林的只是小股部队，李成栋不是不想追，而是追不得，因为广东义师已经在广东各地展开反攻，留在广州的清两广总督佟养甲顾东顾不了西，已经焦头烂额，不得不派人去广西，请李成栋赶紧回援广东。正是因为广东义师的积极出击，迫使李成栋从广西撤兵，大大减轻了广西明军的压力。

血战到底——岭南三忠

广东义军的反清起义及时拖住了李成栋部清军，迫使已经进入广西的清军不得不掉头折返，在关键时刻，以实际行动支援了永历朝廷。

广东义师在抗清的历史上用鲜血谱写了一幕幕可歌可泣的英雄事迹。

陈邦彦，字念彬，广东顺德人。陈邦彦曾在大良北郊锦岩山下设馆授徒，号岩野，人称“岩野先生”。

陈邦彦满腹经纶，但科场不顺屡试不中。崇祯十七年（1644），朱由崧在南京建立弘光政权。国难当头，陈邦彦大呼：“此时不思报国者，非丈夫也！”随即结束讲学，针对时局，精心撰写数万言的《中兴政要》，提出三十二条救国方略。弘光元年（1645）秋，踌躇满志的陈邦彦告别家人只身北上赶赴南京，希望实践他的报国理想。可是他的上书石沉大海不见回音。隆武二年（1646）隆武政权建立，陈邦彦终于遇到了他的伯乐。隆武帝读了陈邦彦的《中兴政要》，对陈邦彦很欣赏，破格提拔陈邦彦为监纪推官。稍后，陈邦彦参加广东乡试，考取举人。翌年，升兵部职方司主事，奉命随苏观生率领广东兵救援江西。

清兵猛攻赣州，苏观生按兵不动，逡巡观望，陈邦彦一再请战未获批准。赣州失守前后，清军入闽，郑芝龙降清，隆武帝遇害。陈邦彦建议凭借五岭与赣江天险，抵挡从北、东两面进攻的清军，确保广东。然而苏观生急于回广州拥立新主，对陈邦彦的建议置之不理，下令全军撤退。

朱由榔在肇庆监国，陈邦彦被苏观生派往祝贺表示拥戴。可是，陈邦彦刚走，苏观生就改了主意，拥立朱聿鐭称帝。肇庆、广州咫尺之间，就有了两个朝廷。双方为争正统而演出一场同室操戈的闹剧。陈邦彦被朱由榔派回广州劝说唐王退位，可是这时绍武政权的军队刚刚在三水打了胜仗，志得意满，陈邦彦知道使命难以达成，只好躲进深山。

永历元年（1647）正月，李成栋攻陷肇庆，又深入广西腹地追赶永历君臣。陈邦彦为挽救危局去高明招募义军，准备趁清军主力在广西，在广东发动反攻，围攻广州，来一个围魏救赵，策应广西。事实证明，他做到了。陈邦彦联络余龙等部义军聚众数万。

二月，陈邦彦、余龙率义军击败清军水师进攻广州，但攻城受挫，被迫退兵。之后，陈邦彦派门生马应房收复顺德，又派人联络东莞的张家玉，南海的陈子壮，顺德的胡靖、梁斌，新兴的梁信灼，新会的黄公辅、何世熊，恩平的王兴等各路义军，大家齐心协力与清军打起游击战。广东清军就那么点兵力，顾此失彼，只能向李成栋求援，李成栋被迫放弃追击永历，回师东下。围魏救赵目的达成。

陈邦彦得报，派马应房等率水军到顺德拦江截击，但被清军击败。陈邦彦又趁李成栋进攻张家玉，会同高明的麦而炫一举攻下江门。

七月，陈邦彦与陈子壮合兵攻打广州，不料陈子壮提前两天行动，被清军发觉，行动失败。陈子壮正要退兵，陈邦彦赶到告之李成栋打败张家玉现正回兵救城，我已布下伏兵，请到时合力夹击。可惜陈子壮没有传令部下准备。等到敌军浮江而来，陈邦彦挥兵纵火烧毁敌船数十艘。李成栋仓皇败退，陈邦彦率军顺流猛追，追到陈子壮军营时，陈子壮部下误以为是清军，阵脚大乱，反被敌军击溃。陈邦彦孤掌难鸣，只好退兵。起兵以来，陈邦彦很多时候只吃一顿饭，与部下患难与共，部队战斗力在义军中是最强的，但几经大战，精锐损失殆尽，陈邦彦仍竭力苦撑。

撤离广州后，陈邦彦转攻三水，继而攻新会、香山，连战皆捷。九月，明军白常灿部攻克清远，李成栋率军反扑，常灿邀陈邦彦合兵拒守。清军猛攻十日，未能得手。最后，清军偷偷挖地道到城下，用火药炸开城墙。在惨烈的巷战中，陈邦彦长子陈恭尹安全逃脱，次子陈馨尹死难。陈邦彦身负重伤准备投水自尽却被追兵拉起，陈邦彦对清兵说："我就是陈邦彦！"被押到广州后，佟养甲派人劝降，陈邦彦誓死不降。佟养甲下令将陈邦彦"寸磔于市"。永历元年（1647）九月二十八日，陈邦彦在广州壮烈殉国。

张家玉，字玄子，号芷园，广东东莞人。弘光元年（1645）六月，张家玉在福州与黄道周、郑芝龙、苏观生一起拥戴朱聿键称帝。

七月初一，隆武帝打算亲征江西。之前说过，因为郑芝龙的暗中阻挠，实际并未成行，但张家玉却被隆武帝任命为兵科给事中，监督御右营郑彩的永胜军出杉关救援江西。

十月，金声桓围困抚州，张家玉率军驰援。十一月中旬，与清兵遭遇，张家玉派兵诱敌，设下埋伏，大败清军，解抚州之围，时称“隆武朝第一战功”。

隆武二年（1646）正月，张家玉多次请郑彩乘胜出兵西进，郑彩不理他，但张家玉也很执着，一而再再而三地请求出兵。郑彩被烦得不行，才勉强派兵出去应付一下，前锋才遇到清兵，郑彩就下令撤退，放弃新城逃进杉关。张家玉与新城知县李翔招募乡兵守城，但临时招募的乡兵怎是清兵的敌手，张家玉兵败。他中箭坠马、重伤昏迷，幸亏部下冲入阵中将他救回。张家玉虽九死一生，仍不改初衷。张家玉有感于郑彩畏敌如虎不堪大用，求人不如求己，便上书自请去广东潮惠一带募兵。二月下旬，隆武帝钦准张家玉筹饷招兵，并为新军赐名“武兴营”，张家玉出任新军监督总理。

三月，张家玉至潮惠招降镇平赖其肖所部一万人；又招降啸聚山林的黄元吉、黄如海部上万人；在潮惠一带共募兵十余万。张家玉从中选出一万精兵编为五营。正当张家玉准备率新军开赴前线时，却传来抚州、福州失守，隆武帝在汀州被俘遇害的消息。刚刚建立的武兴营粮饷缺乏，被迫解散。张家玉于八月返回家乡东莞等待时机。

十一月，永历与绍武政权，为争正统发生内战，清军偷袭广州得手，朱聿𨮁自杀；清军再攻肇庆，朱由榔西逃。张家玉一边组织义军，一边派人与南海陈子壮、顺德陈邦彦两路义军联络。陈邦彦起兵时写信给张家玉：“成不成，天也；敌不敌，势也。方今乘舆播迁，桂林危如累卵。

得牵制毋西，浔、平之间庶可完葺，是我致力于此，而收功于彼也。”张家玉深为赞同。

永历元年（1647）正月，东莞知县余经国降清。清军开进东莞，烧杀淫掠，道滘一带人民纷纷起兵抗清。道滘首领叶如日派船迎张家玉，尊为主帅。张家玉因为有之前选将练兵的经验，主动担负起练兵重任，亲自挑选五千精壮乡兵，日夜操练。

三月初四，张家玉在道滘起兵，淡水李万荣部得到消息赶来加入。三月十四日，张家玉率义军攻克东莞，主力还师道滘。十七日，李成栋亲率大军进攻东莞，张家玉率部与之大战于万家租。由于仓促应战，清军人多势众，张家玉兵败退回道滘。二十八日，清军进攻道滘，义军依托工事，顽强抵抗，双方大战三天三夜，义军伤亡惨重，道滘失守；张家玉的祖母陈氏、母亲黎氏、妹妹张石宝投水自杀。妻彭氏被俘大呼："我是张总督夫人，贼敢辱我！"被清军断肢裂体。张家玉败走新安西乡，得到当地豪绅陈文豹支援，"诸山骁勇皆起应之"，义军重整旗鼓，攻克新安。

永历皇帝任命张家玉为兵部尚书、提点岭东军务。

四月初十，李成栋派兵攻打西乡，被张家玉打败，义军乘胜收复龙门。

六月十七日，李成栋亲率大军攻占新安，得手后转而围攻西乡。七月初二，西乡沦陷，叶如日、陈文豹战死，张家玉败走铁冈。清军一路追击，张家玉且战且退，沿虎门、厚街退到企石，又得到五千义军的增援。

七月初十，有了生力军加入，张家玉带兵反攻，一举收复博罗，再克连平、新丰、惠阳，回师博罗。清军听说张家玉在博罗，立即追踪而至将博罗包围。但任凭清军围得多严，张家玉还是有办法脱身。张家玉从博罗脱险后来到龙门，在这里又招募了四五万义军。

十月初二，张家玉率领义军攻克增城。在清军重兵围攻之下，张家玉的义军表现依然神勇。但随着七月，陈子壮在番禺；九月，陈邦彦在清远，先后被清兵击溃，形势对义军越来越不利。张家玉所部义军回旋余地越来越小，清军得以集中兵力专攻张家玉。

十月初十，李成栋集结大军猛扑张家玉驻兵的增城，双方大战十天十夜，战斗异常惨烈。义军虽然英勇，但毕竟不是正规军，清军凶悍异常，四面围攻，义军顽强抵抗，但最后还是败了。张家玉身中九箭，部下请他突围。张家玉看看身边所剩不多的士兵仰天长叹："弹药箭矢已经用光，将士死伤殆尽，我已身负重伤，但我不能做敌人的俘虏。事到如今，只有以死报国。"说着，他强挣扎起身，遍拜众将，然后投水自杀。部下数十人追随他跳进水塘，自杀殉国。

陈子壮，字集生，号秋涛，广东南海人。陈子壮小时候很聪明。一年中秋佳节，陈家邀请宾朋来家中饮酒赏月，谁知那年中秋，月亮迟迟不露面。一位赴宴的嘉宾有感而发，信口吟道："天公今夜意如何，不放银灯照碧波。"年仅七岁的陈子壮随口应道："待我明年游上苑，探花因便问嫦娥。"话音未落，已是赢得满堂喝彩。十六年后，陈子壮参加科举果然高中，成为万历四十七年的探花。一时传为岭南佳话。

虽然陈子壮金榜题名，但因他的性格，仕途很不顺。喜欢抨击时弊的他在官场上很受排挤，几度被罢官下狱，后来回乡长期隐居。弘光政权、隆武朝廷都曾请他出山，他都没去。

永历建国后，请他出山做大学士，但陈子壮鄙薄首辅丁魁楚的为人，不愿入朝，但他是支持永历朝廷的。

隆武二年（1646）十二月，广州陷落，陈子壮与弟弟陈子升毁家纾难、散尽家资招兵买马在南海九江村举旗誓师，反清复明。永历皇帝闻讯授予陈子壮东阁大学士，兵部尚书领尚方宝剑，总督广东、福建、江西、湖广军务。陈子壮所率反清大军与陈邦彦、张家玉义军，在广州城郊增城、清远、高明一带互为犄角，抗击清军，后人称他们三人为“岭南三忠”。

永历元年（1647）七月，陈子壮获知李成栋统兵在外、广州空虚，决定趁机袭取广州。陈子壮与陈邦彦商定两军联手夺回省城。陈子壮集中水师主力调集战船六千余艘，当然主要是小船，又派人与广州城内的原明朝广州卫指挥使杨可观、杨景晔取得联系，“暗用桂字印票，号召多人”为内应，只等城外义军一到就里应外合，夺取广州。陈子壮派“花山盗”三千人向清两广总督佟养甲伪降，这些人被清军安排分守广州东门。一切都在计划之中，万事俱备，只等起事。

起事的时间定在七月初七夜三更，到时救出“披缁为僧”的赵王朱由棪号召军民。可是，紧要关头，却出了意外，陈子壮所率义师提前两天到了广州，早到虽然看起来比晚到好，但实际上早到晚到都挺耽误事。既然约定了时间，就应该严格执行，特别是起义这种事，不管计划有多周密，其中一个环节出事，都会导致满盘皆输。

这次就是，负责张贴檄文的家童被清军捕获，经过一番严刑拷问，佟养甲审出了主谋，立即采取行动。这个家伙素来心黑手狠，他马上派兵捕杀作为内应的杨可观、杨景晔，接着以犒赏为名诱骗花山义师三千人，将三千义师全部杀害，又逼朱由棪“引缳自尽”。

接着，清军用红夷大炮炮击义军水师，随后开城追击。义军战败，且战且退，陈子壮率军退保九江，不久又放弃九江退守高明，与监军道麦而炫、知县朱实莲婴城固守。十月二十五日，李成栋指挥大队清军围攻高明。十月二十九日，清军用大炮轰塌城墙，冲进城来，陈子壮兵败被俘。朱实莲阵亡，麦而炫等人被捕。

十一月初六，陈子壮在广州被佟养甲下令“寸磔于市”。一个多月前，也是在广州，陈邦彦也是被佟养甲用寸磔的酷刑残忍杀害。岭南三忠，有两人死于佟养甲之手，这个双手沾满抗清志士鲜血的人不会想到，他的报应很快就来了。

这就要说到即将发生的大事，李成栋反正。

李成栋广东反正——峰回路转

清军渡江南下以来，投降的原明军将领众多，但若论战功几乎没人比得上李成栋。李成栋自从在江北降清后，犹如打了兴奋剂，战斗力飙升，追随清军转战江南，从浙江到福建、从广东到广西，他几乎打遍了。一路杀来，李成栋“战功赫赫”也血债累累，满洲八旗之外，最能打的也就是他了。

攻占广东后，李成栋满以为两广总督的位置非他莫属，因为放眼四顾，几乎没人比他功劳更大了。可是，李成栋打仗或许在行，但玩政治，他还是门外汉。谁说功劳大，官就是你的。高升的办法多了。靠功劳，那是相当不靠谱的，论功行赏，那就是说说，真当真就是棒槌了。

很快，清廷的任命就下来了，新任两广总督佟养甲，两广提督李成栋。得知消息，李成栋当场就傻了，等他反应过来，涌上心头的是难以遏制的愤怒。

两广总督没当上，李成栋虽然失望，但还不至于愤怒，清廷要是任命一个满洲八旗的高官来，他也只能乖乖服从。可是，这个佟养甲，李成栋再熟悉不过了。因为他俩原来就是同事，对这个人的底细，李成栋太清楚了。佟养甲家在辽东，佟家在明清之际是一个很有戏的家族。当努尔哈赤的后金军大举进犯辽东之时，佟家人纷纷投敌，出卖明朝，给后金军做内应。他们投敌是真，他们给后金军以及后来的清军做内应也是真，可他们还真不是汉奸，因为他们原本就是满人。只不过是汉化的满人，但不管如何汉化，他们也是满人。

因为投敌做内应，给后金军传递情报，证据确凿，佟家受到了应有的惩罚。那些与后金有着血海深仇的明朝军民对他们恨之入骨，但从后金的角度，他们是有功之臣。佟家的很多人因为做后金军的奸细被明军斩杀，更多的人被抓进监狱，但还是有漏网之鱼。佟养甲就是一条漏网之鱼。他改名换姓投入左良玉麾下，谋了一个差事，潜伏下来。

清军入关，佟家立刻受到清廷的重用。清军进兵江南，左良玉旧部投降，佟养甲立刻恢复身份，改回原名，得到清军重用，深受信任。信任的直接表现就是授予高官，清廷的两广总督。

李成栋得知清廷新任命的两广总督是佟养甲，气就不打一处来。佟养甲没有军队，也没有战功，就是一个打酱油的，别说跟李成栋比功劳，就是李成栋的手下，很多人也比佟养甲强得多。但佟养甲能当上两广总督，靠的不是功劳是后台，佟养甲拼的是背景，这个李成栋比不了，只能干瞪眼。

两人从原来的平级变成了现在的上下级，李成栋有事还得请示佟养甲。佟养甲是两广总督握有军政大权，李成栋只是两广提督没权过问地方政务，还要服从佟养甲的指挥调遣。在李成栋看来，这个家伙就是一个典型的饭桶，现在居然爬到他的头上发号施令，是可忍孰不可忍。李成栋对清廷的不满极速飙升，他觉得他的付出没有得到应有的回报。

就在李成栋与清廷的矛盾逐渐激化时，传来江西金声桓反正的消息。李成栋大受触动，也萌生了反正的心思，但还有一点犹豫。关键时刻，原隆武朝吏科给事中降清后任清广东布政使的袁彭年、原隆武朝大学士何吾驺对他竭力劝说，秘密策反。李成栋决意反清归明。

永历二年（1648）四月十五日，李成栋在广州宣布反正，文武官员、士兵百姓，一律剪辫。在对官民发布的告示中用永历年号，广东全省重归明朝。

清广西巡抚耿献忠在梧州同清梧州总兵杨有光同时宣布反正，并派人进入明军控制区寻找永历君臣报告两广反正。接着，李成栋正式派使者向永历皇帝上书反清归明。

永历朝廷当时处境艰难，在清军步步紧追之下，整日东躲西藏，每天想得最多的是下一步往哪儿撤，突然听说广东反正，起初都不敢相信。后来经多方探听，加上随后接连有反正官员前来朝见，永历君臣这才相信，不是做梦是真的。一时，举朝欢腾。永历皇帝之前应该是不相信天上会掉馅儿饼的，现在他信了。因为一个大馅儿饼已经砸中了他。

广东反正，李成栋派人接永历皇帝，请皇帝陛下移跸广州。永历皇帝还没说啥，有人就出来反对，反对的人是瞿式耜。瞿式耜有他的顾虑，怕皇帝被挟制。南明确实有这个“传统”，隆武帝被郑芝龙挟制，鲁监国被郑彩挟制，瞿式耜担心永历皇帝走上这条老路，再被李成栋挟制。南明拥兵自重的军阀挟制皇帝似乎上了瘾，渐成风气，以至于后来的孙可望也跟着学。南明最终未能力挽狂澜很大程度上也是因为这一点，武将骄横跋扈不听指挥，朝廷威严不在，政自下出。

因为瞿式耜的强烈反对，永历朝廷最终没去广州。各方经过协商，决定采取折中方案，还是搬回老地方，永历即位的肇庆。

永历二年（1648）六月初十，永历君臣从广西南宁起程，于八月初一走水路抵达肇庆。李成栋早早率领广东文武在郊外迎接圣驾。

反正之初，李成栋对永历朝廷还是很尊重的，也想好好表现一下，将地方官的委任权都交给朝廷。可是，李成栋很快就对永历朝廷失望了。

广东反正，参与反正的各级官员，特别是李成栋与他的部将，朝廷自然要加以封赏。永历皇帝派马吉翔去向李成栋要官员名单，好照单封赏。永历朝的权臣锦衣卫指挥使马吉翔为了在李成栋面前显示自已在朝廷说一不二的地位，对李成栋说："皇上念您与标下众将反正之功，欲加封赏，烦请您将各官姓名写明呈报陛下御览，以便嘉奖。"

李成栋当即开列了一份名单交给马吉翔。李成栋原以为加官晋爵这种大事，肯定要走一系列程序，批下来，怎么也要等上一些时日。可接下来发生的事，让李成栋"大开眼界"。马吉翔当着他的面写进封的奏疏，派人送进宫去。很快，永历皇帝的嘉奖诏书就来了。之前李成栋已经被永历皇帝加封惠国公，这次封赏的主要是他的部将，杜永和封江宁伯，董方策封宣平伯，阎可义封武陟伯，罗成耀为宝丰伯，郝尚久为新泰伯，范承恩、马宝等为都督同知。

李成栋惊讶之余，目瞪口呆。他惊讶的不是部将们被加封的级别而是速度，居然还可以这么玩，加官晋爵这么庄重的事，竟然被视同儿戏。更令他感到不可思议的是，永历皇帝对马吉翔的奏疏几乎是照单全收，就没怎么改。马吉翔怎么写，他就怎么封。因为马吉翔是当着李成栋的面写的奏疏，所以，李成栋对奏疏的内容是有印象的。

朝廷昏庸，权臣当道。连李成栋都看得出来，这么一个朝廷很难指望它来光复明朝。

李成栋有些失落，但有一个人比他更失落，此人就是之前的清两广总督佟养甲。这个双手沾满抗清志士鲜血罪行累累的人，为保命违心地也参加了反正。明朝方面并未杀他，但权力是一点没有了，实权都归了李成栋。朝廷只给了佟养甲一个管理中军都督府事的虚职。佟养甲知道他血债累累，明朝即使不杀他，也不会重用他。佟养甲日夜盼着清军早点打回来，还想做他的两广总督。他将广东"反叛"的经过以及他迫不得已投降的事都写在了给清廷的密信里，派心腹秘密送出。在信中，佟养甲还表示愿做内应，等清军杀回来，里应外合，一举铲除李成栋"逆党"。

但送信的人被明军查获，人赃俱获，佟养甲被明军秘密处决。可惜，不是“寸磔”。血债要用血来偿！佟养甲的数百党羽也一起被杀，岭南三忠泉下有知也可瞑目了。

永历二年（1648）八月，永历朝廷重新迁回肇庆。加官晋爵，仪式庆典都搞过了，开始忙正事了，出兵北上。

八月，李成栋在广州教军场检阅军队，分兵派将，北上救援江西。实际上，李成栋的动作已经慢了，他要是能提早两月出兵，赶在清军包围南昌之前到达战场，胜算会大很多。

本来他的行动就慢了，偏偏又中了赣州清军的缓兵之计。出兵之前，李成栋写信劝降赣州清军。赣州守将都是原明朝降将，南赣巡抚刘武元原是明军游击崇祯四年（1631）在大凌河降清；副总兵高进库与李成栋原来都是高杰的部将。李成栋对凭着老关系招降高进库很有信心，况且江西的清军主力当时在南昌，赣州清军只有几千人，而李成栋兵马数万，兵力占优。

赣州的刘武元、高进库对眼前的形势也心知肚明，在南昌没打下来之前，赣州只能靠他们几个撑着。为了稳住李成栋，他们主动派人去广东联络李成栋，假意表示愿意反正，麻痹李成栋，拖延时间，同时，趁李成栋大军没来之前，派兵在赣州周边疯狂地搜集粮食，以不支付货币的形式从当地农民手里取得粮食，说抢，也可以。

一面一封一封地写降书，一面又到处搜刮粮食，安的什么心，是人都看得出来。当时有一个叫钱秉镫的文人，在永历朝做翰林院编修，他正好从江西去广东。因为赣州是清军的控制区，他特意绕远路走小道，避开赣州。他走的路距赣州有三十里远，但他还是从当地人那里知道了一些赣州清军的活动。据当地人跟他讲，赣州城里的清兵每天早出晚归在城外抢粮，每名骑兵一天必须征集三石粮食才算完成任务。当地人怎么知道这么多呢？因为清军已经抢到他们这里了，他们村的粮也快被抢光了。

钱秉镫据此分析，赣州清军并没有投降的诚意。他们在赣州周边挖地三尺地抢粮，既是给城内补充军需也是坚壁清野。到时，明军来了，就更找不到粮食了。赣州清军假意投降只是想拖延时间，等南昌的援兵。要是南昌明军胜了，他们或许会顺势投降；要是清军胜了，他们肯定会顽抗到底。这是显而易见的事，可惜，勋臣（指李成栋）听信他们的话，退居岭上，中了敌人的缓兵之计，给了清军抢运物资修筑工事的时间。

九月初，钱秉镫翻山越岭来到南雄，遇见了驻扎在这里的李成栋大军。钱秉镫见到了李成栋大军的监军侍郎张调鼎，将沿途所见所闻以及自己对战局的分析都讲给张调鼎听。

钱秉镫告诉张调鼎，以他在江西的实地观察，救援南昌并不一定非要夺取赣州。赣州的清军兵力很少，不足以对大军构成威胁，只需派一支部队进驻南安，对赣州清军进行牵制，敌人兵少不敢轻举妄动。大军主力不必在赣州做过多纠缠，可以绕路而行，湖东、湖西（这里指江西的湖东道、湖西道）都有路可以直达南昌。

我从湖东来，那里的很多州县还在为大明坚守，永丰、广昌、宁都皆听从两勋（金声桓、王得仁）的号令调遣，那里是我们的控制区，大军可以通行无阻，还可以在沿途得到粮饷补充。湖西道，我虽未去过，不熟悉。但听说吉安守将刘一鹏原本也想举事，现在虽然为清军守城，但也只是迫于形势，大军过湖西，他必举城来归。东西皆可进兵。大军当舍赣州而不攻，兵分两路，直抵南昌。南昌被围已久，日夜盼望援兵。大军一到，守城军民必勇气百倍，开城出战，到时，内外夹击，清军必败，南昌之围可解。乘胜而前，江南可复，中兴大业可成。

钱秉镫说得兴奋，张调鼎听得振奋。一脸激动的张调鼎跑去找李成栋将钱秉镫的话转述一遍，却被当头泼了一盆冷水，书生之见。李成栋不以为意，未予理会。这时的李成栋多少有一些骄傲轻敌，对前景估计得过于乐观。

救兵如救火，可是李成栋行动缓慢，直到九月底，李成栋才率军越过梅岭。过岭后，李成栋兵分两路，一路走龙南、信丰，一路走南安、南康。

十月初一，明军才赶到赣州城下，这时距南昌被围已经过去三个月了。明军在城外连营数十座，人喊马嘶，彻夜不息。城里的刘武元、高进库等人一商议，明军势大，一旦被长期围困，对清军不利。只有速战速决，趁明军初来，立足未稳，主动出击，先挫挫明军的锐气，才能守住赣州。

第二天凌晨，清军突然打开城门，从城里杀了出来。明军没有防备，想不到清军竟敢主动出击，被打了一个措手不及，阵脚大乱，全线动摇。

打仗嘛，偷营劫寨很平常，明军多少有点大意，吃点亏，其实不算啥，稳住阵脚，再重新组织反攻，打回去就是了。清军在城里就那么点人，不禁打，明军真全力猛攻他们撑不了多久。可是，李成栋战前信心满满，被人打了一闷棍，自信就丢了一地，从自信到自卑，就是一晚上的事，结果大军一口气撤到南安，他本人干脆返回了广州。这是他最大的失策，清军偷袭得手只是侥幸，明军虽然损失数千人马，但主力尚存。李成栋轻易放弃，给了清军喘息的机会，赣州清军虽然小胜，但依然胆战心惊，害怕明军大举进攻。真打起来，他们那点人不是明军的对手，所以他们尽管出击得手，仍向南昌的清征南大将军谭泰呼救，请求支援。谭泰并未派兵，只是让人带话过去，兄弟撑住，等我打下南昌就过去。刘武元、高进库快哭了，可人家不来，他们没辙，只能硬挺。可惜，李成栋没有抓住机会。

南昌军民望眼欲穿苦盼救兵，城里现在连树皮都啃光了，能吃的都找来吃了，天天有人饿死。苦撑到年底，南昌已是山穷水尽。即使清军不攻，饥饿也足以击垮这座城市。

返回广州的李成栋却一点不着急，从十月到第二年正月，这位啥也没干，决定南昌、赣州两城命运的三个月，就这么白白从岁月的指尖流走了。除夕之夜，李成栋跑去肇庆与皇帝陛下一起过年，开新春茶话会。等他从肇庆回来，再次从广州出发北上，正月已经快过完了。就在正月，南昌陷落了。

二月，李成栋率军再次翻越梅岭进入江西，可他再没有那么好的机会了。正月，清军攻破南昌，没有了后顾之忧，可以腾出手增援赣州了。

这次二打赣州，李成栋没有直接去攻赣州，而是率主力进驻不远处的信丰，他打算先扫清外围，再攻赣州。可是，清军不给他这个机会，打下南昌的清军士气正盛。谭泰派梅勒章京胶商率正红旗、正白旗满洲兵增援赣州，赣州清军得到援兵胆更壮了。不等李成栋来攻，主动打上门。

永历三年（1649）二月十六日，清军从赣州出发，主动出击，进攻李成栋驻兵的信丰。十八日，清军进攻渠岭的阎可义部，一口气连续攻下五座营垒，明军大败。到十九日中午，清军已经打到信丰郊外，李成栋不得不亲自带队出城反击，但还是打不过势头正盛的清军，逃回信丰后便紧闭城门，固守不出。

打仗打的就是军心士气，可现在的明军一打赣州前的自信早就随风消散了。二打赣州，连赣州城都没瞧见呢，就被人家堵着门打。三月初一，清军在信丰城外埋设木桩深挖壕沟，打算长期围困，复制打南昌时的套路。

城上的明军看见了，急了，现在他们总算能体会之前南昌守军的处境了。看着别人被围，他们不急，一旦轮到自己，一个个像火燎屁股似的，坐卧不安。事到临头，他们的表现比南昌明军差远了。人家在重围之下，坚守了七个月，他们别说七个月，连七天都没守成。清军才摆出围城的架势，他们就沉不住气了，当天晚上便开门南逃。

一出城，就全乱了，大家只顾逃命，乱哄哄一窝蜂地往南跑，部队一出城就跑散了，官找不着兵，兵顾不上官，反正就是逃得离敌人越远越好。黑夜里，人喊马嘶，混乱至极，再加上清军从后面追来，明军沿途丢盔弃甲，狼狈不堪。一直逃过大庾岭大军才停下来，检点损失。损失自然不小，但更严重的问题出现了，咦，咱们的主帅呢？直到这时，他们才发现不见了李成栋。一查实，才知道，就在突围的那天夜里，乱军中，李成栋策马渡河，可能因为慌乱，坠马掉入河中溺水而亡。随着李成栋的败亡，永历朝廷在江西的反攻也结束了。

山西军民反正——困守大同

姜瓖，崇祯年间任大同总兵。兄长姜琳任延安总兵，弟弟姜瑄任昌平总兵，姜家一门三总兵。大明朝待姜瓖不薄，但他是怎么回报明朝的呢？背叛。明清之际，姜瓖是那个时代典型的变色龙。大顺军北上山西，他背叛大明投降大顺军。清军入关南下，他背叛大顺军投降清军。因对清廷给他的待遇不满，又举兵反清。六年之间，三变其色。即使是变色龙，这个颜色换得也有点勤。

大顺军从陕西出发进攻北京要先过山西，去山西得先过黄河。黄河天险，可不是那么容易过的，但李自成的大顺军没费劲就过去了。原因很简单，明军中出现了内奸，内奸就是姜瓖。当时守在黄河对岸防守山西的正是姜瓖。姜瓖暗中投敌，大顺军打到黄河边，他佯装失败，让大顺军通过他的防区。

崇祯皇帝并未发觉姜瓖暗中投敌，反而将他调任大同总兵。崇祯十七年（1644）二月，大顺军轻取太原，北上直扑大同。大同素有“金城汤池”之称，城墙高厚，易守难攻。正当大同城外的李自成面对高大的城墙不知如何攻打时，姜瓖又派人送来密信，请先攻西门。因为大同只有西门没有瓮城，相对容易打。但姜瓖表现得过于积极，他连西门都没用大顺军攻，在杀害明军守将后，主动打开西门投降。三月，大同失守。

但姜瓖并未因献城有功获得赏识，李自成离开大同前留下张天琳、柯天相、张黑脸等大顺军将领驻守大同。姜瓖虽然仍被封为总兵，但没有实权。姜瓖对这次叛变也极度懊悔。

大顺军兵败北京。姜瓖得知消息，五月，再次叛变，率兵攻杀柯天相、张黑脸，张天琳逃走。

六月，清军派吴惟华招降山西，兵临大同。姜瓖率众于十里河畔跪迎，呈上降书，向清军投降，大同再次易主。

姜瓖叛变归附清廷，竭力讨好，但清廷对他并不信任，姜瓖仍是个靠边站的角色。十月，姜瓖奉命率大同驻军随英亲王阿济格出征陕西去打大顺军。姜瓖为博清廷欢心，屠城杀掠特别卖力。他本以为，为清廷立下大功，会受到封赏，却不料，热脸贴了冷屁股。

弘光元年（1645）七月，姜瓖被通知去北京觐见顺治，他还以为是去受赏，屁颠屁颠就去了。结果到了北京才发现不是那么回事。接待他的是清廷大学士刚林。这位素以脸酸嘴臭出名的大学士，是多尔衮的跟屁虫，在多尔衮的授意下，刚林对姜瓖上来就是劈头盖脸的一顿数落，训斥他去年六月拜表归降，却在七月仍用崇祯年号下发公文，拥戴明朝宗室枣强王，罪过不小。

姜瓖吓得跪地叩头，连忙解释，说那只是权宜之计，不敢有二心。清廷的指责的确冤枉了姜瓖。以姜瓖的品行，不会心怀旧朝，否则也不会出卖大同。事情正如他本人所说，不过是顺应形势，拉一个明朝宗室应景。

刚林过完嘴瘾，最后才以主子的身份宣布对姜瓖的处置：“大清恩宽德厚，念及你从前的功劳，功过相抵，过去的事既往不咎，仍镇守大同。”姜瓖憋了一肚子气但又不得不叩头谢恩。叛徒也不是好当的。

一晃三年过去了。永历二年（1648）十一月，蒙古喀尔喀部二楚虎尔犯边。清摄政王多尔衮召集诸王、大臣商量对策，决定派英亲王阿济格、端重亲王博洛（饶馀郡王阿巴泰之子）、承泽郡王硕塞（皇太极之子）、多罗郡王瓦克达（礼亲王代善之子）等亲王、郡王领兵镇守大同。

江西、广东反正的消息这时已经传遍天下，姜瓖也大受触动。听说一大堆满洲亲王、郡王要来大同，以为清廷要对他动手，名义上是对付蒙古，实际是来收拾他。正所谓醉翁之意不在酒，在乎山水之间。清廷要不是想动他，对付骚扰边境的蒙古部落，犯得着派这么多重量级的亲王、郡王！

英亲王阿济格坐镇大同，借口大同汉人拒绝剃头梳辫成天杀人，对汉族官员更是视如奴仆，也不把姜瓖放在眼里，经常动不动就把姜瓖叫去训一顿。

对清廷积怨已久的姜瓖，决定顺应形势，起兵反清。

永历二年（1648）十二月初三，姜瓖趁清宣大总督耿焞出城验草，突然关闭城门，宣布反清。

听说姜瓖反了，阿济格的反应还是很快的，他只用了一个晚上，第二天便赶到大同。十二月初八，清军列营围城。固山额真巴颜等运红夷大炮赶赴大同，多尔衮派梅勒章京阿罗塞等率八旗兵紧急赴援。十二月初十，姜瓖率兵出城迎战，与阿济格率领的清军激战多时，但还是打不过清军，战败入城。阿济格下令清军四面挖壕，以防姜瓖突围外逃。姜瓖被阿济格困在大同。

可是，起兵的不止大同，姜瓖起兵反清后，迅速派出使者到山西各地联络。各地闻风而动，纷纷举起反清旗帜。阿济格在给清廷的奏疏中也承认："叛者不止大同，其附近十一城皆叛。"阿济格的报告还是过于谦虚，岂止十一城，整个山西差不多都反正了。反清义师在很短的时间内便席卷山西，清军能控制的只有省会太原、晋南平阳等几座孤城。

山西已成燎原之势，但阿济格不敢动，他还要围困大同，只好向清廷请求派兵增援。开始，摄政王多尔衮还想招降，派使者去大同向姜瓖解释，派阿济格去大同，只是防备蒙古，真的不是针对你。只要你能悔罪归诚，照旧重用。开弓没有回头箭，事到如今，姜瓖也不可能接受清廷的任何劝降。

永历三年（1649）正月初四，多尔衮派敬谨郡王尼堪率兵进入山西，协助阿济格。尼堪是褚英的三儿子，皇太极称帝时封他固山贝子。清军入关，尼堪以战功晋升多罗贝勒。努尔哈赤是打江山的第一代的话，皇太极就是第二代。尼堪算是第三代里比较能打的，他跟着多铎、阿济格从关外打到关内，从征朝鲜、松锦会战、山海关大战到追击李自成、南下攻打弘光政权，进四川追杀张献忠都有他。

一年前，尼堪跟着阿济格在天津一带"围剿"义军，又因战功被晋封敬谨郡王。多尔衮派他来，充分说明了清廷对山西的重视。

姜瓖可能没想到，多尔衮太给他"面子"了。二月，对山西战局仍不放心的多尔衮居然亲自来了。二月十四日，多尔衮率军出居庸关，来攻大同。三月初四，多尔衮督兵攻克浑源州。初十，招降应州和山阴县，进抵大同城下。多尔衮劝降姜瓖。姜瓖请求清廷给起事军民免罪。多尔衮怒其傲慢，命清军准备攻城。不料，北京来信，说豫亲王多铎感染天花，危在旦夕。多尔衮无心恋战赶回北京，留阿济格围攻大同。当时起兵的不止山西，陕西、甘肃也闻风而动随之响应，就连靠近北京的山东也"山贼蜂起"。清军遭遇入关以来的最大危机。

永历三年（1649）三月十八日，清硕德豫亲王多铎病死。阿济格依旧在围困大同。这时，外长城助马路（今助马口）、得胜路（今得胜堡）反清义师五千余人来救大同，在大同北山立营，与清军对峙。

三月二十七日，姜瓖亲率一千骑兵出城接应援军，途中，与清军护军统领鳌拜遭遇。鳌拜虽然后来牛得不行，但在亲王、郡王扎堆的山西，他还是一个不入流的小角色。尽管是跑龙套的，鳌拜也相当生猛，硬生生将姜瓖给打了回去，不久援兵也被他击退。清军切断了大同与山西各地抗清义师的联系，大同成为一座孤城。阿济格、尼堪又调来红夷大炮，每次清军攻城攻不下来，就用红夷大炮砸墙。但这次红夷大炮也不管用了，因为大同的城墙实在太厚实，大炮也轰不开，清军没招了。只能用笨法，围城。

趁着清军主力被拖在大同。抗清义师积极出击，先后收复石楼、永和、交城。接着，陕西义师利用木筏渡过黄河进入山西，也赶来助战，于四月十三日攻克汾州府。平遥、介休两个清廷委任的知县捧着大印逃进平阳。几天时间，潞安府一府八县都被义师收复，晋东北五台、繁峙、宁武也被抗清义军控制。

山西各地的反清义师攻城夺地十分活跃。四月二十六日，抗清义师占领祁县。二十八日，接管武乡；二十九日，占据榆社县。五月初一，义师攻入清源县，知县携印逃入省城。初二，义师占领徐沟。初五，西路抗清义军一万余人由清源北上，一路攻到太原晋祠，距省城太原仅四十余里；东路义军由徐沟向太原攻击前进。抗清义师先后攻占山西达六十七个府、州、县，其中四个府、十六个州占全省府、州、县的百分之七十。山西各地乡绅士庶纷纷恢复明朝衣冠。当时，清军驻守太原的兵力有限，省城一旦被义军占领，清廷的势力将被彻底赶出山西。

清摄政王多尔衮一面督促英亲王阿济格的镶黄旗、敬谨亲王尼堪的镶白旗加紧围攻大同，一面调端重亲王博洛的正黄旗、承泽亲王硕塞的正白旗、征西大将军和硕亲王满达海的镶红旗、多罗郡王瓦克达统的镶红旗赶去山西围剿抗清义师。清平西王吴三桂、固山额真李国翰、陕西三边总督孟乔芳也率军助剿。清廷的主力部队十有八九都已调入山西。

由于各地义师缺乏统一指挥与组织协调，各自为战，结果被清军各个击破。清廷调派重兵进入山西，兵分三路：一路围攻大同，一路征剿山西中东部抗清武装，一路于晋陕沿边协助征讨。

围攻大同主要由英亲王阿济格和敬谨亲王尼堪统一指挥。自姜瓖反清后，多尔衮于二月、七月两次亲征大同，阿济格、尼堪等长期围困大同。

七月初八，清征西大将军和硕亲王满达海、多罗郡王瓦克达率军攻克朔州、马邑、宁武关、静乐、宁化所、八角所。

八月二十三日，姜瓖部下总兵杨振威见大同城被围攻八个多月，城内粮食吃光，兵民死伤殆尽，便暗中派守备刘宝出城，与清军联系。二十八日，杨振威率领部下杀姜瓖、兄姜琳、弟姜有光，持首级出城投降。二十九日，清军进入大同。多尔衮得到报告令英亲王阿济格：除杨振威等二十三名官员及家属并所属兵士六百人外，大同城内官吏兵民全部诛杀；大同城墙自垛削去五尺。

清军在大同城内进行了血腥的屠城。在此前后，满达海的镶红旗攻占朔州、马邑，博洛的正黄旗占领平遥、榆社。接着，满达海与博洛合兵围攻汾州。九月十三日夜，清军用大炮猛轰北关。第二天清军从被轰塌的城墙处攻入城内，清军进城后又是一番屠杀。十月，满达海率军占领太谷。十一月，博洛军攻占泽州。坚持一年之久的山西军民的反清起义被清军血腥镇压。

第五章

湖南战场

何腾蛟经略湖南——坐镇一方

说起明清之际的湖南战场，就不能不说到一个人——何腾蛟。何腾蛟在南明历史上是一个争议很大的人，有人说他是抗清栋梁，也有人说他专权误国。功臣还是罪人？不应简单地下定论，还是要从历史中寻找答案。

何腾蛟出身于贵州黎平的一个书香世家，走的是传统的学而优则仕的士大夫路线。但何腾蛟的科举之路并不顺畅，三十岁才考中举人。在明代官场，做官的正途是进士，举人在仕途上很吃亏。何腾蛟的第一个职务是山西榆次县教谕，这对于举人出身的何腾蛟是很正常的安排。

何腾蛟在任上应该干得还不错。崇祯年间，何腾蛟就做了河南南阳县的知县。举人出身能做到知县，已经相当好了。在南阳，何腾蛟结识了他生命中的贵人——唐王朱聿键。

何腾蛟在南阳并未待多久，却是他人生的重大转折。唐王后来在福建称帝也就是隆武帝，何腾蛟作为故人旧臣自然被重点提拔。

何腾蛟虽是文官，但他能够脱颖而出，靠的竟然是军功。崇祯年间，各地匪患频发，何腾蛟曾单骑入敌营劝降，因政绩突出，进入朝廷视野。崇祯十六年（1643），在史可法的推荐下，何腾蛟被任命为湖广巡抚，当时湖北几乎成了农民军的天下，仅剩武昌一隅，而盘踞在这里的又是明朝头号大军阀左良玉。很显然，这不是一个好差事，何腾蛟能当上这个巡抚，很大程度上，是因为别人不愿意来，这时候来湖北，胆必须贼大。何腾蛟敢来，说明他不是寻常之辈，很有几分胆量。

左良玉骄横跋扈，手下尽是一些骄兵悍将，不是一个容易相处的人。但何腾蛟却能跟左良玉相处融洽，就凭这一点，何腾蛟就不简单。何腾蛟极力避免与左良玉发生正面冲突。同时，暗中结交左良玉的儿子左梦庚和左良玉的心腹卢鼎，硬是稳住了湖广。

可是，多事之秋，总是一波未平一波又起。这时传来消息，北京沦陷，崇祯殉国。接着，弘光政权建立。左良玉又闹起来了，不闹就不是左良玉了。左良玉与南京的马士英干上了，天天嚷着要起兵去南京清君侧，局面那叫一个乱。左良玉走的时候把何腾蛟也带上了，何腾蛟当然不想去，但左良玉是军阀从来不讲理，直接将巡抚大人绑上船，还派了四个部下看守。

次日黎明，千帆齐发。大军就要启程，何腾蛟心急如焚。但在四位大汉的贴身监视下，他没有机会脱身，眼看着船行至汉阳门码头，何腾蛟把心一横，趁看守不备，纵身跳入江中。他在长江中挣扎着游了十余里，才爬上岸。虽然九死一生，但总算平安无事。武昌被左良玉一番洗劫，已是满目疮痍，李自成的败兵马上就到，显然武昌是不能回去了。何腾蛟当晚在一户农家过夜，次日天色微明，他顺着长江南岸进入湖南，抄小路前往长沙。

何腾蛟打算重整旗鼓，到长沙后，他才发现长沙兵少粮缺，守备松弛。钱粮倒好办，何腾蛟到了长沙，立即向湖南各地州府下令，今后缴纳的钱粮一律运到长沙。钱粮暂时有了，但还缺兵。何腾蛟正发愁，就有人来投。来的是两支部队，一部是黄朝宣的“滇广营”，一部是张先壁的“滇奇营”。黄朝宣和张先壁都是云南人，原是傅宗龙在崇祯年间总督陕西三边军务时回乡招募的亲兵。傅宗龙战死，他们被张献忠从四川赶到湖南武冈，投靠了刘承胤。他们在刘承胤那里不受待见，连饭都吃不饱。听说何腾蛟来了湖南，两人便带着队伍来投何腾蛟。何腾蛟正愁手下没兵，突然来了生力军，自然是高兴得不得了，当即将两支部队收入麾下。

弘光元年（1645）夏，阿济格率领的清军北返。大顺军东路军主力在田见秀、袁宗第、郝摇旗、王进才等率领下进入湖南。虽然，这时的大顺军人数还不少，但各路首领互不统属，彼此之间，钩心斗角，矛盾重重，看起来人多，其实只是松散的联军。

大顺军这时也不想跟明军打了，他们急需找一个安身休整的地盘。不过，明军并不知道，见十几万人涌进来，不免紧张。何腾蛟手下就那么点人，打肯定是打不过，但不打又不行。何腾蛟很纠结，但大顺军也很尴尬，他们想受招安，但苦于找不到合适的途径接洽。大家都很闹心。

经过一番接触，双方总算弄清楚了对方的意图，大家都不想打，那就好办了。接下来，双方开始了谈判，七月，达成协议，何腾蛟临时给予各路首领总兵的头衔，双方联合抗清。

大顺军想分地盘，领取粮饷，但何腾蛟的湖南，地盘就那么大，钱粮也不多。不可能都拿来给大顺军，更何况不久之前，他们还是兵戎相见的敌人。

很快，何腾蛟就看出来了，大顺军实际上是各自为政，互不统属。表面人多势众，实则力量分散，也就不那么害怕了。何腾蛟只接受改编了郝摇旗、王进才的部队。至于其他人，他既不安排驻地也不发给粮饷。

八月，大顺军众首领见不受欢迎，又心生动摇。这时清湖广总督佟养和派人招降，田见秀、袁宗第、刘体纯等派人去武昌与清军联系，要求给予安置，供应粮饷。但双方在剃头的关键问题上没有谈拢。虽然没有谈成，但东路大顺军还是选择离开湖南进入湖北。这时由李过、高一功率领的西路大顺军也来到湖北，两路大军在湖北会合。

二十余万大顺军余部在湖北徘徊，明军方面，何腾蛟虽然对农民军不感冒，但他的手下堵胤锡对招抚却很积极。积极的不止堵胤锡，清湖广总督佟养和虽然之前招降失败，但仍未放弃，依然在竭力争取。他们之所以对大顺军有兴趣，一个共同的原因，就是他们本身缺乏实力。堵胤锡是大明新任湖广巡抚，但新官上任的他还不如当初的何腾蛟，急需抓一支归属他指挥的武装。佟养和也差不多，阿济格率领的满洲八旗撤走后，湖北清军的主力是投降的原明朝军队，战斗力弱不说，数量也远远不够守住湖北的占领区。

隆武朝廷在福建建立，何腾蛟因为是隆武帝的故人，顺利升任湖广总督，留下的湖广巡抚由堵胤锡接任。

堵胤锡很有胆色，为招抚李过、高一功，他只带数十骑，入营劝说各路首领。堵胤锡言之以情晓之以理，说到动情处，声泪俱下，众人被他的诚意感动，李过、高一功当场表示愿意归附，接受指挥。堵胤锡派人去福建为各位首领请爵。十一月，使者到达福建，谁知，奏疏一经传开，就在朝廷引起轩然大波，内阁大学士路振飞等人公开反对，说这些人是逼死先帝的罪魁，罪在不赦，怎么能封拜这些人，此事万万不可行！但也有人主张可以封拜，说李过等人转战千里，因仰慕陛下，悔罪投诚，朝廷只需一纸诏书便可收数万精兵。大敌当前，国家正在用人之际，应该给这些人改过自新的机会。

隆武帝很务实，这几十万人不归明即投清，与其给敌人，不如招抚，这笔账还是很好算的。经过一番商议，决定封李过为兴国侯，李过改名李赤心。高一功封郧阳侯，高一功改名高必正。所部称“忠贞营”，归湖广巡抚堵胤锡节制指挥。

何腾蛟在湖南招兵买马，各路势力纷纷来投，湖广明军实力迅速壮大，兵力多达几十万，对外号称百万。各路兵马云集，声势壮大，但成分复杂，这里有何腾蛟收留的奔入湖南的溃兵编成的黄朝宣、张先壁等部，堵胤锡收编的原大顺军余部忠贞营李过、郝摇旗等部，也有不愿随左梦庚降清的原左良玉旧部王允成、卢鼎等部。

何腾蛟将麾下数十万部队编成十三镇：

湖南五镇：黄朝宣、张先璧、刘承胤、董英、曹志建。

大顺军旧部改编四镇：李过、郝摇旗、袁宗第、王进才。

左良玉旧部编为四镇：马进忠、马士秀、王允成、卢鼎。

虽然何腾蛟收拢的部队人数可观，可这些部队良莠不齐，战斗力普遍不高，扰民的本事却是很强。而且这些人多是山贼草寇出身，一言不合就开闹，收编的部队并不稳定，随时可能内讧、火并、叛变。何腾蛟绞尽脑汁，疲于应付，很多部队只是来领取粮饷的。何腾蛟根本指挥不动这些部队。

但局面既然已经铺开，他也只能设法维持下去。当务之急是解决粮饷，否则后果不堪设想。然而，湖南兵荒马乱，赤地千里，筹集粮饷，可愁坏了总督大人。

何腾蛟只有仗着手里的尚方宝剑，用隆武帝给他的“便宜行事”的权力，在各地原有捐税以外，加派义饷，并且提前一年预征。这么一来，民田每亩负担几乎相当于原来的六倍。可是即便如此，征收来的赋税仍是杯水车薪。

何腾蛟不得不剜肉补疮，公开卖官，规定百姓可以按捐纳军饷数目的多少，由朝廷授予不同等级的官衔爵位或生员名额，对地方官的升降也以提供粮饷的多少作为考核指标。但粮饷还是不够。何腾蛟下令严查隐藏财产不据实申报缴纳税粮的地主富户，鼓励百姓告发，一旦查证属实，给予告发者奖励。此令一开，湖南告发之风盛行，再加上乱兵在各地抢掠，老百姓怨声载道。

何腾蛟觉得与其让这些人在当地闹腾，不如给他们找点事做，出兵北上，收复失地。这与堵胤锡的想法不谋而合。

隆武元年（1645）冬，何腾蛟着手部署湖南、鄂西明军会攻湖北。

按作战计划，先由堵胤锡率忠贞营攻荆州，何腾蛟督师由岳州北上，牵制和堵截清方援军，待堵部得手后两路明军会师武昌。按照战前部署，堵胤锡率先领着忠贞营向荆州发起猛攻。

荆州的清军守将郑四维向武昌的清湖广总督佟养和告急求救。可是佟养和也是自身难保，何腾蛟的大军一路北上，很明显，就是冲着武昌来的。武昌的清军就那么点人，守城都不够，哪有多余的兵力去救荆州。佟养和只好向南京的勒克德浑求救。勒克德浑听说湖北告急，立即点齐兵马，乘船溯江而上，十二月二十八日从南京出发，第二年正月初十就赶到武昌。勒克德浑带来的是满洲八旗，主力清军。他一来，湖北的战局很快逆转。

何腾蛟在长沙誓师后率军一路北上，信心满满的他认为这仗赢定了。人还在路上，仗还没打就急着给隆武帝发捷报。可是，何腾蛟的奏捷才送出去，清军就来拆台了。勒克德浑派护军统领博尔惠率领一支部队迎战从岳州而来的马进忠、王允才。他亲率主力去救荆州。

岳州的马进忠、王允才、卢鼎、王进才四镇总兵听说满洲八旗南下也不知对方来的有多少人，惊慌失措，竟弃城而逃。何腾蛟在半路上遇到狼狈不堪的溃军，还以为清军大举南下了，与幕僚们面面相觑，不知所措。好半天才回过神来，只好下令退回长沙。将湘北重镇岳州拱手让人。

隆武二年（1646）二月初二，勒克德浑将辎重留在后方，他亲率主力千里奔袭直扑围攻荆州的忠贞营。堵胤锡以为武昌那边有何督师亲自出马，不会有事，更没想到清军会突然杀来，正在围城的忠贞营被清军突然袭击，瞬间就被击溃，损失惨重。李过带着一路败兵退入三峡。堵胤锡率领另一支部队撤往湖南常德。

岳州失守，湖南门户洞开，何腾蛟为雪前耻，重整兵马，打算夺回岳州。九月，在何腾蛟得力部将章旷指挥下，何腾蛟的直属部队“督标”与各路明军水陆并进，声势很大，远近震动。可没想到大军才进到岳州附近，清军马蛟麟部仅派出数百骑兵迎战，便在万由桥大败明军，章旷弃师而逃，明军再次大败，被迫由攻转守。

“三顺王”兵进湖南——一溃千里

隆武二年（1646）四月，湖南的清平南将军勒克德浑、福建的清征南将军博洛分别收到清廷的撤军令。八月，两支军队先后返回北京。清廷这么做并不是要收兵，他们的胃口大得很，之所以叫他们回来，只是让他们回来休整。清廷手里不只有满洲八旗，还有“三顺王”的部队，清廷的想法是轮战。

四月，清廷在下令前线的满洲八旗主力北撤的同时，又令“三顺王”集结部队，准备出征。八月，清廷下令恭顺王孔有德、怀顺王耿仲明、智顺王尚可喜、续顺公沈志祥各率所部南征湖广，以孔有德为平南大将军，各路人马都归孔有德节制。十一月，清廷又派正白旗梅勒章京卓罗、镶蓝旗梅勒章京蓝拜率领满洲八旗部队南下，赶赴军前支援孔有德。派满洲八旗去，既是增援，也是监视。清廷对汉人部队向来不放心，即便是三顺王的部队也不例外，这也是清廷一贯的套路。

永历元年（1647）二月，孔有德的大军才走到岳州。相对于兵力集中的清军，明军的兵力分布却是呈散布状，高度分散。何腾蛟和王进才在长沙、董英在浏阳、黄朝宣在衡州、马进忠在益阳、曹志建在永州、张先璧在黔阳防守。

二月十六日，清军向明军据守的防线发起进攻。在清军的攻击下，各路明军不堪一击，纷纷溃败，章旷率部逃回长沙。清军得胜后，步步紧逼，朝长沙杀来。守长沙的王进才感觉手头兵力太少，就建议何腾蛟调正在常德的马进忠、王允才两军驰援长沙。何腾蛟下令二人火速增援长沙，马进忠、王允才得令后，即率部往长沙赶。可是，清军比他们更快，抢先一步追到长沙。王进才见势不妙，赶紧保护何腾蛟乘船南撤。二十五日，长沙失守。

清军占领长沙后，孔有德派耿仲明进攻常德。清军到地方才发现这里并没有多少守军，常德的马进忠、王允才奉命去救长沙，走到半路才得知长沙丢了，结果长沙没救成，常德也丢了，只得率部退入湘西。尚可喜被孔有德派去打盘踞燕子窝的黄朝宣。黄朝宣想投降，但条件没谈拢，估计是他要价太高，清军追来，他只好收拾财物南窜衡州。

浏阳的何腾蛟中军总兵董英打都没打直接投降。三月初七，清军兵不血刃进驻浏阳。

三月，何腾蛟、章旷逃到衡山县。刚想喘口气，清军又追上来了，没办法，只能接着跑。在云南将领赵印选、胡一清保护下逃到衡州。可是，清军很快又来了，何腾蛟只能带着败兵接着往南跑。花费湖南民脂民膏建立的“督标”和各路提镇号称十三镇，在清军面前，竟不堪一战，全线崩溃。

四月十四日，衡州失守。何腾蛟退守永州，张先璧撤往宝庆。黄朝宣还是降了清军，这时他已没多少资本跟清军讨价还价，但这家伙在湖南干的坏事太多，简直比土匪还土匪，民愤极大。孔有德刚来湖南也想收买人心，再加上他也很讨厌这个家伙。收编这些土匪兵浪费粮食不说，他们的战斗力也很渣。这些家伙既不中看也不中用，名声还臭，实在是没有利用价值。于是，孔有德下令将黄朝宣处死，所部遣散。

八月，何腾蛟的心腹章旷病死永州，傅上瑞降清。清兵在暑气消退之后于当年秋天重新发起攻势，从东、北、南三面对明军展开合围。明军军心涣散，在清军的追击下，四散溃逃。

何腾蛟心境悲凉，苦心经营湖南两年，几个月的时间便一败涂地。

耗尽心血筹集军饷喂饱了七拼八凑来的军队，可是，这些骄兵悍将却不听指挥。何腾蛟最大的教训是两年都没有建立起一支真正属于自己的服从指挥的军队，散兵游勇是靠不住的。面对乱局，何腾蛟也只有一声叹息，带着为数不多的军队退入广西。留在湖南的只有退守湘西山区的堵胤锡、马进忠，与镇守湘桂交界龙虎关的曹志建，剩下的都逃了，没逃的更糟，直接投降了。

永历皇帝在武冈——自投罗网

永历元年（1647）年初，那时李成栋还没有反正，正追得永历君臣到处跑。二月，李成栋占领广西梧州，进逼桂林。永历不顾大臣劝阻仓皇逃离桂林，逃到湘桂交界的全州。三月，清军袭扰桂林，尽管旋即被明军击退，但永历又坐不住了，觉得全州也不安全。四月，永历还是去了湖南武冈，投奔盘踞在那里的刘承胤。

永历皇帝这次真是看错了人。刘承胤是那个时代典型的军阀，心术不正、骄横跋扈，穿上军服是军阀，脱下军服是土匪。

四月十五日，永历刚到武冈，刘承胤就因“迎驾有功”进封武冈侯。五月，改武冈为奉天府，刘承胤再次晋封安国公。这个名号着实有点讽刺，以刘承胤的所作所为，与其封安国公不如叫乱国公更合适。

很快，刘承胤就原形毕露，露出狰狞的嘴脸。他先是逼永历要军饷，可是永历一路逃难，哪儿有钱。刘承胤勒索不得，并不甘心，竟然率兵逼宫，闯进后宫，朝皇太后要银子。这要放在承平时代，单凭这一条就能把刘承胤的脑袋砍上十回。但朝廷在刘承胤的地盘，也只能委曲求全。皇太后将后宫的金银首饰全部收集起来交给刘承胤。刘承胤见实在刮不出更多钱了，这才罢手。

六月，何腾蛟来武冈朝见永历皇帝，见永历在这里受气，就联合一部分大臣上书，请永历移驾桂林摆脱刘承胤的控制。刘承胤当然不肯放手。听说是何腾蛟策划的此事，就恨上了何腾蛟，杀心顿起。说起来，何腾蛟还算是刘承胤的恩公，刘承胤原是驻守当地的副总兵，何腾蛟做总督后提拔他当了总兵。

可是，刘承胤恩将仇报，上书要求何腾蛟改任户部尚书去管粮饷，实际是要解除何腾蛟的兵权。谁知，一向对刘承胤言听计从的永历也罕见地强硬了一次，将上书驳回。刘承胤干脆去找何腾蛟索要督师大印。这人的脸皮也实在够厚，何腾蛟当然不给，说大印是皇帝颁发，需要有皇帝的旨意才能交接。接着，又补了一句，我的麾下各部中以张先璧的实力最弱，连张先璧都不服你，你如何号令众将。刘承胤被怼得无话可说。但双方也彻底撕破了脸皮。武冈是不能待了，这里毕竟是刘承胤的地盘，是非之地不可久留，何腾蛟决定迅速离开武冈。

但以刘承胤的品行，定会在路上派兵伏杀。何腾蛟临行前请永历皇帝将赵印选、胡一清的滇军拨给他做亲军。永历帝当然明白他的用意，也就批准了。赵印选、胡一清在艰难时曾受过何腾蛟的恩惠，现在听说恩人有难，也愿意追随保护。

何腾蛟先是假称患病搬到武冈城外的一所古庙，然后突然在一天夜里带着赵印选、胡一清率滇军连夜出发。等第二天刘承胤得到消息，何腾蛟已经走远了。

何腾蛟刚走，张先璧就来了。张先璧带着数万人马来武冈朝见皇帝。可刘承胤生怕皇帝被人抢走，将张先璧拒之门外，不让见。张先璧大怒，当即屯兵城外，大骂刘承胤劫持皇帝图谋不轨。刘承胤也不示弱，说张先璧领兵犯阙意在谋反。双方剑拔弩张，眼看就是一场火并。永历皇帝派人去张先璧营中劝解，当然，这很可能是出于刘承胤的授意。张先璧虽然对刘承胤不感冒，但既然皇帝出面了，皇帝的面子不能不给，张先璧只好率兵撤走。

永历元年（1647）八月，清军逼近武冈，刘承胤部将陈友龙率兵迎战。刘承胤却派人去前线传令不得抵抗，前方告急，刘承胤却不发救兵。陈友龙兵败退回武冈。刘承胤一点不慌，只带了几个随从出城去找孔有德，原来这家伙早就打定主意要投降。

刘承胤为表投降诚意，向孔有德表示愿意献出永历皇帝作为见面礼。可是刘承胤急于投降立功，热情得有点过火，反倒令孔有德起了疑心，怀疑其中有诈。

刘承胤为消除孔有德的疑虑，令人对永历君臣严加看管，他主动剃发，再次前往清军大营接洽投降。这一来一往，需要时间，就这么一点点时间给了永历君臣逃生的机会。再说武冈城中的永历，听说清军逼近，刘承胤却行踪诡秘，不见人影，关键时刻玩失踪，隐约觉察出一丝危险。他想跑，但城里到处都是刘承胤的人，这些人早就接到刘承胤的命令，不肯放行。情急之下，永历皇帝请来刘承胤的老母，刘承胤的母亲深明大义，她亲自出面，下令打开城门，永历君臣才得以带着家眷逃出武冈。因为走得急促慌乱，连皇帝的仪仗也顾不上了。

永历君臣出城后原本打算去靖州，但有人说靖州也是刘承胤的地盘，去不得，于是，改走小路去广西。

永历君臣走后不久，刘承胤就带着清军进城了。刘承胤听说永历逃走，赶紧派兵去追，清军也派兵追击。明军参将谢复荣率领五百多名士兵留在后面阻击追兵，与追上来的清兵拼死血战，全部英勇战死。当最后一个明军士兵倒下、战场又归于平静时，永历君臣早已走远，清军追不上了。数百明军将士拼死阻击以自己的生命为永历赢得了逃生的机会，永历君臣才得以安全脱险。

君臣一行走到广西古泥，迎面遇到了总兵侯性率兵五千前来接驾。

永历皇帝朱由榔直到这时才长出了一口气。在侯性带兵护卫下，永历君臣来到柳州。

瞿式耜听说永历到了柳州，便上书请皇帝移跸广西省会桂林。毕竟，省会各方面的条件要比柳州好很多。但朱由榔不去，不去的理由也很简单，担心桂林不安全。

十一月初，耿仲明率领的清军进攻广西门户全州。何腾蛟部下郝摇旗与赵印选、胡一清、卢鼎在全州集体群殴耿仲明，耿仲明被一顿痛扁，狼狈逃回湖南，这就是南明历史上的“全州大捷”。永历皇帝朱由榔听说前方传来捷报，感觉心里踏实了，难得听了一次瞿式耜，于十二月移跸桂林。

永历在桂林才住了两个月，永历二年（1648）二月，警报传来，清军两路来犯。孔有德从湖南入广西，全州守将投敌，孔有德正率兵朝桂林杀来。与此同时，广东的李成栋也率军西进，占领梧州，进逼桂林。二月二十二日，永历君臣仓皇逃离桂林前往南宁。行前，瞿式耜再次苦劝，这次，永历连听也不听。文武官员也学皇帝争相逃窜，偌大的桂林城只剩下瞿式耜。

眼看山穷水尽，却突然柳暗花明。永历二年（1648），永历朝廷迎来意外惊喜，江西、广东接连反正。之后发生的事，之前说过，李成栋将永历朝廷迎回广东。

昙花一现的胜局——反攻湖南

永历二年（1648），江西、广东的反正，令在困境中苦苦支撑的明朝军民看到了一丝胜利的曙光，看到了大明中兴的希望。清廷也被突如其来的打击弄蒙了，手忙脚乱地调兵遣将，但清廷可用的机动兵力就那么点，这时候，只能拆东墙补西墙。清廷拆的东墙就是湖南三顺王的部队，补的西墙就是江西。

江西反正后，不仅江西各地纷纷响应，甚至带动了周边的湖广、浙江、安徽，那里的抗清义师受到鼓舞也重新活跃起来。清廷唯恐江南有失，急令孔有德率军迅速北撤，返回湖北。

主力清军撤走后，湖南只剩下长沙的徐勇、辰州的马蛟麟与衡州的张国柱以及全州的清广西巡抚李懋祖。他们的兵力很少，只能缩在各自的据点里，湖南的很多地方连清兵的影子都看不到，反攻湖南的机会来了！

一旦夺回湖南，广西、广东、湖南加上江西将连成一片，战局将为之一变。

四月十八日，退入湘西的堵胤锡、马进忠率先发起反击，于二十四日收复常德。就在他们出发的三天前，四月十五日，一度被迫降清的原刘承胤部将陈友龙在靖州起兵反清。陈友龙原本就不愿降清，当时受制于主将刘承胤，不得已投降，现在见时机已到，第一个在湖南举兵。十七日，陈友龙带兵攻入贵州，攻占黎平府。七月初一，攻克武冈。八月初五，收复宝庆。

退守广西桂林的督师何腾蛟也率部将曹志建、焦琏、卢鼎等挥师北上加入反攻，于五月二十七日收复全州，并尾随败退的清军一路追到永州。

在永州，何腾蛟跟他的部队遇到了考验。永州的清军并不多，但何腾蛟指挥的占据优势兵力的明军，围攻几个月却打不下永州。何腾蛟的军事能力很值得担忧，他指挥的明军的战斗力显然也不那么令人乐观。

可是，陈友龙的部队却攻势迅猛，接连攻克靖州、武冈、新化、宝庆，同攻占常德的堵胤锡、马进忠部遥相呼应，大有一举收复湖南之势。可这却深深刺激了何腾蛟，没有对比就没有伤害，与友军的攻城夺地相比，顿兵永州城下的何腾蛟心里相当难受，他难受的不仅是战事不顺，还因为他看不得陈友龙建功。

陈友龙之前是刘承胤的部将，当初降清时，清军让他去贵州抓捕何腾蛟的亲属，何腾蛟的妻王氏投水自杀，妾张氏、赵氏自缢，一家四十余口被俘。何腾蛟与陈友龙就此结下深仇。

何腾蛟写信给郝摇旗，让他出兵袭击陈友龙。郝摇旗是为数不多的原农民军里受何腾蛟信任的人。何腾蛟在给郝摇旗的信中说："诸将出楚，皆立大功。将军独深壁柳州，将为诸将笑。今予率滇、曹兵下永、衡，王、马（指王进才、马进忠）诸部出辰、常；为将军计，惟有靖、武（陈友龙的控制区）一路可出耳。陈友龙收二十余城，富甲诸将，金粟可坐食十年。吾妻妾皆死于友龙之手，将军于我师生谊最厚，独不能为我一报乎？尽友谊，取大功，收厚利，据乐土，在此行也。"

何腾蛟先打感情牌，畅叙友谊，接着又是利诱。郝摇旗也是实在找不到拒绝的理由，何腾蛟对他很赏识，可谓恩遇有加。郝摇旗一向很听何腾蛟的话，再加上，郝摇旗在柳州吃饭都成问题，"金粟可坐食十年"对郝摇旗的诱惑，就如同一个饿了三天的人，眼前突然出现一堆面包。这种诱惑难以抵挡。

郝摇旗心动了，心动不如行动。郝摇旗准备动手。动手之前，他先派人联系陈友龙，说他的部队要从靖州路过去攻辰州，想向陈友龙借道。陈友龙听说友军借道，也没多想，就同意了。

可是，郝摇旗的部队开进靖州，突然向陈友龙的军队发起攻击。陈友龙一点防备都没有，在郝摇旗的突袭之下，被打得大败。陈友龙原本已经收复宝庆，正要乘胜进兵，却不料被郝摇旗背后下黑手。郝摇旗偷袭友军，干得相当不地道。陈友龙不得不从前线撤兵，导致清军乘虚而入，宝庆得而复失。陈友龙带着部队跑去找永历皇帝告状。

永历皇帝朱由榔在位期间，实际上一直都只具有政治上的象征意义。他轻易不发言，但只要说话，跟没说一样，因为没人听。朝廷从一开始就没有权威，皇帝又哪儿来的威严。南明没有实现中兴，重要的一点就是没有真正建立起一个有令必行、有法必遵的朝廷。永历朝廷不过是一个徒有名分的皇帝带着一班文臣辗转周旋在各个军阀之间的流浪政府。它既不具权威更缺乏实力，对各地军队，也只有名义上的领导权。实际上，各地军阀多是自行其是，各干各的。陈友龙找永历告状，说等于白说。

何腾蛟后来经常与人说，我提拔过的人多了，可是能为我效力的只有郝南安一人。郝摇旗曾被永历朝廷封南安侯。何腾蛟这么说，他是痛快了，湖南众将却大为不满。其实，与何腾蛟有仇的是刘承胤，何腾蛟就是报仇也应该去找刘承胤。刘承胤派陈友龙去抓捕何腾蛟的家属坑了陈友龙。不过，陈友龙反正后，刘承胤被清廷怀疑也得到了叛徒应有的下场。刘承胤投降不久，一天，他的部队突然被清军包围，刘承胤做梦也想不到清军会对他下手。在清军的围攻下，他的部队被全歼，他也死在乱军之中。说起他被杀的原因，据说是因为他之前经常在孔有德面前炫富，结果，见财起意的孔有德盯上了他的钱财，就找了一个理由杀了刘承胤。

十一月初一，在永州城下度过春夏秋三个季节的明军，终于在初冬的这一天攻下了永州。清广西巡抚李懋祖被明军斩杀。衡州的清军见势不妙主动弃城，逃往长沙。

明军下一个目标是长沙。

何腾蛟想取长沙，但动作太慢，他的队伍还在路上，就听说已经有部队在打长沙了。一打听，才知道攻城的是李过、高一功的忠贞营。

忠贞营是堵胤锡请来的。九月，何腾蛟还堵在永州，而且看起来短时间内出不来。堵胤锡鉴于湖南的明军实力普遍较弱，缺乏攻取长沙的实力，特意派人进山请忠贞营入湘，攻取长沙。

忠贞营九月开进常德，十月从常德出发，一路占领湘潭、湘阴、衡山。十一月十一日，李过、高一功率军包围长沙，开始了疾风暴雨般的攻城战。每天射进长沙的箭矢跟下雨似的，发射的火铳更是一发挨一发，几乎不停，城里的人出门都要背上一扇门板，不然分分钟就被射倒，当时攻城的火力就这么猛。城头的清兵只要一露头，不是被弓箭射中，就是被火铳击毙。长沙城的清兵只有三千，架不住这么攻，守将徐勇亲自跑到城上督战，很快也被射成重伤，跑着上来，抬着下去，清军就快要守不住了。

十一月十六日，忠贞营却突然撤走。清军大惑不解，最清楚这事的是堵胤锡，看着胜利在望，堵胤锡不免有些得意，就说了一句让他非常后悔的话，他说："长沙自督辅失之，自我复之，不亦善乎。"那意思长沙是从你何腾蛟手里丢的，是我收复的，这不是挺好吗？这话很快就传到何腾蛟的耳里，换一个胸怀大度的人，或许也没啥，但偏偏何腾蛟不是一个大度的人，听了以后，很受刺激。

何腾蛟想让自己的部队夺取长沙。他的意思也很明确，长沙是我丢的，那就让我来收复吧。何腾蛟下令调忠贞营去救援江西的金声桓，这个理由也很充分，因为南昌从七月被围已经过去四个月了，形势危急。可是，到嘴边的肥肉硬生生吐出去，谁也不情愿，堵胤锡不愿意，忠贞营当然更不愿意。

但何腾蛟是督师，堵胤锡拗不过何腾蛟，只好下令忠贞营撤兵东进。忠贞营撤是撤了，但也没东进去救江西，始终在湖南境内徘徊。结果长沙没攻下来，南昌也丢了。

何腾蛟指望他督率的军队去争夺长沙的大功。可是，直到清军援兵赶来，他也未能重新组织起对长沙的进攻。

永历三年（1649）正月，郑亲王济尔哈朗率领的满洲八旗援兵开进湖南。

之前，清廷接连收到来自湖南的告急文书，便于去年九月派和硕郑亲王济尔哈朗带着多罗郡王勒克德浑、汉军镶黄旗固山额真刘之源、汉军镶白旗固山额真佟图赖、满洲正蓝旗固山额真伊拜领兵南下湖南。

何腾蛟节制的各路明军纷纷溃逃，扔下主帅，转眼间就跑得不见踪影。何腾蛟瞬间就成了光杆司令。所谓嫡系关键时刻也靠不住。

何腾蛟麾下的马进忠算是比较听话的，忠贞营开进湖南直奔常德，当时的常德并非没有军队，守在那儿的正是马进忠的部队。见忠贞营开来，马进忠的部下都主张抵抗，马进忠却说："制相（堵胤锡获封的官职是总制忠贞营光华伯，东阁大学士，简称制辅、制相）有王命在身，我们不能抵抗；既然难与共事，只有离他而去，再到湖南求庇于督师（何腾蛟）。"他带领所部人马从间道前往湘乡。

但湘乡孤城难守，马进忠率部向衡州撤退。可是胡一青已先他一步攻占衡州，湖南的各部明军，其实就是一股股军阀。不仅明军与忠贞营矛盾重重，原明军各部也为了地盘，钩心斗角。马进忠只能绕城而过，避免两军发生摩擦。平时就相互戒备，战时就更谈不上配合。马进忠一面派人飞骑报告何腾蛟，希望能在湘潭会师，一面劝慰部下将校退还湘乡。当时正值隆冬，狂风大雪，呵气成霜，官兵衣衫单薄，粮草匮乏，满腹的委屈怨气顿时汇成愤怒仇恨，马进忠的部下沿途抢掠。马进忠不敢制止，因为稍微劝阻便可能造成哗变。

何腾蛟惊闻马进忠弃常德卷旗南来，于永历三年正月，乘船直奔湘潭，身边只带了数百标兵护卫。

此时，忠贞营渡湘江东移，马进忠的主力还在湘乡，湘潭城防空虚。济尔哈朗瞅准机会，亲率主力从长沙直扑湘潭。

十八日这天，清兵乘虚直入，顺利杀到湘潭城，而守将马进忠喝得醉醺醺的，对清兵的到来浑然不觉。午前，他率探马百骑从县后巡逻到城北拱极门，与清军猝然相遇，人不及甲，马不及鞍，一路败逃，被清军尾随追杀，死伤大半，向湘乡逃去。

马进忠军溃散，刚刚反正的马蛟麟也趁机逃遁。清军开始进攻湘潭北门拱极门与西门瞻岳门。标官禀报三次，何腾蛟仍不信清军已到城外，等到确认事实，才匆忙组织抵抗。

清兵突然杀到，副总兵杨进喜正在理发，听说清兵进城，大呼而起，高喊："朝廷不惜高爵养我辈，正为此时，况何公是我部迎请到此，怎能背弃，只顾逃去！"他简单地把头发扎起，来不及戴兜鍪，便挥刀驰马而出，到处寻找何腾蛟。杨进喜没有找到何腾蛟，却与清兵在巷口遭遇，双方随即在小巷里展开拼死格斗。混战中，杨进喜亲手砍杀数人，不料被清兵暗箭射中额头，箭杆插进头颅，身负重伤的杨总兵不愿做清兵的俘虏投桥自杀。

再说何腾蛟率领部下经生湘门突围出城。生湘门背对来敌方向，出门就是紧靠湘江的总市，可以直接走码头登船去衡州。当时冰天雪地，路不好走，何腾蛟好不容易来到码头，正要上船，却被清兵追上，堵在岸边，部下的马匹被砍翻，他也被清兵团团围住。眼看突围不成，何腾蛟反而平静下来，对清兵说："我就是何督部！"说着跳下马，随清兵走向位于城西南的西禅寺。

据说，何腾蛟被俘后，以手掌击地，连呼可惜，两个手掌都拍烂。清军主帅济尔哈朗亲自劝降，何腾蛟坐而不语，不发一言。济尔哈朗讨了个没趣，却又不死心，派人送来食物，何腾蛟连看也不看，挥手让他们拿走。

济尔哈朗命降将董英去劝。董英曾任何腾蛟部下中军总兵，封浏阳伯。何腾蛟一见董英，怒目圆睁，破口大骂："今日有何面目敢来见我？"董英心里有愧低着头不敢出一声，悻悻退走。

何腾蛟从二十一日起开始绝食，四天未进饮食，口渴得很。西禅寺的一个老和尚守在何腾蛟身边，连连叹息。和尚问何腾蛟有什么需求，何腾蛟说："您是僧人，就为我取一钵子干净的水来吧。"他特别说明请和尚到易俗河去取水。和尚说："江水清冽可饮。"何腾蛟说："此间水已染腥秽，岂可污我冰玉肺肠？易俗河水还是从明朝的土地里流出来的，倒还可以饮。"和尚捧来一钵易俗河的水，何腾蛟先用它漱口，吐出，然后一饮而尽，喝完又睡下。

正月二十七日，何腾蛟被害于湘潭流水桥旁一个土坡下。

何腾蛟殉国的信息传来，永历皇帝亲自临祭，抚灵恸哭，三呼何先生，三洒酒。朝廷追赠何腾蛟为中湘王。

正月二十日，追赶明军的清兵驻兵沙子岭，三万骑兵聚集湘潭。二十一日天刚亮，清军突然将湘潭团团围住，对湘潭居民开始大屠杀。屠杀在二十六日被下令停止，实际到二十九日才真正停止屠城。

当年秋末，原在湘潭经商的徽商程青来、黄希倩重回湘潭，见到尸骨遍地，发慈悲之心与湘潭几个寺庙的和尚一道，义收白骨数万具，建起白骨冢三百余座，到第二年三月才完成。程、黄二人亲立《白骨冢碑记》记载事情的经过。湘潭人为了铭记他们的恩德，在白骨冢附近建起一座重檐大亭，在二人名字中各取一字，名为"希青亭"。

济尔哈朗偷袭湘潭得手，并不停留，分兵四出。尚书阿哈尼堪、固山额真刘之源率兵打败王进才、马进忠部明军，占领宝庆。固山额真佟图赖、固山额真伊拜在衡州击败胡一清，占领衡州。总兵陶仰用阵亡，各路明军先后退入广西。清军几乎占领整个湖南。

第六章

两广失守

大敌当前搞内斗——广西乱局

济尔哈朗在分兵占领湖南时，还派了一支军队进入贵州。郝摇旗当时还在打内战，围攻陈友龙。不久，陈友龙战败被杀，但郝摇旗也未得意多久，很快被清军击败也退到广西。永历朝廷因郝摇旗攻杀陈友龙，对郝摇旗恨之入骨。郝摇旗在永历朝廷的控制区内成了过街老鼠，人人喊打，实在混不下去了，便带队经贵州去了夔东，去找先期到达那里的刘体纯、袁宗第会合。

当时广西的一个军阀陈邦傅正在同另一个军阀徐彪为争夺南宁大打出手，结果，陈邦傅战败，被赶了出来。正赶上忠贞营兵败退入广西，陈邦傅便主动派人联系，请忠贞营帮他夺回南宁。李过、高一功也在为安身之地发愁，双方一拍即合。徐彪只是一个小军阀，打陈邦傅还行，哪里是忠贞营的对手，很快被忠贞营攻杀，获胜的忠贞营便留在南宁，不走了。

这当然是陈邦傅不想看到的结果，但来硬的，他又打不过忠贞营，他连徐彪都打不过，更何况忠贞营。过了一年，陈邦傅又怂恿忠贞营去桂林，说那里粮饷充足，可比南宁强多了。李过、高一功也不傻，才不上当，在南宁有吃有喝，他们才不给人当枪使！但陈邦傅一有机会就在他们面前念叨，开始两人还能应付，后来实在被烦得不行，李过干脆直接明说，您劝我们去劫驾，这不是还拿我们当贼看吗？言下之意，我们才不去呢！你就省省心吧，你那点小算盘，我们清楚得很，大家都在江湖上混，别来这一套。高一功之所以不出面，是因为他是陈邦傅的女婿。陈邦傅为了让忠贞营去桂林，也是很舍得下本钱，将女儿嫁给高一功，但显然他失算了。尽管做了女婿，高一功也不愿去桂林惹麻烦。忠贞营只要有粮饷，有驻兵的地方，也不想多事。陈邦傅只能干瞪眼，南宁还不是他的。

瞿式耜听说陈邦傅的阴谋，也主动上疏朝廷，请将广西粮饷保障忠贞营的供应。忠贞营钱粮充足，就更不买陈邦傅的账了。

瞿式耜与陈邦傅的矛盾由来已久，这就要说到南明历史上的吴楚党争。所谓吴楚党争，从字面上看是吴楚两地官僚之间的门户之争。实则不然，这两个派系不是单纯地以地域籍贯来划分，而是南明内部矛盾的集中反映。李成栋、瞿式耜是楚党的后盾，广西军阀陈邦傅则是吴党的后台。

两党之争起源于瞿式耜和陈邦傅对广西的权力争夺。瞿式耜因拥立永历成为内阁大学士，留守桂林，瞿式耜希望一统广西军政，将广西建成抗清的大后方。

然而广西军阀陈邦傅却控制了广西大部分地区，瞿式耜能指挥的军队只有宣国公焦连部，权力也仅限于桂林一隅之地。一山不容二虎，瞿式耜一心为国，与卑鄙小人陈邦傅针锋相对，陈邦傅阴招迭出，瞿式耜见招拆招。有人曾评价陈邦傅的专业是砍人拉帮结派外加耍流氓，概括得很对，但还不全面，因为陈邦傅的专业范围涵盖很广，他不仅是流氓还是逃兵加绑匪。

永历元年（1647）三月，一小股清兵闯进广西，陈邦傅转眼的工夫就跑没影了。直到有人在柳州发现这厮，才知道这家伙的踪迹。畏敌怯战、临阵脱逃的陈邦傅居然还有脸说他护驾有功。此人的不要脸程度，即使在明清之际奇葩迭出的时代，也算是奇葩中的极品了。

陈邦傅的恶心程度已经超出了人类能忍受的极限，他还恬不知耻要求朝廷以他“护驾有功”封他世守浔州、梧州，也就是世世代代在广西做军阀、祸害地方。朝廷当然不能答应，反应最强烈的就是瞿式耜。永历朝廷进入陈邦傅的地盘也是迫不得已，陈邦傅从来不曾护驾，他的所谓护驾，说是挟持更合适。他想挟天子以令诸侯，但他不是曹操，他也没那个实力。

陈邦傅当绑匪是投降清兵后干的事，他想绑的就是永历皇帝。他不曾护驾，倒真想过劫驾，只不过，永历皇帝早就知道这厮不是啥好东西，对他早就加了防备，他才没得逞。

李成栋反清来归，一时声望日隆。永历朝廷移驻肇庆后，李成栋的原班人马加入中央政府，朝堂诸臣纷纷奔走趋附于李氏门下，改变了朝中的权力格局，朝中分成东西两派。东边李成栋的人和后来依附者以有反正之功，自称“东勋”；西边广西来的是陈邦傅的人，他们胡吹护驾有功，自称护驾元勋。

敌人的敌人就是朋友，由于共同的敌人陈邦傅，李成栋和瞿式耜走到了一起，成为楚党的后盾。

陈邦傅原本想拉拢李成栋孤立瞿式耜，但是当初陈邦傅曾经与李成栋秘密联系，有意降清。李成栋知道他的底细，看不起陈邦傅，不屑与之为伍，加上东西两派朝臣矛盾重重，两人最终分道扬镳。瞿式耜最初自命清高，不屑于和曾经剃发投降的人共事，对朝臣趋附李成栋，他怒斥：“诸大臣唯知奉承剃发之人（指李成栋为首的“东勋”），全不顾朝纲清议，太看不得。与之同流合污既不能，终日争嚷又不耐，反不如身居局外，犹得清清白白做一人也。”但为了对付共同的敌人陈邦傅，瞿式耜还是通过李成栋的心腹袁彭年、刘湘客等人，向李成栋靠拢，形成以李成栋、瞿式耜为外援靠山，以袁彭年等为代表的一个政治集团，即所谓楚党。

与楚党相争衡的马吉翔、陈邦傅等人则被称吴党。楚党成员袁彭年、金堡、刘湘客、丁时魁、蒙正发等五人以其凌厉的攻势被称为“五虎”。挑头的袁彭年称为虎头，长于辞令的金堡称为虎牙，其余刘湘客为虎皮，丁时魁为虎尾，蒙正发为虎爪。由于何腾蛟、瞿式耜都是督师阁部，位高权重，而永历朝廷又设在李成栋的地盘上，所以朝廷上的争斗楚党占据上风。

永历朝廷从肇庆逃到广西梧州后，进了陈邦傅的地盘，朝廷风向立刻改变。吴贞毓、张孝起等十四人攻击“五虎”把持国政，罔上行私。永历早就对“五虎”仗势欺人、骄横狂悖的行径感到不满，认为局势转安为危与五虎的作恶密不可分，弹劾五虎的奏疏一上，永历立即决定打虎。

袁彭年是“五虎”之首，但他以清廷广东布政使的身份随李成栋反正有功。李成栋虽死，但李元胤为首的东勋仍是朝廷的依靠对象。在对待“五虎”的问题上，朝廷不得不有所考虑，对袁彭年网开一面，剩下的四虎处罚得也不重。

留守桂林的瞿式耜得知朝局翻转，不惜身家性命全力营救，七次上疏为“五虎”说话。在奏疏中瞿式耜指出，五人是因为他才受攻击，有“我不杀伯仁，伯仁因我而死”之意，并主动承担责任，袒护“五虎”，表示“杀五臣即杀臣，去五臣即去臣”。瞿式耜的营救起到了一定效果，“五虎”保住了性命，袁彭年以丁忧为名被解职，其他“四虎”也只是革职充军。

瞿式耜挫败了陈邦傅等人想一举击垮楚党的企图，亲楚党的严起桓成为首辅，成为楚党在朝中的新靠山。陈邦傅不肯善罢甘休，由于楚党对农民军持排斥态度，他打算借刀杀人，怂恿李过、高一功的忠贞营劫持永历，杀害瞿式耜等国家栋梁。于是就出现了之前陈邦傅竭力忽悠忠贞营去桂林的那幕闹剧。

湖南明军纷纷败退广西之际，忠贞营各部也先后退入广西。堵胤锡孤掌难鸣，只好率领他直接指挥的亲军一千余人也向广西撤退，准备从龙虎关撤入广西。守关的曹志建以为堵胤锡是来给忠贞营带路抢地盘的，实际上，这时候堵胤锡与忠贞营已经分开行动，堵胤锡手下只有一千多人，对曹志建构不成威胁，但曹志建很警惕。曹志建的举动很能说明，当时的明军各部缺乏起码的信任，经常上演窝里斗。为了抢地盘，争夺势力范围，火并时有发生。明军对忠贞营尤其不信任，每当有忠贞营过境，便如临大敌。

堵胤锡虽然是朝廷大臣，但因为他与忠贞营走得近，也被视为一伙。就在当天夜里，曹志建派兵偷袭堵胤锡的营地，将堵胤锡所部一千余人尽数围杀。堵胤锡父子侥幸得免，逃进附近何图复的山寨。曹志建仍不依不饶，带兵攻山，诱杀何图复。堵胤锡几经辗转，好不容易抵达肇庆。永历皇帝念在他常年奔波在外，想让他入阁。可是，就因为他主张招抚忠贞营，东勋、西勋都不待见他。永历皇帝也做不了主，受排挤的堵胤锡只能请求重返前线。

堵胤锡请拨军饷，朝廷里的那些当权派却不给。永历三年（1649）八月，堵胤锡只带着两面皇帝御赐的龙旗便上路了。

可是，堵胤锡檄调忠贞营，忠贞营却不愿听他指挥了。之前，在湖北听他的，那是因为没有地盘，想找个发粮饷的地方。在湖南听他的，那是因为湖南是明清双方反复争夺的地方，有机会抢到地盘。

但现在不同了，忠贞营各部在广西找到了落脚的地方，至少暂时有吃有喝，可就不那么听话了。现在去湖南可是去打硬仗，他们才不去呢。堵胤锡再三请求，只有刘国昌的部队愿意跟他走，而跟他走的理由也很简单，刘国昌的部队在广西没地盘，跟着堵胤锡，至少出去还能找口饭吃，运气好的话，说不定还能抢到地盘。

屡遭挫折心力交瘁的堵胤锡在十一月病倒了。此时的堵胤锡处境艰难，用他在发给皇帝的最后一份奏疏中的话就是：“调兵则一营不发，索饷则一毫不与。”十一月二十六日堵胤锡在广西浔州病逝。朝廷追赠其浔国公，谥文忠。

大难临头各自飞——北上夔东

永历四年（1650）年初，孔有德率兵深入广西，尚可喜、耿继茂的部队也攻入广东。两广同时被攻，前线连连告急。二月，永历皇帝带着朝廷再次来到广西梧州这个他常来的避难地。五月，永历召见忠贞营将领高一功、党守素，想让忠贞营救援广东。不久之前，李过病死，高一功、党守素成为忠贞营的新首领。

此时朝廷的党争正在高潮，两党都打算利用忠贞营打击对方。

陈邦傅对高一功、党守素说，国事败坏就坏在“五虎”，他们的后台是首辅严起恒，你们面圣时请求清君侧，扳倒严起恒，杀“五虎”，只是几句话的事。

但高一功、党守素在面圣时不但只字不提清君侧的事，反倒猛夸严起恒，说此人是国家的栋梁应该重用，朝廷用人得当是国家之福啊，说到永历朝廷刚刚经历的“打虎运动”，他们不但不落井下石，甚至还认为对“五虎”的处罚过重。

忠贞营不傻，他们才不愿给陈邦傅帮闲。

在接受皇帝召见时，忠贞营表示愿出兵救援广东。同时提出为维护中央权威，主张“兵归兵部、户归户部”，并表示所部愿率先执行，接受朝廷领导，服从朝廷统一指挥，反对文臣党争和武将跋扈。

集权中央，改编勋臣割据的局面，财政收入由朝廷统一调配，这是永历政权建立以来孜孜以求的，却因为现实原因一直未能实现。现在居然由曾经的敌人，现在的忠贞营提出来，听起来有点不可思议。忠贞营怎么突然觉悟这么高了。高到让人一时有点接受不了。

当然是有原因的，因为“兵归兵部、户归户部”对忠贞营最有利。道理很简单，现在永历朝廷的控制区实际上是被大大小小的军阀控制着，这些军阀手下有军队，可以在自己的地盘上收税征粮，兵粮都有了，自然不那么听话。忠贞营提出的这个方案，符合朝廷的利益，兵归兵部，也就是归中央，朝廷对军队的控制力增强，也能保证军队执行命令，服从指挥，实现令行禁止。户归户部，也就是将地方的行政权、财权收归中央，以后各支军队的军饷由朝廷统一拨付，各地将领依赖朝廷的军饷，自然就要老实听话，不听话，就不给钱。对忠贞营这个提议，朝廷实在找不出拒绝的理由，因为这个提议看起来处处都在为朝廷着想。

高明就高明在这里，看起来似乎处处为中央着想，其实，处处都在为他们自己打算。

兵归中央，自然要按人数编组部队，他们人多，显然不吃亏。各地明军始终把他们当贼，感觉总是低人一等，全国的军队都接受统一整编，忠贞营就能洗去贼名，成为国家正式军队。再说，兵归中央也并不意味着交出兵权，忠贞营才不会真把军队交出去。

户归户部，也只有忠贞营能接受，因为忠贞营没地盘，征不到粮饷。出去抢，又抢不着啥东西，还坐实了贼名。只有钱粮收归中央，他们才能分到饷银、粮食。到时候，不管有没有地盘，大家都靠朝廷吃饭，忠贞营与各地明军的地位瞬间就能拉齐。

忠贞营的方案，朝廷能接受也乐于采纳，因为符合朝廷的利益。当然，永历皇帝自然也看得出忠贞营表面为朝廷实际为他们小集团打的小算盘。问题是，各地军阀也不傻，在没有外力压迫的情况下，不会有人主动交出地盘军队。也就是说，忠贞营的方案听起来不错，但在朝廷没有实力的前提下，不具备可行性。

六月，忠贞营去救援广东；七月，就被“东勋”广东系明军给赶了出来。虽然“西勋”与“东勋”形同水火势不两立，但他们在排斥忠贞营这点上倒是难得的达成一致。忠贞营当然也没打算真去救广东跟清军硬拼。在他们看来，保存实力才是最重要的，广东明军又不欢迎他们，正好跑路。他们在广东边上转了一圈，又回了广西。

“西勋”“东勋”都不待见忠贞营，这时云南的孙可望又跑来凑热闹。早在去年，原大西军的孙可望就派人来联系朝廷，表示愿意出兵抗清，希望朝廷能给一个名分，最好是封王。孙可望这么做其实只是想利用永历朝廷的封爵压住原大西军中的另外三个首领，因为他现在的地位挺尴尬。

为了封王的事，闹得沸沸扬扬，此事的详情留待后面详述。这里只说封王对忠贞营的刺激。有人说孙可望请封，怎么就刺激到忠贞营了？大家都知道，原大西军与原大顺军，早年实力不相上下，谁也不服谁。即便到了今天，依然互不买账。听说孙可望要封王，朝廷还未说啥，忠贞营众将先跳了起来，坚决反对。反对的理由也很充分，大家身份相当，忠贞营的首领最高也就封公爵，凭什么你孙可望要封王。高一功、党守素甚至当面训斥孙可望的使者，别痴心妄想，还放出话来，要跟孙可望过过招，切磋切磋，言语之间火药味十足。

其实，永历朝廷起初还真是想一碗水平端，也封孙可望公爵。可孙可望不干，非要封王，二字王都不行，一定要封一字王。双方为此反复交涉了很长时间，朝廷最后时刻才妥协。

形势比人强。原大西军这几年在云南招兵买马，经过整训，实力早已今非昔比。相比之下，原大顺军也就是忠贞营，一路败退，损兵折将，最主要的是，他们这几年一直在四处游荡，始终没有建立起根据地，论实力，远不是原大西军孙可望的对手。

虽然在孙可望的使者面前放出狠话，但高一功、党守素也清楚，真打起来，不是人家的对手。永历四年（1650）年底，得知孙可望率部东进，高一功、党守素等人一商议，决定出走，北上夔东去找在那里的原大顺军旧部，广西是没法待了。以前受“西勋”“东勋”的排挤，已经够受了。现在人多势众的孙可望也来抢地盘，再加上孔有德率领的清军已经杀进广西腹地，忠贞营既拼不过孙可望，也打不过孔有德，左思右想，三十六计，也只有走为上了，广西已没有忠贞营的容身之地。

高一功、党守素率部经湘西向夔东山区转移时，被已经投降清军的地方土司部队偷袭，高一功被毒箭射中身亡。余部几经辗转，才到达夔东，与先前到此的各支农民军会合。从这时开始，忠贞营成为过去，这些聚集在夔东山区的原大顺军各部有了新的名号，夔东十三家。如果你未听说过这个名号，那也不奇怪，因为他们已经从曾经的主角，沦为不折不扣的配角。新的主演原大西军即将登场。

这次打算长住——三王南下

永历三年（1649）春，明军所能控制的地方只剩下广东、广西。清廷决定起用三王孔有德、尚可喜、耿仲明南下去攻两广。之所以选中这三个家伙，主要是用着顺手，去年他们在湖南表现不错，很卖力气，博得主子们的欢心，所以，这次还打算用这三个奴才。

早在去年年底，三顺王就被通知让他们今年春天去北京开会。之所以提前那么早，是因为他们被明确告知，这次去北京要带上家属。

既然要带上家眷，那肯定要准备准备。四月，三王带着部队还有家属先后来到北京。

这年五月，清廷宣布改封恭顺王孔有德为定南王、智顺王尚可喜为平南王、怀顺王耿仲明为靖南王。清廷的封王，从字面上就大有深意，三人初次封王，是皇太极建国称帝那年，那时清兵还没入关，三人就主动投靠，用清廷的话叫“航海投诚”。在清军看来这叫“识时务”“顺形势”，因此在册封三人时，着重强调一个“顺”字。现在，清军已经占领大半个中国，剩余下的两广等地都在中国的最南方，所以新王号，刻意强调一个“南”字，从清廷封王的名号也能看出他们的用心，定南、平南、靖南，意思再清楚不过，让他们去占领南方。

清廷的满洲八旗不是很骁勇吗？为何打两广要靠三个汉人？其实，他们也有苦衷，最直接的原因是，他们怕热，常年居住北方的满人，最受不了的就是南方的酷热。进兵江南时，那里的湿热已经让北方来的清兵苦不堪言，而两广的暑热比江浙更甚，他们实在受不了。

清军里面，满洲八旗之外，比较有战斗力的，又很受信任的，就是三王的部队。但问题又来了，满洲八旗怕热，三王的部队就不怕热？要知道，孔有德、尚可喜、耿仲明他们都是北方人，他们的士兵主要也是北方人。清廷也是没有办法，因为信得过靠得住的实在不多。江西金声桓、广东李成栋的先后反正，让清廷很受刺激，对入关以后投降的那些降将的信任也大不如前。

清军入关这几年，投降又反正的特别多，几乎遍及整个中国，浙江、福建、广东、江西、湖南、山西、陕西都有原明军起兵反正。清廷敢放心使用的，也只有三王。虽然南方有点热，不要紧，时间长了，也就习惯了。当然，作为补偿，清廷也给三王开出了优厚的条件，打下南方，那里就归你们管了。三位藩王不同于明清普通的王，不仅可以带兵，在地方上也有很大的实权，甚至可以干预地方行政，三王的地位权力更像唐朝的藩镇。在中央集权的时代，这个价码可不低。之所以让他们带着家属去，就是希望他们能在南方长期蹲点。

早在清军入关前，三人的部队便被编入汉军八旗，其中，孔有德部编入汉军正红旗，尚可喜部编入汉军镶蓝旗，耿仲明部编入汉军正黄旗。

孔有德原有旧兵三千一百人，拨入新兵一万六千九百人，凑足两万人；尚可喜旧兵两千三百人，补充新兵七千六百，凑足一万人；耿仲明旧兵两千五百人，补充新兵七千五百人，凑足一万人。

需要说明的是三王原有旧兵都是汉军八旗兵，补充的新兵是绿营兵，两者在待遇上是有差别的。新增绿营兵后，又新设左右翼总兵两名。孔有德部左翼总兵线安国，右翼总兵曹得先。尚可喜部左翼总兵许尔显，右翼总兵班志富。耿仲明部左翼总兵徐得功，右翼总兵连得成。

清廷的本意是想让三王各攻一省，孔有德去福建，尚可喜攻广西，耿仲明取广东。但得到消息的尚可喜、耿仲明可愁坏了。因为他俩的嫡系部队只有两千多人，加上新补兵也就一万人。一万人去打一省，撒下去，转眼就没了，别说打正规军，就是对付民兵也不够用。所以，两人表示靠这点兵马实在不敢承担任务，希望可以集中兵力缩短战线。正是这个请求，救了他们的命。

孔有德对两人的举动不以为然，还嘲笑两人胆小，自告奋勇，表示他只带所部就能攻取广西。

清廷经过研究后，同意了他们的请求，重新分派兵力，派孔有德去广西、尚可喜、耿仲明合兵，一起去广东。

孔有德胆大也是有理由的，因为他的兵是尚可喜、耿仲明的两倍。可是孔有德就因为他的张狂送了命，死在广西。不过，三王中最先死的却不是他而是耿仲明。

但耿仲明不是死在战场上，事实上，他是被吓死的。一个正得宠的藩王，究竟犯了啥事，会被吓死，这就不得不说到清廷的“逃人法”。耿仲明就是因为犯了逃人法，触怒了满洲权贵，害怕被治罪，才畏罪自杀。

清军入关之前，几次进关抢掠，抢劫财富之外，最重要的就是掠夺人口，抓回去做奴隶。几次入关，抢走的人口至少在一百万以上。因为抓的人特别多，满洲贵族甚至士兵都已经不从事生产劳作，他们的庄田都交给抓回来汉人奴隶耕作。汉人奴隶世代为奴，他们的子孙出生便是奴隶，叫家生子。这些汉人过着牛马不如的生活，每年都有很多人被折磨死。还有人不堪虐待，选择自杀。更多的奴隶不堪压迫，又思念故乡，便寻找机会逃走。

清军抓的汉人虽多，但逃的也多，每年逃亡的都有数万人。满洲贵族将汉人奴隶视为私有财产，清廷为维护满洲贵族利益，严厉推行“缉捕逃人法”。逃亡两次的，抓回来处以鞭刑，第三次就绞死。胆敢收留逃人的，一经查出，窝藏逃人的人，砍头，家产充公。后经汉人官员的再三请求，才把砍头改为鞭刑。

清廷多次宣布，任何人不得妄议逃人法，更不准在奏疏中涉及逃人法。一旦有人胆敢在奏章中谈及逃人法，一经查出，“定置重罪，决不轻恕”。耿仲明与尚可喜就是犯了窝藏逃人的大罪。

永历三年（1649）十一月初二，耿仲明、尚可喜走到江西，两人约定下月初三起兵南下。就在这时，他们窝藏逃人的事东窗事发，有满洲贵族向清廷告状。经过调查，两人南下时带走了一千多逃人，这个数量在当时是十分惊人的，按照清廷的逃人法，他俩肯定是死罪。耿仲明胆小，还未等清廷公布处理决定，就在江西吉安畏罪自杀。尚可喜比他镇定，没有自杀，等待处理结果。

清廷原定将两人削去王爵，各自罚银五千两，这个处罚并不重，清廷考虑到正在用人之际，又从轻发落，保留王爵，仅仅罚银四千两了事。尚可喜躲过一劫。

瞿式耜桂林殉国——从容赴义

永历四年（1650）秋，孔有德率军进攻湘桂交界的龙虎关。位于湖南与广西边界的龙虎关，地势险峻，这里是从湖南进入广西的必经之地。关北属湖南，关南属广西。孔有德大军想进广西，必须攻占龙虎关。守在这里的明军将领是曹志建，手下有三万人马。明军占据地利，人也比清军多，孔有德如从正面强攻，占不到便宜。

但孔有德这厮也很狡猾，他找来当地向导，在向导的带领下，清军翻山越岭，从后山爬进龙虎关，突然出现在明军背后。明军的注意力都在正面，没提防清军从后面上来，被杀了一个措手不及，明军大败，战死一万多人。曹志建只得率兵逃入广西，慌乱中，连永历朝廷封他的永国公大印都弄丢了。

曹志建率部退到广西灌阳，大印丢了，又找人用木头刻了一个，凑合用。可是，曹志建还没缓过劲来，清军就追来了，曹志建只能接着跑，途中与清军又打了一仗，还是大败，这次连木头刻的大印也被清军缴获。曹志建带着败兵干脆躲进了深山。

十月十三日，大学士瞿式耜召集众将在桂林召开战前作战会议，尽管瞿式耜一再给众人打气，可是与会众人却一个个蔫头耷脑，提不起精神。当时桂林还有不少明军，卫国公胡一清、武陵侯杨国栋、宁远伯王永祚的部队都在桂林。

瞿式耜觉得以现有的兵力，守住桂林是有把握的。可是，他实在高估了手下的这帮将领。十一月初五，兴安传来塘报，清军逼近桂林。瞿式耜急令赵印选率兵布防。接到命令的赵印选迟迟不动，却在当天下午，与胡一清、王永祚带着部队保护家属逃出桂林。他们这么一走，桂林顿时大乱。军民纷纷携家带口争相出逃。

瞿式耜派人催促桂林四周留守诸将移营备战。竟发现军营早就成了空营，兵将早已逃散，不知去向。

瞿式耜看着城内混乱的军民一路出城远去，心里一片悲凉。瞿式耜的家仆也抛下主人，各自逃命。总兵戚良勋带着几名士兵，牵来两匹马，想接瞿式耜一起出逃。

瞿式耜怒斥道："尔等武臣，要去自去！莫再饶舌，否则吃我尚方宝剑！"

戚良勋呆愣片刻，掉转马头，飞奔而去。

到了晚上，桂林几乎成了一座空城，城里的人几乎跑光了。瞿式耜一个人坐在衙署里，等待清军的到来。他有足够的时间走，但他依然选择留下。瞿式耜很清楚留下来意味着死亡，因为他不可能投降，那就只有以死殉国，他是这么想的，也是这么做的。

傍晚，在城外督军的张同敞隔江遥望桂林城内不见灯火，打听难民才得知，桂林已经没有明军，只有瞿式耜仍留在城内，便决心与瞿式耜一同殉国。连夜从漓江东岸游水入城。

瞿式耜见到张同敞说："我奉旨守城，城存与存，城亡与亡，你不是留守，不必在此等死，天下事，或尚可为，快走快走。"张同敞凛然一笑："瞿公能为朝廷死节，难道我张同敞不能吗？"

二人在灯下正襟危坐。

夜雨淙淙，他们遥见城外火光冲天，城内却寂静无声。天色微明时，守门兵禀告："清兵已经入城。"

瞿式耜平静地对张同敞说："我二人死期近矣！"

很快，外面一阵喧哗，随即清军便闯入衙署，有清兵上前要捆绑二人。瞿式耜慢慢站起说："我二人坐待一夜，何用捆缚！"清军押着二人来到城内的靖江王府，孔有德就在这里。

孔有德坐在地上，地上铺着虎皮垫。他早闻瞿式耜的忠义之名，便问："哪一位是瞿阁部先生，请坐下说话。"

瞿式耜说："我就是大明留守督师瞿式耜！我们中国人不习惯在地上盘坐。桂林既陷，唯求速死！夫复何言！"

孔有德说："我在湖南，已经知道瞿阁部留守桂林。现在入城更知二公不怕死，故意在此不去。本王不杀忠臣，先生何必求死？甲申闯贼入京，我大清已为先帝（崇祯）报仇，祭葬成礼，明朝应该人人感谢才对。如今，人事如此，天意可知！希望瞿阁部不要自苦。自今以后，我掌兵马，您为我掌钱粮，安民众，同为大清效力。"

瞿式耜轻蔑一笑："我为永历皇上供职，岂能为犬羊胡虏效力！"

孔有德反复劝降，瞿式耜不为所动。孔有德只得将二人拘押。

过了一个月，瞿式耜写了一封密信派一名老兵出城联系部将焦琏，让他率兵反攻桂林。但老兵出城时，密信被清兵搜出，孔有德怕了，下令将二人斩首。

闰十一月十七日，瞿式耜、张同敞被押到城外处死，行至桂林城北叠彩山，瞿式耜眺望满目风光，对刽子手说："我生平最爱山水佳景，此地颇佳，可以去矣！"说罢，从容就义。张同敞同日殉难。城陷之前，瞿式耜将他的敕印交给部下中军徐高令其送回朝廷，但徐高出城不久，也被清军捕获，被押回桂林，不屈被杀。

后来，李定国收复桂林，专门为瞿式耜建祠，并找来瞿式耜的孙子瞿昌文为其祖父招魂，让忠魂返回故乡。

广州十月围城——庚寅之劫

永历三年（1649）春，李成栋败亡，部将阎可义率部驻守南雄。

七月，阎可义一度率部翻越梅岭反攻江西南安府。明军攻势猛烈，清南安守将向赣州清军“泣血求救，一刻四报，危在旦夕”。清南赣巡抚刘武元不敢大意，迅速派兵解围，明军战败，清军占领梅岭，明军退守南雄。

不久，阎可义病死南雄，在派谁去接替的问题上，明朝广东政府却犯了难，因为没人愿意去。广东政府的实权派杜永和、李元胤商量来商量去，决定派罗成耀去。但罗成耀不愿意，原话是：“尔等俱安享受用，独苦我耶？”南雄虽属广东却地处粤北靠近江西，自然不能跟繁华的大都会广州相比。贪图享乐的罗成耀当然不愿去。

杜永和连劝带哄，又给了不少好处，罗成耀才勉强答应，但他走到韶州就再也不肯往前走了。罗成耀留在韶州，只派部下中军江起龙去守南雄。

十二月初三，尚可喜、耿继茂率两万清兵从江西临江府启程南下。耿仲明自杀后，他的旧部由其子耿继茂统领。十六日，清军赶到赣州，清南赣巡抚刘武元也派兵助战。二十七日，大队清兵开进南安府。二十八日，清军翻越梅岭进入广东。十二月三十日，除夕之夜，事前混入城内的清军间谍数十人火烧鼓楼，趁明军忙着救火，他们袭击文明门，打开城门将清军放进城。

明军仓促应战，陷入被动，两军在城内展开混战。明军守将总兵杨杰、副将萧启先后战死，六千多明军阵亡，清军占领南雄。

永历四年（1650）正月初六，清军进逼韶州，守将罗成耀弃城而逃，清军顺利开进韶州。

消息传到肇庆，朱由榔又坐不住了。马吉翔极力主张西撤，退入广西。守在广州的明两广总督杜永和请皇帝不要轻易移跸，以免人心动摇。可是，永历还是想走，但走之前，总要跟广州方面打声招呼。朱由榔特意派刘远生、金堡去广州，向众将解释西撤的紧迫性、必要性。

杜永和了解这位皇帝的为人，既然皇帝执意要走，做臣子的也不便再说。刘远生回到肇庆复命，向朱由榔转述杜永和的话：“永和奉诏，固不敢阻留陛下行止。今或两宫太后暂移梧州，而车驾（指皇帝）暂留，号召援兵。永和他日必不敢阻驾。”刘远生还特意补充，杜永和说这些话的时候，是哭着说的。

杜永和的意思，两宫太后可以先去梧州避避，皇帝最好暂时不要走。大敌当前，皇帝车驾一动，人心难免动摇。杜永和说得入情入理，朱由榔也犹豫了，可是他手下很多人比他还怕死，极力怂恿，再加上朱由榔本就不是一个意志坚定的人，他内心也想走。最终，永历朝廷还是从肇庆出走，再次西撤梧州。甲申之际，朱由榔父子从湖南衡州南下，就一直住在梧州。朱由榔在梧州袭封桂王，在肇庆称帝，梧州、肇庆都是他的家。对这条线路，朱由榔很熟，毕竟走了好几回了。

走之前，朱由榔留下马吉翔、李元胤守肇庆。

朱由榔又令广西军阀陈邦傅、忠贞营刘国俊率部东援。可是这帮人根本不听指挥，说了等于没说。

正月二十七日，清军兵分两路从韶州南下，尚可喜率主力走陆路，直奔广州。尚可喜部下左翼总兵许尔显率兵走水路，进攻广州上游的水陆要冲清远，掩护主力的侧背。明军从清远出击，与广州守军对清军实施内外夹击。清远明军水师在江上阻击清军十余日，最后，清军用大炮攻击，清远失守。

三月初六，清军包围广州。初九早上，尚可喜、耿继茂下令清军攻城。

广州明军早有准备，广州城三面环水，易守难攻。李成栋在广州时，又对城防进行重新布置，在城外修筑炮台。城东、城南有珠江，城北挖有深壕，里面注满水，只有城西是山地，明军在这里构筑木城，重兵防守。

守城主将两广总督杜永和，部下总兵张月、李建捷、吴文献、范承恩，总兵力一万余人。

明军用火炮多次击退清军，张月、李建捷时常主动出击，率兵出城与清军近战肉搏。吴文献率水师防守东、南二门，在江上拦阻清兵。清军几次强攻都大败而回。

清军强攻不成，只得改为长期围困，派人铸造火炮，又从各地调集大炮运往广州城下清军大营。

从三月初到十一月初，清军围城十月，数次强攻，死伤惨重。

十月二十九日，清军对广州发起总攻。尚可喜所部从东、北，耿继茂的人马从西、南，同时发起攻击。清兵用几个月来从各处收集的几十门大炮朝广州城轰击，城上明军也开炮反击，战场上，硝烟弥漫，战斗从一开始就进入白热化。当天下午，清军从城东北角攻入广州新城。

三十日早上开始，清军连续三天猛攻广州旧城，不分昼夜，不计死伤，蚁傅爬城，前面的被击毙，后面的接着爬，轮番迭上，城下尸体堆积如山。十一月初一，清军集中火炮轰击城西北角。第二天，西北角城墙被轰塌三十丈，清军从被轰塌的城墙往城里冲，明军迎上来封堵，两军混战在一起，广州全城进入巷战。城里的街巷到处都是双方士兵的尸体，但清军人多，明军渐渐处于下风，六千明军在巷战中阵亡。总督杜永和、张月率剩余的明军乘船走水路退守海南。

清军围城十月才攻占广州，攻城更是损失惨重。进城后，清军对广州居民进行了十天的大屠杀。

荷兰使臣约翰·纽霍夫在其《在联合省的东印度公司出师中国鞑靼大汗皇帝朝廷》一书中写道："鞑靼全军入城之后，全城顿时是一片凄惨景象，每个士兵开始破坏，抢走一切可以到手的东西；妇女、儿童和老人哭声震天；各处街道所听到的，全是拷打、杀戮反叛蛮子的声音；全城到处是哀号、屠杀、劫掠……"

其实，荷兰人也是这场屠杀的帮凶。清军屡屡攻城受挫，城下堆积的清兵尸体几乎快要漫过城墙。清军只得请来荷兰炮手助战，荷兰人的参战也是广州被占领的重要原因。因为广州的城墙就是被大炮轰塌的。不过，十年后，国姓爷郑成功将在台湾狠狠教训这些红毛鬼。让这些洋鬼子长点记性。

在近十个月的围城战中，清军使用了包括筑垒相逼，楼车攻城，动用荷兰炮手等方法，才攻破广州，在这里他们遭遇了南下以来最顽强的抵抗，也遭受了最惨重的损失。恼羞成怒的清兵进城后便开始疯狂地屠杀掠夺。

意大利传教士卫匡国描述广州大屠杀：大屠杀从十一月二十四日一直进行到十二月五日。他们不论男女老幼，一律残酷地杀死，他们不说别的，只说："杀！杀死这些反叛的蛮子。"

清兵在城内到处杀人放火抢劫民财，不计其数的广州百姓倒在血泊之中，广州东门外尸骸成山。这场屠杀的死难人数，中外文献记载不同，但最保守的统计，至少也在八万人以上。永历四年（1650）是庚寅年，清军在广州的屠城，史称庚寅之劫。

永历四年（1650）十一月，在梧州的永历君臣同时收到广西省会桂林、广东省会广州失守的消息，永历再次慌乱了。十一月十一日，永历朝廷再次踏上逃亡之旅，匆忙乘船，往南宁跑。皇帝一带头逃跑，效果立竿见影，本来就人心惶惶的两广，几乎全盘崩溃。各地官员、军队逃的逃，降的降，也有的人既不随皇帝逃，也不向清军投降，而是自行脱离朝廷，返乡做遗民。代表人物有钱秉镫、鲁可藻。一片混乱之中，有人却打起了皇帝的主意。这厮就是陈邦傅，陈邦傅属于投降那伙的，这家伙早就想投降了。

当初，李成栋没反正前，他就打算向李成栋投降；不承想，李成栋突然反正，令陈邦傅措手不及。陈邦傅应该是挺郁闷的，投降不成，投敌的把柄还落在人家手里。但李成栋反正后，事情也多，也没工夫搭理陈邦傅这类人渣。陈邦傅投敌的事才没被翻出来。现在眼看朝廷要垮了，陈邦傅又蠢蠢欲动，别人投降，有的是迫不得已，他是主动靠拢，而且他还想送一份见面礼给清军，以便投降后的地位待遇有保证。礼物他都选好了，就是永历皇帝朱由榔。

朱由榔率领为数不多的大臣走水路从梧州撤往南宁，途经浔州。陈邦傅密谋劫驾，想在永历皇帝经过时，突然动手，劫持皇帝，献给清军。但朱由榔提前得到密报，知道陈邦傅要反水，急令船队不做停留，直接冲过去。当时正下着大雨，永历君臣冒雨急行，才逃过一劫。

陈邦傅劫驾未成，并不罢休，又派兵偷袭焦琏。焦琏没防备陈邦傅会下黑手，可叹，大将焦琏未死于阵前竟死于宵小之手。陈邦傅带着焦琏的首级投降孔有德。孔有德看不起陈邦傅，但看中的是陈邦傅手中的“平蛮将军”大印，这个大印对当地土司很管用。孔有德看在大印的分上，才勉强收容陈邦傅。大印到手后，孔有德马上变脸，把陈邦傅软禁在桂林，连官也没给一个。大明战神李定国攻入桂林，将叛贼陈邦傅押送贵阳闹市，剥皮后寸斩凌迟。这就是叛徒的下场。

清军虽然占领广州，但广东各地的抵抗并未停止，督师大学士郭之奇、两广总督连城璧仍积极奔走联络各地义师在艰难困苦中坚持抗清。李元胤兵败被俘，不屈被杀。杜永和在第二年率部降清，其部将张月在李定国大军攻入广东时，毅然率部反正，后来李定国兵败退走广西，他不知所终。

十二月初，逃到南宁的永历皇帝朱由榔整日愁眉苦脸，地盘丢得差不多了，军队跑得差不多了，文武百官跟着来的就那么几个人。天很冷，朱由榔的心更冷，清军步步紧逼，每天传来的都是败报。春节将至，可是，南宁的明朝君臣却没有心情过年。

幸好，清军没有马上南下，永历君臣又在南宁担惊受怕地过了一年。到了永历五年（1651）十一月，清军逼近南宁，终于，广西也待不下去了。永历皇帝召集群臣，讨论何去何从。大家议论纷纷，说什么的都有，有的主张航海去福建投奔郑成功，也有的说不如去越南避难。可是，却很少有人提议去云南依靠孙可望。前两个方案都不靠谱，福建太远，海上风波难测，郑成功自己也住在岛上，永历不愿去。去越南就更不可行了，虽然广西挨着越南，看起来很近，可是越南不可靠，督师大学士郭之奇后来败兵退入越南，就被越南人绑了献给清军。

切实可行的，只有去云南，投奔孙可望。不过因为封王的事，多数朝臣都跟孙可望闹翻了，但有一线之路也不愿去孙可望的地盘。更主要的是，永历皇帝也不想去。大家讨论来讨论去，就是不想去云南。孙可望派来接驾的贺九仪，见朝臣宁可去福建也不愿去云南，大为不满，干脆拔营而去，走人了。

剩下永历君臣，在广西又苦撑了一个月，被清军追得到处跑，走投无路之下，只好进入云南孙可望的地盘。与不如意的永历朝廷相比，这两年，孙可望等原大西军旧部在云南混得相当不错。

第七章

新的格局

开辟根据地——兵进云南

隆武二年（1646）十一月，肃亲王豪格率清军经陕西进入四川，进攻盘踞在那里的大西军。之前被张献忠派到川北的部将刘进忠因为作战失利，受到张献忠的严厉责骂，更令刘进忠惊恐的是，他得到消息，张献忠要将他和他的部队全部活埋。尽管消息并不确实，但刘进忠信了，他是张献忠的部下，以张献忠的为人，是很有可能的。刘进忠不敢多想，逃到汉中向豪格投降。豪格从刘进忠口中得知了张献忠的下落，不然，四川那么大，还真不容易找。清军迅速锁定了张献忠的具体位置，知道大西军驻扎在西充凤凰山下。豪格马上行动，当天就令昂邦章京鳌拜、固山额真准塔等率领精锐先行出发，他带主力随后跟进，清军“衔枚疾驱，一昼夜行三百里”，第二天早上，就到了西充凤凰山。

那天早上，大雾弥漫，清军悄悄接近大西军营地，突然发起攻击，打了大西军一个措手不及。张献忠正在吃早饭，仓促间，只带了几十人走出营帐，察看动静，张献忠刚一露头，就被远处的刘进忠发现了。刘进忠将张献忠指给豪格，豪格立即令神箭手雅兰布放箭，雅兰布不愧是神箭手，在乱军之中，迅速找到目标，张弓搭箭，一箭射中张献忠的咽喉，当场毙命。这是名副其实的斩首行动。

清军很快攻占川北，但川南还在明军手里。当时的形势，清军在北，明军在南，大西军成了肉夹馍。在四川难以立足，大西军只好一路败退，进入贵州。

永历元年（1647）正月，大西军在贵州遵义休整，这时相对安全了，终于有时间检讨内部问题了。张献忠被射杀在川北凤凰山，余部由四大将孙可望、李定国、刘文秀、艾能奇统领。

张献忠在四川的大屠杀，不仅四川百姓深受其害，就连大西军内部也是人心惶惶。张献忠先杀士绅、杀读书人，接着杀百姓，百姓杀得差不多了，就开始杀军队，先杀投降的明军，又杀在四川招的新兵。杀来杀去，搞得人人自危，大家都没有安全感，整天担惊受怕。张献忠的死，不仅躲过大屠杀的四川百姓得以保命，就连大西军的士兵们也得到解脱。大家长期紧绷的神经终于可以松弛一下，长出一口气。大西军从将领到士兵早就对大屠杀心怀不满，急于走出大屠杀的阴影。终于到了清算的时候，孙可望、李定国、刘文秀、艾能奇都想改弦易辙。可偏偏有人找死，张献忠的“皇后”与“宰相”汪兆龄还想搞张献忠的那一套，“照旧行事”。艾能奇大怒，指着汪兆龄大骂，你身为“宰相”不能治国安邦，只知道劝张献忠杀人。原文是“不能辅之治国，唯劝之以杀人”，致使“人心危惧，不肯归从，天下皆名我辈为贼”。说着，愤怒的艾能奇手起刀落砍下了汪兆龄的脑袋，张献忠的“皇后”也被处死。这一系列行动，显然是四大将商量过的，不然，就凭艾能奇一个人，他也不敢这么做。

孙可望、李定国、刘文秀、艾能奇组成新的领导核心，这四人在原大西军余部中地位相当。只不过，论资历，孙可望要比其他三人略高，但也只是略高一点，四个人的关系很微妙，现在是共患难的兄弟，未来是反目成仇的敌人。

就在兄弟四人为将来的出路愁眉不展时，有人主动找上门，送来一个改变他们命运的消息。给他们传递消息的是他们的老朋友云南石屏土司龙在田。十年前，被朝廷招安的原大西军首领们在湖北与被从云南征调而来的云南土司结识，大家都在江湖上混，找共同话题那是一点也不难，双方很快便打得火热，今天你请我喝酒，明天我请你吃饭，关系处得相当不错。听说老朋友就在贵州，龙在田便派人前来传递消息，搬请救兵。

而龙在田派人传出的消息是，云南发生叛乱，请他们出兵相助，镇压叛乱。找人平乱的是土司，发动叛乱的也是土司。云南蒙自土司沙定洲闹事了。但其实，沙定洲一开始也是奉命来平乱的，最先闹事的不是他，是武定土司吾必奎。

弘光元年（1645）八月九日，吾必奎发动叛乱，目的很明确，他想取代世守云南的沐氏，当云南王。因为事发突然，云南地方政府没有准备，被吾必奎先占了点便宜，叛军接连攻克大姚、定远、姚安。世代守卫云南的黔国公沐天波紧急征调石屏土司龙在田、蒙自土司沙定洲带兵平乱。事实证明，吾必奎就是一个小丑，没实力，还想闹事，结果九月十五日便兵败被擒，从起兵到失败只折腾了一个多月。

平定叛乱后，各地土司都各自带兵返回，沙定洲却赖在昆明不走。黔国公沐天波一点也没起疑，还总请沙定洲到府上做客，这是典型的引狼入室。

云南沐氏沐英自洪武十五年（1382）被封镇守云南算起，至今已传十二代，有二百多年了，几乎与明朝相始终。第十二代黔国公就是沐天波。

多次出入沐府的沙定洲亲眼见识了沐氏的豪富，沐氏经营云南二百年集聚的财富令他眼红心热贼心顿起。但最终促成他叛乱的是一个女人。一个成功男人的背后往往会有一个支持他的女人，这句话也可以这么说，一个惹事的男人背后也往往会有一个不安分的女人。沙定洲的老婆就是这么个女人，说起来这个女人还不是沙定洲的原配，此女在史料上没有留下名字，只知道她姓范，人长得很漂亮。这点很重要，这也是她自信的来源。美貌是女人打开男人世界的钥匙。尽管通向财富权力的钥匙有很多把，但对很多女人来说这把却是最重要的钥匙之一。

范氏也是一朵奇葩，她取代原配的方式简直令人匪夷所思。范氏是听说沙定洲的大名主动找上门的，开场白也很直接，我想做你的女人，你收了我吧。她的这番举动把沙定洲给整蒙了，见过主动的，可这么主动的，还是头一次见。沙定洲说我有老婆，沙定洲以为范氏会知难而退。可范氏又给了他一个惊喜，不要紧，我可以做小。请您把夫人请出来让我们见见吧。

沙定洲想既然你这么说了，那就见见吧。可接下来发生的事，他做梦也想不到，夫人被请出来与范氏见礼，两个女人才说了几句话，范氏突然拔刀砍向夫人，沙定洲的原配当场死亡。范氏却表情镇定，擦干刀上的血，转头对沙定洲说，现在，我可以做你的女人了吧。沙定洲居然同意了。

十二月初一，沙定洲在昆明城内外安排他的士兵悄悄进入攻击位置，只等信号便一起杀出，夺取省城。部署已定，沙定洲与范氏以辞行为名，带兵进入沐府，在行礼叩拜时，突然率领手下发起攻击。沐天波一点准备都没有，匆忙之间，在几名贴身卫士的保护下，连家眷也来不及带，只随身携带着官印、世袭铁券越墙逃走。沐天波的母亲、妻子来不及逃走，自焚而死。沐天波的三个儿子，只有长子跟在他身边，二子在混乱中失踪，三子出家。沙定洲的叛乱，令沐天波家破人亡。沙定洲、范氏在沐府见人就杀，眨眼之间，沐府已是血流满地，全府四五百人惨遭杀害，场面惨不忍睹。

沐天波逃到楚雄，召集各地土司前来会合，可是龙在田、禄永命带来的兵，还有驻守楚雄的金沧兵备道杨畏知的部队，加在一起也不到三千人。靠这点兵力，别说反攻复仇，能不能守住楚雄都不好说。沙定洲随后赶来将楚雄团团围困。云南本就兵力薄弱，情急之下，龙在田想到了贵州的孙可望、李定国等旧相识，这才出现之前的请兵求救。

孙可望等四大将意识到这是进兵云南的好机会，一致决定，起兵南下。南下之前，孙可望先派人在云南散布消息，说即将入滇（云南简称滇）的队伍是黔国公沐天波妻子焦氏家族的武装，来云南是为沐氏复仇。这招果然好使，沐氏在云南二百余年，德泽深厚，威望很高，百姓听说来的是焦氏的人，都十分拥护。永历元年（1647）三月，孙可望等人率军顺利进入云南。

这时，整个云南几乎都被沙定洲占了。沐天波困守楚雄。孙可望等人的到来，令云南局势迅速逆转。三月二十五日，大军占领平彝，进入云南地界，二十八日占交水，二十九日夺曲靖。之后，大军并未西进去打昆明，而是南下直扑沙定洲的老巢阿迷州。这招攻其所必救，十分见效。沙定洲这时候别说围攻楚雄了，连昆明都不得不放弃，结果就是，楚雄解围，昆明轻取。孙可望、李定国等人久经沙场，经验丰富，只用一招就把土豪沙定洲打回原形。

四月十八日，沙定洲放弃昆明逃回老巢。二十四日，孙可望、李定国率军开进昆明。直到这时，云南官民才弄明白，来的不是焦氏家兵。

沙定洲逃走，李定国率兵一路穷追猛打，用火药炸塌城墙攻占临安府，直逼沙定洲的老巢阿迷州。就在这时，昆明发生动乱，李定国不得不率兵回援。

占领昆明后，四大将分兵四出，刘文秀率兵北上夺占武定州、禄劝，之后向西，先后占领丽江、剑川，平定滇西北。

八月，孙可望带兵进攻杨畏知据守的滇西，他们目前还是不同阵营的人。不过，在对待云南的明朝地方政府的态度上，孙可望等人的做法与对沙定洲明显不同，孙可望等人不是一味地打，他们更想与之合作。

杨畏知兵少力弱，他的部队很快被击溃，他本人也被俘，但杨畏知宁死不屈。孙可望再三劝降，杨畏知却不为所动，孙可望在对待杨畏知的态度上，表现出难得的耐心，从孙可望后来的所作所为来看，他并不是一个好脾气的人。动不动就剥皮杀人，也很少对谁有耐性。但这次却很反常。

尽管，杨畏知再三表示不肯与“流寇”合作，但孙可望并不放弃，因为他清楚，他需要眼前这个人。最后，经过谈判，双方达成协议，协议的第一条就是不用大西年号，这点很顺利就达成了，因为从贵州整训开始，孙可望等四大将就没打算再使用大西的名号，即使杨畏知不提，四大将也不想再用。协议第二条，不妄杀人。这点也很容易，四大将在贵州重整队伍的时候，就已经下令，“自今非接斗，不得杀人”。第三条，不焚烧庐舍，不奸淫妇女。这条也不困难。孙可望、李定国、艾能奇、刘文秀早就达成共识，要“洗去贼名”。

九月，刘文秀进兵永昌，以“共扶明后，恢复江山”为前提，与沐天波谈判，双方很快也达成协议。

到永历元年（1647）十月，整个云南几乎都被四大将的军队控制。只有盘踞阿迷州、蒙自的沙定洲，观望的东川土司禄万亿、禄万兆还在负隅顽抗。

永历二年（1648）五月，孙可望派艾能奇率兵扫荡东川。不料，艾能奇在进兵路上遭遇禄氏士兵埋伏，被毒箭射中，连夜被抬回昆明，很快便毒发死亡。但禄氏土司还是很快被平定。

真正需要荡平的是沙定洲，他能活到现在，不是他实力有多强，也不是他多能打，只是孙可望、李定国等人刚进云南，需要处理的事情太多，没工夫搭理他。到这会儿，终于可以腾出手收拾这个家伙了。

七月，李定国率军南征沙定洲。战斗没有任何悬念，沙定洲这号人也就能搞个偷袭，欺负欺负不会打仗的文官，真遇上狠角色，马上就原形毕露。沙定洲的乌合之众很快就被打得找不着北了，战斗呈现一边倒。李定国大军连续攻占阿迷州、蒙自。被揍得鼻青脸肿的沙定洲带着他的老婆范氏躲进了老寨佴革龙，说啥也不出来了。

老寨佴革龙地形险要，易守难攻。但李定国根本就没打算攻。他只是派兵守住了山下的几处水源，然后就在军营里坐等山上的人主动下山来投降。因为李定国已经侦察清楚了，山上缺水，水是有的，不过不在山上，而在山下。被困在山上的沙定洲只能趁晚上，偷偷派人下山取水，结果也不难猜，派来取水的人来一拨被收拾一拨。李定国的士兵就守在水源处，来一个逮一个，山上的人渴得受不了，很快就撑不住了，纷纷下山投降。走投无路的沙定洲、范氏束手就擒，李定国将沙定洲、范氏等首犯押送昆明，对被胁从的部众宽大处理。在昆明，孙可望当着沐天波的面，将沙定洲、范氏等十一名罪犯剥皮抽筋，沙定洲之乱就此平定。

请封秦王——封王之争

在云南待了一年多，站稳脚跟的孙可望，已然今非昔比，现在的他手下十余万兵马，兵精粮足，实力雄厚。可是得意之余，孙可望也有一丝不快。有一个问题一直困扰着他，那就是谁才是这支队伍的老大。从四川败退到贵州整训，再到占据云南，这个问题始终没搞清楚。

在贵州的时候，当时四大将孙可望、李定国、艾能奇、刘文秀被确立为新的领导集体。四人地位不相上下，孙可望的资历比其他三人略微高那么一点，四兄弟联盟，孙可望被推为盟主。

但盟主归盟主，并不是真正的老大。平时，几人都是兄弟相称，李定国等人只是把孙可望当大哥，而不是首领。孙可望并不满足当一个盟主，他想做老大。艾能奇死后，孙可望与李定国、刘文秀的关系变得更加微妙。三人都手握重兵，各自有自己的部队。三人中，刘文秀的实力要弱一点，让孙可望发怵的是李定国。李定国在几人中最能打，在军中的地位与孙可望旗鼓相当。平日里孙可望处处表现得高人一等，总想压李定国一头，以显示他的老大派头，明确他的首领地位。李定国虽然耿直忠厚，但也不买账。

孙可望与李定国之间，矛盾逐渐升级，孙可望为在军中压住李定国，与部下亲信一手策划导演了演武场升旗事件。

一天早上，李定国一如往常早早来到演武场，准备操练士卒。这天的操练，孙可望也会到场。可是，李定国等了许久，也不见孙可望的人影。眼见时辰已到，李定国决定不再等了，便令旗鼓官鸣炮升起帅字大旗。

这边帅旗刚升起来，那边孙可望就来了。孙可望见李定国不等他来就升帅旗，勃然大怒，当面指责李定国心中没有他这个主帅，哪有主帅不到就升帅旗的。李定国被孙可望这一出给弄蒙了。主帅？谁封你的主帅，大家都是平起平坐的兄弟。当初四兄弟联盟，四兄弟都是当家人。只不过你资历稍长，兄弟们敬你，叫你一声大哥。多咱冒出一个主帅。

李定国想要辩理，这时，孙可望的亲信王尚礼等人纷纷出来帮腔，你一句他一句，责难李定国。李定国虽然老实，但也不傻，今天这阵势，一看就知道，这帮人是事前早就串通好的，挖好坑，就等自己往里跳呢。

李定国不想闹翻，念兄弟情分，不再多说。孙可望要处罚旗鼓官。李定国知道今天这事是冲自己来的，主动担责，说错在我，要罚就罚我吧。

孙可望等的就是这句话，当即下令将李定国杖责一百军棍。虽然下令时表现得很为难，但那眼神分明是示意手下赶紧动手。在场众将见事情闹到这个地步，纷纷上前为李定国求情。但孙可望今天设计这个圈套，就是要当众羞辱李定国，在军中树立他老大的地位。这顿板子，孙可望是打定了，但众将的面子多少还是要给的，最后孙可望说，看在众将求情的分上，责罚减半，改打五十军棍。

演武场上，当着三军将士，李定国被结结实实打了五十军棍。打完后，孙可望还不忘上演一出苦情戏，上前搂住李定国，哭着说："兄弟，哥哥不是有意要打你（其实就是故意的），但哥哥既然身为三军主帅，就要严明军纪。军纪严明，才能令行禁止，号令众将，统领三军。你可不要怪哥哥呀！"说着又搂着李定国一顿哭。

孙可望的这番表演充分展现了一位十八线演员的拙劣演技，这种横店群演的水准，只能哄哄三岁的孩子。可问题是，他的观众都是成年人，他的把戏谁都骗不了，也就他一个人在那儿自娱自乐。

演武场事件，孙可望当众羞辱李定国，两个人的关系已经走到了危险的边缘。要不是李定国念及旧情，不想翻脸，双方早就刀兵相向。

尽管，在演武场事件中，李定国顾全大局，让孙可望在名义上成为首领，但孙可望心里清楚，李定国并不服他。

孙可望知道单凭他肯定不行，思来想去，他想到了正在两广苦苦支撑的永历朝廷。

永历三年（1649）春，孙可望派杨畏知、龚彝带着他的书信前往广东肇庆请封。对孙可望这番举动的目的，已经在孙可望身边待了一年多熟知内情的杨畏知在后来与朝廷大臣的交谈中说出了实情，请封只是孙可望个人的主意，目的就是想通过朝廷的加封，获得合法地位，以便名正言顺地指挥李定国、刘文秀，特别是前者。从后来孙可望的所作所为来看，孙可望从未真心归顺朝廷，他只不过想利用朝廷的名号达到他个人的目的，他的野心不是一个秦王能满足的，这个家伙的最终目的是黄袍加身。只是，他现在还没有那个实力，天下是明清对立，他孙可望还摆不上台面。但随着实力的增长与局势的变化，孙可望的野心也在逐渐膨胀，他在那条危险的道路上越走越远，请封秦王只是孙可望在这条道路上迈出的第一步。

但孙可望不会想到，他的第一步走得就不顺。四月初，杨畏知等人抵达肇庆，呈上了孙可望的书信。书信的内容很快传开，立即在朝臣中引发激烈争论，以大学士严起恒为代表的多数大臣都坚决反对，袁彭年、金堡甚至要求将前来请封的杨畏知下狱治罪。反对是必然的，因为孙可望的胃口确实不是一般的大。上来就请封秦王。

在明朝，王有两种，亲王（一字王）与郡王（二字王）。皇帝的儿子太子接班，剩下的儿子封亲王。亲王的世子接班，剩下的儿子封郡王。只有皇帝的儿子才能封亲王。亲王的儿子是郡王。文臣武将，功劳再高，也只能封公爵，典型的就是之前提过的，世代镇守云南的沐氏，封爵也只是黔国公。

亲王也有高低之分，以“秦晋齐楚”最为尊贵。秦王更是明朝亲王中的“十王之首”。明白了这些，也就不难理解，为什么大臣们听说孙可望请封秦王，会有那么激烈的反应了。

与孙可望情况相似有可比性的是忠贞营，毕竟之前他们也算同行。忠贞营接受隆武朝廷的招抚，首领最初只封侯爵，还是到了永历朝，才升到公爵。孙可望开口就要封王，别说朝廷一时接受不了，连忠贞营都不干。我们熬了几年才到公爵，你们寸功未立，就想封王，呸，懂不懂规矩！

忠贞营的首领高必正甚至直接放话，孙可望，你小子别欺负朝廷漫天要价，想封王，先过我们这一关。

杨畏知对朝廷风向的体会是最深的，因为他就在风口旋涡的中心，看眼前这形势，还坚持封秦王，那就是典型的找抽。孙可望远在云南，当然不用担心，但他可是天天被人喷口水，所以，杨畏知对形势的看法也更理性。

杨畏知主动“降价”，亲王不便封，那就退而求其次，请封郡王（二字王）得了。但奏疏送上去，就没了下文。看来还是不行，又等了数月，杨畏知不得不再次降低标准，这次只求封公爵，在外面待了这么久，好歹也得弄个职称回去，有一个交代。这次，有忠贞营的先例，尽管还是有反对的声音，但朝廷还是勉勉强强同意了，封孙可望景国公，这跟最初的目标差得有点大。

不过，事情到此并没有结束。堵胤锡当时正在朝廷，听说此事后，觉得不妥，以他对农民军的了解，这么个结果，孙可望肯定不会接受，说不定还会适得其反。请封秦王，到头来只给个公爵，到时候，孙可望闹起来，事情就不好收拾了。

堵胤锡先是派人请来潘世荣、焦光启，这两人是随行护送杨畏知的武将，也是孙可望派来监视杨畏知的。杨畏知原来是明朝官员，孙可望对他并不放心。堵胤锡请二人吃饭拉交情，先把二人稳住，然后又上书永历皇帝，说现在是多事之秋，国家正在用人之际，对孙可望应尽量笼络。永历皇帝对堵胤锡还是很信任的，很快批复，改封孙可望为郡王。这也是杨畏知的意思，杨畏知为孙可望请封郡王时，就说得很明白，孙可望拥兵十余万，复兴大明，这是一支可用之兵。何必为区区一个名号，将之拒之门外。事情到现在处理得还算圆满，毕竟，这是一个双方都能接受的方案。

但偏偏有人出来捣乱，添乱的也是老面孔广西军阀陈邦傅。这个家伙，只要他出场，就不会有好事。陈邦傅也听说了封王的事，他想走孙可望的门路，找个靠山，他的中军胡执恭就给他出主意，孙可望不是想封秦王吗？朝廷不给，咱们给他弄一个又有何难。原来他们手头有一批永历朝廷给他们的空白敕书，朝廷的本意是让他们用来奖励在前线立功的将士，因为朝廷收到奏报再做出奖赏，走正常程序需要很长时间，所以，为了鼓励前方将士立功杀敌，特意简化手续，特事特办，给了不少主帅一些空白敕书。但谁也没想到，陈邦傅居然贼胆包天，用来伪造圣旨。他们找人写了一份假的诏书，又找人刻了一个“秦王之宝”的金印。伪造圣旨、私刻王印，单凭这一点，就可以将陈邦傅处死。胡执恭带着假诏书和私铸的秦王大印跑去昆明见孙可望。

孙可望不知有假，他哪里会想到，有人敢假传圣旨，以隆重的礼节迎接使者，并在昆明举行仪式，率领手下兵将，行礼叩拜，接受王印。排场搞得很大，以至于昆明几乎人人皆知。孙可望还得意地派人将假的诏书抄录数十份，发往云南各地，布告张贴，让云南人都看一看。不久之后，孙可望就会十分后悔他的这番举动，他的张扬也将沦为笑柄。

且说，孙可望正得意呢，他派出去请封的杨畏知带着真的诏书回来了。

孙可望看了诏书，大吃一惊，说：“我已受封秦王，这是怎么回事？”杨畏知看了假诏书，说，这是假的，伪造的。胡执恭这时也在场，眼见骗局被拆穿，干脆也不再演戏，说，你说我的诏书是假的，你的也不是真的。当初，朝廷封的不过是景国公，不是郡王。你以为我不知道吗？胡执恭来得早，后来发生的事，他并不知情。

孙可望尴尬了，事情发展到现在，真相一目了然，以孙可望的智商，他当然知道，杨畏知说的是真的，那个胡执恭是个冒牌货。可是，仪式也搞了，布告也贴了。云南尽人皆知，现在说弄错了，朝廷封的不是秦王，只是一个郡王。脸往哪儿搁，这人丢大了。

恼羞成怒的孙可望，一气之下，将杨畏知、胡执恭全都关进大牢。将前后收到的诏书，全部抄送朝廷，说我收到两个诏书，一个封秦王，一个封郡王，我也不知哪个是真的。但我已经接受了秦王的封爵，这事现在全知道了，还请朝廷定夺。那意思再明显不过，孙可望想让朝廷承认秦王的既成事实，说得好听，请朝廷定夺，朝廷的真诏书就摆在那里，需要定夺吗？但这话说穿了就没意思了。朝廷大臣商量来商量去，决定还是封郡王，秦王实在不好给。于是有人就在字面上动心思，说不如封兴秦王或定秦王。

孙可望显然对封郡王不感兴趣，他想要的就是秦王。见朝廷迟迟不做答复，就再次派人前来请封，这次也不扭捏了，直接明说，不要郡王，请实封秦王。但朝廷不答应。

孙可望等不到消息，只能将封王的事暂时搁置。出滇抗清才是此时更重要的。

永历四年（1650）九月，孙可望出兵贵州，强行收编当地明军。到年底，贵州尽数归入孙可望控制之下。此后，孙可望长期待在贵州，将贵州经营成他的大本营，很少再回云南。

永历五年（1651）二月，清军从柳州南下进逼南宁。南宁的永历朝廷想打，没兵；想逃，南宁已是最后的地盘。危急时刻，孙可望派部将贺九仪、张明志率兵五千来接永历君臣。不过，别高兴太早，接人之前，他们要先杀人。杀谁？当初谁反对封秦王就杀谁。孙可望很会挑时候，报复的时机选得恰到好处。

孙可望知道永历朝廷已经无处可去，这时候派兵过去，不仅可以报“当年之仇”，还可以趁火打劫，借机要挟朝廷。这时候，不管他提什么过分的要求，朝廷都不得不答应。

贺九仪、张明志到南宁后，二话不说就杀人，先杀反对封王的兵部尚书杨鼎和，又逼死首席大学士严起恒。三月，永历皇帝朱由榔被迫承认孙可望秦王的合法性。

随后赶到的杨畏知，对二人的行径大为不满，上书弹劾二人。当然，在当时，这种做法不会有实质性的结果，但态度还是要有的。永历皇帝知道杨畏知忠于朝廷，现在又为孙可望办事，两边都能说上话，正好可以起到沟通联络的作用，就破格提拔杨畏知做东阁大学士入朝辅政。永历皇帝这么做既是想找一个可靠的人处理朝政，也是给孙可望面子。谁都知道，杨畏知代表的是孙可望，重用孙可望的人，孙可望肯定也会满意。

可是，永历皇帝想错了，他好心办坏事，害了杨畏知。孙可望听说杨畏知接受了朝廷的官职，勃然大怒，派人将杨畏知抓回贵阳，厉声质问："你为何不请示我就接受大学士之职？"杨畏知说："既然您能接受秦王的封爵，我为什么不能当大学士呢？"孙可望被怼得张口结舌，但这不是辩论会，孙可望更不讲道理，当即下令将杨畏知拖出去，杀了。

杨畏知的被杀彻底暴露了孙可望的狼子野心，他的归顺明朝、请求封王，不过是在欺骗朝廷、利用朝廷。天下人就此看清了他的真面目。

孙可望表面上用永历年号，却自称秦国国主，在贵阳另起炉灶，也建了一个政府。只是换一个说法，叫行营六部，朝廷的六部这里全都有。

永历六年（1652）二月初，永历朝廷走投无路被迫退入孙可望的地盘，被孙可望安排到贵州安龙府。在对永历朝廷的安置上，孙可望还是颇费了一番心思，放到昆明，孙可望不放心，他不放心的是李定国。可接到贵阳，孙可望也不愿意，毕竟，永历是名义上的皇帝，他不管怎么说，也算是永历的臣子，住在一块儿，总要去请示汇报。尽管大权在他手里，请示汇报也只是走走过场，但那他也不愿意。自由自在多好。但放得太远，孙可望也不放心，想来想去，还是在贵州找一个地方就近安置比较好，于是，就选中了安龙。安龙原来叫安隆，那是贵州一个荒凉偏僻的小城，又旧又破。

孙可望照安置难民的标准，迎接永历君臣，显然是没把朝廷放在眼里。孙可望把皇帝安排在破旧的小城里，他自己却在昆明、贵阳大兴土木，兴建豪华府邸，雕梁画栋、极尽奢华。孙可望不是没钱，他只是舍不得给皇帝花。

孙可望每年只给朝廷八千两白银、六百石米，永历皇帝很为难，这点钱实在不够维持朝廷的运作。尽管这个朝廷已经是高度精简的了，可还是不够。朱由榔只能拉下脸皮派人求孙可望再多给点，但孙可望连皇帝的面子也不给，还派人监视永历皇帝的一举一动。朱由榔在安龙实际上是被软禁。朝廷的职能已经被孙可望在贵阳的政府班底给取代了，为数不多的朝廷大臣，只能跟他们的皇帝，在贵州的偏远小城里，大眼瞪小眼，每天喝粥度日。

四川乱局——陷入混战

永历君臣还能喝上粥，可是，四川的老百姓已经连粥都喝不上了。曾经的天府之国，现在已经被折腾得面目全非，繁华的都市变成一片瓦砾，昔日的良田长满野草。

狼虫虎豹也从深山中走了出来，公然在街上招摇过市。当时有人曾在成都的城楼上，一天之内看见十几只老虎大摇大摆从城墙下悠闲地走过，一点不怕人。四川几乎成了野生动物园，不过，它们与人接触的方式既不是关在笼中被人看，也不是人在车中看它们，而是直接出现在眼前，相当刺激，真遇上，估计也只有恐怖。现在的人也许想象不到，那时的四川居然虎患成灾，在四川的乡镇，甚至大城市，大白天走在街上，与“逛街”的老虎来个面对面的亲密接触，也没啥值得大惊小怪的。一个叫赵懋赏的人被任命为荣昌知县，这位新任县太爷一路披荆斩棘，路不好走嘛，很多地方都长上了野草，好不容易进了县城，却发现县城比郊外还荒凉，想找当地人了解一下情况，却发现根本找不着人。人是没遇着，却遇见了老虎，结果这位赵知县就在进城的当天在城里被老虎吃了！对，你没看错，在城里，被老虎，吃了。

即使是成都，大白天在街上也看不见几个人。人都去哪儿啦？被杀了，罪魁便是张献忠，他的大屠杀直接导致四川人口锐减。他究竟杀了多少人，已经难以统计。但这个恶魔终于遇上了对手，在清军入川之前，就是这个人几乎以一己之力杀败张献忠，拯救了四川。他的名字叫杨展，挽救危局的英雄。

杨展是四川嘉定人，崇祯十二年的武进士，在武将中也算是高学历人才。不过，英雄也有落难时，崇祯十七年（1644）四月，已是参将的杨展随川北总兵刘佳胤守成都，他们的敌人便是张献忠。八月，成都陷落，杨展被俘，张献忠从来不会优待俘虏，杨展不出意料被推出去斩首。

杨展被带到一条小河边，他以为这回死定了，但就在行刑前，两个刽子手看上了杨展穿的锦甲，对杨展说："汉子，将你这件衣服脱下送我们罢。"杨展暗喜，答道："我命都快没了，要衣何用？你们把绑绳松松，我好把衣服脱下来。"这两人听了，信以为真，傻乎乎就给杨展松绑，准备卸甲。武举人出身的杨展一身好功夫，他知道这是逃命的唯一机会，就在那两人刚刚松开绑绳的一刹那，说时迟那时快，杨展突然出手，出其不意，夺刀，杀人，整个过程一气呵成，几乎就是转瞬之间完成的。还未等周围的人反应过来，杨展已经跃入水中，不见踪影。

虎口逃生的杨展召集各地溃散明军，很快拉起一支队伍。在马应试、余朝宗等明军将领的配合下，攻占叙州，之后，接连率军收复嘉、眉、邛、雅诸州，威震川南。杨展也因功被朝廷升为总兵、封锦江侯。

杨展封侯，张献忠是不高兴的。眼看着杨展的势力越来越大，张献忠坐不住了，几次派兵进攻川南，但每次都被揍得鼻青脸肿，被打回去。四川形成南北对峙的格局。

但很快，局势又变了，清军来了。隆武二年（1646），清军在肃亲王豪格的率领下直奔成都而来。南边的杨展已经很难缠了，北边清军又打进来，四川是待不下去了，见势不妙，张献忠准备开溜。这些年，他在四川抢了不少金银珠宝，这些东西当然要带走，但大量的金银携带不便，毕竟，跑路要讲究速度。这方面，张献忠是很有经验的。

为了便于运输，张献忠特意令工匠做了许多木头的夹槽，把银锭放在里面，每一鞘装银 2000 两，一共装了上千艘船。张献忠带着十几万部下坐上满载金银的大船走水路出川，船队蔽江而下。

可是，张献忠不知道，他的“老朋友”杨展早就在道上等着他了。听说张献忠要溜，杨展打算“送一程”，他率兵在张献忠必经之地的彭山江口设下埋伏，张开大网就等张献忠往里钻。

彭山江口，是成都锦江汇入岷江的汇流处，张献忠的船队想出川只能从这里走。

在彭山江口张献忠遇到了等候已久的杨展。两军相遇，直接开打，杨展令左右两翼阻止敌船前进，同时派灵活机动的小船满载火器插入敌军的大船中，纵火焚烧。他身先士卒，驾船冲入敌阵。

在明军的猛烈攻势下，张献忠的部队开始崩溃，想撤却出不去。原因很简单，江口很窄，船很大很多，首尾相接的数千艘船挤成一团，动弹不得，结果一艘船着火，很快又烧着旁边挨着的船。这时岸上的明军也没闲着，他们不停地发射火铳弩矢，与船上的明军夹击张献忠的船队。张献忠被痛打，又被火烧，丢下大量的船只金银财宝，狼狈逃窜。很多满载金银的船只沉于江底，这便是“江口沉银”的由来。

开始杨展并不知道张献忠的秘密，后来一个幸存的投诚船夫告诉杨展，张献忠的船队上有很多金银，杨展这才派人在岷江中打捞。包装金银的是竹木筒，杨展命部下用长枪在江中打捞，一旦发现木筒，便用枪钉住拖出来。经过打捞，果然捞出许多金银。

杨展一面让士卒捞取江中财宝，一面乘胜追击。张献忠率残部逃往川北，杨展领兵追击，一直追到汉州（今四川广汉）。被赶到川北的张献忠很快就被清军射杀。

得到意外之财的杨展，凭借这笔财富买粮、买牛，赈济饥民，让百姓安心耕种，杨展控制的地方成为四川唯一自给自足的地区。

当地老百姓从此口口相传“石龙对石虎，金银万万五。谁人识得破，买到成都府”的顺口溜。后来，经常有人在这里发现残破的兵器和少量的银锭、铜钱，但时间久了，捞到的东西很少，对这个传说渐渐就不大信了。二〇一五年发生的几桩文物盗卖大案，再次引发大众对“江口沉银”的关注，这几起案件中涉案文物里面就有许多是从彭山江口挖出的国家一级文物。二〇一七年初，彭山江口的明代战场遗址考古发掘出水三万多件文物，再次证实了江口沉银不是传说。

当时在四川的各地明军，只有杨展的军队能够吃饱饭，也就是说，其他各路明军基本上都吃不上饭。杨展发财后，很够意思，经常拿出钱粮支援各地的友军，川中众将很多都受过他的援助，对杨展自然是十分感激。但人与人是不同的，有人感激涕零，也有人黑了心，打起了杨展的主意。

黑心的是袁韬、武大定。武大定原来在陕西与孙守法曾拥立秦王的四子汉中王在五郎山抗清。失败后，孙守法战死，他带着汉中王来到四川，推举汉中王做秦王。明朝宗室还是很有号召力的，不久，另一个叫赵荣贵的将军，听说秦王在武大定的营中，就派人来请秦王去他那里做客。这个武大定早就想吞掉赵荣贵的队伍，听说后，满口答应，他想趁赵荣贵送秦王回来的时候，将赵荣贵骗进大营杀了，然后出兵吞并赵荣贵的部队。计策不可谓不毒，好在这个秦王是个明白人，在赵荣贵的军营，他看出来，赵将军的队伍是真心抗清的，便对赵荣贵将武大定的诡计如实相告，秦王也不再回去，就此留在了赵荣贵军中。再说武大定，过了两天，派人来接秦王并邀请赵荣贵去营中一叙，秦王与赵荣贵当着使者的面，并未揭穿武大定的把戏，只是随便找了个借口婉拒。武大定知道阴谋败露，担心被报复，连夜逃走，率部去富顺投奔袁韬。

这个袁韬原来是农民军，后来归顺了朝廷，当然，这个归顺仅仅是名义上的，朝廷既指挥不了他，他也不听指挥。该怎么干，还怎么干，一直靠抢掠为生，但在四川已经抢不到啥东西了。袁韬也是吃了上顿愁下顿，武大定来找他混饭吃，只能说是找错了地方。营中缺粮，天天有人饿死，两人也想不出办法。

这时，有人给他俩出主意，事到如今，也只能求助于杨展了，原因很简单，现在就他那有粮。出主意的人叫李乾德，时任川北巡抚。这个家伙纯粹是来添乱的，此人虽说官至巡抚，但在永历朝廷，官帽乱飞，到处都是官，名头一个比一个大，但其实，很多时候，看起来很威风的大官，只是一个头衔而已。这个李乾德就属于此类，他是川北巡抚，但川北此时在清军手里，他想管也管不着。这个没兵也没地盘的李乾德，只能待在袁韬的军营里混生活。

但李乾德不甘寂寞，这个家伙为了抓权，居然找人私铸“兵部之印”，冒充兵部尚书在四川明军的控制区内招摇撞骗。像造假印这事儿，在管理混乱的永历朝廷里实在不算新闻。但李乾德这点小伎俩只能骗骗没在朝廷混过不懂朝廷典章的袁韬等出身农民军的武将，真遇上懂业务的，就穿帮了。

李乾德利用四川与两广音讯不通的机会，拿着假印四处忽悠到处乱盖章。不过，在嘉定，李乾德的把戏被揭穿了。

杨展的一个幕僚一眼就识破了李乾德的骗术。这位幕僚当场质问李乾德：“朝廷定制，印不离部。兵部大印应该保存在兵部，你的大印是哪来的？”李乾德一听，知道露馅了，沉默不语，再也不敢拿着假印出来骗人了。

但像李乾德这种人是不会消停的，他又摆出巡抚的身份希望杨展将嘉定等地的财权、地方行政交给他。杨展当然不答应，我辛辛苦苦打下的地盘，凭啥交给你。

不过，杨展还是给李乾德指出一条出路，你们不如去重庆。这里的你们是指李乾德跟袁韬，前者现在依附于后者。重庆是好地方，可这时却没人要，清军不要，明军也不去。好好的地盘，为啥没人要呢？当然是有原因的。重庆没粮，派兵去守，驻军总得吃饭吧。但当时的四川，不论清军还是明军都缺粮。对双方来说，最重要的不是抢地盘不是打仗，而是吃饱饭。

永历二年（1648），清四川巡抚李国英向清廷报告，去年肃亲王豪格拨给四川巡抚的标兵总共不到一千四百人。一年下来，病死的、饿死的、逃跑的，就有一千多人。现在就剩下几百饥兵饿卒，兵少不说，连饭都吃不饱，走路都直打晃，更别说打仗了。

明军的情况也差不多，袁韬的军队早就吃不上饭了。杨展很够意思，表示你们去重庆，我给你们粮食。在大饥荒的年代，能做到这点，那真是相当可以了。袁韬、李乾德既不是他的部下也不是他的朋友，充其量算一个阵线的友军。杨展能在这时候拿出粮食帮友军已经很够朋友了。

但李乾德却不领情，这家伙有他的打算，重庆那个地方是好，极具战略价值，这点谁都看得出来，但也正因为如此，那里很危险。现在大家缺吃少穿没心思打仗，一旦缓过来，只要开战，重庆必然首当其冲。李乾德只想浑水摸鱼，抓抓权，贪点钱，他可不想上前线。李乾德回到袁韬的军营压根儿不提去重庆的事，却一个劲儿怂恿袁韬、武大定去嘉定杨展那里蹭饭。

袁韬、武大定这时候只要有饭吃，去哪儿都行。再加上李乾德会忽悠，这两人对他是言听计从，就同意了。李乾德很快又跑到嘉定找杨展，说袁韬、武大定等人仰慕将军已久，希望投到将军麾下。杨展对李乾德的来意心知肚明，这些家伙摆明了就是来蹭饭的，还说得那么好听，杨展很清楚袁韬、武大定的军队是不会接受他的改编听他指挥的，真来了，不听话不说，还闹事。到时候赶都赶不走。杨展就没答应。但李乾德脸皮相当厚，赖在那儿不走，架不住李乾德的软磨硬泡，最后杨展勉强同意让袁韬、武大定的军队去犍为，粮饷由他提供。

杨展不知道，他的宝贵粮食喂了一群白眼狼。袁韬、武大定靠着杨展的支援渡过难关，却不思感恩，相反，他们在见过嘉定的富裕后，变得不淡定了。李乾德看出了他们的心思，这个家伙本就不是良善之辈，再加上之前，杨展还拆穿了他的骗局让他抓权的企图化为泡影，李乾德趁机挑唆袁韬对杨展下毒手，袁韬毫不犹豫就答应了。他们又找来武大定，三人聚在一起密谋，经过商量，定在七月二十六日动手，这天是袁韬的生日，三人以为袁韬过生日为由，邀请杨展去犍为赴宴。

杨展的家人部将都认为其中有诈，劝杨展不要去。但杨展自认为对袁韬、武大定有恩，他们还不至于对他这个恩人动手，不听劝阻，只带了三百卫队去犍为赴宴。接下来的事情，就简单了，鸿门宴的传统套路，酒桌上动手，摔杯为号，伏兵齐出。杨展跟他的三百卫队一个也没回来。

袁韬、武大定两人杀害杨展后，并不停留，直接带兵偷袭嘉定。他们想趁人不备，袭取嘉定，但杨展的儿子杨璟新显然比他爹更了解这些小人，嘉定早有防备。偷袭不成，直接强攻，但嘉定守军顽强抵抗，他们打不下来，只好改为长期围困。

川陕总督樊一蘅听说杨展被害，写信给李乾德，严厉斥责他们的卑鄙行径，但斥责归斥责。治世，文官掌权；乱世，军阀得势。樊一蘅这个总督，名头挺大，但手下也没多少人。名号需要有实力作支撑才有执行力，但樊一蘅没那个实力，军阀们自然不服管，说了等于没说。樊一蘅气愤交加，第二年就去世了。

涪州守将李占春也受过杨展的恩惠，但人与人是不同的，听说恩人被杀，嘉定被围，李占春二话不说，立即带兵奔去嘉定救援，但被人多势众的袁韬、武大定击败。永历三年（1649）年底，被围四个多月的嘉定城陷落，杨璟新带领数十人突围而出，于第二年年初向清四川巡抚李国英投降。杨展的地盘被袁韬、武大定瓜分。但他们也没得意多久，很快，收拾他们的人就来了。

永历五年（1651），孙可望派大将刘文秀与亲信王自奇兵分两路，杀入四川。得知消息，武大定率领主力去堵一路，派部将张林秀去拦另一路，结果两路都没拦住。武大定的主力在荥经县的鹿角坝被刘文秀的军队围歼，张林秀更惨，直接被杀。武大定连夜逃回嘉定，见到他的两个同伙李乾德、袁韬，一句话也说不出来，进门便号啕大哭。这两位一看武大定的表情，就知道，完了。三人搂在一起抱头痛哭，他们终于明白了，出来混总是要还的。

追兵很快就到，嘉定是不能待了，但嘉定这么多好东西，不能留给刘文秀。于是，走之前，他们又干了一件缺德事——火烧嘉定。就在当天晚上，三人在嘉定放起一把大火，第二天一早，三人带着家眷部众逃之夭夭。他们逃得很早却不够快，带着家眷，自然跑不快。这些人跑了七天，才跑到仁寿县，但刘文秀只用了一天就追上了他们，追他们的是刘文秀的轻骑兵。

袁韬、李乾德被当场活捉，押回嘉定。武大定趁乱逃脱，但他的家眷都做了俘虏，武大定最后也不得不向刘文秀投降。李乾德在押解途中投水自杀，武大定、袁韬后来归顺了孙可望。

刘文秀进入四川后，很快便占领四川南部，与川北的清军形成对峙。看势头，很有将清军一举赶出四川的意思。清四川巡抚李国英坐不住了。他手下有五个总兵：成都总兵惠应诏、叙州总兵马化豹、涪州总兵卢光祖、永宁总兵柏永馥、龙安总兵左勷。看起来不少，其实没多少兵。

之前说过，就连巡抚李国英的标兵都死的死、逃的逃，巡抚手下都没多少人，各路总兵手下的人自然也不多。而且，清军在四川的地盘几乎就只有一个保宁。听这几位总兵的名号，他们应该各自驻防在自己的防区。实际上，这几位都在保宁，成都、叙州，这些地方现在是有军队驻防，不过不是清军而是明军。

清军之所以聚堆，说起来也是人多壮胆，真分散出去，早被人家消灭了。李国英知道靠手下这点兵力是铁定打不过刘文秀的，只好向清廷求援，请求增派援兵。援兵来得很快，因为他们住的本来就不远。带队的主将名头很大——吴三桂。

永历六年（1652）年初，清平西王吴三桂、固山额真李国翰率军从驻地陕西汉中南下，入川增援。二月初七，他们到达保宁，十二日，便挥军南下来抢地盘，吴三桂进兵的速度很快，十天后便杀到成都。

清军兵临城下，明军守将林时泰却一点不慌乱，他的反应是直接打开城门，放清军进城，他投降了。但吴三桂并未放过投降的林时泰，下令将林时泰斩首示众。吴三桂处死林时泰的理由很充分，这家伙之前已经降过一次了。林时泰投降过清军，后来又率部反正，现在又来投降，吴三桂认定这是个屡降屡叛的小人，必须杀。但吴三桂的记性确实不大好，他好像忘了当年他在山海关干的那些事。

不过，接下来，清军的进展十分顺利，顺利得有点令人难以置信。二月，清军占领成都。三月，占重庆。四月，占叙州。清军所到之处，几乎没有遇到抵抗，清军攻重庆，重庆明军主动撤退。清军攻叙州，守军主动让出城池。清军一路南下就没怎么打仗，清军进，明军就退，搞得很像接收。

清军只用了三个多月就几乎占领了四川。就在清廷认为大功告成时，明军的反攻却突然开始了。当初退得快，现在攻得猛。当初大踏步的后退，只为今日大踏步的前进。退是为了进，只有退，才能拉长清军的战线，分散清军兵力。清军在四川、陕西的兵力不多，就那么点人，即便加上吴三桂所部，兵力依旧有限，但这些人聚堆待在保宁很麻烦。但只要散开，就好打了。

趁着清军进攻，明军主动退却。清军占一城就要派兵留守，占一城守一城，四川那么大，清军这点兵力就像撒胡椒粉，这一点儿，那一点儿，清军兵力分散，看着占了不少地盘，其实，却是败招，便于明军集中兵力各个击破。明军也的确是这么做的。

八月，刘文秀指挥大军兵分三路，全面反攻。八月初九，明军收复叙州。叙州清军被全歼，战死的甲喇、牛录有几十个，守城的清军主将总兵南一魁失踪，总兵马化豹只身逃走。几乎与此同时，明军大将白文选也率军向重庆发起进攻。

明军的攻势实在太猛，加上叙州清军的前车之鉴，清军怕了。吴三桂、李国翰见明军势头正盛，这时候硬拼估计干不过明军，不如保存实力，主动撤退。一旦被围住，就麻烦了。但撤退这事，也得跟李国英商量商量，毕竟他是清廷任命的四川巡抚，重庆是大城市，日后清廷追究下来，也好应付。

三人开了个碰头会，一致决定，撤退，赶紧撤。实际上，重庆的清军比他们还紧张，这些人在前线，随时可能被明军合围，那心情用一首神曲的歌名来形容是再贴切不过了，忐忑。

忐忑中的重庆清军收到了吴三桂的撤退命令，应该说清军的动作是相当快的。八月二十四日接到撤退令，八月二十五日全军就已渡过长江。这速度也是没谁了。为了逃命，清军跑得已经很快了。但明军追得更快。

清军一路飞奔，但才逃出一百多里，就被明军追上，遭到合围。明军包围清军后，开始并不近战，而是用火枪四面围攻，那场面才真正叫弹如雨下。就这么围着，狂轰猛射三天三夜，清军彻底崩溃。

明军乘胜收复四川失地，但刘文秀不满足于此，他要将清军彻底赶出四川。在他的指挥下，各路明军快速推进，直逼清军在四川的老巢保宁。

功败垂成——保宁之战

明军攻势猛烈，势不可当，清军屡战屡败，不停地向后退却。九月，吴三桂率军先是退到绵州，在绵州也站不住脚，又退到广元。吴三桂几次接战都被杀得大败，广元也守不住了，只能接着撤。就这么一路被明军追着屁股打，兵败如山倒，吴三桂也慌乱了。在向保宁撤退的途中，吴三桂甚至打算跑路直接溜回汉中。他想拉着李国英一起跑，李国英却不走。李国英说："王爷您是客兵，您可以走。但我是四川巡抚，守土有责，我不能走。"说完就带着他的部队回保宁去了。

他走后，李国翰对吴三桂说："我等率兵来收取四川，现在没打下来，我们这一走，保宁必破。到时候朝廷怪罪下来，你我难逃干系。"吴三桂一想也是，就这么走了，对上面不好交代，这锅就背定了。

想明白了，吴三桂又派人把李国英给追了回来。吴三桂对李国英说："我是很想守保宁的，只是巡抚有粮吗？"吴三桂很狡猾，他明知四川缺粮，却故意这么问。李国英要说没粮，正好跑路，事后，清廷追查起来，他也有话说，我是想守的，但保宁没粮，我也没办法。

但李国英也很滑头，他先是承认，保宁粮食确实不多，但接着就话锋一转，说虽然不多，但供应大军三五个月还是不成问题的。人家都这么说了，吴三桂也没招了。九月十九日，虽然极不情愿，这时候去保宁明摆着就是往明军的口袋里钻，吴三桂还是带着人马与李国英一起回到保宁。

虽然李国英在吴三桂面前表现得很像那么回事，但其实他也是被逼着回来的。李国英也不傻，明知明军的下一个目标就是保宁，这时候回保宁，很有点找死的意思，但逼他的那个人说的话又让他不能反驳。逼他的人是清四川巡按郝浴，这个郝浴为了把巡抚弄回来，也是相当拼，连续七次写信给三人，主要是给李国英，希望他们回来坚守保宁。在给巡抚李国英的信中，郝浴警告李国英清廷"国法森严"，"不死于贼，必死于法"。就是这句话硬生生将李国英逼回保宁。这句话的意思很明白，你现在可以走，可以不守保宁，追随吴三桂他们去汉中。可你要想清楚，保宁丢了，上面追查下来，跑不了你的，谁让你是巡抚，巡抚"守土有责"。这句话的另一层意思是你回来也可能"死于贼手"，这点大家心知肚明。李国英明知前面是个坑，也得往里跳。李国英估计也很郁闷，清廷给他的这个官看起来不小，可是清廷的四川巡抚能管的也只有保宁，平时吃饭都成问题，吃的粮食还要靠陕西转运。生活待遇是谈不上了，这么苦的地方，请人来，人家都不来。

不过，有人不请自来。刘文秀的动作很快。十月初二，刘文秀率大将王复臣、祁三升、张光壁等领兵四万赶到保宁，到保宁后立即占据附近的山头，抢占制高点，将保宁团团包围。明军北进以来，几乎是追着清兵的屁股打，接连获胜，令明军士气大振。但这也让刘文秀多少有一点轻敌，一上来就摆出了决战的架势，四面合围，不留一点缝隙，摆明了要将城里的清军一锅端，一举全歼。

明军抢占了保宁北面的葭萌关、东面的梁山关，堵住了吴三桂北逃汉中之路。但这种全面封堵的做法，并不明智。客观地说，以刘文秀的水平跟手头的兵力，能把清军赶出四川就很不错了，想全歼，不现实。要知道，清军的主将可是吴三桂，这个家伙能混到现在，足以说明他的水平，而且，清军虽然被打败了，但因为跑得快，主力损失并不大，所以仍有战斗力。清军兵力不多，要是散处各地，也好对付，但现在全聚在保宁就不容易打了。

对刘文秀的铁桶合围，部将王复臣提出了反对。他认为吴三桂实力很强，是劲敌，围歼并没有把握。我军兵力只有四万，四面合围，势必分散兵力，敌人要是集中兵力主动出击攻我一点，我军就被动了。不如撤出部分围城兵力，集中全力攻击敌军的一点。只要打开缺口，保宁就是我们的了。虽然这种方法，很可能让吴三桂溜走，但胜算更大。

可惜，刘文秀并没听进去，仍坚持四面围困。吴三桂未必想死守保宁，以他在清廷的地位，即使丢了保宁，清廷也不会将他如何。但现在刘文秀这么一搞，就逼得吴三桂不得不跟刘文秀拼命。

王复臣的战术其实就是四个字，围师必阙，这是被历代战争多次证明了的行之有效的战术。在围城时，故意留出一个缺口，这并不意味着放走敌人，敌人出来后，依然可以放开打，而且更容易打。敌人被困在城里，眼看外围被围得如同铁桶一般，知道反正也出不去了，就会拼死顽抗，做困兽之斗。相反，故意留出缺口，敌人见有了生路，自然就不愿拼命了。求生是人的本能，在求生欲的支配下，一心只想逃出去，也就不想抵抗了。等敌人奔向缺口时，伏兵侧击，很轻松就可以将敌人击溃。

保宁城三面环水，攻城就得搭浮桥，数万明军背列水阵，进退全靠浮桥，这是十分危险的。明军接下来的惨败，很大原因即是源自于此。十月初八，数万明军在保宁城北列阵。十月十一日清晨，明军发起总攻，刘文秀亲自坐镇东北山头指挥攻城。数万明军蜂拥而上，明军的大炮对城头猛轰，火枪手、弓箭手轮番射击，对清军进行压制，步兵架起云梯奋勇爬城。

经过一个上午的激战，清军顶住了明军的进攻。吴三桂在城上仔细观察着明军的布阵，寻找破绽，老谋深算的吴三桂很快发现了明军的薄弱点，列阵西南的张先璧军。他当即下令打开城门，主动出击，派总兵严自明率骑兵冲击张先璧军。张先璧的部队果然经不住清军骑兵的冲击，很快败下阵来，纷纷溃退。他们这一败不要紧，把整个明军的军阵都搅乱了。败兵冲进军阵，明军的军阵犹如多米诺骨牌一个接一个被冲垮，整个阵形全乱了。

被冲乱阵形的明军慌忙后退，纷纷涌向浮桥。可是浮桥很窄，想过桥的人却很多，兵败如山倒，这时想保持秩序是很难的。为了逃命，明军挤成一团，自相践踏，很多人被挤进河里，紧接着，更大的惨剧发生了，也不知道是谁，竟砍断了浮桥，结果很多明军退到河边却过不了江，尽数战死。此战，明军惨败，包括大将王复臣在内的数万明军战死在保宁，对战败负有直接责任的张先璧回到贵州被乱棍打死，刘文秀所部折损过半，元气大伤，只能撤退。眼看就要被干掉，却反败为胜，之前被刘文秀追着打，现在反过来，吴三桂开始追刘文秀。

保宁之战后四川战局也随之翻转，刘文秀收集溃散的部下，被迫退回贵州。清军卷土重来很短的时间便再次占领四川。明军在四川只剩下几个据点。

刘文秀功亏一篑，损兵折将，令孙可望大为恼火，干脆下令解除刘文秀的兵权，让他回昆明过退休生活。

第八章

大明战神

桂林大捷

明军在四川受挫，但在湘桂战场上却迎来了辉煌的胜利，一个人的出现扭转了战局。在此后的岁月里，他以一己之力苦撑危局。他就是大明战神李定国。

李定国，字壹纯，陕西延安人，南明最优秀的战将。

李定国在云南练兵三年，练成数万精兵。战场上以命相搏，生死只在一瞬之间，靠的就是战技。平时多流汗，战时少流血。三年，练兵场上挥汗如雨，李定国的付出即将在湘桂战场上收到回报。

永历六年（1652）四月，李定国亲率三万精兵由贵州进入湖南。孙可望派冯双礼带兵两万随同进兵，派冯双礼去，是配合李定国，但还有一层意思，不好明说，那就是监视李定国。李定国与孙可望有矛盾早已不是秘密，而两人之所以还能维系表面的关系，只是李定国顾全大局能忍。孙可望也知道这一点，因此，他对李定国不放心，但派亲信跟着李定国，又太过明显。思来想去，孙可望决定派冯双礼去，冯双礼原来是艾能奇的部将，艾能奇死后他的部队就由冯双礼统领。在军中，冯双礼的地位仅次于孙可望、李定国、刘文秀，对这么一位重要人物，孙可望自然要竭力拉拢。冯双礼与孙可望走得近，但又不算是孙可望的亲信，派他去正合适。

五月，李定国、冯双礼带兵围攻湖南靖州。这时守在湖南的清军主力是续顺公沈永忠的部队。沈永忠的经历与孔有德、耿仲明、尚可喜类似，也是老牌汉奸，早在清军入关之前就叛变投敌了。但是他去得比那三位稍晚，实力也稍逊一筹，所以孔有德们封了王，他只是一个公爵。他的地位始终低孔有德们一头，从此时清军的分布上也能看出来，孔有德在广西，尚可喜、耿继茂在广东，他在湖南，始终是预备队的角色。

听说明军进攻靖州，沈永忠不敢怠慢，现在湖南是他的防区，靖州丢了，他是要背锅的。但他手下总共只有两万人，明军的兵力是他的三倍。即便如此，这两万人也不能都派去，毕竟，湖南还有很多地方需要留兵去守。经过再三考虑，沈永忠还是派出了八千救兵。这八千救兵由总兵张国柱率领去靖州解围，派八千人去打六万人，沈永忠的智商显然不达标。很快消息传来，派去解围的八千人在靖州陷入明军的重围。李定国的部队用战绩证明了他们的实力，实际交战的过程很短，但战果很大，八千清军只逃回去三千。明军趁胜收复靖州、武冈。

败报传来，沈永忠清醒地意识到，以他的这点兵力是挡不住明军的，必须找援兵，但放眼四顾，他的内心瞬间拔凉拔凉的。清军虽多，却散布各地，能找的只有广西的孔有德，其他的不是太远，就是实力不够。但孔有德未必会救他，就在不久之前，他刚刚上书弹劾过孔有德。这两年孔有德一直在湖南、广西一带打仗，打仗需要钱粮，但清廷拨给的粮饷时常不能到位，拖欠是常有的事。在广西的这一年多，孔有德的部队更是几个月领不到饷银，有时连饭都吃不上。但仗还在打，孔有德只能就近在湖南拆借。沈永忠来湖南后，知道此事，大为不满，湖南的粮饷就那么多，你领去了，我咋办。于是，他上书清廷告状，这事孔有德很快就知道了。有这个过节，沈永忠本不想去求孔有德，但形势逼人，沈永忠也只能厚着脸皮派人去桂林，向孔有德求救。不出所料，孔有德翻出之前的旧账，说了一大堆话，最后的结果就是不出兵。孔有德告诉使者，他的部队此时散布在广西各地，一时调不回来，派不出兵。

孔有德不肯出兵，当然是还记恨着沈永忠告他黑状的事，但他说的也是实情，虽然一年多以前桂林就被清军占领，广西明军仍在坚持抵抗，直到永历六年（1652）的四月，孔有德才攻占广西。鉴于刚刚占领广西，局势不稳，退入山区的明军仍不时出来反击，孔有德不得不分兵把守。此时他的三大总兵，线国安在南宁，马雄在庆节，全节在梧州。孔有德的兵力也就两万多，这么一分，留在桂林的兵自然就不多了。

明军的机会来了。孔有德不派援兵，沈永忠只能跑路，他手下现在只剩下一万多人，湖南地方的清军加在一起还能拼凑出两万人，但这些部队分散在各地，一时也调集不来。很明显，明军不会给他调兵的时间，面对明军的如潮攻势，清军节节败退，接下来的过程比较简单，明军追，清军逃；明军不追，清军也逃。沈永忠用实际行动生动地诠释了“望风而逃”这个词的含义。为了逃命，沈永忠跑得飞快。宝庆不要了，省会长沙也不要了。只要能逃出去就行。

沈永忠这么一带头，清廷委派的湖南地方官员，知府、知县也都抱着大印跟着他跑。毕竟，清军都跑了，他们留下也是死，明军只要逮住清廷的官，二话不说直接杀。湖南的逃跑风气已经形成潮流，当兵的跑，当官的也跑，大家都在比快的，不快不行，明军在后面追呢！清宝庆知府、清长沙知府，新化、祁阳、衡阳、衡山、邵阳、浏阳、攸县等地清廷委派的知县几乎全逃了。

到这年八月，清军在湖南能控制的地盘就只剩下岳州、常德几座城了。清军在湖南的地盘几乎丢光。有人会问，沈永忠呢？他去哪儿了？这家伙跑得比兔子还快，早逃到岳州了，安全着呢。也许有人会问，他就不怕清廷问罪？要说开始跑的时候，他肯定会担心，但就在逃跑的路上，他收到了清廷的密旨“不可浪战，移师保守”，大意就是形势不好，不要跟明军硬拼，保存实力要紧，顶不住就赶紧撤。这对一路飞逃的沈永忠来说，简直就是三伏天送西瓜，贴心到家了。原先还担心日后被清算，现在有了密旨，啥也不用担心了，那还等啥，撒开丫子，快跑。以前是兵败逃跑，逃得心惊胆战，现在是奉旨跑路，逃得踏实安心。

李定国横扫湖南清军，势如破竹。

但就在明军兵锋正锐时，李定国却突然转向，不再向北追击，而是挥军南下，直奔广西。因为李定国发现了一条更大的鱼——孔有德。

湖南打得热火朝天，广西的孔有德却冷静得出奇，就在那按兵不动，作壁上观。好像这事真跟他没关系似的。要说孔有德一点防备没有，那叫过分，他还是派了部将孙龙、李养性带兵去加强广西门户全州的防守。全州地处湘桂边界，从湖南攻广西，全州是必争之地。但他所做的也仅此而已。孔有德的主力部队依旧散在各处，桂林兵力很少。李定国发现了战机，于是他毅然放弃痛扁沈永忠的机会，那个家伙不值一提，眼前的孔有德才是明军的大敌。李定国决定以快制胜。趁清军的注意力都在湖南，孔有德防备松懈，出奇兵，长途奔袭广西。

你们都认为我会接着打湖南，我偏偏去打广西。你们以为我会北上，我偏偏南下。这就叫出其不意、攻其不备。

六月中旬，李定国分兵三路：右路军总兵张胜、铁骑右营郭有名率精兵直趋桂林城北军事要隘严关；左路军由冯双礼率前军都督高存恩、铁骑前营王会、天威营高文贵合围桂北军事要冲全州；李定国自己则率领右军都督王之邦、金吾营刘之江迅速跟进。左路军在驿湖一战获胜，击毙清将李四，直奔全州而去。李定国的本意是对全州围而不攻，争取时间，直取桂林，那里才是明军的目标。可是，左路军求胜心切，没有按计划摆出合围之势，而是出敌不意攻下了全州。这时攻下全州意义不大，明军浪费时间攻城，全州守敌必然向桂林逃窜。如此一来，不仅桂林清军会提早得知消息，全州败逃的清军逃进桂林，也会增加桂林守敌的兵力，给进攻桂林带来麻烦。根据战场形势，李定国立即作出新的部署：令左路军迅速撤离全州南下严关与主力会合，集中兵力迅速歼灭桂林北援之敌。

古严关位于桂北兴安县湘桂走廊南口的狮子山与凤凰山之间，“实为楚粤之咽喉”，“岭南战事，尝系于此”。

明军在严关会合后，设下埋伏。孙龙与李养性率领的清军很快进了李定国的埋伏圈。李定国大军将清军堵在严关至大溶江的山谷中。当时雷电交加，道路泥泞，清军被困山谷进退两难，被明军杀得横尸遍野。孙龙当场被明军斩杀，李养性也中箭身亡，清军援兵大败。

孔有德得知消息，率军在大溶江督战。这时，李定国派出了他的“特种兵”——大象。大象是李定国从云南带来的，五十头战象犹如五十辆重型坦克，冲向清军，明军随后发起进攻。清军哪见过这阵势，早被吓傻了，见明军杀来，掉头就跑，明军随后掩杀，清军“弃甲断骼，遍于溪谷”，大败溃逃。孔有德夺路逃回桂林闭城防守。李定国率明军随后赶到，将桂林团团包围。

明军六月三十日赶到桂林，七月初二即冒雨攻城。就在明军发起攻击的当天，孔有德飞檄调他的三大总兵线国安、马雄、全节赶紧带兵回援省城。但孔有德等不来援兵了。七月初三的晚上，外出砍柴的士兵向李定国报告，在桂林城北发现一个水洞可以直接通往城中的山上，那里是全城的制高点，可以俯瞰全城。李定国大喜，当天夜里，李定国便派数十名精兵携带旗帜连夜出发，三更天登上山顶，在山上竖起红旗。七月初四清晨，明军在城外架设云梯奋力攻城，山上的明军摇旗呐喊，以壮军威。

山上突然出现的明军彻底摧垮了清军的心理防线，清兵纷纷夺路而逃。中午，明军攻进桂林。孔有德见大势已去，回到王府，举火自焚，这个血债累累的汉奸终于得到了应有的下场。李定国奇袭桂林成功，迫使清定南王孔有德自杀。桂林大捷，消息传出，举国振奋，人们又看到了大明复兴的希望。

李定国收复桂林后，分兵四出，追击清军，扩大战果。孔有德的败亡给两广清军带来的震撼是不言而喻的，连孔有德都完了，剩下的这帮虾兵蟹将哪里还敢抵抗，纷纷溃逃如鸟兽散。广西已经是明军的天下，湖南也到处都是明军，清军能去的也只有广东。败兵纷纷涌入广东，搞得广东清军也极为紧张。广东的尚可喜、耿继茂急忙命令邻近广西的州县，一旦明军攻城，州府县官即可相机护印退入肇庆，以固根本。其实，不必他们说，靠近广西的广东各级文武已经这么做了。

永历六年（1652）八月十五，明军攻克梧州，广西全省宣告光复。

明军乘胜追击，孔有德手下的三大总兵可就惨喽，右翼总兵全节带着部队一路东逃，一路走一路散，等逃到安全地带再回头一看，好嘛，他成了光杆司令，手下的人几乎跑光了。线国安、马雄、全节在广西难以立足，只能率部逃进广东。清廷在得知孔有德败亡，广西被明军占领后，赶紧下令给广东的尚可喜、耿继茂："切毋愤恨，轻赴广西；倘贼犯广东，尔等宜图万全为上计。"这又是一道贴心的旨意，大意是告诉这两人，孔有德被干掉了，这令我们很痛心，不过呢，你们也不要过于激动，这时候千万要保持冷静，不要一冲动，就带着人马去广西找明军干仗。如果明军进攻广东，你们也不要硬拼，保存实力才是最重要的。这等于变相允许他们逃跑，只不过，这话不好明说。这两人当即领会了上级的意图，既然不用硬拼，那就好办了。从清廷发给两人的指示，可以看出，这帮家伙还是很实际的，毕竟，清廷远在万里之外，这两人就是跑，他们也阻止不了，而且，从当时的战况看，让他们留在原地与明军硬抗的结果，广东很可能就会变成第二个广西，被明军一窝端，全收拾了。

不过，尚可喜、耿继茂这俩家伙运气好，因为就在当年九月，李定国大军再次北上湖南，没有去广东，让这俩家伙躲过去了。李定国的这次北上给接下来的战局带来了相当严重的后果，明军不仅错失了一鼓作气拿下广东的大好良机，而且，因为主力北上，明军留守广西的兵力有限，给了两广清军卷土重来的机会，清军趁明军主力撤走，重占桂林。

作为那个时代明军最优秀的将领，李定国不会看不到这么做的严重性，但他也没有办法，孙可望下令让他北上救援湖南，他不能不去。孙可望急调李定国去湖南，也是有原因的，因为孙可望得到消息，据可靠情报，清军的援兵满洲八旗主力已经南下，而且很快就会开到湖南。孙可望手头不是没有兵，事实上，他的兵力是李定国的数倍，可是听说来的是满洲八旗，孙可望第一时间想到的就是让李定国上，这当然是因为李定国军队的战斗力在明军里是数一数二的，但还有一层原因，恐怕就是孙可望的小算盘了，他想保存实力。就因为他的自私，李定国辛苦打下的广西，得而复失。虽然李定国的北上，打出又一个反攻高潮——衡阳大捷，但从战略上而言，有点得不偿失。在当时，不论是哪部明军，听说对阵的是满洲八旗，多少都会有点打怵，八旗铁骑战斗力强悍，加上一直打顺风仗，骄狂得不行。骄兵必败，这句话不是没有道理的，很快，不可一世的满洲八旗就将在湖南战场迎来他们的对手，大明战神李定国。

衡阳大捷

永历六年（1652）十月三十日，李定国率大军驻兵湖南衡阳，摆开战场。

不久，满洲八旗也开进湖南，一场主力与主力的决战即将打响。

这次清军的领兵主将是不久前刚刚晋升为亲王的敬谨亲王尼堪。尼堪是努尔哈赤的孙子，他是努尔哈赤长子褚英的第三子，满洲镶蓝旗人，去年才因战功晋升和硕敬谨亲王。其实，清廷原本是想让尼堪率领八旗主力会同四川的平西王吴三桂、征西将军李国翰以及广东的平南王尚可喜、靖南王耿继茂，三路进兵，攻取贵州，进攻明军的大本营云南。

尼堪七月十八日在北京被清廷加封定远大将军，作为南下大军的主帅。其实，对尼堪这个名字，很多人很陌生，因为之前他出场的机会并不多，至少不是主角，所以给人留下的印象并不深。

清军入关，追杀李自成，渡江南下，带队的领兵大将主要是豪格、多铎、阿济格这帮人，其次则是勒克德浑、满达海、博洛。尼堪在这些人面前只是一个配角，跑龙套的。但清廷还是决定让他带队，之所以这么看重尼堪，其实也是没有办法，因为他们实在派不出更合适的人选了。刚才提到的这些人豪格、多铎、阿济格、勒克德浑、满达海、博洛全都翘辫子了。有的病死，有的被杀，总之，这些人都死了，清廷只能派尼堪上了。

七月二十日，清和硕敬谨亲王尼堪率多罗贝勒巴思哈、屯齐等率领十万大军从北京出发，南下贵州。他们刚走不久，清廷就接到了孔有德败亡的消息，赶紧派人去追尼堪，传达新的命令，不要再去贵州了，任务有变，改道去广西。同时，清廷派人传令给尚可喜、耿继茂，尼堪到广西后，他们要听从尼堪的调动指挥。但他们等不来尼堪了。

其实，对尼堪来说，新的命令对他的进军线路并没有多大影响，因为不论是去贵州还是广西，都要经过湖南，尼堪生命的终点也在那里。

尚可喜、耿继茂等不来尼堪，因为在路上，已经有人在等他了。

等他的人是李定国。李定国等尼堪的地方就是衡阳。

李定国的战术很简单，诱敌深入，大军围歼。先派部队诱敌，诈败，故意输给敌人，然后将敌人一路引进埋伏圈，接着，伏兵四起，围歼。

十一月，尼堪率清军进入湖南，进来就跟明军打了几仗。几仗下来的结果似乎再次印证了尼堪对明军的印象，明军还是那么不堪一击，不禁打。轻松获胜的清军一路追着明军打，被尼堪追着打的明将是马进忠。

马进忠也是老熟人了，何腾蛟在的时候，他就在湖南，孙可望来了，他还在湖南。这是个很能混的人，但要说明的是马进忠并非李定国的部将，他听命于孙可望，所以他应该不知道李定国的计策，他的败退并不是诈败，而是“本色出演”，是真的打不过。正因为是本色出演，也就不会有演技问题，更不用担心穿帮，明军的败退助长了清军的骄狂。

十一月十九日，尼堪带兵一路追到湘潭，马进忠率军退往宝庆。二十二日，尼堪率领的清军与李定国的前锋部队在衡山城郊遭遇。这次清兵遇上的才是明军的诱敌部队。接连的胜利，让尼堪的骄狂达到顶点，他认为眼前的这支明军与之前遇上的那些一触即溃的明军并没有什么不同，不是他的对手，只要派兵一扫，就能轻松将他们击溃。接下来发生的事，不出尼堪的意料，明军在同清军稍作接触后，果然向下一路败退。打得兴起的尼堪，在明军的一路引领下，于二十三日凌晨来到衡州城下。这时，天还未亮，李定国亲率大军迎战，尼堪自然不甘示弱，率军冲锋，两军随即绞杀在一起。但很快，明军又往下败，尼堪追得兴起，也不管后面的大部队有没有跟上来，就带着手下一千多号骑兵沿着明军败退的方向追了下去。

尼堪或许并未注意到，越往前，前面的路越窄，路两边的树木却是越来越茂密。不知不觉，尼堪已经远离大部队，在他后面只有一千多骑兵，追着追着，就追进了埋伏圈。尼堪正策马追赶，突然，两面的树林里，伏兵四起，李定国也率大军反身杀回，明军四面合围，将尼堪与他的一千骑兵困在里面。这时，李定国手下的苗兵奋勇杀出，这些人手持大砍刀，冲上去就砍，专砍马腿。骑兵的优势在平原，在林间小路上，骑兵的速度发挥不出来。转眼之间，清兵已经被砍倒一片。在明军的围攻下，进入埋伏圈的清军被全歼，主帅尼堪被明军用长枪刺杀，脑袋也被明军割下拿去向李定国请赏。

数月之间，李定国连斩两位名王，消息传出，天下震动。听闻捷报，心向明朝的官民奔走相告、欢欣鼓舞，正如黄宗羲所言："逮夫李定国桂林、衡州之捷，两蹶名王，天下震动，此万历以来全盛之天下所不能有。"

一直以来，清军依靠的主力都是满洲八旗，所谓满兵满万不可战，满洲八旗虽然凶悍，但毕竟人数太少，所以清军又吸收了孔有德等藩王的部队。这些藩王部队的战斗力仅次于满洲八旗，也是清军依赖的主力。清军入关后接收改编了许多明军降兵，就让这些降军打头阵当炮灰，藩王的部队在第二线做预备队，也有督战的意思，要是这些人都搞不定，才派满洲八旗上场。

清辰常总兵徐勇因为长年在第一线深有体会，他说明军不怕南兵，只畏满兵，南兵如云，不如满兵一旅。他所说的南兵就是如他这类在江南投降的原明军部队。清廷也这么认为，各地一遇危急，第一时间都是请求调派满兵增援。

在清廷眼里，满洲八旗是他们的支柱，更是他们的心理优势所在，现在，清军的心理优势在李定国大军扫荡之下，顷刻瓦解。李定国先是干掉了藩王中特能打的孔有德，给清军不小的震撼，接着就在野战中击败满洲八旗的精锐，连清军主帅尼堪都被阵斩，这对清军心理上的打击是难以用语言形容的，简单地说，他们被打蒙了。

形势一片大好，但大好的形势却毁在孙可望的手里。十一月二十二日，就在李定国阵斩尼堪的前一天，孙可望的部队攻克辰州，斩杀清军守将徐勇。当初沈永忠北逃，湖南清军几乎都跟着跑了，当然也有没走的，这其中就包括据守辰州的徐勇。徐勇原来是左良玉的部下，在九江随左梦庚降清，之后就一直在湖南与明军死磕，是个铁杆汉奸，与明军作战极其凶狠，何腾蛟、忠贞营，他都打过，别人都跑了，就他不跑，不跑就只能被干掉。徐勇是清军悍将，击毙他，收复辰州也是一场大胜，但这也要分跟谁比，比起名震天下的桂林大捷、衡阳大捷，那就黯淡多了。

起初，孙可望听说李定国在衡阳击败清军斩杀主帅尼堪，还挺高兴。但过了几天，寻思过味了。李定国再能干，毕竟不是他的人。两个人的矛盾由来已久，请封秦王前后，两个人矛盾升级，之所以还能维持表面的关系，只是李定国以大局为重，一再退让，不然，两个人恐怕早就翻脸了。

李定国本想乘胜追击，扩大战果，但孙可望却见不得李定国打胜仗，暗中拆台，秘密调走冯双礼、马进忠的部队。李定国正要进兵，却突然发现附近的友军都不见了，一打探才知道，被孙可望调走了。李定国的部队只有三四万人，缺乏友军支援，只能放弃追击，于十二月从衡阳退兵。

事情到这儿还没完，孙可望又派人去请李定国来武冈参加军事会议。开会只是幌子，孙可望是想以开会为名，诱捕李定国。虽然双方有矛盾，但毕竟还未分裂，以开会为由，想必李定国也不好推辞。但世上没有不透风的墙，李定国多少听到一点风声，就找了个借口推托，没有马上去。但孙可望似乎还来劲了，接连派人去请，三天去了七拨使者，李定国不得已动身去武冈。

李定国走到紫阳渡，遇到了刘文秀的儿子刘震派来的密使。来人告诉李定国，千万别去开会，孙可望早就设下圈套，只等他一去，就将其捕杀。李定国闻言大惊，立刻掉转方向，率兵东归。

鉴于孙可望的主力云集湖南，不愿与之公开分裂的李定国决定离开是非之地南下广西。永历七年（1653）二月，李定国率部退出永州，经永明进入龙虎关，撤进广西，不再与孙可望见面。道不同不相为谋，志向不同的两人最终还是分道扬镳，各自走上不同的人生道路。

肇庆战役

李定国率军进入广西，稍作休整后，便率兵东征，兵锋直指广东。

相比而言，桂林大捷后是李定国进兵广东的良机，但可惜被孙可望给搅了。衡阳大捷后收复湖南的机会也因为孙可望的阴谋化为泡影。两次坐失良机让李定国明白，不能再对孙可望抱有期望。孙可望的大本营在贵州，湖南是孙可望的发展方向，为避免同孙可望发生正面冲突，李定国决定南下广西，开辟第二战场，走自己的路。此后，李定国以广西为根据地，从广西向广东打。促使李定国决定东进广东，除了避开孙可望之外，还有一个重要的原因，李定国希望联络在福建沿海抗清的郑成功，与之联手，东西对进，夹攻广东。

李定国的主力部队只有四五万人，长期作为根据地的也只有广西，势单力薄，靠自己的力量收复广东很吃力，要是郑成功能加入进来，那事情就好办了。郑成功的部队有十多万人，是东南沿海最大的抗清力量。李定国深知要复兴大明，单靠一己之力很难，必须联合友军，而有这个实力的也只有郑成功。李定国应该是在南下广西之前就想好了，东进广东，联合郑成功。这成为他此后数年孜孜以求的战略目标。

明代广东的财富和人口是广西的十倍，夺取广东，西南与东南就会连成一片，明朝的实力也会因此大增。之后，再以广东为根据地，出师北伐，满盘棋就活了。

夺取广东是复兴大明的关键，李定国的这一战略相当正确，如按李定国的战略推进，光复神州很有希望。可惜，李定国后来未能成功，他的亲身经历也再次印证了那句话，不怕狼一般的对手，就怕跟你玩心眼的队友。李定国先是在湖南被孙可望坑，此去广东又被郑成功坑，郑成功虽矢志抗清，但他的私心也很重，他将郑氏集团的利益看得很重，对进兵广东，与李定国会师，郑成功并不积极。

郑成功与李定国的关系，一言难尽。郑成功对出兵广东并不积极，还有一层不方便说的原因，是当时他正在同清廷谈判。不过，不要误会，所谓和谈，只是双方互相忽悠的一个策略。清廷可能真想招降，但郑成功从未想过降清，从他举起抗清大旗那天起，他就决定将抗清进行到底。他同清廷谈判也有不得已的苦衷，因为他的父亲，他的兄弟很多亲人都在清廷手里。说他一点不顾及被扣亲人的安危，那也不现实。郑成功与清廷的和谈只是一种策略，郑成功利用和谈的机会在福建加紧扩军筹饷，扩充实力，但从历史大局来看，他是得不偿失。尽管只是策略，但同清廷的谈判，或多或少还是限制了郑成功的手脚，让他对出兵配合李定国有所保留。

李定国并不知道郑成功的心思，对后者仍抱有很大期望。

李定国的战略明确，决心坚定，因此，李定国率军回到广西后，行动迅速，他二月回到广西，三月便出兵广东。

永历七年（1653）三月二十五日，李定国大军包围肇庆，肇庆战役正式打响。李定国亲自指挥主力进攻肇庆，同时，分兵四出，占领附近州县，并与广东各地的抗清义师取得联系。广东义师得知李定国大军来到广东，备受鼓舞，纷纷起兵响应，向清军发动进攻，牵制清军配合李定国大军的行动，表现十分活跃。

但义师毕竟实力有限，只能在外围牵制袭扰，李定国真正寄予希望的还是郑成功。李定国派人去福建联络郑成功，希望后者能出兵相助。可是郑成功的举动却令人失望，他的注意力全在福建。

但与福建接壤的广东潮州却传来郝尚久反正的消息。当年三月二十二日，在李定国正式发起肇庆战役之前，郝尚久就宣布反正了。郝尚久反正也是事出有因，他原本是李成栋的部将，永历二年（1648）随李成栋反正。永历四年（1650），清军攻占广东，他再次率部投降。清廷对他的反复大为不满，但为了稳住他，暂时仍让他以总兵衔驻守潮州。永历六年（1652）八月，清廷突然下发调令，派南赣副将刘伯禄接任潮州总兵，原任总兵郝尚久调任广东水师副将。明摆着削夺兵权，一个从副将升总兵，一个从总兵降副将，郝尚久的反应是拒不执行。双方的矛盾公开化，陷入僵持，一晃大半年过去了，郝尚久还在潮州当他的总兵，但他也清楚这种局面维持不了多久，事情闹到现在，翻脸是早晚的事。清廷之所以迟迟未对他动手，不是心慈手软，只是没有工夫，这时李定国、郑成功都很活跃，清廷自顾不暇，难以分身对付他，一旦腾出手，收拾他是肯定的。郝尚久迟迟不动手，只是因为他实力太弱，他所能控制的只有潮州，四面都是清军，他轻易也不敢动。

听说李定国大军进入广东，郝尚久异常兴奋，他意识到机会来了，马上起兵，并派人同李定国取得联系。李定国大军在广州的西面，郝尚久在东面，中间隔着一个广州城，而且，郝尚久兵力不多四面受敌，他只能指望李定国出兵帮他，他轻易不敢离开潮州。李定国的主力正在围攻肇庆，在未攻下肇庆之前，明军主力也很难绕过肇庆、广州去潮州。

广州的尚可喜听说郝尚久反正后，马上意识到问题的严重，他就怕郝尚久孤注一掷来打广州。因为肇庆的清军架不住明军的猛攻，已经有点顶不住了，连连向他求援。尚可喜当然清楚，肇庆丢了，下一个就是广州。肇庆他必须去救，但手下就那么点兵，主力都去救肇庆，广州势必空虚，到时，李定国在前面打，郝尚久再乘虚而入，他尚可喜就是第二个孔有德。为此，尚可喜在率主力去肇庆之前，特意叮嘱留守广州的耿继茂守住三水县西南的木棉头渡口，切断李定国与郝尚久的联系。耿继茂派去的兵刚到渡口不久，果然，就等来了李定国的部队。这支部队规模不大但显然是去潮州的。清军趁明军渡河的时候，半渡而击，将这支明军击败，明军被迫退回肇庆。

李定国大军远水难救近火，郝尚久能指望的救兵只有郑成功。郝尚久也派人去联系郑成功，但结果郑成功不搭理他。七月，郑成功倒是来了广东，就驻兵在与潮州临近的揭阳，但郑成功来广东的目的是征粮。郑成功的军队有十几万，加上家属有几十万，但他的地盘很少，厦门、金门、南澳尽是海岛。郑成功做海外贸易，很有钱，但黄金白银也不能当饭吃，所以不得不经常率兵在沿海各地到处征粮。

至于救援郝尚久，郑成功想都没想过，郝尚久还在为清廷效力的时候，郑成功的部队就经常来潮州征粮，两军为此打过好几次，即便郝尚久反正了，郑成功也没打算救他。八月，郝尚久部危在旦夕，但郑成功只派了一支小部队去外围转一圈，算是应付，他本人在将征来的粮食装船后，就扬帆入海，回厦门去了。

八月十三日，清军在扫清潮州外围后，集中兵力围攻潮州府城。经过一个月的激战，九月十四日，清军攻破潮州，郝尚久自杀，清军进城又是一番屠杀。

再说主战场肇庆，在尚可喜援兵到达之前，李定国已经跟尚可喜的左翼总兵许尔显在肇庆打了一个昏天黑地。李定国的部队战斗力很强，但肇庆的城墙又高又厚，明军架设云梯爬城，多次进攻都未能得手，伤亡很大。清军趁明军攻势受挫，还一度缒下城，抢走了一百多架云梯。

李定国见强攻不成，就改挖地道。许尔显觉察到了明军的意图，让人在城里沿着城墙挖横沟。尽管许尔显顶住了明军的数次猛攻，但他也撑不了多久了。

尚可喜很快率两藩主力赶到肇庆。四月初八，尚可喜下令从东西两座炮台各开凿一个侧门，清军从侧门偷偷出来，然后猛攻明军的地道口。明军在城外专门构筑了营垒保护地道口，见清军出来直奔地道口，就明白了。明军立即集中火枪向清军猛烈射击，弓箭手开弓放箭，进行压制。但清军早有准备，用盾牌遮住身体，玩命向前冲，因为尚可喜下令凡出城能夺得明军地道口的，每人赏银五十两，这些亡命之徒经过一番拼斗，到底还是将地道口夺过去了。此时地道里还有很多来不及撤出的明军。这帮清兵很坏，他们放火熏烤地道内的明军，被困在地道里的明军全部遇害。清军夺取地道口，又向明军在城外的营垒工事发起攻击。明军阵地被清兵突破，李定国被迫率军后撤。见战机已失，李定国决定主动撤退，率兵撤回广西，肇庆战役结束。

新会战役

肇庆战役后，李定国率军返回广西整训，他在广西积极练兵备战，准备再进广东。既然确定了目标，就要坚决执行。李定国深知收复广东是复兴大明的关键，成败在此一战。不论战略眼光还是战术水平，李定国都远在郑成功之上。

在抗清战争中，李定国才是主力，郑成功只不过在东南沿海起牵制作用。

清廷为进攻西南的永历政权，在四川对付刘文秀用上了吴三桂，在广东大战李定国用上了尚可喜、耿继茂，乃至于满洲八旗主力悉数上阵，清廷最能打的满汉部队几乎全都派到了西南战场。

而在东南，清廷派来对付郑成功的只有金砺，金砺也是叛徒。不过即使在叛徒里，金砺也只能勉强算二流角色，在清廷的地位远在藩王之下，参加的战斗不少，但都是跑龙套的，且是经常跑。看看被李定国干掉的孔有德、尼堪是啥地位，再看看常年干龙套的金砺，孰轻孰重，大家心里该有数了。

然而，数百年后，郑成功广为人知，李定国却渐渐被人忘却。之所以如此，那是有人刻意为之。人们所熟知的，往往并不是历史的真相。

为第二次东征，李定国准备了将近一年的时间。为了让广东义师配合作战，永历七年（1653）九月，永历朝廷派兵部职方司员外郎程邦俊携带诏敕来到广东，向两广总督连城璧宣谕，李定国大军即将进军广东，要他联络广东各地义师，届时配合大军行动。

永历八年（1654）正月，连城璧在给永历朝廷的奏疏中提到了广东义师将在三月初二迎接王师。后来，李定国大军进入广东攻占高州的时间正是三月初二。这么重要的事情，既然通知了广东义师，那就不可能不通知福建沿海的郑成功，因为后者才是李定国更期待的。这次东征的成败很大程度上就在于李定国部与郑成功部能否在广东实现会师。

李定国期望的，也恰恰是清廷担心的，清廷就怕郑成功与李定国联合。早在永历六年（1652），清廷的一份机密文件里就提到他们担心西南明军与福建明军取得联系："今湖南、川、广处处用兵，力不暇及。且湖南之贼（指明军，其实清军才是贼，这就叫贼喊捉贼），或由江西，或由广东，皆可通闽，万一勾连逞狂，为祸愈大。"

会师的好处显而易见，李定国能看明白，清军能看明白，郑成功不会看不明白，但郑成功却做出了错误的选择，对会师广东态度消极，这一决定也最终导致了抗清大业的失败。正因为有李定国等人在西南吸引住清军主力，使其陷入持久战，郑成功在东南才有活动空间，才有转圜的余地。出兵广东是对李定国最大的支援，会师广东不仅对李定国的西南明军有利，对东南的郑成功也是好处多多，这是一个双赢的战略。但郑成功看重郑氏集团的利益，计不出此，坐失大好良机。随着永历政权的败退，清军没有后顾之忧，得以全力攻击郑成功。在清军的全面进攻下，郑成功在大陆再也难以立足，这才不得不退守台湾。郑成功将为他此时的选择悔恨一生。

永历八年（1654）二月，李定国率兵数万，配备火炮、带着战象，从广西柳州出发，发起第二次东征。

明军一路攻击前进，势如破竹，接连收复廉州、高州、雷州。明军在三月初二攻占高州，李定国随后来到高州坐镇指挥，广东义师按照约定，纷纷起兵接应。然而郑成功的军队却没有出现。四月，李定国再次派出使者前往厦门，请郑成功尽快出兵。然而使者一去便再也没有消息，直到四个月后，当年八月，郑成功才派人来到广东。原来郑成功正在同清廷谈判，将李定国的使者扣在厦门。郑成功的使者姗姗来迟，尽管晚了数月，但也不要紧，这时出兵也还来得及，可是来人对出兵之事却含糊其词。李定国只好在八月再派使者携带他的亲笔信去厦门恳切劝说郑成功出兵。

李定国在信中为郑成功分析形势介绍战况，反复说明，攻克广东全局皆活，福建、浙江、南直隶（江苏、安徽）可谓势如破竹，中兴有望。李定国说收复广东首要在于攻取广州，而攻取广州又以夺取新会为关键。新会在广州之南，水道纵横，李定国将新会选为会师地点，就是考虑郑成功水师可以直接走水路航海到新会，不用担心路上清军的沿途阻击，行动迅速便捷。

李定国在信中说："孟夏（四月）遣使帆海，拟阅月可得旋。不图至今尚栖迟贵壁（大意是，我四月就派出使者出海去您那里，原以为月余就能返回，不曾想使者至今还留在您那里。这是李定国婉转批评郑成功拖延时间不及时回复)”。接下来，李定国又说：“惟候贵爵芳信，即会辔长驱，以成合击。七月中旬，又接皇上敕书，切切以恢东为计。君命不俟驾，宁敢迟迟吾行哉！”李定国说得很明白，现在万事俱备，只欠东风。东风就是郑成功的水师。李定国又说皇帝急切盼望大军捷报，身为臣子怎能怠惰迟疑，委婉批评郑成功行动迟缓，又表明君命不可违，意在提醒郑成功尽快出兵。

李定国派部将领兵会合广东义师王兴部进攻新会，他本人因病留在高州，因为主帅不在前线，战役的发起时间被推迟。六月二十九日，新会战役打响，不过，这时李定国的主力并没有全部投入战斗。

八月，明军陈奇策部自西江进占江门，切断新会与广州的通道。九月三日，明军包围新会。尚可喜派右翼总兵吴进忠前往新会增援。明军水师早有准备，他们在岸上筑起炮台，架设火炮，阻击清军。

九月十二日，尚可喜、耿继茂不得不亲率精兵来夺江门，清兵水陆并进。江门河路既浅又窄，河下还有木桩，清军大船不能进港，只得乘小船进入。十七日，双方大战于江门，清军依仗兵力优势又夺回江门。

九月二十日，李定国率军围攻高明，明军架云梯挖地道上下一起来，攻势凶猛。尚可喜知道那里的清军就要顶不住了，赶紧领兵来救。但他还没靠近城池，远远望见李定国大军，凭着多年的战场经验，尚可喜只看了几眼，就知道这支明军不好惹，他的反应还是挺快的，扭头就跑。李定国亲率步骑一万在后猛追，但尚可喜跑得飞快，明军硬是没有追上。

不久，李定国攻克高明，守将郭虎、杜豹被俘。李定国令前武乾知县胡必誉留守，筹集粮饷，自己率数万大军来攻新会。

十月十四日，李定国亲率大军围攻新会城。

李定国自高明东进，联络义军王兴、陈奇策等部共同夺取新会，王、陈出兵三洲、金利、富湾、罗屈，距广州不过百里。

李定国大军号称二十万，将新会重重围困。明军炮兵率先开炮猛轰城墙，城内清军的火炮也开火还击，双方大炮对轰，战场上硝烟弥漫。一连打了十几天，城内的火炮突然哑火了，估计是弹药打光了，那就不用客气了，明军大炮在城外放列，炮口对准城墙，猛烈开炮，对城内清军进行火力压制。在炮火掩护下，明军步兵冲向城墙，开始在城下挖掘地道，然后在挖出的墙洞里埋上炸药，随着一声巨响，西城城墙被炸塌，明军蜂拥而上。清兵见城墙被炸开缺口，来不及堵，就用人往上填，双方的士兵就在缺口处搅在一起，杀作一团。很快，城墙的缺口处就堆满了双方士兵的尸体，清军硬是用尸体堵塞了缺口。这帮亡命之徒！

十一月，李定国下令必须拿下新会。因为他很清楚，时间拖得越久，对明军越不利。清军的援兵很快就到，必须赶在敌人援兵到来之前拿下新会，不然就被动了。明军加紧猛攻，仍用大炮猛烈轰击清军，新会城墙被轰崩十余丈。明军前锋营的士兵英勇冲锋，再次冲上来，但冲到城壕处不得不停下来，这时清军箭矢、鸟枪齐发，前锋营被挡在城壕边上，暴露在清军火力杀伤范围内，伤亡很大，攻击再次受挫。李定国见状命士兵砍伐树木，填充城壕。明军逼近城下，直接用粗大的木头当梯子往上爬，城上清兵将油泼在木头上，接着扔下火把，明军当作云梯的木头被引燃，熊熊烈火很快将木头吞噬。李定国屯兵围城两个月，仍攻不下新会。这时间谍回禀说城内缺粮，李定国见强攻伤亡过大，只好命令暂停进攻，长期围困。

新会自六月被围，到十一月已被围困半年多，城内的粮食早就吃光了，那清军吃啥？吃人！这不是恐怖小说，是真实发生的事。清军在抢走能找到的所有粮食后，下令城内百姓每家必须上交一人，干啥没说，也不用说，清兵吃人已经是公开的秘密。

十二月，清靖南将军朱马喇率满汉大军来解新会之围。朱马喇在三水与尚可喜、耿继茂会师。

偏偏这时候，李定国军中发生疫病，很短的时间内便有大量士兵病亡，加上数月攻城受挫，明军士气一落千丈。

十二月十四日，朱马喇、尚可喜、耿继茂率清军主力聚集新会。李定国在城北摆开阵势，集中步骑四万，分兵占据山谷险要，列象队，架火炮，严阵以待，准备厮杀。尚可喜派尚之智、盛登科率兵进攻左面的山谷。明军从山上冲下来，迎战清兵，但因为军中发生的瘟疫，士兵的体力不支，战斗力大打折扣，很快败下阵来。清兵趁势夺取山谷。明军返回大阵，李定国重新布阵。清军方面连得成、田云龙趁明军阵脚动摇，率满汉步兵发起进攻，明军军阵出现混乱。这时清军骑兵又从两翼攻击，明军被冲乱。李定国不得不下令全军后退撤出战场，很多久经战阵的老兵牺牲，明军的王牌“特种兵”战象也折损了十几只。

李定国退到牂牁江北，部将周金汤、高文贵已合营江南。周金汤听闻李定国在新会战败，连夜烧营逃跑。他这么一跑不要紧，引发了明军的集体恐慌，各营纷纷溃逃，明军全线崩溃。

李定国率大军且战且退。此时李定国主力仍有步兵四万，骑兵三千。明军在肇庆还有骑兵一千八百、步兵两千、大象两只，高明有步骑两千，高州有骑兵四百、步兵一千、大象一只。李定国命令，全部撤退。大军行至郁林州，李定国又收拢万余步骑兵，大象三只。撤退途中，沿途百姓害怕清兵报复，纷纷扶老携幼主动跟随大军撤离，撤退的队伍有数十万人，军民混杂，行动缓慢。

行军途中，李定国手下总兵孙际昌、中书杨琳等二十骑叛逃，躲进土司何美璜的寨内。李定国派都督吴三省、总兵杨成和王三才带领骑兵四百、步兵一千二百去追。这支人马在兴业遭遇清军骑兵，被击败。

尚之智留守兴业。鳌拜、来塔等率八旗骑兵猛追李定国，李定国的后军被追上击溃。鳌拜等人在横州江岸追上李定国主力，李定国亲率精兵迎敌，一场激战，清兵被杀退，但李定国也损失了三百精骑。见情况危急，李定国决定烧毁浮桥，由宾州连夜撤往南宁。

广东高州、雷州、廉州三府，肇庆、罗定等十八县，广西横、郁林二州，北流、兴业、容、岑溪四县，得而复失。此后，李定国奉命回滇迎接皇帝，再之后，清军三路进攻云贵，明军全线转入守势。第二次东征，因为郑成功的失约遭到失败，机不可失，时不再来。大明的中兴之梦就此化为泡影。后人读史至此，只有仰天长叹。

李定国在八月写给郑成功的信中再三言明，请郑成功务必在十月十五日之前出兵，晚了恐怕就来不及了。李定国之所以强调这个时间是从他对清军援兵的日程上算出来的，李定国算得很准，郑成功的水师从福建来广东大约需要一个月，郑成功的军队如能按约定的时间前来，正好能赶在清军援兵之前，与李定国会师。

但郑成功偏偏有意拖延，李定国八月发出书信，九月郑成功就能收到。即使郑成功从收到信开始准备，时间仍很充分。郑成功十月初四在铜山发令调兵，十月十九日，才下令林察、周瑞率兵数万，大船数百启程南下。然而到了十一月十九日，林察的船队仍停留在南澳。这时已是冬天，正刮北风，从铜山到南澳不过百里，顺风的话，一天就能到。可他们却用了一个月，直到十二月十四日，林察才率船队与广东义师联系上，这天正是李定国大军与清军主力决战的日子。在广东义师的极力劝说下，林察的船队开到距广州四百余里的佛门堂。几天之后，得知李定国战败，林察、周瑞不敢进兵在海上观望数月，第二年春，返回厦门。

事后，自知理亏的郑成功将主要责任人林察给了降职处分。郑成功执法向来很重，相较于这次的责任，处罚得相当轻。但对副手周瑞，却是毫不客气地直接夺去兵权。郑成功将逗留不进的责任推给了周瑞，因为林察是他的嫡系，而周瑞曾是鲁监国的部将。

在给李定国的信中，郑成功将主要责任归于李定国的骄兵轻敌，然后才说自己的水师未能如期会师，但接着又说自己已经处罚了相关将领。新会战役，李定国所部主力、广东义师全力以赴，广东清军已经快要撑不住了，胜负只取决于郑成功的水师能否及时到位。可惜，郑成功轻易放走了夺取广东的机会。

李定国看重广东是从战略全局出发，而郑成功其实比李定国更需要广东。广东是产粮大省，郑成功几乎每年都要派兵来广东征粮，广东可以说是郑氏集团的补给基地。夺取广东，郑成功就有了稳定的后勤补给，对他来说，相当重要，因为粮食问题一直是困扰郑成功的难题，可是，面对大好良机，他却止步不前。之后数年，两广总督连城璧仍在为东西会师奔走联络。可惜，时移世易，翘首以盼的广东义师再也等不来收复故土的王师了。

第九章

海上抗清

碧海丹心——舟山战役

南明的历史教训就是力量分散，各自为战。西南抗清，李定国与孙可望分道扬镳。东南抗清，以鲁监国为首的浙江抗清军民与郑成功的郑氏集团也是各自为政。真打起来，几乎只能靠自己苦撑，得不到友军的及时支援。清廷的实力其实并不如很多人想象的那么强大。李定国的桂林、衡阳大捷就几乎把清军打崩溃。但清廷至少有一个统一的指挥中心，这是他们最大的优势，也是明朝最大的教训。各自为战的结果只能是被各个击破。团结就是力量，这是真理。

永历三年（1649）冬，鲁监国率部进驻舟山，舟山成为浙江沿海抗清的大本营。相比于据守厦门、金门的郑成功，舟山的鲁监国朱以海对清廷的威胁更大，因为后者就处在长江的入海口，可以直接威胁南京。

面对东南两大抗清力量，清廷也没招，水师是他们的短板，一直以来都是。满洲八旗在陆地上，仗着骑兵的速度优势，在局部保持以人多打人少，占了不少便宜，加上红夷大炮，还有汉奸部队，才勉强能维持他们的占领区，但海上依然是明朝水师的天下。满洲八旗不会打海战，投降的降兵战斗力也不如沿海明军。更多的时候，他们只能在陆地上眼睁睁看着明军扬帆海上，除了吆喝两声壮胆，啥也做不了。清军不是没有船，但有船也要有人会使，驾驶战船出海可是技术活，清军里懂技术的不多，而且就清军河港里那几条破船，也实在不好意思开出来丢人，跟明军高大威猛的战船压根儿不在一个档次上。

再加上当时，湖南、江西、广东、福建处处是战场，清廷分不出更多的兵力对付沿海明军。于是，他们想到了诱降，用高官厚禄收买，别说，此招一出，果然有效。很快就有人找上门。

永历三年（1649）正月，清江南江西河南总督马国柱报告：舟山伪佥都严我公率众来降，并自愿充当向导。多尔衮听说后，下令让马国柱赶紧把严我公送到北京来。多尔衮在北京两次召见严我公，询问舟山明军的情形。这个家伙据说相当能讲，他对多尔衮说，现在舟山各营的领兵官，多是自己的部下故旧，只要清廷给他一纸诏令，不用兴师动众，凭他三寸不烂之舌，就能搞定舟山。多尔衮正为东南沿海的战事发愁，严我公的话正对他的胃口，于是，多尔衮当即授予严我公为都察院右副都御使舟山招抚使，让他回去招降。

其实，这个严我公就是个骗子。据黄宗羲的《海外恸哭记》记载，这个严我公从未在鲁监国的政权中担任过职务，他给清廷的银印等身份证件都是他找人做的，这是个冒牌货。见惯大风大浪的多尔衮居然被这么一个家伙给忽悠了。即使他的身份是真的，也是一个无足轻重的小角色。但这个家伙很会借势，狐假虎威，回到浙江的他俨然以清廷的钦差大臣自居，在东南沿海到处招摇撞骗。经他这么一折腾，还真有不少动摇分子找到他来投降，这些人有义安伯顾奇勋、安远将军王用升、翼义将军陈龙、虎贲将军胡茂芳等。这些人听起来名头挺大，其实也就是个荣誉称号，很多人都是徒有虚名的光杆司令。熟悉鲁监国政权的都知道，当初为了收拾人心鼓舞士气，官帽满天飞，满大街都是将军，伯爵、侯爵封了一大堆，让很多人过了一回官瘾。

明朝封的官却结结实实坑了清廷一把，开始，见严我公的招降很有成效，清廷还挺高兴，可是，没过多久，他们就发现不对劲了。严我公招来的这帮人，除了一个头衔外啥也没有，但当初招降时说好的，投降过来，原有官衔待遇不变，这下可把清廷坑苦了，招来的这些人啥也不是，还要落实待遇，供给粮饷，这买卖可赔大了。最先反应过来的是清廷的地方官员，这些人在地方熟悉情况，也知道这帮人的底细，清楚严我公招来的都是些什么货色，但当初清廷招降正在兴头上，他们也不敢多说，但眼见严我公这家伙一批一批拉人，且越拉越多，这么闹下去，地方的这点钱粮还不够给这些家伙的。

清廷的地方官员坐不住了，接连写奏疏反映情况。一六五〇年四月，清闽浙总督陈锦上书清廷，奏疏写得很委婉，但意思很明白，不能再这么搞下去了。连严我公本人都承认清廷给的待遇过高，清廷的反射弧再长，这时也明白过来了，于是，持续一年多的招降闹剧草草收场。

外敌并不可怕，内讧才是硬伤。说起来，明军的内部矛盾也是由来已久，起初是福建的隆武政权与浙江的鲁监国抗清势力水火不容，接着同在广东的肇庆永历政权与广州的绍武政权兵戎相见。等到只剩下永历政权，外面不争了，内部又斗起来，搞出所谓吴楚党争，整天在朝堂上争来斗去，搞得乌烟瘴气。直到清军杀来，才替他们结束纷争。

鲁监国内部的复杂程度一点也不亚于永历政权，永历政权的内斗主要还是在地方实力派支持下朝廷大臣之间的文斗，多少还玩点权谋诡计。但鲁监国政权直接是武将之间的火并。武将闹矛盾，能动手的就不动口。这也符合他们的职业特点。文臣喜欢玩文字游戏，但武将拔刀动枪直接开练。

永历四年（1650），驻在浙江温州三盘岛上的周鹤芝与周瑞二人不和，闹了起来，舟山的鲁监国听说后，派了一个叫吴明中的人去劝架。可是，派这个家伙来还不如不派，因为这个人有问题，他是个间谍。这个吴明中原本是清廷的官员，被抗清义军俘虏假意投降，暗地里仍给清军通风报信。两年前在福建，就是他告密，导致三百多明军被清军诱杀。吴明中是被派来调解的，可他却唯恐事情闹得不大，不但不劝还火上浇油，挑拨离间，搬弄是非。闹到最后，周鹤芝与周瑞都不想在岛上待了。周瑞率部航海南下去福建投奔郑彩，后来成为郑成功的部将。周鹤芝率兵船北上舟山，投靠阮进、张名振。

三盘岛内讧闹得很大，好在结局还不算很糟，但接下来发生在舟山的王朝先事件却在舟山掀起轩然大波，对不久之后发生的舟山战役带来相当严重的后果。

事情的起因还是权力之争。王朝先与张名振同是鲁监国帐下大将，鲁监国、张名振能上舟山，王朝先立过大功，出力很多。可是，事后，鲁监国将舟山的兵权几乎都交给了张名振。张名振是鲁监国的嫡系更是心腹，所以，鲁监国对张名振十分信任。王朝先虽然也是大将，但在军中的地位不如张名振，这让王朝先多少有点失落，感觉不受重用。

当初，王朝先之所以与张名振联手铲除黄斌卿，固然是因为黄斌卿专横跋扈，杀害朝廷大臣，但也是由于王朝先在岛上受黄斌卿压制的缘故。可是，王朝先发现，他的境遇没有多大改变。之前，舟山掌权的是黄斌卿，现在换成了张名振。黄斌卿是个不敢抗清只敢对友军下黑手的军阀，与矢志抗清的张名振不可同日而语。但在王朝先的眼中，两者并没有多少差别。心怀怨气的王朝先多次对人说，要把杀黄斌卿的主谋是张名振的事公之于众。尽管，王朝先这话不是在公开场合说的，但张名振还是很快就知道了。

张名振很清楚，以王朝先的性格，那是说得出来就做得出来的。黄斌卿的死因，一直都是张名振、王朝先共同保守的秘密。尽管杀黄斌卿是对的，但黄斌卿毕竟在舟山多年，现在岛上还有不少黄斌卿的旧部。此事一旦公开，势必导致舟山明军的分裂，甚至内战，后果不堪设想。

张名振不敢去想，事到如今，也只有杀王朝先，守住秘密。张名振找来阮进，两人经过商议，决定抢先动手，在王朝先说出秘密之前，先杀王朝先。永历五年（1651）二月的一天早晨，阮进率兵突然闯入王朝先的营帐，王朝先被突然袭击，连衣服也顾不上穿，就与阮进带来的人厮打起来。王朝先果然有功夫，虽然被突袭，仓促之间，来不及拿兵器，但他很快便从对方手中夺过一把钢刀，连杀数人，夺路而走。阮进带人在后面紧追。王朝先一路来到大学士张肯堂的府邸，张肯堂请他到内室躲避。王朝先只穿着内衣赤裸上身，就这么进内室，很失礼，而且，他也明白，今天这些人就是冲着他来的，就算躲进内室也躲不过去，干脆，还不如与对方拼了，死个痛快。王朝先尽管身手不错，但对方人多势众，因为事发突然，王朝先来不及召集他的部下，很快被阮进带来的人围杀。这是一场悲剧，王朝先被杀，舟山总算稳定了。

但后果也是有的，王朝先的部将张济明、吕廷愤怒出走，夺船出海，去宁波投降清定海总兵张杰，将舟山的虚实和盘托出告知清军，并自愿充当向导。清军轻易不敢打海战，但既然探明了舟山的虚实，又有现成的向导，那就不同了。

清军之所以迟迟未攻舟山，还有一个重要原因，那就是深在大陆腹地的四明山抗清义军的牵制。浙江明军两大根据地，一个是陆上的四明山，一个是海上的舟山，互为犄角，彼此呼应。浙江清军兵力有限，顾东就顾不了西。

清军知道想攻舟山就必须先拿下四明山。否则，大队人马去攻舟山，后方兵力都被调走，等于不设防，四明山里的抗清义军杀出来攻城略地那几乎是肯定的。

永历四年（1650）九月，固山额真金砺、提督田雄，分别领兵从奉化、余姚进入四明山区，大肆围剿抗清义军。鲁监国任命的兵部右侍郎冯京第被俘遇害；兵部左侍郎也是四明山义军领导者的王翊率部与清军在山中周旋数月。王翊见清军势大，于永历五年初渡海来到舟山寻求支援。王翊是来找王朝先的，他想请王朝先率水师围攻杭州，来个围魏救赵，攻其所必救，清军听说杭州危急，必然回兵去救，四明山之围也就解了。

可惜，王翊去晚了。他到舟山时，王朝先已经被杀。王翊只得返回四明山，但这时山区的义军已溃散。王翊准备由奉化去天台招兵。七月二十四日，王翊行至北溪，不幸被地方团练俘获，八月初一被解至定海。

即使身陷囹圄，王翊仍每日从容整理头巾，掠鬓修容，对看守他的清兵说："我要让你们看看汉官威仪。"八月十二日，清闽浙总督陈锦亲自讯问王翊，王翊坐在地上轻蔑地看着对方，不愿多说。见审不出结果，清军决定杀害王翊。八月十四日，王翊英勇就义。清军对这位威震浙东折磨他们多年的抗清志士恨之入骨，清兵弓箭手张弓搭箭瞄准王翊。此时的王翊昂首而立面无惧色，从起兵抗清的那天起，他就早已将生死置之度外。清兵乱箭攒射，王翊肩部、面颊、胁部多处中箭，身上箭如猬毛，而王翊却挺立不动；有三支箭洞穿王翊胸部，王翊这时已死，但尸身仍屹立不倒；穷凶极恶的清兵又一拥而上去割王翊的耳朵，尸身依旧不倒。清兵残忍地用斧子砍下首级，尸身才倒。

与王翊同时殉国的还有王翊的两位部下，一位叫石必正，扬州人；一位叫明知，余姚人。临刑前，两人挺身不跪。清兵强迫他们跪下，他们就面向王翊而跪，同时死在王翊身旁。有良心未泯的清兵见到这种场面，禁不住流下眼泪。

一六五一年七月，浙江各路清军开始向指定的会师地点定关集结。七月十三日，汉军八旗镶红旗旗主固山额真金砺、汉军八旗镶黄旗旗主固山额真刘之源率汉军八旗从杭州出发，经绍兴、宁波赶往定关。以清廷的习惯，但凡有八旗军出场，一定是要打大仗、硬仗。

虽说汉军八旗在八旗中的地位不如满洲八旗、蒙古八旗，但在地方的绿营兵面前还是很威风的，也是清廷倚仗的野战军。至于地方绿营，清廷是看不上的，但看不上也得用，因为八旗军数量少，即使满洲八旗、蒙古八旗、汉军八旗全算上，也还是不够用。必须用绿营兵充数，但只派绿营，清廷也不放心，还要派八旗军督战。

七月十九日，清闽浙总督陈锦率所属部队从衢州出发经台州、宁波前往定关。这两支部队是此次进攻舟山的主力。

清军这次部署进攻舟山是兵分三路，一路是金砺和刘之源率领的汉军八旗、陈锦率领的总督标下部队担任主攻，另外两路担任助攻的分别是金华总兵马进宝的绿营兵和吴淞总兵王燝率领的绿营水师。

八月，各路清军云集定关，舟山战云密布。

舟山明军也在紧张备战。得知清军将大举进犯，明军方面也调兵遣将。清军兵分三路进攻，明军也针锋相对，将主力一分为三,三路迎敌。

精于水战的大将阮进率部分水师防守定关海域，挡住清军的主攻部队，张名振的弟弟都督张名杨、安洋将军刘世勋、中镇总兵马泰领兵三营守舟山城。不得不说，明军留守的正规军兵力过少，明军如此布阵，当然是对海战很有信心的表现，他们相信有水师的拦阻，清军要么从哪儿来回哪儿去，要么进海里喂鱼，想登陆舟山那是做梦。明军如果集中兵力守在舟山海域，清军是很难上岸的，但明军的错误分兵战术却给了清军登陆的机会。

明军的战术看似正确，其实是错的。清军表面上是三路进兵，但实际上只有中路是主力，是实攻，另外的南北两路都是战斗力相对较弱的绿营兵，纯粹是虚张声势，不用理睬。只要击溃中路的主攻，其他两路就会不战而退，就算他们来攻，明军水师集中主力扼守海上，清军也占不到便宜，因为明军的海战实力摆在那里。

可惜，明军的战术从开始就错了。明军将主要的机动兵力都集中在南北两路，去对付来自浙江、江苏的绿营兵，以明军的实力击败这两路清军并不困难，明军的战术思想也源自于此。他们的意图是击溃清军后，乘胜分别进攻浙江、江苏沿海重镇，迫使清军主力回援，在兵法上，这是典型的围魏救赵。

但问题是围魏救赵有用吗？浙江、江苏那么大，以明军现有的兵力只能攻取沿海的几座城池，而且，一旦清军反攻也守不住，明军很难深入进攻省会等大城市，清军在这些地方也会留下必要的兵力防守，明军的围魏救赵威胁不到清军。相反，舟山是浙江明军的大本营，也是为数不多的根据地，必须力保。可是，鲁监国、张名振却将防守舟山的重任交给阮进一军，相反，对付南北两路绿营兵，却用上了很多大将。定西侯张名振率叶有成、阮美、阮骥等去堵南面的浙江绿营，兵部侍郎张煌言率阮骏、鲍国祥等去堵北面的江苏绿营。悲剧即源自于此。

八月二十日，清闽浙总督陈锦、汉军八旗镶红旗旗主金砺、汉军八旗镶黄旗旗主刘之源、定海总兵张杰各部登上战船，整装待发。次日清晨，大雾弥漫，随着一声令下，清军各支船队陆续起锚驶出海港，杀奔舟山而来。

舟山群岛烽火台上的明军，发现清军战船，立即点燃烽火传烽示警。明军水师随即集合登船，在大将阮进率领下，列队出战。双方在横水洋遭遇，随即大炮对轰，陷入混战。

阮进很快便发现了清军主将金砺所在的指挥船，当即令人冲过去。擒贼先擒王，这个道理不难懂，但接下来发生的事，却是交战双方谁也没想到的。阮进很勇敢，他身先士卒，带头冲锋，奔着金砺的座船就去了。当双方战船靠近后，阮进令人将火球抛向敌船，可能是用力过猛，火球抛到敌船上，却撞在桅杆上，竟被反弹回来。火球迅速引燃大火，阮进被烧伤，被迫跳海。阮进是冲着金砺去的，敌军主将所在的位置必然也是敌军聚集的地方，阮进因为冲得过猛，深入敌群，周围都是清军的战船，阮进跳海不久，就被清军俘获，但阮进已经身负重伤，第二天便因伤重死去。主将阵亡，令明军阵脚动摇，经过一个上午的激战，明军战斗失利。本来占据优势的海战，却因种种原因失败了。

当天下午，取得制海权的清军在舟山登陆。战斗的重心随即转移到陆上，双方开始了对舟山城的争夺战。清军船队搭载的步兵上岸后，水师仍留在海边准备阻击明军主力回来救援。

八月二十二日开始，清军猛攻舟山城。明军在都督张名杨等将领的指挥下顽强抵抗，打退清军的一轮又一轮进攻，坚守舟山十余日。尽管明军战斗得很英勇，但毕竟强弱悬殊，舟山岌岌可危，急需救援。

再说，明军南北出击的两路大军不出意外地击败浙江、江苏的清军，却突然接到阮进阵亡、舟山告急的消息，两路明军急急往回赶，却迎面与在海上担任阻击的清军船队相遇。尽管明军拼尽全力，但始终撕不开清军的海上防线，就这么苦战十天。

九月初二，围攻舟山城的清军不计死伤还是突破了明军的防线，攻入舟山城。尽管强弱悬殊，张名杨、刘世勋、马泰仍率仅存的明军与入城清军巷战，苦战不休，直至力尽阵亡。

鲁监国的正妃陈氏不愿受辱投井殉国，世子留哥被俘。大学士张肯堂、礼部尚书吴钟峦、兵部尚书李向中、工部尚书朱永佑、通政使郑遵俭、兵科给事中董志宁等壮烈殉国。

城破当日，大学士张肯堂身穿蟒服，腰间佩玉，面南而坐，看着妻妾投缳赴水，然后从容自缢。清兵破门而入，但见二十七具尸体或高悬于梁间，或横陈地上，或浮于水面，不禁惊愕，却步不前，叹息良久，掩门退出。

礼部尚书吴钟峦当时正隐居普陀。舟山城破前夕，他渡海入城。城破，举火自焚，时年七十五。

城破后，兵部尚书李向中对人说："先帝（崇祯皇帝）因我在地方的政绩而提拔我，国破未能死难；松江举义，没能与沈（犹龙）、夏（允彝）诸公一起赴死；福宁之役，没能与刘（中藻）公同赴国难，偷生七载，总希望有机会报答先帝。如今先父未殡，老母在堂，本可不死；但不死必要受辱，倒不如一死来得痛快。我死以后希望将我投入海中以使人不忘亡国之恨。”

清军召之不至，派人逮捕。李向中身着丧服入见，清军主将问道：“召君不来，捕君始来，是何原因？”向中回答：“召我是要劝降，就捕只是为死。”次日从容就义，被投尸于海，年四十一。

工部尚书朱永佑当时重病在床，清兵将朱永佑押至清军大将前。清兵厉声呵斥让朱永佑跪下，朱永佑身着明朝衣冠昂首而立。清兵用刀砍伤他的两胁，朱永佑仍不肯跪，大骂清军，被清兵杀害。

兵科给事中董志宁曾参与华夏等人策划的宁波起义，因被人告密，起义失败，华夏等人被捕牺牲，董志宁躲过清兵搜捕，几经辗转来到舟山。常常往来奔走联络山寨义军，为海上策应。至此自刎而亡，以身殉国。

舟山的失守给鲁监国君臣心理蒙上了一层浓重的阴影。亲属被俘杀，忠臣良将壮烈殉国，将士死伤惨重，舟山沦入敌手，一些人在挫败之后，对前途失去了信心，阮进的弟弟阮美以及总兵阮述、阮玉、阮捷等纷纷渡海降清。

疾风知劲草，国乱显忠臣。尽管处境艰难，但仍有很多将士始终忠于朱以海，张名振、阮进的儿子阮骏、张煌言、周鹤芝等保护鲁监国南下温州，来到三盘岛。

三盘只是小岛，物资匮乏，张名振时常要率兵船到沿海征集粮食。清军趁明军主力外出之际，派兵上岛将岛上房屋焚烧殆尽。在三盘难以立足，张名振等人只得保护鲁监国来到海坛岛暂避，这里已经是郑成功的势力范围。

永历六年（1652）正月，郑成功同意鲁监国部众来厦门，但郑成功原属于隆武朝廷官员，不承认鲁监国。郑成功虽然接纳鲁监国，但只是以藩王礼节相待。鲁监国的处境很是尴尬。

三月，朱以海正式上表永历朝廷，放弃监国，退位归藩，但张名振、张煌言等旧部仍忠于朱以海。他们同郑成功的关系相当微妙，尽管寄人篱下，但朱以海旧部与郑成功的军队只是联盟友军关系，并非郑成功的部下，双方共同拥戴西南的永历朝廷，之前的唐鲁之争到此彻底结束。

自弘光元年（1645）乙酉闰六月，鲁王监国于绍兴，至永历七年（1653）癸巳三月，鲁监国在金门退位归藩，鲁监国政权历时八年结束了他的历史使命。

鲁监国政权建立于危亡之际，在浙东抵拒清军近一年，对于号召江南人心，屏蔽福建隆武政权，都发挥了重要作用。江上师溃后，又在福建、浙江沿海坚持抗清，取得重大胜利。虽然最后失败，但牵制了清军主力，减轻了永历政权的压力，特别是使郑成功所部得以发展壮大，并成为东南沿海的抗清主力。

鲁监国政权在南明史中占有重要地位。特别是鲁监国政权的重要成员和支持者大多是浙东士大夫，他们讲操守、重气节，爱国爱民，百折不挠，临危不惧，慷慨赴义，足以感天动地，神惊鬼泣。论者以为，鲁监国政权诸臣死事之烈，为南明四朝之首，在南明的历史上写下了极其悲壮的一页。

寄人篱下的滋味是不好受的，朱以海所部时常受到郑氏人员的监视。浙江明军水师熟悉海战，战斗力很强，郑成功很想将这支劲旅收为己用，将浙江水师编入自己的战斗序列。他以张名振管水师前军、周鹤芝管水师后军，阮骏任水师前镇。看起来，郑成功似乎已将鲁王的水军改编成了郑氏水军，实际却不然，郑成功确实收编了部分鲁王的部下，但也只是部分，不是全部。

张名振清楚，留在郑成功的地盘上终究不是长久之计。事实上，永历五年（1651）的冬天，张名振就计划反攻舟山，连反攻的时间都定好了，定在明年三月。然而，舟山之战的损失过于惨重，仅靠鲁王的部下相当困难，可行的办法只有向郑成功求助，然而郑成功也不宽裕，反攻计划只能向后推。因为就在不久之前的一六五一年三月，郑成功的根据地厦门遭清军偷袭，郑氏数十年积聚的财富及物资被清军几乎全给抢走了。郑氏损失惨重，刚刚被洗劫，就算想支持张名振的反攻也是力不从心。

清军的抢劫式偷袭——厦门遭袭

之前说过，郑成功的军队很多，但地盘却很小。虽然做海外贸易很有钱，但银子也不能当粮食吃。永历二年（1648），郑鸿逵就曾跑到广东潮州郝尚久的地盘征粮，这时郝尚久已经随李成栋反正，双方已经算是友军，可是事关利益，友军也不友好，双方为争夺潮州的粮饷大打出手。

第二年，郑成功亲自带兵来攻潮州，征粮征饷。永历四年（1650）六月，郑成功派兵包围潮州府，这时正值清兵南下广东，郝尚久再次降清，配合清军击败郑成功，迫使郑成功撤兵。也正是有这层过节，后来，李定国反攻广东发起肇庆战役，郝尚久再次反正向郑成功求援，郑成功才态度消极。

七月，从广东兵败退回福建的郑成功袭取厦门，将厦门作为他的根据地。

永历五年（1651）正月，郑成功再次率军西征广东，一年之内两征广东，足以说明广东对郑氏的重要，这从一个侧面也说明永历七年

（1653）、永历八年（1654）郑成功两次消极应对李定国的会师请求是故意的。

郑成功先是率舰队到南澳岛休整，南澳地处福建、广东交界，也是郑成功的主要根据地之一。不久，郑成功的叔父郑鸿逵率军前来会合，两人经过商议，决定由郑成功率主力去广东，郑鸿逵回厦门。

郑成功正待进兵，部将左先锋施琅却不赞成。施琅认为，我们刚刚夺取厦门，立足未稳，大军远征，后方势必空虚，清军要是趁机偷袭，那就不妙了。再说，郑成功所部主力是水师，海战很强，但陆战主要靠步兵，暂时还不是清军的敌手。况且征集粮饷，就要扩大占领区，这是一个长期的过程，不是短期内能办到的。后来发生的事证明施琅是对的。

但郑成功听后却大为不悦，郑成功是个主意很正的人，他决定的事情很少会改变，这既是他的优点也是他的缺点。统帅当然要有自己的主见，但听取部下的意见也是必要的。但大多数时候，郑成功都听不进别人的意见，他的性格过于偏执，不近人情，他的执法过于严苛，甚至有些矫枉过正，令人难以接受。

施琅在军中的地位很高，这从他的职位左先锋就能看得出来，再加上不久之前夺取厦门，施琅献计献策立下大功，他才敢这么说。但后果依然是严重的，郑成功认为施琅胆怯，当即夺了施琅的兵权，将施琅的部队交给副将苏茂统领，让施琅跟着郑鸿逵一起回厦门。

三月初，郑成功大军在广东登陆，攻克大星所城，获得小胜。但与他遭受的损失相比，这点所得微不足道，得不偿失。就在郑成功在广东登陆的同时，清军也在厦门岛登陆了。

施琅说对了，清军果然趁明军主力远征，偷袭厦门。郑氏集团长期从事海外贸易，积累了巨额财富，这在东南沿海是人所共知的事。福建的几位清廷地方官员早就惦记上了富可敌国的郑氏。只是苦于没有机会，厦门是海岛，郑氏舰队称雄海上，虽然厦门距大陆近在咫尺，他们也过不去。

听说郑成功率主力去了广东，几个人决定动手，机不可失时不再来，发财的机会怎能放过。清福建巡抚张学圣、巡道黄澍、福建右路总兵马得功经过一番密谋后，秘密调集军队船只偷袭厦门，此去不为夺地只为求财。

郑成功派来留守厦门的是他的叔叔郑芝莞。这个郑芝莞就是个草包，当清兵打来的时候，郑芝莞的第一反应是收拾包袱上船跑路，更缺德的是，他只顾逃命，连郑成功的家眷也不管。郑成功的妻子董氏得到消息时，清军已经布满街巷，匆忙之中，董氏只来得及带上郑成功的儿子郑经抱着祖宗牌位上了一艘小船逃命，别的都顾不得了。

郑芝莞只顾逃命，啥防守指挥，统统不管。厦门明军只能各自为战，奉命留守厦门的水师将领阮引、何德在一片慌乱中，不知是兵力不足，还是受到郑芝莞的感染也慌乱了，总之，是没能挡住清军，退往金门。

清军畏惧的是海战，上了岸，就不怕了。随着清军踏上厦门的土地，局势已经难以挽回。负责防守厦门岛的陆军将领蓝登手下只有步兵，挡不住清军。三月初一，厦门失守。清军闯进厦门后，只干一件事——抢劫，从军官到士兵，挨家挨户地翻箱倒柜，见到啥就抢啥，郑成功这些年做海外贸易攒下的家底都被清军打包带走了。清兵大发横财，当然真正发大财的是张学圣、黄澍、马得功三个主谋，他们究竟抢了多少，谁也不知道，这也成了历史之谜。不过，事后，郑成功在给他父亲的信中说，仅仅黄金就被抢走九十余万两，请注意，被抢走的九十余万两不是白银而是黄金，就算是白银，九十万两都已经是相当惊人的数量，更何况是黄金。

三月十二日，张学圣、黄澍两位文官也来到厦门，同马得功坐地分赃。三人知道，这次虽然发了横财却也闯了大祸，他们发财，那些没有发财的人必然眼红，这么大的事，想瞒住是不可能的，必须想好应对之策。三人经过一番商议，订立攻守同盟，日后，清廷追查下来，就一口咬定，并未在城内发现大笔财宝。

这三人的确棋高一着，仅仅过了一年，清廷风向大变。为了集中兵力对付西南的永历朝廷，清廷打算招抚郑成功。但有人向清廷反映，郑成功拒不接受招抚，原因之一是去年厦门被抢，要举兵复仇。清廷很快就知道了厦门事件中几位当事人瓜分巨额财宝的事，当即大发雷霆，下令将张学圣、黄澍、马得功押解到北京，交给刑部、大理寺、都察院三法司会审，但这三人早就串通好了，口径一致，打死也不招，翻来覆去就是那句话，我们没干，巨额财宝，那是谣传。估计这几位到北京后也上下打点过，有钱能使鬼推磨，管你是谁，都认钱。于是，经过一番运作，此事最后不了了之，草草结案。清廷那边是结束了，可是遭受巨大损失的郑成功岂能善罢甘休。以郑成功的性格那是一定要追查到底的。

四月初一，郑成功回到厦门，立即派人调查厦门失守的详细情形，经过十几天的摸底调查，做到了心中有数。四月十五日，郑成功开始对主要责任人进行追责，最先被收拾的是郑成功的几位叔叔。首当其冲的当然是郑芝莞，郑成功让他留守厦门，关键时刻，他却只顾逃跑，这个罪责他是跑不了的。郑成功厉声责问郑芝莞："当初，我南下时，就担心你难当重任，所以并未打算让你担负防守之责，是你主动请求，我才让你指挥留守各处兵马，事到如今，你还有何说？"郑芝莞知道罪责难逃，却将罪责推给阮引，说是水师未能挡住清军。郑成功却当场揭他的底："你说是水师之责，可水师尚在前方抗敌，你却已身在舟中，将财物尽数搬上船，你又作何解释？证据确凿，你还敢巧言狡辩，来人，推出去，斩首示众！"水师主将阮引也被斩首，副将何德被免职，只有步兵将领蓝登未受处罚。

接下来被收拾的叔叔是郑鸿逵，有人也许会问，厦门失守关郑鸿逵啥事？这关系可大了，正是郑鸿逵放走了清军。难道郑鸿逵是汉奸？不！虽然郑鸿逵打仗的水平一般，但确实不是汉奸，郑鸿逵之所以这么做也是事出有因。这里面就涉及郑氏与清廷的复杂关系。郑成功的父亲郑芝龙几十口人都在北京被清廷当作肉票，郑芝龙的母亲黄氏与弟弟郑芝豹虽然待在老家没去北京，但也在清军的控制区。

清军偷袭厦门之前，到处搜罗船只，而大海商郑氏家族家大业大，船只也多，清军找到郑芝豹向他借船。郑芝豹明知道清军借船是要打厦门，可是也不敢不借，清军总共搜集了七十只船，其中，郑芝豹就提供了八艘。

再说清军这方面，张学圣、黄澍在厦门短暂逗留，分好财宝，就回去了。马得功因为是指挥官，需要留在厦门处理善后，可等他处理好，想走的时候却走不了了。赶回厦门的郑鸿逵将马得功堵个正着。这下清军惨了。

凭实力，清军在海上是打不过明军的，之前是趁人家主力外出，再加上草包郑芝莞带头逃跑，才捡了个便宜，现在人家回来了，又被堵住，这可如何是好。马得功赶紧派人向张学圣求救，刚分过银子，看在一起抢劫分赃的分上，你怎么着也得拉兄弟一把。但张学圣显然不是很够意思，只派去六百兵救援，这点兵力当然不管用，结果被明军一顿痛扁给打回去。马得功这下真慌了，他在厦门这通折腾，现在又被困在海岛回不去，等郑成功回来必然要找他算账，以郑成功的风格，马得功会死得很惨。同伙靠不住，马得功只得派人去安平郑成功的老家向郑芝龙的母亲，也就是郑成功的奶奶黄氏求救，请老太太捎信给郑鸿逵，请郑鸿逵网开一面，放他回去。

郑鸿逵接到母亲的信，只能乖乖照办。马得功这招很损，名义上是求助实际上是要挟，道理很简单，你现在不放我回去，我的同伙也不会放过你的母亲家人。你放我回去，我欠你一个人情，往后我自然会关照你留在老家的亲人。

郑鸿逵只得派出三十艘兵船将马得功所部送回大陆，这真是奇怪的战争。连郑成功都感叹：“渡虏来者澄济叔（郑芝豹），渡虏去者定国叔（郑鸿逵），弃城与虏者芝莞叔，家门为难，与虏何干！”郑成功知道要是不严惩几位闯祸的叔叔，部下们即使嘴上不说，心里也不会服。以后他如何服众。郑成功怒斩郑芝莞严明军纪。郑鸿逵自知闯下大祸，也很识趣，主动交出兵权，退休了。郑成功看在他往日的功劳又曾帮助过自己的分上，才不再深究，但从此将郑鸿逵排斥在郑氏集团之外。至于郑芝豹，在敌占区，又是事出有因，郑成功也不好追究。

虽然厦门遭袭财产损失不小，但以称霸海上的郑氏集团赚钱的速度，这点损失容易弥补。真正的损失是人才，郑成功与施琅决裂了。当时被削夺兵权的施琅正在厦门闲住，清兵杀来时，施琅手下没有兵，但仍率数十名亲信与清军拼杀。郑成功回到厦门论功行赏，还赏给施琅二百两银子。但郑成功并没有要重新起用施琅的意思，连施琅的部将万礼也被提升为镇将（总兵），但施琅仍在家赋闲。施琅失望之余，对郑成功的不满与日俱增。

不久之后，发生的曾德事件，因为施琅、郑成功两人处事的不冷静，冲动之下酿成悲剧，让施琅与郑成功彻底决裂。曾德曾是郑彩的部将，郑芝龙降清后，他又成了郑成功的部下，与郑氏关系紧密。施琅回到福建投奔郑成功，曾德又成了施琅的部将。

眼见施琅失势，再跟着他难有出头之日，曾德决定回到郑成功那里谋发展。其实，这也是世间常态，你得势之时，很多人来投奔你；你失势时，很多人抛弃你。从古至今，多数情况下，也是多数人的选择。你可以鄙视，你可以不屑，这就是现实的社会。

但施琅接受不了。他认为曾德的行为是背叛，本来就憋着一肚子气的施琅，头脑发热，大怒之下，派人将曾德捉回来。郑成功得知曾德被施琅派人抓走，就知道要出事，赶紧派人去传令，让施琅刀下留人。可是，施琅正在气头上，将满腹怨气都发泄在曾德身上，你不让杀，我偏要杀。

随着曾德人头落地，施琅气是出了，但大祸也闯下了。就杀曾德这事来说，施琅做得不对，即便施琅仍兵权在握，也不能随意斩杀部将，更何况主帅已经有令，他还这么做，就是公然抗令。郑成功一向很在意他的权威法令，在郑成功看来，施琅此举就是公然向他挑战，这是郑成功不能容忍的。

不久，郑成功以商议军机为名密令援剿右镇黄山逮捕施琅的弟弟时任援剿左镇的施显。与此同时，又令右前锋黄廷带兵包围前任左前锋施琅的住宅，抓捕施琅跟他的父亲施大宣。但接下来，不可思议的事发生了，已经被捕的施琅竟然得以逃脱。施琅为人还是不错的，在部将民众的掩护下逃往大陆。郑成功在得知施琅逃走后，盛怒之下，下令将施琅的父亲、弟弟处死。施琅与郑成功结下不共戴天的深仇，从此死心塌地地投靠清廷与郑成功为敌。施琅是一位精通海战不可多得的战将，他的出走对郑氏集团，对抗清复明大业都是巨大的损失。若干年后，正是此人攻上台湾，终结郑氏集团的海上霸业。郑成功一时之怒，铸成大错，他后来的悲剧也源于他的这种性格，刚愎易怒，不近人情，对部将过于苛刻，这也许就是性格决定命运。

互有攻守——漳州海澄战役

永历六年（1652）正月初三，郑成功率船队直航漳州府海澄港，清军守将赫文兴、清海澄知县甘体垣主动开城，率部反正。与厦门、金门咫尺相望的战略要地海澄升起大明的旗帜。

对于一直从事进出口贸易的郑氏集团来说，这可是一份厚礼。很多人也许对海澄很陌生，但在明代，海澄港曾经是明朝仅有的几个对外贸易港口之一，海澄港其实还有一个更好听的名字——月港。大家都知道，做进出口贸易是很赚钱的，月港的繁荣正是因为做外贸。明朝自开国以来就实行海禁，官府不准出海贸易，但在暴利的诱惑下，沿海特别是福建一带，具有冒险精神经商的人们纷纷铤而走险，驾船出海，一条条海上商路从这里出发，通向更辽阔的海洋。

经商致富是有连带效应的，见有人靠着出海贸易大发横财，越来越多的人纷纷投向这个“有钱途”的事业。当地人善于造船，且航海经验丰富，于是大家纷纷集资造船，招募海员，开通海上商路，漳州月港因海外贸易的兴盛繁荣起来。从正德到嘉靖，几十年间，月港发展成为福建最大的民间海外贸易港口。但官府是不允许进行这种进出口贸易的，也就是说从法律上，这种民间贸易是不合法的，不通过海关不交税的民间自发贸易有一个专业说法——走私，月港可以说是东南沿海最大的走私口岸之一。

朝廷的海禁已经挡不住活跃的民间外贸，法令形同虚设。隆庆元年（1567），福建巡抚干脆上书朝廷，不如让这种贸易合法化，正式开放漳州月港为对外通商口岸，准贩东西洋。既然阻止不了，不如开放，好歹也能收点税。月港的地位得到官方认可，同年，朝廷从龙溪县、漳浦县各划出一部设立新县，县名就叫“海澄”，月港改名海澄港，县城就设在原来的月港。到万历年间，海澄港的对外贸易走向全盛。

荷兰占据台湾后，时常派兵船骚扰我国东南沿海，漳州的海外贸易遭到沉重打击。海澄也走向衰落。崇祯六年（1633），明朝关闭“洋市”，海澄又成为民间海上贸易的走私海港。郑成功举兵抗清后，为筹措军费，选择比海澄条件更好的厦门作为外贸港口，但海澄仍是东南重要海港。

海澄重归大明，对郑成功的好处显而易见，常年做外贸的郑成功又多了一个港口。港口对于海上起家的郑氏集团的重要性不言而喻，郑氏庞大的商船队、海上舰队需要母港，再牛的舰队也不能总在海上漂着，总得有一个避风的港湾，厦门、金门回旋余地太小，有了海澄，三地可以互为掎角。海澄距金、厦很近，一旦清兵来犯，可以相互支援。

海澄有海港，水陆交通都很便利，郑成功要收复故土，复兴大明，而海澄正是明军在沿海的桥头堡。占据这里，进可攻退可守，是一个理想的前进阵地。

在海澄休整数日后，郑成功又率大军出发了，这次他的目标是漳州。在攻漳州之前，先要扫清外围，明军在漳州外围用了二十多天进行“大扫除”，直到二月初，才开始攻城。但攻城并不顺利，明军的正面强攻，伤亡过大。

见强攻难以取胜，郑成功决定改变战术，上面攻不进去，就从下面来，搞土木作业，挖坑道。在攻城方面，那个时代，这几乎就是一个标准套路：第一招架云梯强攻，第二招挖地道炸城墙，这两招都不管用，那就只剩第三招围城了。

不论是李定国还是郑成功，在正面强攻打不开局面时，第一时间想到的就是挖地道。李定国在肇庆、新会都挖过，现在郑成功也打算这么干。但挖地道不同于挖战壕，这也是个技术活，需要专业的施工队来干才行。郑成功工兵部队的水平明显不如李定国的，在地道里摸黑挖了一个多月。三月初，明军以为差不多了，就开始往坑道里面堆炸药，想用炸药炸塌城墙，可是引线点燃了，炸药也炸了，城墙却没倒，原因很简单，炸药压根儿就没埋对位置，起爆点不在城墙下，城墙当然倒不了。

辛苦忙活一个月，算是白忙了。这就看出坑道战的弊端了，太耽误工夫。爆破失败，强攻又伤亡太大，于是，郑成功只能用第三招了，大兵围城。也就是跟对方拼消耗，这实在不是个好招，但也没办法，虽然笨，但有时也挺有效。

明军在漳州城下连打带挖，一晃就是一个多月，清军不可能坐视不救。清闽浙总督陈锦到处调兵，攒队伍，然后亲自带队来救漳州。陈锦自从当上清廷的这个总督，就一直跟郑成功对着干，两人是老熟人了。

郑成功起兵之初，兵少力弱，几次交手都遭到失败。陈锦占了几次便宜，对郑成功颇不以为然。但这两年郑成功的队伍得到迅速壮大，实力早已今非昔比，如今的郑成功兵强马壮，手下战将如云，精兵数万，这次来就是找陈锦算账的。

陈锦还在用老眼光看人，但郑成功用实际行动给他上了一课。在漳州外围，两军展开一场混战，结果，清军大败，几乎全军覆没。陈锦带着很多人来，只带着很少的人逃了回去。

五月，陈锦调浙江金华总兵马进宝率军解漳州之围。他同福建提督杨名高、右路总兵马得功驻兵同安城，给马进宝鼓劲。为啥要从浙江调兵呢？因为福建的清军已经被明军打得失去战斗力，只能当啦啦队了。

金华总兵马进宝自从进入福建后，进兵之路就异常的顺利，顺利得让他感到有点不可思议。沿途明军见了他们，纷纷溃散，让开大路。马进宝几乎没费什么劲，长驱直入，一直到漳州城下，也未遇到明军的强力阻击。

同安城里的陈锦、杨名高等人得知马进宝顺利进入漳州城，开始还挺高兴，以为漳州之围总算解了。可是，很快，他们就发现他们想错了。明军的包围圈在马进宝进入漳州后，再次合拢。原来明军暂时撤出包围让出道路只是放马进宝进城，但放你进去，不代表放你出去。郑成功通过情报得知城里的粮食不多，放马进宝的部队进城，只是为了消耗城里为数不多的粮食。

清军很快也发现了明军的意图。进城后，马进宝与漳州守将王邦俊打算趁援军新到，冲杀出去。可是，明军用实际行动告诉他们此路不通。这下陈锦紧张了，派去解围的，也被围住了。这可如何是好，福建清军已经被打垮，浙江援军又被围住，实在无兵可调。陈锦只能向清廷求救，请他们派八旗主力来福建解围。

可是，陈锦心里也清楚，援兵没有两三个月是到不了的。这期间，只能靠现有的兵力死撑硬顶。一旦漳州被攻破，明军乘胜席卷闽浙，局面就将彻底失控，到时他就要吃不了兜着走。连吃败仗，心急如焚的陈锦脾气也变得异常暴躁，稍不如意，对手下非打即骂。仆人们成了他的出气筒，小心伺候也免不了被痛打责骂，整日战战兢兢，时间长了，仆人们也受不了了。仆人也是人，忍无可忍的仆人们终于爆发了。

七月初七的晚上，三更时分，陈锦的仆人李进忠、卢丕昌等人悄悄摸进陈锦的营帐，一拥而上捅死陈锦。杀完人，就该跑了，可是这几个人毕竟不是职业杀手，初次杀人，难免紧张，慌慌张张往外跑，很快就被发觉。几人中只有李进忠逃走，剩下的全被活捉。李进忠跑到漳州江东桥郑成功大营，献上陈锦首级请赏。

可是，郑成功的反应却是李进忠做梦也想不到的。郑成功面对陈锦的首级不喜反怒，不但不赏反而责骂李进忠："你以奴背主，实属大逆不道。来人，将此人推出去，杀了。"李进忠大呼冤枉，说："陈锦暴戾不仁，众叛亲离，所以我才杀了他，来投奔您。您不杀我，会有更多的人来投奔您。"

郑成功的部下也为李进忠求情。于情于理，李进忠都有功于明朝，只能厚赏，怎么能杀呢！郑成功的回答却令众人大感意外："得八闽者，一时之私利也；诛叛逆者，万世之公义。"这简直是胡说八道，收复福建是夺回国家的国土，怎么能说是私利。而他所谓叛逆者是弃暗投明的人，诛杀敌首，反正来归，不仅当赏，还要重赏。可郑成功却杀有功之人，去维护他所谓“公义”。郑成功的荒唐做法，令亲者痛仇者快，那些在清军控制区想投奔明军的人，也犹豫起来。郑成功此举大失人心，实在搞不明白，这位大帅脑子里究竟是怎么想的。

时间到了永历六年八月，漳州城被围已有半年，城里的粮食早就吃光了，清兵库存的粮食也早见底了。清兵只能挨家挨户去老百姓家抢粮，野蛮地夺走百姓的救命粮，他们才不会管百姓的死活。很快，城里的牛马，甚至老鼠、麻雀都吃光了。人们疯狂地搜寻可以充饥的东西，草根、树皮、纸张、皮革，凡是能往嘴里塞的，都拿来吃了。可是，仍阻止不了饥饿的蔓延，城里的百姓成批成批地饿死，尸骨堆积如山。即便如此，城里的清兵仍有酒喝，很多人还大发横财，包袱里装满金帛珠玉，至于这些东西是怎么来的，那就不需多说了。

九月初，清平南将军金砺率援军赶到福建。二十一日，金砺率军与清福建提督杨名高的部队会合，向漳州杀来。二十八日，清军进抵漳州城外。郑成功被迫撤围，在城南凤巢山列阵。

十月初三，八旗骑兵向明军阵地发起冲锋，明军在阵前密布火炮火枪迎战。在八旗骑兵面前，明军不擅野战的弱点，完全暴露出来。骑兵对步兵，在速度、冲击力方面很占便宜，步兵只有在山地上还能跟骑兵拼拼，在平原上打仗就很吃亏，虽然明军的火器已经相当普及，但当时的火器射正面对抗时，不占优势。

对于大军布阵来说，选择风向是很重要的，偏偏那天明军的阵地选错了位置。当天刮的是西北风，冬天刮北风很平常，刮南风才不寻常，所以三国里才会有借东风一说，因为赤壁之战也发生在冬天。明军发射火炮火枪产生的硝烟全被风吹了回来，明军的视线被遮挡，北风加硝烟相当于给清军制造了烟幕弹，清军骑兵趁势冲入明军大阵。明军的阵形随即被冲散，阵脚大乱，混战中，后提督黄山、礼武镇陈俸、右先锋镇廖敬先后阵亡。郑成功只好收拢部队退守海澄。

经过一个冬天的休整，永历七年（1653）春，清军转守为攻，调兵遣将，准备进攻海澄。

四月二十八日，金砺驻兵祖山，摆开阵势，随时可能攻击海澄。五月初一，郑成功亲率主力赶到海澄指挥布防。明军精锐尽出，北镇陈六御守海澄县城，援剿左镇林胜守南门外桥头，前锋镇赫文兴、戎旗镇王秀奇、护卫前镇陈尧策守镇远寨，前冲镇万礼在镇远寨外防守策应，前提督黄廷、中提督甘辉守关帝庙前的木栅与镇远寨相接。郑成功自己坐镇天妃宫督战。

五月初四，进攻开始，清军集中火炮猛烈轰击明军的防御工事，持续一天的炮轰将明军辛苦修筑的土木工事毁坏大半，工事里的明军也多有伤亡。第二天，后劲镇陈魁、后冲镇叶章见躲在工事里挨炮弹不是办法，就找到郑成功，要求主动出击。郑成功同意了从各镇抽调数百精兵交给他们。两人带兵冲出营垒，清兵见明军出来了，立即集中火力向他们射击，叶章当场阵亡，陈魁负伤，冲击失败。

清军的连续炮击将明军的工事摧毁殆尽，明军失去依托，伤亡越来越大，军心开始慌乱。一直在密切观察战场形势的郑成功，下令让士兵就地挖掘地窝藏身。冷兵器时代，防御工事都是向高大上发展，城墙建得越高越厚才越保险。但随着火炮等热兵器的出现，防御工事开始向相反的方向地下发展。原因很简单，高大的城墙在火炮面前只是靶子，城墙被轰塌，上面的士兵也会有重大伤亡，发掘地下工事，可以有效规避敌方的炮火，保存有生力量，这也是后来战争发展的趋势。

郑成功让士兵挖的地窝就是早期的防炮洞。靠着地窝的掩护，明军顶住了清军的炮火压制，多年的战场经验告诉郑成功，在连续炮击多日后，敌人会发起全面进攻。

五月初六的晚上，郑成功派神器镇何明率工兵趁着夜色悄悄来到两军对峙的河边埋设炸药，工兵接好引线后又悄悄离开。

第二天，天还没亮，清军的炮击就开始了。只不过，这次放的是空炮，听着声挺大，其实只是虚张声势，这是为进攻放的空炮，目的是掩护步兵冲锋。清军果然来了。

清军还是老套路，绿营兵打头阵冲在前面，满洲兵在后监视督战。清兵漫山遍野地杀来，蹚河过栅，一直冲到城下，架起云梯爬城。城上的明军手持大斧，见有人冒头，过去就是一斧，被砍杀的清兵接二连三从云梯上栽落，后面的接着往上爬，场面极其血腥，战况惨烈，双方都拼尽全力。

郑成功站在高处，望见满洲兵正在过河，大部分已经上岸，就在埋设火药的地方，立即下令何明点燃引线。火药被引燃，大火冲天而起，浓烟遮天蔽日，河边的清兵大部分被烧死。遭到突如其来的打击，清军顿时大乱，争相逃命。明军趁机发起反击，将清军击溃。金砺连夜带着败兵逃回漳州。

尔虞我诈——别有用心的谈判

清廷见来硬的不行，就动了招抚的心思，打算招降郑成功，但郑成功不是郑芝龙，没有那么好忽悠。清廷只好开出优厚的条件，答应划出漳州、潮州、惠州、泉州四府地盘，供郑成功安插部众，希望套住郑成功。清廷这么干也是没有办法，一年的收入，多半都做了军费，打仗实在太烧钱，西南的李定国这两年又打得格外凶猛。清廷不得不增兵加饷，偏偏东南的郑成功也不老实。不想两线作战的清廷，打算先稳住郑成功，集中兵力对付李定国，毕竟西南的永历朝廷才是他们的主要对手。

郑成功同意跟清廷谈判也有他的打算，他爹现在被清廷扣作人质当肉票，他的奶奶还有很多亲人也在清廷的控制区，这让他不得不有所顾虑。郑成功也明白清廷的那点心思，他也将计就计，打着跟清廷谈判的旗号，公然在四府征粮征饷。漳州、泉州到处都能看见郑成功派来的征粮官，对此，清廷福建官员只能瞪眼干瞅着，因为这是清廷同意的，他们明知郑成功一点诚意也没有，但也只能乖乖照办。

永历八年（1654）二月，清廷特使郑库纳抵达福建。二十日，双方在安海见面，但谈判尚未正式开始便陷入僵局。清廷特使要郑成功先剃发再开读诏书，但郑成功坚持先开读诏书，剃发的事容后再说。清廷特使说你不剃发我就不读诏书，郑成功说你不读诏书，我就不受招抚。双方互不相让。僵持到二十五日，清廷特使干脆也不谈了，拍拍屁股直接回了福州。

虽然谈判陷入僵局，但郑成功的征粮官显然并未受到影响，照旧在各府征粮征饷，干得热火朝天，而且看那势头大有把业务范围扩展到福建全省的意思。郑成功的部下将一车车粮食饷银运往厦门，福建的清廷地方官员看着心疼却不敢阻拦，因为谈判的最终决定权在清廷手里，没有清廷的命令，他们也不敢插手，否则，破坏谈判的黑锅他们就背定了。

郑成功的心思，清廷上下也看得明白，郑成功明摆着就是打着谈判的幌子壮大实力，哪里有一点诚意，再这么下去，只能被人看笑话。清廷派驻地方的大员先坐不住了，清福建巡抚佟国器、清两广总督李率泰先后上书清廷，再不能被郑成功牵着鼻子走了。清廷内部反对谈判的声音一浪高过一浪，被当作肉票的郑芝龙慌了，因为谈判的成败直接关系他的生死，这个叛国投敌的汉奸，自从投降，就成了高级囚犯，整日活在惊恐之中，他的遭遇只能用两个字形容：活该。

郑芝龙上书清廷极尽奴颜婢膝之态，向清廷乞求再做一次努力，让他的儿子郑世忠随同特使一同前往，希望用手足之情感化郑成功。

八月，清廷特使叶成格、阿山还有郑成功的二弟郑世忠，在福建清军护送下来到泉州。郑世忠被派往厦门游说郑成功，但郑成功还是老一套，敷衍。若说郑世忠此行一点收获也没有也不尽然，郑成功让他带话给清廷特使，九月十七日在安平镇见面详谈。

到了约定日期，郑成功率甘辉、万礼、黄廷等二十余员心腹大将来到安平，镇子周围到处是明军的营帐，连绵数十里。明军大营旌旗招展、人山人海，明军士兵个个精神抖擞、气宇轩昂。

清廷特使叶成格、阿山来到安平，见到这阵势，不由得倒吸一口凉气，这哪里是来谈判，分明是炫耀武力。他们宁可住清军的帐篷，也不肯住郑成功给他们安排的住处，双方互不信任，彼此高度警备。

随后的谈判再次掉入那个怪圈，一个要先剃发再谈，一个要先谈再考虑剃发。双方各持己见，谁也不肯让步，谈判最终破裂。二十日，清廷特使返回泉州。

感觉被耍的清廷这才决意对郑成功用兵。十二月，郑亲王济尔哈朗的世子济度被加封定远大将军，率军南下福建去打郑成功，当然，这不过是清廷为找回面子的故作姿态。最惨的是郑芝龙，失去利用价值的郑芝龙不久即被软禁，直到被杀。

南征北战——沿海众将反正来归

永历八年（1654）冬，清漳州守门千总刘国轩、守备魏标秘密派人联系郑成功，愿意献城，率部反正。

郑成功得到消息，自然是喜出望外，之前，架云梯挖地道，大军围城，连打带围，大半年也未能攻克的坚城，现在主动来归，当然要热烈欢迎，派兵接应。十二月初一，郑成功的亲信大将中提督甘辉率军在当天夜里来到漳州城下，等在城头接应的刘国轩随即打开城门迎接明军入城，城门开启，明军一拥而入，占领漳州。

十二月初四，郑成功亲自来到漳州亲切接见刘国轩，对其弃暗投明的举动给予了充分肯定，任命刘国轩为护卫后镇镇将。此时的刘国轩在郑成功为数众多的将领中并不起眼，但二十年后，刘国轩是郑氏集团的头号主将，是郑成功儿子郑经的心腹。

此后郑成功分兵四出，先后攻占南安、惠安、同安、永春、仙游。但不久清军主力南下，郑成功主动撤退，撤退之前，明军将漳州、泉州及所属各县的城墙全部拆除，拆下来的砖瓦全部运回厦门、金门、海澄，用来加固城墙、修建营房。如此既可削弱清军的防御力，又能加强己方的防御工事。

郑成功主动退出福建，却同时派兵北上浙江、南下广东，意在让清军顾此失彼，拉长其战线。郑成功的部队强项是海战，在沿海利用战船迅速转移，做大范围机动，避实击虚，充分发挥自己机动性好、海战强的优势，掌握战场主动权，令清军全线陷入被动。

七月，郑成功令中提督甘辉、右提督王秀奇率兵船北上浙江，会同定西侯张名振的部队进攻浙江。十月二十二日，甘辉、王秀奇所部在舟山登陆。不久，驻军崇明的张名振率部南下参与围攻舟山。清浙江巡抚秦世祯在给清廷的奏报中写道："闽浙逆众联合（指北上的甘辉部与南下的张名振部），有排山倒海之势，南北贼艘逾千，贼兵数万，围困舟山，声息不通。"清兵入关十年，但明军仍牢牢掌握着制海权，闽浙清兵虽多却过不来。二十六日，舟山清军副将巴成功率部下两千人反正，明军再次收复舟山。

不久，郑成功担心厦门、金门留守兵力不足，将主力甘辉部调回，另派陈六御与张名振、阮骏守舟山。十一月二十八日，张名振在舟山病逝，临终将旧部交给兵部右侍郎张煌言统领。

清浙江台州副将马信在明军围攻舟山时就派人秘密联络郑成功准备反正。永历十年（1656）正月十二日，郑成功派洪旭率战船三百艘在台州港外接应。当天晚上，马信借口明军来攻，召集台州文武来衙门开会，商议对策。因为消息封锁严密，台州的清方官员对马信的举动毫不知情，等文武官员到齐，马信大喝一声，伏兵四出，将在场的文武悉数拿下，众人来不及反应，乖乖做了阶下囚，知府、知县一干人等全部被俘。第二天，马信带着部下还有家眷登上早已准备好的战船，扬帆而去。临走前，马信也不客气，将台州的府库钱粮全部打包带走，一点也没留，港湾里的船只，能开走的都开走，尚未建好的就一把火烧了，反正不能留给清军。

当时驻军林门的张煌言听说马信反正，也率沙船五百艘赶来支援。张名振去世后，虽然遗言交代将部队交给张煌言，但郑成功偏偏横插一手，让自己的亲信陈六御接管。原鲁监国系统的军队毕竟是寄人篱下，虽然与郑成功是联合作战的友军，但明显处于弱势，结果就是张名振的部队被分出大半给了陈六御，张煌言只分得部分军队。

张煌言驻军的林门，与驻温州玉环山的郑军陈文达部和驻军台州楚山牛头门的郑军阮春雷部声气相通，互为犄角。

林门包括南田、高塘、花岙三岛所在的一大片海域。南田属宁波，高塘、花岙属台州。沿海地名带“门”的，一般都很险要，两山耸立，有险可守，林门也是如此。林门外有金齿、八排等岛拱卫，内有土地广沃的南田岛可耕作，又扼守浙江海道，沿海往来船只北上舟山、吴淞，南下台州、温州，都要从林门过。

五月，清宁海大将军伊尔德率兵抵达浙江，打算反攻舟山。舟山明军得到消息，抢先行动派总兵毛内司、沈调伦、王江率兵渡海登岸，据守大岚山，与舟山遥相呼应，以牵制清军。伊尔德与清闽浙总督佟岱、清浙江巡抚秦世祯、清浙江提督田雄、清定海水师总兵张杰几人开了个碰头会，决定先攻大岚山，再攻舟山。

五月十一日，伊尔德派梅勒章京顾禄古、征闽总镇张承恩督率满汉清军由上虞猛扑大岚山。明军先后在章家埠、两头门等处与清军激战，由于众寡不敌，七月，明军溃散，义军首领王江中流矢而死，毛内司被俘后遇害，沈调伦被俘杀。

八月十六日，伊尔德与到任不久的清闽浙总督李率泰在定海就攻舟山做出部署，分兵三路，伊尔德、田雄出定关，副都统吴汝玠出温州，总兵张杰出台州，三路齐发。

八月二十日，伊尔德、田雄率清军乘五百余艘战船再攻舟山。陈六御、阮骏率明军水师迎战，初战，明军利用上风的有利位置，以战船冲撞敌船，清军在被撞沉多艘战船后，大败逃走。第二天，清军卷土重来，不过昨天挨揍后他们长了记性，知道正面硬抗，以他们的海战水平，很难占到便宜，于是这帮家伙也要起了诡计，两军在海面上再次遭遇，但接战不久，清军就往下败，诈败，目的是引诱明军追击。明军不知是计，在后猛追，一直追到定海关口。

由于对定海水势不熟，冲在前面的陈六御、阮骏两艘指挥舰被急流卷入定海关，在浅水处搁浅。清军知道船上的是明军主将，便集中兵力，蜂拥而上，炮矢如雨。明军在四面围攻之下，船上的将士牺牲殆尽，眼看清兵登船而上，陈六御知势不可支，蹈海殉国；阮骏也率部拼死力战，身边的部下一个接一个倒下，最后只剩下阮骏，不愿被俘的他举火自焚而死。两位水师将领死得壮烈。在横水洋海域，总兵张洪德被箭射伤，投水而死，刘孔昭之子刘永锡也于此战阵亡。明军主将阵亡，余部乘船撤往外海，舟山再次失陷。

清军在舟山得手后，又来攻张煌言驻兵的南田岛。张煌言孤军难守，被迫转移，然而这次张煌言没有到厦门去投郑成功，而是到驻军闽浙交界的秦川、沙埕。张煌言所部已经是原鲁监国系统仅存的部队。尽管鲁王退位归藩寄居金门，但张煌言不到万不得已不愿进入郑成功的势力范围。鲁王住在金门也是没有办法，因为浙系明军现在只能在仅有的几个海岛间打游击，但凡有一块可靠的根据地，张煌言也会把鲁王接过来。秦川，依山傍海，即可入山据守，又能下海扬帆；进可入浙，退可至闽。张煌言选择在这里休整士马，等待时机，反攻舟山。

两次舟山之战，鲁王旧部精兵猛将牺牲殆尽，张煌言很清楚想要反攻，单凭现有的实力很难，不得不联合郑成功。作为鲁王系统硕果仅存的部队，守着几座海岛，处境艰难。为了这支部队能够生存下去，张煌言一面坚持抗清，一面又要竭力维护与友军的关系，还要处理好与沿海百姓的关系，争取百姓的支持。张煌言做得相当不错。

舟山失陷，浙江沿海的郑军陈文达部与阮美部难以立足，也退到浙闽交界，双方为争粮饷地盘几乎隔几天就要闹一次，张煌言还要出来和稀泥调解。有时郑军来抢东西，张煌言顾全大局，百般忍让，尽力避免摩擦。有时抓到清军派来的间谍探哨，张煌言也以酒食款待，然后遣返。张煌言治军有方从不扰民，当地百姓深为感动，甚至主动为明军打探消息传送情报。

永历十一年（1657），清廷以舟山孤悬海外，难以驻守，将舟山城拆毁，砖石投入大海，居民全部强制迁入内地。清军放弃舟山，张煌言得到消息又率部重返舟山，但此时的舟山已极为破败。张煌言只得带领部下搭建帐篷、草房居住。

张煌言在等郑军北上，一起进兵。然而，此时的郑成功却身在福建难以抽身。因为福建出事了，又有人投敌了。

投敌的叛徒叫黄梧。说起黄梧的投敌，就不得不说到永历九年的广东揭阳之战。

永历九年（1655）的夏天，郑成功在派中提督甘辉、右提督王秀奇北上会同张名振、张煌言进攻舟山的同时，又派前提督黄廷、后提督万礼率兵数万南下广东潮州一带，征粮征饷。广东是产粮大省，郑成功又偏偏缺粮，所以，郑成功的部队经常去广东征粮。

这次来广东的是郑成功的主力，兵力有六万之多，光黄廷、万礼手下的镇将就有二十多员。八月初五，明军包围广东潮州府下的揭阳县。明军分兵把口，黄廷围东门，万礼围北门，苏茂围西门，南门估计是故意留的缺口，围师必阙嘛。

揭阳毕竟是个县城，也没多少兵，突然被数万大军包围，顿时就晕了，等城里的清兵看到外面明军的阵势，几乎就要哭出来。原来明军到揭阳后，不急于攻城，却忙着挖壕沟立木栅，看情形是打算长住。城里的清军不敢出来，只能固守待援。清军的援兵很快就来了，不过，来得快去得也快。明军早有准备，打援的部队早就在外围等着了，来一拨打一拨。在接连打败几路清军的援兵后，清军变得老实多了，轻易不敢靠近揭阳。

就这样到了九月初七，揭阳清军被围已一月有余，清军守将游击杨伦、清揭阳知县段有黻慌了，揭阳现在是内无粮草，外无救兵。眼看着要撑不下去了，两人一商量，决定跟明军谈判，请明军网开一面，毕竟双方也算是熟人。明军几乎年年来，彼此也不陌生，他们也知道明军是来征粮征饷，犯不着死磕，他们也清楚死磕的结果就是死，他们不想死，于是就以交出城池为条件，请明军放他们一条生路。黄廷同意了，攻城不容易，既然对方主动退出，那就省事多了。清军整队退出，明军随后进驻。

之后，明军分兵四出，攻城略地，这可吓坏了广东的尚可喜、耿继茂。去年前年两次与李定国部明军的大战，至今仍令他们心有余悸，现在郑成功的数万大军又登陆广东。要知道，如今李定国部仍有部队留在广西，一旦李定国得到消息卷土重来，来一个东西合击，那他们就彻底凉了。单独应对李定国或郑成功任何一路，他们勉强还能应付，一旦两面一起来，他们就吃不消了。下场只能是步孔有德的后尘，来个自助火葬，自焚。显然，他们对玩火不感兴趣。

情急之下，尚可喜、耿继茂找来清两广总督李率泰，三人开了个碰头会，决定联合出兵。平南王尚可喜派麾下左翼总兵许尔显、靖南王耿继茂派部下左翼总兵徐得功与李率泰总督标下人马共一万余人，紧急驰援，会同当地的清潮州总兵刘伯禄、饶平总兵吴六奇部七千人来战明军。

十二月，各路清军陆续抵达揭阳，在揭阳城外的琅山扎下四座大营，与明军对峙。双方相持到第二年的二月，明军主将黄廷按捺不住，打算打破僵局，主动进攻。黄廷召集会议商议，左先锋苏茂相当积极，自告奋勇打头阵，但金武营将华栋提出反对，进攻清军大营，要过钓鳌桥，那里地面狭窄，一旦仗打得不顺，想退回来就难了。钓鳌桥是揭阳八景之一，景色虽好，但正如华栋所言，那里不是发起攻击的理想地点，但众将的求战热情都很高，关键是主将黄廷也很想打，会议风向呈一边倒，大部分人都想打。于是，最后黄廷做出决定，主动出击，出城决战。左先锋苏茂当先锋打头阵，前冲镇黄梧、护卫左镇杜辉居中接应，殿兵镇林文灿、援剿右镇黄胜为后援。黄廷亲率一支部队迂回包抄敌后。

但仗打起来，明军才发现，事情远没有想象的顺利。起初，明军打得很顺，可大部队刚过钓鳌桥，突然冲出一队清军将明军冲成两截，明军被前后夹击，顿时大乱，纷纷后退，大家一起涌向撤退的必经之地钓鳌桥。之前说过钓鳌桥的桥面很窄，想过桥的人却很多，士兵们在桥上挤成一团，谁都想先过去，结果就是谁也过不去，全堵在桥上，很多士兵被挤下河，连担任后援的镇将林文灿、黄胜都被挤落河中淹死。这一战，明军折损四五千人，损兵折将。

郑成功得报后，下令黄廷班师。三月，明军放弃已经攻占的揭阳、普宁、澄海三县，从揭阳港登船入海返回厦门。

打了败仗，自然要受处罚，但郑成功的处罚似乎有点重。谁都知道，郑成功向来治军严厉，但他的严厉并非执法如山那么简单，这其中掺杂了许多他的个人因素。郑成功性格最大的缺点就是刚愎自用，以个人标准行事，他的原则只有他自己清楚，还特固执，特专横。旁人很难摸准他的脉。这次对战败众将的处罚就很鲜明地体现出他的这个特点。

郑成功当众宣布，苏茂轻敌致败，斩首。负责接应的黄梧、杜辉救援不力，斩首。结果公布出来，众将自然是纷纷进言，为他们求情，最后，郑成功只杀了苏茂，将杜辉打了六十军棍，黄梧被记责。

从对苏茂的处理上，郑成功明显过于偏激。苏茂轻敌战败，虽然有罪，但罪不至死。常言道胜败乃兵家之常事，从古至今，有几个不打败仗的将军。如果打了败仗就要杀头，那郑成功本人打的败仗不比苏茂少，难道也杀头！

至少苏茂的动机是好的，想打仗想立功，主动请战打头阵，冲锋在前。虽然败了，吸取教训也就是了。杀头未免量刑过重，当时众将就对郑成功的处置很不服，为苏茂愤愤不平，这也代表了军中相当一部分将士的态度。这种情绪，郑成功自然也感觉到了。他下令厚葬苏茂，抚恤苏茂的家眷，还亲自写了一篇祭文以示哀悼。

但后果依然是严重的，事后，郑成功派黄梧、苏明（苏茂的族弟）去守郑军的补给基地战略重镇海澄。这是郑成功犯的又一个大错。

位于九龙江入海口附近的海澄，战略位置极其重要，溯江而上可通漳州，顺流入海可抵厦门，沿陆路西行，经漳浦、诏安可去广东潮州。

明代海澄一直都是闽南重要的对外贸易港口和赋税重地，为保住海澄这块战略要地，永历六年（1652）十月，郑成功占领海澄之后不久即着手增筑海澄，令当地每家出一名民夫参加筑城，将原来五座分散的小土城，连而为一。

海澄城建成后，城墙高两丈多，外用灰石砌筑，城墙上有女墙，城上安放大小火炮、火枪三千多位。城墙外就是宽阔的月港，在海澄城外，郑成功又新修了一座土城，驻扎重兵，与海澄互为犄角，掩护海澄陆路方向的侧翼。

如此一来，海澄城固若金汤，近乎牢不可破，是明军最重要的后勤基地，为明军水陆两路提供补给。

海澄“外通舟楫，内积米谷、军器，据潮州之咽喉，与厦、金二门，相为表里，以为长守之计”。

海澄阻山临海，两城对峙，素称天险。明军又增筑城垒，密布炮台，拥兵固守。在清军看来攻占海澄，几乎是不可能完成的任务。但这次他们不用攻了，有人主动投降。

永历十年（1656）六月二十四日，半夜三更时分，前冲镇总兵海澄守将黄梧，后冲镇副将苏明率领将领八十余人、官兵一千七百多人，突然在海澄城内发动叛变，杀害同驻海澄的后冲镇总兵华栋所部官兵四百余人。当时，驻扎在海澄附近、忠于郑成功的金吾营、护卫营官兵，闻变紧急撤离。据守海澄旁土城的后冲镇副将林明据城坚守与黄梧相抗，只是寡不敌众，不得不尽量搬运粮草军器，紧急撤退。

六月二十五日上午八时前后，黄梧派其亲信中军赖玉赶到清廷控制下的漳州城，向清漳南道参议吴执中、中路总兵王进功等清廷官员递书请降。听到消息的清廷官员几乎不敢相信，怀疑是做梦，一上午都没反应过来。

未时，黄梧、苏明再次派人向清廷驻漳州官员禀称，黄梧所部官兵“及（海澄）邑内居民，俱剃发讫”。一上午的工夫，人家连头都剃了，可见投降之急迫，并表示随时迎候清军进城。这下，清军终于信了。

当天晚上，清军总兵王进功率漳州清军急行军进入海澄，登城防守。厦门的郑成功闻变，立即命中提督甘辉、左戎旗林胜督率大军从厦门出发，水陆并进，想夺回海澄。但清军先于明军赶到海澄，“城上四面，俱分派汛守，内严外防”。等明军赶到为时已晚，只能退兵。

此次黄梧叛变，带走“官八十余员、兵一千七百余名、大炮三百余位”。此外，海澄城内屯积的大批粮草、军饷、盔甲、弹药，全部落入清军之手，“城中贮存的粮粟二十五万石，军器、衣甲、铳器不计其数，明军将领的私人财物就更多了”，全归了清军。郑成功无奈苦叹：“吾意海澄城为关中河内，故诸凡尽积之，岂料黄梧、王元士如此悖负？后将何如用人也！”黄梧叛变、海澄沦陷，对郑成功的打击很大。

对清廷而言，收获海澄却是不折不扣的惊喜。高兴之余，他们对黄梧不吝封赏。八月，清廷下谕：黄梧“献城输忠，倡先来归，深可嘉尚。著黄梧著即优擢封为海澄公，照例给与敕书、印信，其标下各官，从优议叙具奏”。

施琅降清，缘于父兄被杀、不得不降，黄梧降清则完全是利欲熏心。《清史稿》记载，黄梧降清“十二年中，先后招抚文武吏二百余、兵数万人，有蒙赐封侯伯且世袭者”。郑氏集团万义、万禄、陈辉、陈升等重要将领，陆续被黄梧招降。为奖赏黄梧，清廷将黄梧“定封一等公，世袭十二次”。在众多投敌将领中，只有孔有德、耿仲明、尚可喜、吴三桂、孙可望被清廷授封王爵，汉人中，除以上几位外，封爵最高的就是“一等海澄公黄梧”，后来攻取台湾、为清廷立下大功的施琅，也不过被封“靖海侯”。

当上汉奸的黄梧，迫不及待地想在清廷面前表现，接连干了几件事：向清廷力荐“仇贼甚深，知彼知己，胸有成算”且“智勇兼优，忠诚素矢”的施琅。向清闽浙总督李率泰献上“剿灭郑逆五策”（俗称“平海五策”）：一、建议迁海，令自山东至广东沿海二十里内居民强行内迁，切断郑成功的经贸财源；二、毁沿海船只，寸板不许下水；三、斩郑成功之父郑芝龙；四、挖郑氏祖坟；五、移驻投诚官兵，分垦荒地。一招比一招狠。

黄梧还亲自带兵赶到晋江县大觉山和南安县覆船山、橄榄山、金坑山等地，去挖郑成功家族的祖坟。挖人祖坟，是最缺德的事，为世人所不齿。施琅与郑成功有杀父之仇，苏明与郑成功有杀兄之恨，但黄梧与郑成功并没有深仇大恨，甚至郑成功还多次提拔过黄梧。

永历五年（1651）六月，黄梧带人投奔郑成功，被拨入中权镇做副将。八月，郑成功新设五营，副将黄梧受命领“英兵营”。永历九年（1655），郑成功整编部队，再次提拔黄梧任前冲镇都督。永历十年（1656）虽有广东揭阳之败，但郑成功对黄梧并未过多追究，还让黄梧担任后方基地海澄的守卫重任。郑成功对黄梧不薄，但黄梧又是怎么对郑成功的呢！叛变投敌，将战略要地拱手相让，还带人挖郑成功的祖坟，黄梧的所作所为，让郑成功不恨他是不可能的。

郑氏与黄氏就此结下深仇大恨。

二十多年后，驻守福建的靖南王耿精忠，参与“三藩之乱”，联合在台湾的郑经一起行动。当时，漳州的黄梧正卧病在床，听到消息，竟被吓死。黄梧死后，黄梧的儿子黄芳度继承海澄公的爵位，在耿精忠与郑经的包围下，在漳州顽抗一年多。

漳州城被郑经军攻破，后黄芳度投井自尽。郑经没有忘记黄梧掘毁祖坟的深仇，报仇的时候到了。当时，黄梧已经下葬，郑经下令将黄梧挖出来，开棺戮尸。黄芳度在郑经军队进城时就投井死了。死了，就以为能躲过去，郑经命人将黄芳度的尸体从井里捞出来大卸八块。黄梧的小老婆赵氏、黄梧的兄弟黄枢、黄梧的另两个幼子黄芳声、黄芳祐、黄梧的侄儿黄芳名，都被郑经杀了。黄家在漳州的族人也被悉数处死。黄梧终于还是为他当初的叛逆付出了代价。这就是叛徒汉奸的下场。

郑成功在痛失海澄后，并未气馁，而是迅速出兵转移战场，这次他的目标是福建省会福州。六月，丢了海澄，七月，明军便占领闽安镇。闽安是福州的门户，虽然随后进攻福州失败，但郑成功并没有失望，他的真正目标并不是福州，占领闽安，进攻福州，只是为了调动清军，他最终的目的是北伐。

一直以来，郑成功在东南沿海的抗清都是孤军奋战，很少与人联合，虽然他这些年南征北战，仗打过不少，战果却十分有限。抗清十年，地盘仍只有沿海的厦门、金门、南澳等几座岛屿。打不开局面的一个重要原因就是缺乏配合。在这方面，张名振、张煌言以及散布在各地的抗清志士却早已形成共识，想要光复河山，必须联合对敌。正是在这些人的策划下，永历八年（1654），以原鲁监国旧部为主力，明军发起了著名的三入长江之役。

三入长江——翘首企盼的东西大会师

永历七年（1653）三月，张名振向郑成功建议："我自幼长在江南，在东南将兵数十年，现在江浙清军各处兵将大多是我的旧部。如今金砺所统南下清军主力集中福建，浙江、南直隶势必空虚，我率所部北上，直入长江，号召旧部，攻城掠野，因时制宜，直捣江南腹心。使敌人无暇南顾，你可趁机恢复福建。如此一来，我们在浙江、南直隶会师指日可待。"

郑成功同意张名振的提议，然而当时海澄战役正在进行，直到八月，大军方才成行。张名振、张煌言率士兵两万、战船千余艘北上江浙。

大军扬帆北上，途中在天台一带募兵。不少抗清义士纷纷前来投军。被鲁王封为威武将军的王善长是浙江山阴人，曾随郑遵谦起义，后又起兵会稽山，舟山被攻破，山海之师尽溃，王善长返回家乡，不久被人告发，被捕入狱，后以计脱身。这时航海来投张名振。

原鲁监国旧臣钱肃乐的七弟钱肃遴、九弟钱肃典等投奔张名振。

在浙江处州沿海一带坚持抗清的刘孔昭与其子刘永锡也率部来会。刘孔昭，字复阳，开国重臣刘基之后，世袭诚意伯。清军渡江，南京沦陷，刘孔昭率军西奔太平府，而后出江入海来到浙江。

路经舟山附近的蛟门金塘山时，明军活捉了在舟山降敌的金允彦。明军寸磔金允彦，遥祭舟山殉国军民。

永历七年（1653）九月初，张名振、张煌言、阮骏率军来到长江口的崇明。明军先攻崇沙南岸的浏河，接着围攻崇明。当时吴淞、浏河、崇明三处清军水师合计不过九百人，只有临时抢来的十几只大船及二百多只小渔船；而明军不仅有战船六百多艘，且多为大型海船，明军娴习水战，“乘船飘忽，驭船如马”，崇明清军前后被围了八个月。

崇明县治本设于平洋沙，属江北海门县管辖。由于平洋沙经常崩塌，才将县治移至平洋沙东面的长沙，属苏州府管辖。崇明诸沙中以平洋沙最大，“烟火聚落，千有余家”，而且“外接沧溟，内连港泊”。

明军以平洋沙、稗沙、三尖沙为基地，其中又以平洋沙为主要基地。明军在诸沙筑圩耕种，一面对崇明清军作长围久困之计；一面积极联络内地的复明势力，伺机进入长江。

崇明孤悬海上，本就地瘠民贫，加上这年冬天，连降大雪，明军处境艰难，常常断炊。张名振、张煌言与将士同甘共苦，将士吃不上饭，他们也不吃，宁可一起饿肚子，全军上下一心。将士们感动地说：“太师枵腹，我辈忘饥。”正是靠着这种精神，才使这支海外孤军在崇明坚持长达三年之久。

即使在极为艰苦的条件下，明军仍保持了很好的军纪。明军水师在泰兴驻泊时，曾有一书生见到在张名振军中辕门上悬有一面金牌，上书军令十条：有劫掠子女者斩；杀百姓者斩；见敌兵不杀而故纵之者斩……正因为军纪严明，明军才得到当地百姓的衷心拥护。

这年年底，一位神秘人物来到张名振的军营，此人的到来对随后局势的变化起了相当重要的作用，正是此人的奔走联络积极策划才促成了第二年明军的三入长江之役。他就是鲁监国所封平原将军、仁武伯姚志卓。

姚志卓，字子求，浙江长兴人。自弘光元年（1645）闰六月与参将方元章起兵以来，姚志卓便率部转战于浙西一带，与当时据守钱塘江上的各部明军遥为声援。隆武二年（1646），江上师溃，姚志卓率兵与清军战于江山县，兵败后撤入处州山中。此后，姚志卓一直秘密从事反清活动。

永历六年（1652）冬，姚志卓来到常州与钱谦益取得联络。钱谦益曾是文坛领袖，著名的东林党人。清军渡江南下，他率先迎降为士林所不齿。但人是复杂的，钱氏晚年对自己当初的屈膝投降也颇有悔意，开始秘密帮助反清志士，捐献银两给各地抗清义师。

当时他的学生瞿式耜在永历朝中任大学士，留守桂林。钱氏曾在永历三年（1649）派人携带蜡书给瞿式耜，提出“楸枰三局”：主张“移楚南勋镇重兵全力以恢荆、襄，上扼汉、沔，下撼武昌，大江以南在吾指顾之间。江南既定，财赋渐充，根本已固，然后移荆、汴之锋扫清河朔”。概括地说就是出兵湖广，饮马长江，顺流而下，略定江南，然后北清中原。

李定国攻破桂林后，也曾派人持蜡书秘密来江南，命钱氏与前兵部主事严栻联络东南抗清志士举事响应。钱氏与姚志卓认为，这是实现复明大业的大好机会。如果西南明军与东南明军联合行动，东西夹击，将使清军顾此失彼，穷于应付。于是议决由姚志卓与一位名叫朱全古的人赶赴贵州与孙可望联系。

永历七年（1653）三月，姚志卓与朱全古上道出发，同行入黔的还有原兵部职方司主事贺王盛派来的同乡秀才睦本。睦本的父亲睦明永，是原明朝华亭县教谕，清军南下，睦明永参加松江举义，城破遇难。

当时贺王盛会试座师雷跃龙在贵阳孙可望行营任大学士。于是贺王盛以“请讨伊父恤典为名”，派睦本与姚志卓同行，与雷氏联络。

从江南到西南，关山万里，又要经过清方控制区，所以姚志卓一行速度很慢。走到湖南湘潭时，睦本病倒，不能前行，只得将联络的事托付给姚志卓。

姚志卓等人继续前行。七月到达贵阳，见到了孙可望，随后永历皇帝召见了姚志卓一行人，赐宴慰劳，遣志卓东还，召集海上义兵。

姚志卓于当年十一月返回江南，将所带永历的敕书、孙可望的札付、檄文、雷跃龙回信等交付贺王盛。之后去常熟见钱谦益复命。

姚志卓提议招募义勇五百，钱谦益的夫人柳如是慷慨解囊全力支持。姚志卓随后率所募士兵赶赴镇江投入张名振军中，并向张名振通报了西南之行与孙可望的会师计划。张名振为等上游明军会师长江，在长江口逗留近两年。

不久，参与策划的贺王盛、睦本等大批抗清志士因有人告密先后被捕就义。当时参与此事的江南名士极多，原鲁监国都察院左都御史李之椿、兵部侍郎张仲符等都参与其中，在清军统治区从事反清复明，要冒杀头的危险，但这些人心怀故国，义无反顾。因为他们从事的是秘密活动，事后又立即销毁证据。即使被捕，也竭力避免说出细节牵连同志，很多人的事迹已经难以查考。

明军驻军崇明与江南的反清力量积极联络，令清廷十分惶恐，如鲠在喉。

永历七年（1653）十二月初一，正值隆冬季节，风霜凛冽。这天早上，天色未明，崇明清军悄悄出城涉水登上平洋沙，打算趁明军不备，偷营劫寨。然而明军早有防备，张名振率军从正面迎击来犯清军。张名振麾下大将王善长一马当先，挺矛冲锋在前；姚志卓、王有才等率兵五百冲击清军左翼；张煌言与王浚率兵四百攻击清军右翼；另有一千明军堵住清军后路。张名振又命王明华率火枪兵五百藏匿于民房之中，等清军人马上岸过半，将清军拦腰截断。清军由海塘直冲明军营垒，而营垒两旁全是深沟大河，明军突然冲来，清军猝不及防，被前后夹击，很快便被击溃，败兵在明军的追击下慌不择路纷纷坠入河沟，大败而回。经此一战，崇明清军再不敢轻易出城。

清江南江西总督马国柱闻讯大惊，亲自跑到长江口一带，十二月十三日，马国柱与张天禄督率清军乘船出洋攻击崇沙明军，双方自中午战至傍晚，在海上随波逐流一百四十余里，激战整整一个下午，双方互有杀伤。激战到晚上，明军将清军杀败，掌控制海权。

永历八年（1654）正月，张名振率军在长江口一带展开行动，再次攻击苏州府的吴淞、浏河，并深入扬州府的泰兴、常州府的靖江一带。清廷震动，急调浙江绿营兵一千八百名赴援。但清军不习水战，又分散驻守，缺少水手，更缺战船。

明军不仅善于水战，而且船只坚固巨大，大型战船犹如海上堡垒：宽八尺、高三四丈，上有楼堞，船身裹以铁叶，船上悬有皮帘以防炮箭，可以搭载二百名士兵；船旁各有水车一乘，激轮如飞，特别适合在海上作战。明军的中型战船也能搭载一百名士兵，明军船队中还有专门适合在江中航行作战的平底帆船——沙船，明军舰队舰种齐备，不论在海上还是江河都有战船可供调配，水战实力强大。

一入长江

转眼，明军在崇沙一带长江口已经屯驻了四个多月。张名振很想尽快进入长江，怎奈冬季盛行西北风，此时西进，逆风逆水，船队航行困难。进入新年，正月中旬后，东南风起，张名振、张煌言大喜，决定乘风入江。

正月十七日，张名振、张煌言、王江、刘孔昭率舟师乘风分批进入长江口。此前，张煌言曾特意返回浙海鹿颈头挑选船只增援崇沙。明军冲破沿江清军封锁和炮火攻击，经狼山、福山、江阴、靖江、孟河、杨舍、三江，于二月十一日抵达瓜洲。

明军在金山上岸，缴获清军大炮十门，张名振、张煌言、刘孔昭率五百士兵登上金山。当时金山尚未与陆地相连，还是长江中的孤岛。岛上有著名的金山寺。张名振头戴纱帽，身穿青袍，向南京所在的东南方向，遥祭位于钟山之阳的朱元璋陵墓——明孝陵。随后设醮三日，挥泪题诗金山：

予以接济秦藩师泊金山遥拜孝陵有感而赋：

十年横海一孤臣，佳气钟山望里真。
鹑首义旗方出楚，燕云羽檄已通闽。
王师桴鼓心肝噎，父老壶浆涕泪亲。
南望孝陵兵缟素，会看大纛祃龙津。

诗后题跋云：“甲午年孟春月，定西侯张名振同诚意伯题并书。”

从诗题中即可知道张名振此次深入长江的目的就是要“接济秦藩”孙可望的部队。这里的接济不是帮扶救助，是接应的意思。

这首诗道明了明军深入长江的目的，等待上游明军浮江而下，会师长江。

明军在镇江停留数日，等待消息，却不见上游动静，而清江南提督马国柱所派提督管效忠等各路清兵援军将至。张名振一军孤悬江中，不宜久留，只得挥师东下崇明。回军途中，明军与尾追而来的张天禄，王璟所部清军先后战于顾四房沟、福山、白茆。清军一直尾追至平洋沙。

二十三日上午，当时正在江阴候试的计六奇，在江阴北门亲眼看见明军水师舰队蔽江而下，炮声此起彼伏，如霹雳震天。

明军深入长江，直抵江淮门户镇江，进退自如，使清廷大为惊骇。清工科给事中翁自涵惊呼："海寇狂逞，直入长江，三吴财赋之区，漕运咽喉之地，骚扰不已，必至敝凋，风鹤弗宁，渐虞梗塞，岂独中东南哉！"

三月初六，天色昏暗，大雾弥漫，一万余明军乘战船五百艘，从崇沙北上，在长江口北大河营一带登岸。大河营仅有清军二百，悉数被歼。清军大河营守备吕克敬弃印逃窜。类似的登陆作战，还有很多。明军充分利用水师战船的机动性，飘忽不定，忽东忽西，时常出其不意地给清军一点惊吓。清军被打得晕头转向，找不着北，却防不胜防，搞得近乎崩溃。

二入长江

三月二十九日，张名振率军乘六百余艘战船再入长江。这次比上次进得更深，一路进到仪真。仪真属扬州府管辖，距南京不过数十里。江南是财赋重地，扬州更是当时中国盐业最发达的地区。扬州盐商多有钱，看看他们的豪宅就知道了，而盐税又是清廷的主要财源。仪真城外，停泊的六百艘盐船都被明军缴获，明军想请扬州盐商捐资助饷，可这帮商人属铁公鸡的，一毛不拔。那就不客气了，明军随即放了一把大火将六百艘盐船烧成灰烬。就算盐商财大气粗，但这一下就烧了六百艘船，也够他们喝一壶的，清廷更是心痛得肝疼，六百艘盐船那都是白花花的银子，清方急忙调兵遣将，袭击明军。明军也不恋战，再次撤回崇明。

明军二入长江，再次震动清廷，特别是明军对漕运航道的威胁，使清廷坐立不安。那是清廷的经济大动脉，真要给切断，北京的八旗军就只能喝西北风了。正如清廷大臣所言："目今漕艘开发，江南、浙江、江西、湖广四省之粮，悉由瓜、扬过淮，万一狡寇乘潮上下，致有阻滞，所关国胍非细。"

四月，清廷为加强长江防务，严防松江、苏州两府海上门户。从清都察院右都御史王永吉所请，特命清江宁提督管效忠由南京移驻镇江，清江南提督张天禄由松江移镇吴淞，清苏州总兵王璟由苏州移镇浏河，清江南江西总督马国柱和清江宁巡抚周国佐往来策应。

五月十四日，周国佐亲赴吴淞督阵，张天禄派兵攻占明军稗沙老营。五月十八日，张名振与阮骏率全军向浙江方向退去，复屯南田岛。正在清军为明军退走而弹冠相庆之时，却不料张名振又乘海潮杀了一个回马枪，突袭吴淞，大败清军，焚毁清军战船三百多艘。张名振之所以率军返浙，主要是粮饷不继，缺乏补给。

五月十八日，张名振率师南下温州买米七船，之后又到厦门面见郑成功，要求提供兵员、火药、器械支持。

郑成功这才派陈辉率水兵五千、陆兵一万、大船近百艘北上支援。张名振北返崇沙。整整拖了近一年才上路的陈辉仍是慢腾腾的，不紧不慢，八月十一日才到福宁州的三沙堡。在这里与清军激战二十余日，九月初三才扬帆北上。

三入长江

九月初六，张名振率师北上登陆，南下松江府，直抵上海城下。

明军水师一度攻入黄浦港，在江南百姓中引起轰动。上海县城的衙役们听说后异常兴奋，拎着大棒就奔县令去了，要他下令开城迎接明军，不然就乱棍打死他。县令胆也是小点儿，当场被吓得屎尿横流，坐在地上就起不来了。后来在给上司的告急文书里，他这么形容当时的形势："上海皆乐从贼，全无一人守城。"城里的百姓兴奋之情一点也不输给衙役，听说明军要来，个个喜形于色，个别心急的已经公开包网巾恢复大明衣冠。

清江宁巡抚周国佐听说上海告急，不得不亲自带兵前往镇压，以屠城相威胁，才将百姓压下去。

张名振这次是为长江之役做准备，攻城尚在其次。张名振所部明军只有两万，且多是善操舟楫的水兵，即使攻占沿海的几座城镇，清军一旦反扑也守不住。只能耐心等待时机。

九月，陈辉终于来到长江口与张名振会师。九月二十六日，张名振与陈辉举行祭江大典，准备进入长江。一时明军战舰布江，旌旗猎猎，军威甚盛。但船队起航后，陈辉却自作主张在船上升起大纛，大纛只有主帅才能用，也是号令三军的战旗，这不是普通的用错旗那么简单。陈辉在军中多年，这么简单的常识，他不会不明白，这是相当严重的政治事件。升起大纛意味着陈辉要做这支军队的主帅，背后的深意不言自明，接管整支军队的指挥权，接下来就是收编，郑成功早就想收编原鲁监国旧部浙系军队，这是严重的挑衅行为。张名振当然要强烈反对，当即严令陈辉降下大纛，陈辉执意不肯，两人话不投机在濠分道扬镳。陈辉直接率部南下，走了。

张名振、张煌言大失所望，苦苦盼望的增援就是这么一个结果，但这点困难阻挡不了他们西进与友军会师长江的热情，失去郑氏的支援，张名振、张煌言不得不孤军深入。以后两军始终未能协同作战，张名振转战于崇沙一带的长江口，不久即进入长江；而陈辉则始终逗留于温州、台州、宁波三府沿海。

十二月十八日，张名振、张煌言率战船四百余艘直抵南京城外的燕子矶。面对近在咫尺的南京城和巍峨耸立的钟山，久违十余年的故都，张煌言感慨不已，作诗抒怀：

横江楼橹自雄飞，霜仗云麾尽国威。
夹岸火轮排叠阵，中流铁锁斗重围。
战余落日鲛人窟，春到长风燕子矶。
指点兴亡倍感慨，当年此地是王畿。

明军水师直逼南京城下，清方极为震恐。清江南江西总督马国柱急调清军堵截。张名振本意并不是要取南京，以当时的情势，明军不可能弃舟陆战。苦等上游却不见消息。十八日，明军在南京附近上元县境的朱家嘴将缴获的清军江西粮船一把大火付之一炬，然后从容退去，第三次退出长江。当明军撤到长江口已是永历九年年初。虽然退出长江，但明军仍在崇沙一带盘桓。

张名振、张煌言所部明军三入长江，威震华夏！给清军的震撼，对大江南北抗清志士的鼓舞都是巨大的，在南明的历史上留下了浓墨重彩的一笔。

起初，明军的举动令清廷一头雾水，搞不清状况，虽然清廷反应迟钝，但接连破获几起抗清志士的案件后，再加上一年的调查，他们多少还是对明军的企图有所觉察。

一年之内，明军数万大军，数百艘战舰蔽江而来，旌旗炫耀，金鼓震天。三入长江，一次比一次深入，明军的水战实力令清军望尘莫及，但明军却既不攻城也不略地，很少与清军正面交锋。明明占据水战优势，却并不恋战，三进三出，每次都是主动撤退，进退自如，但又始终据守在长江入海口的崇明一带徘徊不去，显然是另有目的。当然清廷也是在事后才弄清楚明军真正的目的是东西并举会师长江。

可是，张名振苦苦期待的上游明军并未如期而至，到底是何原因？此事说来话长。

第十章

西南危急

图谋篡位——孙可望的野心

永历八年（1654）正月，孙可望重新起用因保宁之役被闲置的刘文秀，任命其为“大招讨，都督诸军”，出师东伐。联系之前的姚志卓的西南之行，几乎可以肯定，这就是孙可望履行东西大会师所做的部署，令刘文秀率军北上湖南然后顺江而下，与溯江而上的张名振、张煌言部明军会师长江。孙可望的命令与张名振第一次进入长江几乎是同时发生的，这显然不是巧合，而是事前约定好的。

然而刘文秀却不想去，多次推辞，后来实在推辞不过，才勉强就任。虽然接任，但刘文秀却并不急于上路，在昆明光收拾行李就用了一个多月，他哪儿有那么多行李要收拾，摆明着就是故意拖延，一直磨蹭到四月，刘文秀才到贵阳来见孙可望。

刘文秀是忠于永历朝廷的，跟孙可望不是一路的，出兵抗清，本是好事，刘文秀为何态度如此消极呢？这还要从孙可望身上找原因，孙可望从来没有忠心过永历皇帝，从他把永历皇帝当难民安置这一点就看得出来。这几年，孙可望的实力逐步坐大，他的野心也逐渐膨胀，一个秦王已经不能满足他了。他还有更高的追求，王之上就是帝了，孙可望想当皇帝，这点他的亲信部下都知道，孙可望的野心早已是司马昭之心，路人皆知。

孙可望之所以对东西大会师感兴趣，并不是要抗清复明，他只是想为他的篡位积攒军功，抬高他的声望，这是历代权臣篡位的老套路。

孙可望很清楚，他的威望不够高，军功不够大。大江南北的抗清力量都是拥戴永历朝廷的，永历朝廷才是正朔所在。他孙可望以他的实力随时可以取代永历皇帝，但他之所以迟迟不动手，就是时机未到，他不敢动。

孙可望的如意算盘是，他的军队东征，只要建立足够的军功，他就有资本篡夺帝位。对此，刘文秀也是相当清楚的，这也是他消极应对出兵的原因。刘文秀是要抗清，但那是为大明而战，不是为孙可望打仗。军中众将尤其是孙可望的部下，只知有国主（孙可望），不知有皇帝。刘文秀为此忧心不已，这时候，他哪还敢出兵远征，他在后方，对孙可望多少还有所牵制，李定国已经远走广西，他再去湖南，孙可望可真就要为所欲为了。

尽管清楚孙可望的阴谋，但命令又不能不听，刘文秀能做的就是尽量拖延。但孙可望那边已经急不可待了。孙可望的那些部下对篡位称帝比孙可望本人还积极，毕竟这么好的溜须机会，可不是说碰就能碰上的，正所谓物以类聚人以群分，孙可望的部下也很有追求，他们也想升官发财，高升一步。

就连朱由榔身边的权臣马吉翔也开始走孙可望的门路，想抱孙可望的大粗腿，公然对孙可望派来监视朱由榔的张应科说："秦王功德隆盛，天下钦仰。今日天命在秦。天之所命，人不能违。我辈意欲劝粤主禅位秦王，烦公等为我达此意。"听听管皇帝叫粤主，还想让皇帝让位，这简直就是造反，可以直接拉出去砍了。

说大逆不道的话还不算，马吉翔还让朝廷郎中古其品画一幅"尧舜禅受图"，打算送给孙可望，可是，古其品不画。大明还是有忠臣的，不是谁都像马吉翔那么龌龊。马吉翔不愧为卑鄙小人，马上报告给孙可望。很快，孙可望就派人来，用一副锁链将古其品铐住押回贵阳，乱棒打死。永历皇帝估计知道，但知道也只能装作不知道。

永历八年（1654）六月，孙可望专程回了一趟云南，据说就是要为篡位做准备。形势不是十分危急，而是万分危急。

密诏救驾——十八先生案

孙可望的所作所为，大家都看在眼里，谁都知道，孙可望迟早要走那一步，只是时间早晚的问题。实际上早在永历六年（1652）二月，永历皇帝移跸贵州不久，他们就意识到了这种危机，孙可望靠不住。但朝廷已经在孙可望的地盘上了，他们又能如何呢？希望只在李定国。

早在孙可望进兵贵州时，明朝的地方官员就已经分清了忠奸善恶，遇到孙可望的军队，很多人选择抵抗，但遇到李定国的军队，他们往往主动联络。有的人在被孙可望的部队追杀时，第一时间想到的就是投奔李定国。因为大家都清楚，李定国是真心抗清，也是忠于大明朝廷的。

永历皇帝朱由榔与他的亲信大臣们将全部希望放在了李定国身上。他们相信只有这个人才能拯救危局，也只有这个人是可以信任的，可以依靠的。

永历皇帝朱由榔想与李定国取得联系，但看似简单的事情做起来却并不容易。朱由榔进入安龙等同于进了囚笼，他的身边到处都是孙可望、马吉翔的耳目，朱由榔的一举一动一言一行都受到严密的监控，想要避开这些眼线需要费一番周折。

永历皇帝私下对近臣说："可望待朕没有人臣之礼，奸臣马吉翔为之耳目，朕寝食不安。近闻西藩李定国亲统大军，直捣楚、粤，俘叛逆陈邦傅父子，报国精忠，久播中外，军威大振。将来出朕于险地者，必是此人。”

永历皇帝想找人商量召李定国前来救驾，但满朝文武，谁可信任？乱世人心难测。这时有近臣出主意说，吏科给事中徐极、兵部武选司员外郎林青阳、主事胡士瑞、职方司主事张镌等曾上疏弹劾马吉翔包藏祸心称臣于秦，可以信任。永历也觉得这些人可靠，毕竟，在当时敢弹劾马吉翔是要冒杀头的风险的，是需要勇气的，这几人敢于上书就说明他们是忠于朝廷的。

林青阳、胡士瑞等人得到皇帝的指示，当即表示赞成。不过，他们毕竟官职不高，需要有威望的名臣领衔，几人来找首席大学士吴贞毓将来意说明。吴贞毓说值此多事之秋，正是我辈效命之时，诸位谁愿充任使者？林青阳自告奋勇，表示愿意亲往广西。吴贞毓随即让礼部祠祭司员外郎蒋乾昌拟稿，兵部职方司主事朱东旦缮写，然后秘密送入宫中加盖皇帝玉玺。

随后，林青阳按照事前商议好的计划，以返乡葬亲为名将密诏藏在身上，于永历六年（1652）十一月从贵州出发去寻找李定国大军。当时，李定国大军刚刚取得桂林、衡阳大捷，正转战于湘桂一带，行踪不定。这时兵荒马乱，路上也不太平，林青阳走后就与朝廷失去联系，很可能在路上遇害了。

永历等了大半年，仍不见消息，就让吴贞毓再派人去打探。吴贞毓这次将任务交给了翰林院孔目周官。武安伯郑云元出主意，为保密起见，最好先支开马吉翔，以免走漏消息。永历也觉得有理，为确保万全，确实应该把这个讨厌的家伙赶走，让他有多远滚多远，最好永远也别回来才好呢。

永历以南宁刚刚收复，需要有重臣坐镇为由，将马吉翔打发去南宁。马吉翔前脚刚走，周官就秘密上路了。周官一路上饥餐渴饮晓行夜宿，历尽艰辛终于找到李定国大军。

李定国读罢诏书，深受感动，叩头流血，说："臣定国一日未死，宁令陛下久蒙幽辱，幸稍忍待之。臣兄事可望有年，宁负友必不负君。"

事情进展得本来挺顺利，可偏偏一个嘴欠说话不过大脑的家伙坏了大事。这个人叫刘议新，他去李定国军营公干，回南宁的时候遇上了来南宁出差的马吉翔，刘议新不知道朝廷内部的复杂关系，他只看到表面，以为马吉翔是永历面前的权臣，说一不二，迎驾这么大的事肯定知道，也可能是想巴结这位权臣，竟然将朝廷密诏李定国迎驾的事对马吉翔和盘托出。刘议新说："定国接诏，感激流涕，不日即前往安龙迎驾。"

人傻嘴欠的刘议新不知道，就因为他多嘴多舌，坑害了一批大臣，也将永历置于险地。马吉翔不听则可，一听之下，大吃一惊，他这才知道永历派他来南宁的真实用意，赶紧派人飞马给孙可望报信。

孙可望得报也吃惊非小，立即派亲信郑国、王爱秀去安龙调查此事。永历八年（1654）正月初六，这伙人闯入安龙"皇宫"当面质问永历。朱由榔当然不承认，说这些年外面假诏书、假印层出不穷，屡禁不止，大家早就习以为常，这肯定是哪个胆大之人私自刻制的假印，不足为奇，何必大惊小怪。但这伙人也是有备而来，经过两个月的调查，参与此事的十几位大臣先后遭到逮捕。在狱中，这些人受尽严刑拷打，各种酷刑折磨，始终坚贞不屈。为了不牵连皇上，他们一口咬定，事情是他们策划的，皇上并不知情。

郑国、王爱秀见再审也审不出结果，只好以"矫诏欺君"的罪名定案。三月二十日，孙可望以永历朝廷的名义下令将参与此事的大臣全部处死，遇害的永历大臣共有十八人，此即南明永历朝的"十八先生案"。

尽管大臣们一再说事情是他们干的，不关皇上的事。但孙可望又不傻，他当然知道幕后的主谋是永历。事情过后，永历的处境愈发艰难。

在孙可望的威逼下，永历皇帝在贵州度日如年，眼巴巴盼着李定国领兵来救他。所以，李定国在永历八年写给郑成功的信中说，圣跸艰危，不可言喻。指的就是孙可望的逼迫。李定国竭力劝说郑成功出兵广东，也是想尽快打下广东，将永历皇帝接到广东，摆脱孙可望，脱离险地，然后以两广为大后方，出师北伐。

可惜，郑成功私心自用，不肯配合，以至功败垂成。

永历九年（1655）春，刘文秀的东征军在拖延近一年后终于出发了。四月，刘文秀率马步兵六万、战象四十余头从湖南辰州出发，兵分两路，刘文秀率主力走陆路，卢明臣率水师走水路，水陆并进。刘文秀的计划是先攻常德，再取长沙，最后北攻武昌。

但在进兵的安排上，刘文秀显然考虑得不够周全，走水路要快于陆路，又赶上连日暴雨，溪水猛涨，道路泥泞，陆军进兵缓慢，结果造成卢明臣水军孤军深入。五月二十三日夜，明军水师在常德城下遭遇优势兵力的清军围攻，全军覆没，卢明臣中箭落水牺牲。刘文秀水陆夹攻的计划失败，只得带兵退回贵州。孙可望再次解除刘文秀的兵权，让刘文秀回云南接着过他的退休生活。

孙可望原本打算让刘文秀在永历八年（1654）出兵，从湖南顺江而下与张名振会师长江。当时贝勒屯齐率领的满洲八旗北撤，接替的固山额真蓝拜、护军统领苏克萨哈率领的接防满洲部队还在南下的路上，湖南清军兵力空虚。只有清大学士洪承畴指挥的一万绿营算是精锐。本是反攻的大好时机，却因为孙可望的图谋篡位，刘文秀的不敢远出，错过良机。

永历八年，历史给了大明复兴的机会。明军在两条战线上都有望实现会师：李定国进兵广东与郑成功的东西会师；刘文秀兵进湖南与张名振的长江会师。哪怕只有一路成功，都会对战场产生转折性的影响。

要是两次会师都能得以实现，那全国的抗清形势就会得到彻底扭转，战场局势很可能会实现大逆转。明军反败为胜，也是很有可能的。

可惜，因为郑成功的私心，孙可望的野心，东西会师化为泡影，西南东南始终各自为战，形不成合力。悲剧的结局似乎已经注定，但大明的擎天柱石李定国仍在顽强奋战，竭力挽救危局。

迎帝入滇——李定国千里救君

永历八年（1654）冬，李定国大军在广西休整。此前在广东损失很大，短时间内再次东征也不现实，郑成功也很难指望。李定国知道要救皇上，只能靠自己了。

自从接受诏书，李定国从未忘记自己的使命，皇上身处险境，他也寝食难安。之前拼尽全力进攻广东，也是想将朝廷迎入广东，但现在东进受阻，只能退而求其次，先救出皇上，再做打算。

李定国准备亲自率兵去贵州救驾，但孙可望也早有防备，派部将刘镇国、关有才驻兵田州（今广西田阳），堵住李定国的去路。

李定国不愿打内战，同室操戈，但这道封锁线又必须过去。

孙可望为阻止李定国去贵州，特意下令让关有才在李定国大军可能通行的地方搞坚壁清野，给李定国制造麻烦。而这个关有才的确很“有才”，他的坚壁清野搞得相当彻底，彻底到连他自己都吃不上饭了。李定国还没来，他就不得不带着手下去老远的地方筹粮，因为附近的粮食不是被他们吃了，就是被他们烧了。自己挖的坑，跪着也要填上。

李定国派斥候打探，得知关有才带人出去找吃的，留守的兵力很少，当即抽选精兵，昼夜兼程，急行军三昼夜赶到田州。李定国大军突然杀到，令刘镇国、关有才猝不及防，两人来不及召集人马，跳上马逃之夭夭。部下士卒来不及逃，纷纷跪在道路两旁迎候李定国大军。

李定国随后赶到，为避免这些人恐慌，对他们说："你们不必惊慌，我与秦王是兄弟，因有小人离间，发生一些误会，现在已经没事了，你们各归各营，我会派人犒劳大家。"两军士兵本是一家，见李定国并没有敌意，也就放心了。第二天，李定国拿出两万两银子犒赏三军，众军高呼千岁。

得知李定国搞定田州防线，永历九年（1655）十月，孙可望又派大将白文选带兵去安龙，让他务必抢在李定国之前，把永历皇帝送到贵阳。现在关键就在白文选，他倒向哪边，哪边就赢。白文选是孙可望的部下，但白文选却选择支持李定国。因为公道自在人心，孙可望的所作所为，大家都看在眼里。即使他的部下，很多人也对其威逼天子专横跋扈心怀不满，是非善恶，大家还是分得清的。

白文选竭力保护皇上，孙可望多次派人来催，让他把皇帝送来，白文选总是找各种理由给搪塞过去。

到了十二月，孙可望见白文选还没有把朱由榔送来，真沉不住气了，又派亲信叶应祯去催。可是，白文选一点没有走的意思，他在等一个人，李定国。

李定国还没来，怎么能走呢！

永历十年（1656）正月，李定国正带兵在来安龙的路上。

就在此时，在距安龙五十里的板屯江，刘镇国手下的士兵抓到一个人，此人自称传宣参将杨祥。刘镇国派人将这人押到安龙来见白文选。白文选询问他的来意，来人说他是传宣参将杨祥，奉国主之令来督催沿途州城府县准备好给大军的粮草，以备迎接国主大军。白文选明知这是个冒牌货，却故意装糊涂，请这人吃了一顿饭，就放他走了。因为白文选知道，此人肯定是李定国的人。他猜得没错，来人正是李定国派来的使者，杨祥此行的任务就是来安龙觐见皇上。

杨祥从白文选那里出来，直接就奔“皇宫”来了，等见到皇上，杨祥从衣甲后心取出李定国给永历的密奏。

“臣李定国谨奏：臣今统兵迎扈，不日至行畿，先遣奏万安，勿轻听奸佞辄行移跸。”

奏本上还加盖有“防伪标识”，此前永历在发给李定国密诏时，送给李定国的“屏翰亲臣”大印。这肯定没错了，不会有假。终于盼到这一天了。

李定国要来了，永历放心了。

杨祥完成任务，改换衣装，走山间小路，回去向李定国复命。

正月十六，叶应祯听说李定国大军将至，急忙顶盔掼甲带着全副武装的士兵闯进“皇宫”，逼迫永历帝后即刻上马随他们去贵阳。永历当然不想走，但叶应祯人浑胆大，在宫里连吵带吓，他手下的士兵也跟着鼓噪喧哗，宫中哭声一片。危急时刻，白文选及时赶到，他厉声呵斥叶应祯不得对皇上无礼，然后连唬带骗，赶走叶应祯。

正是白文选及时出手，化解了危机，为李定国争取到了宝贵的时间。

二十二日清晨，大雾弥漫，忽然有几十名骑兵来到城下，绕城大呼：“西府大兵至矣！西府大兵至矣！”西府指的就是李定国。

城中听到喊声，顿时欢声雷动。叶应祯听说李定国来了，也顾不得永历了，带着手下连滚带爬逃回贵阳。不多时，炮声由远及近，李定国大军到了。

李定国安顿好人马，便进城来见皇上。

见到永历，李定国激动得泪流满面，说：“臣蒙陛下知遇之恩，欲取两粤以迎銮舆，乃不惟不副臣愿，且重贻陛下忧，至万死无能自赎。”永历皇帝也很激动：“久知卿忠义，恨相见之晚。”

李定国鼎盛时期，麾下也曾有十万雄兵，与盘踞贵州的孙可望不相上下。因为李定国挥师东进，与满洲八旗主力以及尚可喜、耿继茂等藩王部队在广东肇庆、新会连续进行主力会战，牺牲很大。此时，李定国的主力部队只有三四万人。相反，孙可望的部队一直待在湘西、贵州一带按兵不动，保存实力，损失不大，仍有十余万人马。双方实力对比悬殊，贵州又是孙可望的地盘。

是非之地，不可久留。李定国回营后，就请来白文选商议移跸。贵州是不能待了，广西又靠近前线，两人经过商量，一致决定护送皇上去昆明。云南地处大后方，相对安全，眼下也只有那里是合适的去处。

正月二十六日，永历君臣在李定国士兵的保护下，离开贵州，前往云南。

二月十一日，君臣一行来到云南曲靖。李定国请皇上大臣们在此等候，他带兵先行前往昆明打前站，因为昆明还有不少孙可望的亲信，散布在云南各地的孙可望旧部也很多。

此时在昆明的有刘文秀、王尚礼，楚雄有王自奇，武定有贺九仪。王尚礼、王自奇、贺九仪都是听命于孙可望的，这些人的部队加起来差不多有两万，与李定国的兵力相当。真要动武，也是很麻烦的事。好在还有刘文秀。

李定国忠心为国，他所做的一切都是为了朝廷，为了抗清复明大业。也因此，他赢得了人心。关键时刻，总有贵人相助，在安龙有白文选暗中帮忙，在昆明有刘文秀鼎力相助。

刘文秀虽然手下兵力不多，但威望很高，在昆明，他说话是有分量的。李定国大军即将抵达昆明，消息传来，刘文秀找来沐天波、王尚礼商议对策。刘文秀、沐天波自然是欢迎李定国的，纠结的是王尚礼。王尚礼是孙可望的亲信，要是开门迎接永历皇帝、李定国，就违背国主孙可望的意思。可是双方毕竟还没有撕破脸，还是友军，出兵相拒也不合适，而且，真打起来，他也不是李定国的对手。正在他不知如何是好时，李定国已经到了。

王尚礼慌了，在刘文秀的劝说下，才勉强随众人出城迎接，这是关键的一步，李定国顺利入城。

进城后，李定国与刘文秀商议迎接圣驾的具体事宜。王尚礼只能乖乖服从，不敢轻举妄动。

永历十年（1656）三月二十六日，永历皇帝在李定国心腹大将靳统武、总兵张建带兵护卫下进入昆明。

云南在明代属于欠发达地区，平时都很少有大人物来，听说天子驾临，全城轰动，百姓扶老携幼纷纷出城迎接。永历皇帝在昆明受到热烈的欢迎，百姓夹道迎接令他激动不已。街上人流如潮，大家都想一睹圣容，这种热情是发自内心的，即位十年，一直都在颠沛流离中度过的朱由榔深受感动。

因为人群纷纷向前涌，永历皇帝特意传旨："朕到，勿分军民老幼，听其仰首观觇，巡视官兵不许乱打。"春城昆明沉浸在喜悦中，从上到下，军民喜笑颜开。

永历皇帝进昆明后入住云南贡院作为行宫，朝廷各部也很快找到办公场所，恢复正常运作。

李定国成功将皇上从孙可望的控制下解救出来，值得庆贺。但随着李定国主力西移，他长期经营的广西兵力空虚，清军趁机攻入广西。二月初四，南宁失守。不久，广西大部被清军占领，对此，李定国也没有办法，他顾不过来了。

永历十年（1656）四月，永历皇帝加封李定国为晋王，刘文秀为蜀王，白文选为巩国公。世守云南的黔国公沐天波受命掌管禁卫军，深受永历信任。孙可望留在云南的亲信也一并受封，王尚礼封保国公，王自奇封夔国公，贺九仪封保康侯，秦王护卫张虎封淳化伯。

一心巴结孙可望的权臣马吉翔不出意料被拘押，但这家伙不知用了什么手段，很快又得以复出，再度得势，不得不说，没有及时杀掉这个祸国殃民的家伙，是李定国的一大失策。

永历君臣在云南安定下来，但接下来，他们又不得不面对一个棘手的难题，如何处理与孙可望的关系。这事关永历朝廷能否在云南立足，甚至关乎永历朝廷的存亡。

对孙可望，永历君臣还想争取。毕竟，孙可望的实力摆在那里，西南军队现在十之七八都控制在孙可望手里。加之，孙可望在西南经营多年，虽是出于私心，但也不能说没有一点功劳。一旦开战，胜负难料，清军要是趁机来攻，后果不堪设想。但有一线希望，永历君臣也想争取孙可望。

永历加封孙可望留在云南的亲信，就是一种政治姿态，希望化解矛盾。

永历还特意派白文选、张虎携带诏书去贵阳劝解孙可望，希望孙可望能与李定国重归于好。行前，永历还特意叮嘱二人："卿等往道朕意，务使两藩复敦相好，事事为祖宗社稷起见，卿等功名垂于竹帛矣。"

白文选、张虎回到贵阳来见孙可望，可还没等二人开口，就被孙可望劈头盖脸一顿训，不经他这个国主同意，竟然擅自接受永历的封爵。张虎是孙可望的铁杆，马上交出淳化伯的大印，还解释说："当时那个情景，要是不接受，怕引起怀疑，才假意接受。我受国主您的厚恩，怎么会背叛您呢！"张虎还给孙可望交底，李定国带去云南的兵马不过三万，容易对付。孙可望听了这才转怒为喜。

尴尬的是白文选，这种场合他也不得不表态："给我两万精兵，我定将李定国生擒献与国主。"孙可望却一阵冷笑，你小子少在这儿跟我演戏，你当我不知道，李定国能接走永历，全是你在暗中配合。到现在还跟我耍花腔。当即令人将白文选拿下，说话间，就要将白文选推出去砍了。好在白文选人缘好，众将纷纷求情，才被打了一顿板子，放了。

永历见白文选、张虎走后，许久不见回音，又派人去宣谕。孙可望现在比以前更恨李定国，皇帝被接走，搞得他这个国主相当被动。孙可望让张虎去昆明转达他的意思，想和解，行啊，让李定国亲自来跟我谈。李定国当然不会去。

经过商议，永历君臣又派孙可望的亲信王自奇同张虎一起回去，希望能劝说孙可望回心转意。可这个人派还不如不派，王自奇也是孙可望的铁杆，一回到贵阳立即变脸，告诉孙可望，昆明兵力很弱，现在去打易如反掌。孙可望见王自奇说的跟白文选之前跟他说的对得上，这才重新起用白文选。王自奇回昆明复命，旋即回楚雄等待孙可望的召唤，他是孙可望在云南安插的一枚棋子。

八月，为缓和双方的紧张关系，永历同李定国商量后，派孙可望麾下总兵王麟带兵护送孙可望的妻妾、儿子回贵阳，主动示好，以示诚意。

应该说，永历君臣的一再示好，收到一定的效果。孙可望没有立即与李定国翻脸，双方维持不战不和的微妙关系近一年。此时主动权在孙可望手里，他想打，随时都能打，但他没有立即动手，说明他也在犹豫。毕竟，事关重大，孙可望也要考虑清楚，一旦开战，他就再也没有回头路可走了。

但孙可望架不住手下人的怂恿，加上他本就野心勃勃，他还是向危险的方向越走越远。

开战之前，先要拉人。驻防四川的龙骧营总兵祁三升几乎同时接到两道调令，一个是孙可望发出的，让他率部赶赴贵州。另一个是李定国发出的，让他领兵撤回云南。

李定国麾下原有龙骧、天威两营，作战勇猛，是李定国的亲兵。李定国率军去两广，祁三升的部队留在四川，一度接受孙可望的调度。

面对两道调令，祁三升没有片刻犹豫选择了后者。当他将自己的决定向部下众将宣布时，得到了一致拥护。这说明，背叛朝廷，不得人心。西南明军是忠于大明的，此人心所向。这次选择也预示了不久之后那场战役的结局。

永历十一年（1657）二月，孙可望在贵州大封部下文武，封马进忠嘉定王、冯双礼兴安王、张虎东昌侯。封王赐爵，这是只有皇帝才能做的，现在孙可望这么做，就是在向朝廷挑衅，内战已不可避免。双方各自调兵遣将，准备即将到来的大战。

交水之战——孙可望兵败投敌

孙可望倒行逆施，连他的很多部将都不齿其所为。马进忠、马宝等人心向永历，他们知道白文选是倒向朝廷的，便暗中找来白文选密商，约定到时阵前反戈，助李定国一臂之力。对此，孙可望浑然不知。

永历十一年（1657）八月初一，孙可望在贵阳起兵，以“清君侧”为名，公然作乱。之前左良玉叛乱打的也是“清君侧”的旗号，这招不新鲜。即使是犯上作乱，也得找个说得过去的理由不是。可是，孙可望欺瞒不了天下人，只能自欺欺人。

孙可望的自信是因为他的兵多，这次兵犯云南，他总共调集了十四万大军。而根据可靠情报，李定国、刘文秀可以调动的主力只有三四万人。孙可望认为他的兵力数倍于李定国，赢定了。可是，他忘了人心。

孙可望让冯双礼留守贵州，以白文选为先锋，他亲自领兵向云南进发。八月十八日，孙可望大军渡过盘江。消息传到云南，滇中大震。

朝廷迅速做出应对。永历皇帝下诏特许晋王李定国专征，赐尚方宝剑，便宜行事，挂招讨印。蜀王刘文秀为副，率兵出征。

李定国的心腹大将中军护卫靳统武与黔国公沐天波奉命留守昆明。孙可望在昆明的亲信王尚礼得到“特别关照”，为防他到时捣乱，朝廷将他的人马分拨各营随同大军出城，他本人也被严密监控。

九月十五日，两军在曲靖交水相遇。李定国、刘文秀军三万列营三座，孙可望军十四万列营三十六座。双方兵力悬殊，仅从兵力上看，真敞开打，李定国难有胜算，部下将士面露惧色。连统帅李定国也不是很有信心，甚至私下与刘文秀商量战败后的去路。这也是人之常情，毕竟，对方人多势众，看起来挺唬人的。

九月十八日，孙可望让亲信张虎带着马宝、武大定率七千骑兵连夜出发，走小路，偷袭昆明。到时有王尚礼等人在城内接应，拿下昆明，在孙可望看来不是难事，他还不知道他的内应已经被收拾了。

得知孙可望派兵偷袭昆明，情急之下，白文选利用当先锋的便利，亲率数十名亲信，趁着黑夜以巡视阵地为名，直接闯入李定国的军营通报消息。白文选告诉李定国、刘文秀，必须马上与孙可望决战，马宝等人已答应届时配合，时间拖久了，计划万一泄露就糟了。事不宜迟，必须尽快决定。李定国、刘文秀对白文选多少还有那么一点不放心，白文选也看出来了，他也急了，当场发誓：“不要再犹豫了，再做迟疑，我们全都要死，要是我有一字，诳皇上，负国家，当死万箭之下。我当先赴阵前，你们赶紧整顿兵马随后跟进。”说完，跳上马，飞驰而去。

奉令去偷袭昆明的马宝也派心腹人秘密来李定国大营传递消息，告知李定国，张虎已率七千精兵在去偷袭昆明的路上。昆明一旦有失，大事去矣。必须明日决战，否则悔之晚矣。李定国、刘文秀原本与孙可望约定，二十一日决战，但十八日晚上收到马宝的消息，深感情势紧急，连夜传令各营，明日出战。

李定国、刘文秀连夜召集众将开会，决定兵分三路，以窦名望、邹子贵、李如碧各率兵五千从正面冲击敌营，再从左右两翼各派兵两千策应。

明军四鼓造饭，天明炮响出兵。窦名望军尤其骁勇，开战后，势不可当，连续冲破孙可望军十四座营盘。但先锋刘文秀麾下勇将李本高马失前蹄，跌下马来，被杀。孙可望站在高处观战，立即挥军前进，白文选见情势危急，亲率五千骑兵冲入马惟兴的军营，两人合兵从孙可望背后杀出，连续攻破数座大营。孙可望军被前后冲击，顿时大乱。李定国、刘文秀趁势率军猛冲，这时不少孙可望军中的士兵纷纷大呼："迎晋王！迎晋王！"十余万大军顿时土崩瓦解。

战局瞬间逆转，令孙可望始料不及，他做梦也想不到，他会输，而且输得这么惨。仓皇之中，孙可望在少数亲信的保护下，脱离战场，一路向贵阳逃窜。路过安顺时，守在这里的马进忠不但闭门不纳，还派兵追击，让孙可望没有时间收拢溃兵。

交水之战胜利结束，但局势依然不乐观。张虎的骑兵，按推算，已经逼近昆明。李定国与刘文秀紧急商议后决定，兵分两路，李定国率军回援昆明，刘文秀带兵追击孙可望。分手前，李定国特意叮嘱刘文秀，一定要捉住孙可望。

再说张虎、武大定、马宝率骑兵昼夜兼程已经赶到昆明。马宝担心城内没有准备，故意在沿途焚烧房屋，希望能够引起昆明守军的注意。城里的王尚礼听说孙可望派来的军队到了，正想接应却突然被永历招入宫中，进来就被靳统武、沐天波带兵扣押。这时交水大胜的捷报已经送到昆明。永历赶紧令人在通衢大街到处张贴，安定人心。

张虎正要带兵攻城，却突然看到报捷的露布，知道孙可望战败，也不见有人接应，城上防守严密，赶紧撤兵。在撤退的路上，正遇见急急往回赶的李定国大军，两军随即陷入混战，杀得难解难分，一时分不出胜负。马宝见状，当即率兵攻击张虎，与李定国大军夹击叛军。

张虎抵挡不住，夺路而逃。第二天，张虎带领败兵来到沾益州，驻守在这里的总兵李承爵原来是他的部将，听说张虎来了，率兵来迎。一路逃来，疲惫不堪的张虎，见到老部下，才敢停下来歇歇脚。张虎正向李承爵讲述战败的经过，突然从左右冲出数人，一拥而上将张虎擒获。张虎这才明白是怎么回事，气得大喊："你是我的部将，怎敢叛我！"李承爵呵斥道："你叛天子，我奉命擒你，何谈背叛！"张虎随后被押送昆明处斩。

孙可望成了过街的老鼠，人人喊打，原来的部下，不是紧闭城门不让他进，就是放炮赶他走。孙可望与留守贵州的冯双礼约定，要是刘文秀的追兵追来，就放三声号炮。冯双礼见孙可望兵败如山倒，众叛亲离，出征时十几万大军，回来仅剩下几十名骑兵，就知道孙可望大势已去。明明刘文秀的追兵未到，冯双礼却故意提前放炮，赶孙可望走。

孙可望只得带着妻儿亲信一路向东逃窜，沿途经过新添卫、镇远、平溪等地，各地守军全都闭门不纳，让孙可望连吃闭门羹。走投无路的孙可望派人联系清军，在清兵的接应下，于十一月十五日，抵达宝庆，投降清廷。

曾拥兵十余万的孙可望，投降清军时，手下加上老幼妇孺也只有四百人。

明军同室操戈，受益最大的是清军。

负责为清廷经略五省的洪承畴，自永历七年（1653）上任以来，就几乎没有能拿得出手的战绩。李定国桂林、衡阳大捷，让清军消停了好几年，相当长的时间里，清军都满足于现状，与明军在湖南湘西、广西南宁一带对峙。不是他们不想攻，而是缺乏信心，更欠缺实力。

洪承畴到湖北上任时只带了一万清兵。与清廷让他"经略"的地盘相比，他手头能指挥的兵力少得可怜，湖南、广西的绿营兵的战斗力，连洪承畴都不敢指望。

永历十年（1656）三月，洪承畴不得不承认，他奉经略之命将近三年，寸土未复。

就在孙可望投降前的一个月，永历十一年（1657）十月，对战局缺乏信心的洪承畴已经向清廷打报告，请求解任回京。但仅仅过了半个月，他便接到“云贵逆贼自乱”的情报，原本消沉沮丧的洪承畴，转眼之间就像变了一个人，如同打了兴奋剂般，嗅觉敏锐的他意识到，机会来了。给他送机会的就是孙可望。老家伙马上收回报告，再不提年老多病。

十一月十七日，洪承畴率领满汉各军从长沙起程，前往湘乡去见孙可望。二十八日，两人在湘乡会面。尽管孙可望投敌时，既没有多少兵力，也没有带来地盘，洪承畴却很清楚眼前这个人的价值。进攻西南，此人是关键。清廷对孙可望的投降极为重视。孙可望十一月投敌，十二月，清廷便下令封孙可望为义王，还特意派专员千里迢迢赶往湖南册封。第二年五月，孙可望来到北京，更是受到满汉高官出城迎接的高规格礼遇。

西南战局逆转，转折便是孙可望的投敌降清。

清军入寇——贵州告急

永历十一年（1657）十二月十五日，清廷几乎是在得到孙可望投降的同时，下达了进兵西南的命令。因为不论是远在北京的清廷还是身处湖南前线的洪承畴都清楚，永历朝廷长期以来实际的掌权人是孙可望。明军内讧，孙可望投降，西南局势不稳，正是进兵的机会。

清廷决定兵分三路，以清平西王吴三桂为平西大将军，同固山额真李国翰率部从陕西南下四川进攻贵州；命原定驻防江宁的固山额真赵布泰为征南将军，率部去广西与那里的原孔有德部将线国安会合，由广西北上进攻贵州；命固山额真宗室罗托为宁南靖寇大将军，会同固山额真济席哈领兵前往湖南，与洪承畴一起从湖南进攻贵州。

永历十二年（1658）正月初九，清廷再次下令以信郡王多尼为安远靖寇大将军，平郡王罗可铎、贝勒尚善、杜兰、固山额真伊尔德、阿尔津等随同出征，率满洲八旗主力南下，为三路清军后援。三路清军均受多尼节制指挥，这也是清廷一贯的老套路了，让藩王部队、汉军八旗、绿营兵打头阵，满洲八旗在后督战指挥，打败了，就让藩王、绿营背锅，占了便宜，功劳就是满洲八旗的。

清军从四川、湖南、广西三个方向，压向贵州。

此时的昆明城却沉浸在节日的喜庆中，一片太平景象。元宵节，昆明城里张灯结彩，大街小巷挂满花灯，军民纷纷走上大街，观灯游玩。多年的战乱，民不聊生，这是西南百姓难得的幸福生活场面。但这也是明朝军民最后的欢愉。

二月，前方传来警报，湖南清军大举进攻湘西。

罗托部清军二月抵达湖南常德后，便会同洪承畴麾下左标提督李本深、右标提督张勇部一万六千人占领辰州。湖南的清军绿营一万余人也由宝庆进占武冈、新宁。到这年三月，罗托、洪承畴指挥清军先后占领湖南的沅州、靖州，湘西明军全线溃败。

明军的全线败退，固然是因为这次清军是倾尽主力来犯，但李定国对前线守将的大规模撤换也是原因之一。孙可望长期盘踞贵州，对这里的山川险要，了如指掌，以孙可望的为人，这些在他投降清军后，自然会对清军和盘托出。留在贵州的又多是孙可望的旧部，李定国不得不做出调整，进行一些撤换，但这么做势必令一些忠于朝廷的孙可望旧部寒心。而且临阵换将，也对明军不利，新来的将领还未来得及熟悉部队、地形，敌人就上来了。结果就是明军驻守多年的湘西，很快沦陷。

四月，三路清军先后杀入贵州，前线频频告急。危急时刻，偏偏有人还嫌不够乱，起兵反叛，作乱的是孙可望的旧部关有才、王自奇、张明志，三人于当月在云南永昌举兵叛乱。尽管贵州前线明军急需增援，但关有才等人的叛乱是腹心之疾，不能不管。李定国亲自带兵出征，沿途云贵百姓纷纷箪食壶浆以迎王师。这群跳梁小丑很快就被李定国扫平，关有才被李定国生擒送到昆明凌迟处死，王自奇兵败自杀，张明志走投无路乖乖投降。

尽管叛乱很快被平定，但明军忙于平乱，却错过了救援贵州的宝贵战机。

国家危难之际，又痛失一员方面大帅，蜀王刘文秀于四月二十五日在昆明病逝。

史称刘文秀是抑郁而终，令他抑郁的是李定国。说起来令人唏嘘，两人本是合力对敌的战友，但交水之战后，两人渐渐产生裂痕。打败孙可望后，李定国急于回救昆明，追击孙可望，安抚收编孙可望旧部的事，就由刘文秀来做。刘文秀在追击孙可望的过程中，据说有意放走孙可望，虽是传言，未必是事实，但引起李定国的强烈不满。

永历十一年（1657）十月，刘文秀在贵州收编了数万孙可望旧部，稳定贵州后，便上疏朝廷，请皇上移跸贵阳。刘文秀此举多少有点欠妥，令李定国心生警惕。李定国担心刘文秀势力坐大后想做孙可望第二，反对移跸，同时建议永历皇帝将刘文秀召回昆明。李定国是帝国柱石，永历对李定国言听计从，因为永历明白，大明全靠李定国在苦撑，于是下旨让刘文秀返回云南。

刘文秀要是真想做孙可望是不会听令的，但刘文秀服从命令，回到昆明，被再次削夺兵权。李定国、刘文秀都是忠于大明的，也都想实现大明的复兴。但因为种种原因，二人未能协同一致，令人惋惜。刘文秀回到昆明后，日渐消沉，也不怎么上朝了，只有重大朝会才勉强露面，平时闭门不出。

不久，刘文秀便病倒了。病重期间，永历皇帝、李定国先后前往府中探望。临终前，刘文秀仍为朝廷的前途担忧，上表永历："北兵日逼，国势日危，请入蜀以就十三家之兵。臣有窖金一十六万，可以充饷。臣之妻子族属皆当执鞭以从王事。然后出营陕、洛，庶几转败为功，此臣区区之心，死而犹视者也。"刘文秀至死仍念念不忘国事，他预料到清军不久就会进犯云南，劝永历君臣入蜀，然后北伐，夺取关中，这是当时朝廷所能做出的为数不多的选择之一。

人之将死，其言也善。可惜，后来永历皇帝、李定国未能执行。

清兵在占领湘西后，便向贵州挺进，他们的进兵之路十分顺畅，这其中少不了为虎作伥的带路党，这些人多是随孙可望降清的部下。清兵初来乍到，地形不熟，但孙可望提供了云贵地区的详尽情报，哪些地方可能会有伏兵，哪里的小路可以进兵，孙可望都做了说明。怕清兵不懂，孙可望还特意搞了套沙盘作业，进行图上推演，一边指着沙盘，一边给洪承畴及其手下讲解。

虽然孙可望不久之后被弄到了北京，但他手下还有数百人，这些人对贵州、云南的地理也十分熟悉。他们被分派给各路清军。三路清军，每一路都至少有十几个向导。

加上，明军主力没有及时集中，部署上也出现漏洞，清军的推进速度很快。贵州镇远、黄平等地相继失守。不久，省会贵阳沦陷。

三路清军中，吴三桂这一路是比较远的，他们二月从陕西汉中出发，三月初四抵达四川保宁，经过一个月的长途行军才赶到重庆。重庆明军守将杜子香未做抵抗，弃城而逃。十天后，吴三桂率军渡过长江，向贵州腹地推进。当时川南、川东很多地方仍有明军驻守，吴三桂为防后路被断，不得不留下大量兵力留守。

四月二十五日，吴三桂、李国翰攻破明军刘镇国部据守的三坡，三十日，占领遵义。五月初三，吴三桂所部同罗托部在贵阳会师。赵布泰部在三月初赶到广西与线国安会合，五月初也从广西北上攻入贵州，占领独山、都匀。三路清军在贵州顺利会师。

清军步步紧逼，明军方面却在长达数月的时间里没有组织起有效的反击。李定国在这期间的反应也确实令人不解，直到七月，李定国才率军从云南出发，北上抗敌，但最佳的反击时机已经错过。

九月，清军主帅多尼率满洲八旗主力抵达贵州平越卫杨老堡。十月初五，清军在杨老堡召开战前作战会议，各路清兵将领纷纷从各自驻地赶来开会。会议由多尼主持，内容是协调各路清兵的配合，最后决定，罗托与洪承畴留守贵阳。清军依然兵分三路，多尼率中路军从贵阳出发，经关岭，向云南进攻；北路军由吴三桂率领从遵义出发，攻七星关，因为路程比中路军稍远，提前十天出发；南路军由赵布泰率领从都匀出发，这路最远，走得也最早，比北路军还早十几天上路。三路清军每路约五万，总兵力十余万。

清军三路来犯，李定国得知消息也兵分三路，分兵拒敌，明军全线陷入被动。明军主帅李定国命冯双礼为中路主将带兵守关岭，祁三升守鸡公背，彼此呼应，阻击多尼部清军；白文选为北路主将率大将窦名望等领兵守七星关，阻挡吴三桂部清军；大将李成爵奉命镇守湘黔交界的南盘江，阻击从广西开来的赵布泰部清军。李定国亲自率军镇守北盘江，居中策应。

十一月，多尼指挥清军主力进攻贵州安庄卫，守在这里的明军大将刘镇国战死，安庄卫失守。清军进逼关岭。冯双礼率军从关岭转移到鸡公背与祁三升合营。鸡公背地势险要但粮草转运困难，士兵吃不饱饭，军心不稳，在清军的进攻下，很快溃败，冯双礼、祁三升只得率军退走北盘江。

白文选率军据守七星关，这里地势险峻，可谓一夫当关万夫莫开。但吴三桂很狡猾，他事前找来当地土人打探，于十二月初四率兵走小路绕过七星关，直插天生桥。白文选被迫放弃七星关走可渡桥，同守桥的大将马宝烧毁大桥退入云南。

赵布泰军于十二月初二来到北盘江罗炎渡口，明军用沉船堵塞渡口。清军见正面明军防守严密，在泗城土司岑继禄的带领下走小路从下游趁夜渡河，在凉水井击败明军李成爵部。明军的三路堵击兵团全部战败。

十二月十一日，李定国率军三万退保北盘江与赵布泰战于罗炎河双河口，初战获胜，即罗炎河之捷。十三日，两军决战，明军火枪火炮，枪炮齐放，清兵弓箭，箭如雨下。正当两军激战之时，却突然刮起北风，明军的火枪受大风影响，火力顿减，清军则趁机纵马驰射。与此同时，随同清军前来的不少孙可望旧部在阵前大喊劝降，明军中很多人原是孙可望旧部，军心动摇，不少人阵前投敌。李定国被迫下令撤退，烧毁北盘江上的铁索桥，全军退守云南。贵州全省沦陷。

退走滇西——一念之差走错路

明军全线溃败，贵州失守，清军前锋逼近云南。李定国知道，眼前这种形势，昆明也很难守住，为朝廷长远考虑，必须早作打算。十二月初九，李定国在全军退入云南之前，不得不派人连夜去昆明报告永历皇帝，清军势大，请皇上“移跸以避清人之锋”。

前线败报频频，昆明的永历皇帝对当前的形势也心知肚明，走是肯定的了，但往哪儿撤还是个问题。天下虽大，可供永历君臣选择的余地已经不多。

永历朝廷能控制的地方现在仅剩下云南、四川南部，贵州刚刚沦入敌手，清军正从四面八方合围而来，能去的只有西、北两个方向。向西撤往云南中缅边境的滇西；向北撤入四川，那里还有不少地方仍在明军手里，刘文秀临终前说的就是这条路。

永历皇帝召集群臣商议今后的去向，往哪儿撤。结果不出意料，分成两派：一部分人主张北上四川，另一部分人坚持西撤滇西。

主张去四川的朝臣认为，滇西荒凉偏僻，那里是少数民族聚居区。朝廷去了那里，连吃饭都成问题。清军追来，只能撤往缅甸，去缅甸避难，流落异域，文武群臣，士兵百姓，有多少人愿意去！恐怕路上就逃散大半，士民不从。即便侥幸到了国外，也只能客死异乡，难有出路。

四川就不同了，这两年蜀地连年丰收，那里尚有我们的军队驻守，朝廷撤入四川，粮草充足。即使清军来犯，大军也可走水路顺流东下去湖广。朱由榔被说动了，当即令人在地图上详细标明入蜀的路线，派锦衣卫去征求李定国的意见。李定国也赞同去四川。

十二月十三日，李定国回到昆明见永历，君臣二人决定去四川，商定了具体的撤退路线，还特意交代户部尚书龚彝、工部尚书王应龙筹办所需粮草，令李定国的心腹大将高文贵带兵护驾，十五日启程。

就在同一天晚上，另一伙人也在紧张地密谋他们的撤退路线。马吉翔同弟弟马雄飞、女婿杨在密商对策，他们不想去四川。这几人与坐镇四川的大学士文安之素来不和，朝廷入蜀，文安之必然是实权派，而此人很正直，与奸邪小人马吉翔水火不容。马吉翔担心去了人家的地盘，会遭清算，要是再将他早年附逆孙可望的老账翻出来，他就死定了。四川去不得，剩下的就只有滇西了，不得已还可以去缅甸避难。

但朝廷已经决定去四川，他们如何能影响廷议决策？这就看出他们的卑鄙狡猾之处了。他们决定不了廷议决策，但有人能。这天深夜，马吉翔去找了另一个人，一个可以左右朝廷决策的人，金维新。

这个金维新原本是个说书先生，军营里缺乏娱乐，说书讲古很受欢迎，说书的人口才一般都不会差，金维新平时最爱讲的是三国。他说书还常常能联系现实，比如他就把孙可望比作董卓、曹操之类的坏人，把李定国说成是诸葛亮般的人物。李定国很爱听他说书，对于读书不多且常年鏖战沙场的人，听书看戏是他们接受传统文化的主要方式。李定国曾说过不敢比肩诸葛，但也表示要做姜维，兴复汉室，辅佐永历，复兴大明。

金维新是李定国的心腹幕僚，李定国对此人十分信任。马吉翔相信金维新可以说动李定国改变主意。但他首先要做的是说服金维新，而他说服金维新的理由很简单，岂可轻易去外乡。金维新是云南本地人，与其去四川，不如留在家乡，去滇西日后返乡也容易，真去了四川，那就不知何年何月才能返回故乡了。

金维新被说动了。不过，金维新不愿去四川，除了不愿背井离乡，还有一个私人原因。朝廷此去的目的地是四川建昌，而金维新曾经与驻防建昌的一个叫王友德（绰号王偏头）的总兵为争夺一个美女有过纠纷，他担心去四川遭到报复。因为以上原因，他同意马吉翔的意见，不去四川。

但如何说服晋王改变主意呢？在旁人看来这很难，但对金维新来说，并不困难。在李定国身边多年，他实在太了解晋王了。金维新知道，李定国最担心的是入蜀后能否保持现有的军事指挥权，不能受制于人。于是只要找机会这样劝说李定国，说大军新败，入蜀后，蜀中众将恐怕不服从调遣，再则朝廷进入蜀地，郝永忠等人的地位势必上升，将来也受封称王，政出多门，军令不行，抗清大业必受影响。金维新认为以此说动李定国改变主意是很有可能的。

十二月十五日，永历朝廷按计划从昆明撤离。行前，李定国颁布告示，说明朝廷即将移跸，为免百姓为清兵杀掠，劝百姓速速逃离昆明。昆明百姓看到告示，知道清兵将近，大祸临头，惶恐不安，城内城外哭声震天。很多百姓扶老携幼，自愿随军撤退。几十万军民仓皇撤出昆明。

李定国在组织军民撤退后，本打算一把火烧毁昆明仓库存储的粮食，以免资敌。可是，不知是何原因，永历皇帝朱由榔突然爱心大泛滥，说粮食烧了，清兵来了，找不到粮食，就会抢掠百姓，特意下旨不必烧毁。

李定国明知粮食不烧，就会留给清军，但皇上发话，又不能不从，只能令人封好府库，整队撤出昆明。

明军当时要是将粮食烧了，坚壁清野，后来清军能不能顺利进兵还真不好说。云南地处西南，这里汉人与少数民族交错杂居，粮食产量不高，筹集粮食相当困难。后来，洪承畴在给清廷的奏报里也说，清军进入云南后，转运粮草是万分艰难的。昆明仓库的存粮让清军足足吃了半年多，也就是这半年，正是明清两军在西南决战的关键时期。要不是朱由榔犯糊涂，清军未必能进展得那么快，明军也许有时间组织反击。

大军撤出昆明后，冯双礼等人率军按既定路线，向四川建昌转移。李定国率军于十二月二十一日撤出昆明，这时金维新向李定国讲了他之前密谋时想的那些话，李定国被说动了。关键时刻，李定国也犯错了，他改变了主意，不再去四川，改道向滇西撤退。

李定国是人，他也有弱点，他也会犯错。但他归根结底还是为了大明。孙可望则是满满的私心。之前，孙可望专横跋扈，上欺天子，下压群臣。要不是李定国以大局为重，内战恐怕好几年就发生了。

孙可望的秦王是怎么得来的，前面已经说过，那可真是硬抢来的。但李定国的晋王却是永历皇帝主动给的，心甘情愿。因为李定国已经用实际行动证明了他对朝廷的忠诚。

李定国不愿去四川，因为他实在不想看到第二个孙可望的出现，他宁愿靠自己挽救危局。实际上，一直以来都是他在独撑危局。朝廷缺乏实力很难指望，郑成功只顾自己也指望不上，孙可望不捣乱就算好的。

随冯双礼等人撤入四川的多是孙可望的旧部，追随李定国去滇西的主要是李定国的嫡系部队。明军的两支主力部队渐行渐远。

不过，改变行军路线，对军心士气的消极影响还是很大的。一些官员感到前途渺茫，对朝廷失去信心，不愿西撤。兵部尚书孙顺、礼部尚书程源等人纷纷在中途离队，有的躲入深山，有的返回乡里。

永历十三年（1659）正月初四，永历君臣率领十余万军民撤到永昌。一天前，清军进入不设防的昆明。此时的永历心境之悲凉难以言表，沿途军民越走越散，随着队伍的溃散，人心也散了。

正月初七，永历在永昌接见地方乡绅，一些大臣趁机说出了压在心里想说却一直没有机会说的话："陛下之前说要入蜀，却突然改道，令随驾臣民大失所望，现在已经到了边界，再往前就出了国界。外间传言陛下要去缅甸，但缅甸是荒外小国，时常叛乱，并不可靠。即使到了缅甸，客居异国他乡，如何号召军民抗敌。如今之计，还是应当入蜀。"永历听罢，低头不语。

不久，清军追来，负责殿后的白文选战败。消息传来，永历君臣仓皇西撤。户部尚书龚彝、兵科给事中胡显等人也在这时四散逃去。

冯双礼率军退入四川建昌，虽然避开了清军主力，但随着清军大批涌入云南，他与李定国大军失去了联系。这支孤军在四川坚持了三个多月，一些将领心生动摇，狄三品设计抓捕冯双礼投降清军。形势越来越严峻。

早在清军进攻贵州时，永历皇帝、李定国就派副将陈良鼎去川东联络夔东十三家，让他们反攻重庆，牵制清军。之前被永历朝廷派往四川督师的大学士文安之先后两次组织各路人马反攻重庆。七月，文安之率刘体仁、袁宗第、李来亨、谭弘、谭诣、谭文等，由水道进攻重庆，因清军防守严密，未能攻克。

十一月，明军经过充分准备，再攻重庆。文安之亲自率领主力大军沿长江两岸进军，谭弘、谭诣、谭文、牟胜、袁尽孝率水师乘船走水路溯江而上。

十二月初二，谭文、牟胜率水师七千先到重庆，史称明军水师“蔽江而下，三面环攻”。明军分成三路，一路攻朝天门、一路攻临江门，一路攻金子门。

激烈的攻防战打了十二天，十二月十三日，谭诣、袁尽孝才率第二批水师七千人赶到重庆。陆军走得慢，情有可原，同是水师，谭诣却晚了十几天，更奇怪的是，谭诣却不急于攻城，也不来见苦战十余日的谭文。谭诣的举动引起了谭文的注意，但谭文想不到，谭诣竟对他下了黑手。谭文来看谭诣询问状况，却被谭诣乘机刺杀。原来谭诣早就想叛变投敌，之所以晚来，就是不想与清军开战，寻找机会投降。

谭诣杀害谭文，马上派心腹去重庆联系清军。重庆的清军并不多，明军的连续猛攻已经令他们招架不住了，这时听说有人要投降，喜出望外。此时，城外明军各部不知谭诣投敌，连与谭诣同来的袁尽孝都不知道谭诣叛变。清军让谭诣不要声张，等第二天明军攻城时，让他在阵前倒戈，与出城的清军夹攻明军。

结果，第二天，正当各部明军奋勇攻城时，谭诣、谭弘突然阵前反水，从后面进攻明军。清军也趁机从城内杀出，明军没有准备，被前后夹攻，顿时大乱，不得不顺流东撤。

水师战败时，文安之率领的明军主力还在路上，得知水师受挫，失去呼应的陆军也被迫撤退。

战神的反击——磨盘山之战

大明永历十三年（1659）二月，指挥军民撤退的李定国得报，清军从后面追来。清军自进入云南，打得很顺，在击败多路明军的阻击后占领昆明，依旧穷追不舍，沿途追杀撤退的明朝军民，烧杀抢掠，骄狂到了极点。

李定国决定打击清军的嚣张气焰，利用清军的骄狂轻敌，打一场漂亮的伏击战。经过多日的勘察地形，李定国将伏击地点选在了怒江西岸二十里的磨盘山。清军倘若追来，这里是他们的必经之地。磨盘山山势险峻，道路崎岖，很多地方是只能容单人匹马通行的羊肠小道。即使对方人再多，进入这里也难以散开。明军却可充分利用茂密的山林，以灌木丛做掩护，隐蔽待敌，磨盘山简直是理想的伏击战场。

明军将士摩拳擦掌，枕戈待旦，他们要在这里痛击清兵，为死难军民报仇，将磨盘山变成清军的坟墓。

此时李定国能直接指挥的部队已经不多，估计也就万余人。有的史料说投入磨盘山战役的是六千人，总之，兵力很少。但尾随追来的清军却有数万之众，且多是八旗精锐、百战之余的老兵，很难对付。但李定国决心要在这里打出汉人的血性，追随在他身边的也是明军精锐，大明最忠诚最勇敢的战士。他们中的很多人参加过桂林大捷、衡阳大捷，此刻，在他们心中有一团火在燃烧，这是复仇的火焰。

李定国为确保围歼清军，设置三道埋伏，以大将泰安伯窦名望为初伏，大将广昌侯高文贵为二伏，武靖侯王国玺为三伏，每路兵马只有两三千人。李定国自引一军做预备队。明军在敌人进山的必经之地埋设地雷，约定等敌人全部进入埋伏圈后，初伏出击。敌人踏响地雷为信号，二伏、三伏出击，首尾呼应，全歼敌人。各路明军携带事先做好的干粮进入潜伏阵地，以免做饭时升起炊烟暴露位置。

清军二月初三从昆明出发，一路进展顺利，这也让他们确信，明军已经组织不起有效的反击，更加放心大胆地追击。二月十七，清军渡过澜沧江，第二天进入永昌。

二月二十一日清晨，清军优哉游哉以看风景的心情，大摇大摆进入明军的伏击圈。这路清军有赵布泰率领的满洲八旗，还有吴三桂率领的藩王部队。不知是有所觉察还是走运，这次吴三桂没打头阵，走在前面开路的是八旗军。所以最先进入伏击圈的也是八旗军。

八旗军已经进山，吴三桂正要带兵进山，就在这时，明军中出了叛徒。光禄寺少卿卢桂生叛变投敌，来到吴三桂军前，将李定国设伏磨盘山的机密告诉吴三桂。清军上下都缺乏准备，他们原本以为这又是一次轻松的追击战。未曾想这里埋伏着明军主力。连久经沙场的吴三桂也吓出一身冷汗，心里念道，好险，好险！差一点就进了李定国的口袋阵。

这时，先期进山的八旗军已经出发很久了，来不及追赶。吴三桂急令骑兵下马，所部人马散开向明军可能的藏身地搜索。明军严格执行潜伏命令，未得到出击信号，只能被动地待在原地，不少士兵被清军发现遭到杀害。窦名望发现情况不对，不能再按原计划行动，不等清军全部进入伏击圈，提前鸣炮，率军杀出，与进山的清兵绞杀在一起。二伏、三伏的明军也鸣炮出战，冲入敌群，山上山下到处是厮杀在一起的明清两军士兵。双方短兵相接，战况惨烈，不多时，已是横尸遍野。

坐在山巅指挥战斗的李定国听到号炮次序不对，知道情况有变，赶紧派兵增援，将吴三桂率领的清军援兵击退。

担任前锋的清军八旗损失惨重，先锋固山额真沙里布被明军斩杀，战死的都统以上高级军官多达十二人，进入明军伏击圈的一万两千八旗兵，被阵斩八千。史称“杀满兵八千余人”。这些人多是在肉搏战中被明军击毙的。吴三桂的部队因为没进山，损失不大，死的主要是满洲八旗。

从战后清廷对领兵将帅的处罚看，这是清军少有的大败仗。虽然未在前线但负有领导责任的清军主帅多罗信郡王多尼被罚银七千两，多罗平郡王罗可铎被罚银六千两，多罗贝勒杜兰被罚银三千两。当时清廷的郡王一年的俸银也只有五千两，多罗贝勒只有两千五百两，等于罚了一年多的工资。这几位郡王、贝勒其实是躺枪，仗不是他们打的，但既然是领兵的主将，打了这么一个大败仗，丢人现眼，受罚是自然的。仅仅罚工资还算轻的，对直接责任人，清廷的处罚相当重，统领满洲八旗进山的赵布泰被革职为民。对吴三桂，清廷向来是很客气的，不赏不罚。磨盘山惨败令清廷极为震动，不得不对明军的战力重新审视，战后，清廷改变策略从军事进攻改为政治诱降。清廷的家底就这么多，他们也拼不起。

战斗中，明军也付出重大牺牲，初伏大将窦名望、三伏大将王国玺战死，四千将士血染沙场。

后人有诗纪念李定国以及此战中壮烈殉国的四千忠勇的大明将士：

> 凛凛孤忠志独坚，手持一木欲撑天。
> 磨盘战地人犹识，磷火常同日色鲜。

不久，二伏大将高文贵也染病去世。李定国麾下精兵猛将损失殆尽。磨盘山战役是西南明军在清军入滇后发动的规模最大的反击战役，也是西南抗清战场上的最后一次大战。

此后的岁月里，李定国率领为数不多的部队艰难转战于云南缅甸边界的热带丛林，坚持战斗。

第十一章

国姓爷的征战

出师北伐——长江之役

随着磨盘山战役的结束，西南抗清接近尾声。在东南沿海坚持抗清的郑成功部开始成为主力。尽管远隔万水千山，但李定国与郑成功一直保持着联系。清军三路进犯云贵时，李定国曾派使者航海传书，请郑成功出兵牵制清军，减轻西南正面战场的压力。

此时清军主力集中在西南，东南兵力薄弱，郑成功意识到这是反攻东南的大好良机，一来可以趁势收复失地；二来多少也能对清军起到牵制作用，策应西南明军。

永历十二年（1658）五月，中提督甘辉奉命率前军乘船北上闽浙交界的沙埕，征集粮饷。六月，郑成功亲率主力北上浙江，驻兵温州府。张煌言率军前来会合，见郑成功水师的威武强大，信心倍增。

六月初十，甘辉、马信、张煌言率兵数万围攻瑞安县城。明军战船数千，营帐更是连绵四十余里，烟火蔽天，军容甚盛。清军被明军如此气势所震慑，认定明军主力出战，意图肯定不在几座小小的县城，肯定是要大举进兵，惶恐之下，赶紧从河南、江西、山西、山东各处调兵增援。但明军并不恋战，不久便移师北上，于七月初进抵舟山。

八月，大军从舟山扬帆北上，初九来到羊山。羊山也称洋山，有大小洋山，南北相望，是舟山北面江浙交界的一群小岛，正当杭州湾是海道必经之路，号称浙西门户。岛北水道潮急流迅，人称“洋山急流”。羊山周围百里，形似南箕，中平如掌。内有十八岙，可藏海船数百。山顶有泉，清淡可饮。由羊山南至浙江定海，北至吴淞，一潮可到。早年，张煌言在张名振军中曾泊舟于此，故地重游，斯人已逝，抚今追昔，令张煌言不胜感慨！

在舟山时，郑成功曾问引港都督李顺，去羊山的水路远近、港门山屿、潮水流向。李顺说：“从舟山到羊山，鸡鸣开船，如遇西南风，午后便到。当地有两座山，都不甚高，一名猴山，山下尽是猴子；一名羊山，山上尽是羊，没有人居住，有一座古庙，传说祭祀的是羊山王，很灵验，凡泊船者必去祭祀。附近海中有矇、瞽二龙，停船时不可鸣金击鼓或烧纸，恐惊动了它们要翻江搅海。曾有人到羊山不去祭祀，反而击鼓鸣金或烧纸，船大多不会平安。”

郑成功不以为然，但事情偏有凑巧。十日中午，郑成功正与诸将议事，忽见天边黑云微起，风向不定，心知有异，忙催各将归船：传令将小船靠山碇泊，大船停在港湾中。诸将走后不久，郑成功也回到中军船。

不多时，狂飙骤起，波浪翻涌，迅雷闪电，震撼长空。随之大雨如注，瓢泼而下，一时天昏地暗，对面不见人影。舰船被风浪颠簸，互相碰撞，樯倾楫摧，士卒纷纷落水。黑暗之中，风声、雨声、呼喊之声、撞击之声，惊天动地，闻之惨烈悚然。

飓风整整刮了三天三夜。第四天，天气转晴，各部纷纷来报折损：计倾覆舰船数十艘，漂溺士卒八千人。郑成功的妾六人、幼子三人也溺水而死；同行的义阳王也葬身洪波。明军中不少北方降卒，本就不习惯海上风波，被这场飓风吓坏了，纷纷逃亡。

出师未捷便遭遇飓风损兵折将，令明军士气大挫。不少船舰虽然未沉，但也破损严重，需要回港修补。时值仲秋将近，海上东南顺风变成西北逆风，也不利舰船航行。郑成功不得不回师舟山，重整旗鼓，以便再度大举。张煌言军仍返林门。

十一月初七，明军攻克温州府的磐石卫。郑成功令各提督在温州各处派饷，避风过冬。十二月十五日，郑成功率大军移驻沙埕，练兵积谷，准备明年再次北征。

永历十三年（1659）正月初三，永历朝廷被迫西撤，昆明失守，西南形势危急。消息传到东南，郑成功召集诸将会议，决定再次北上，进兵江南，以牵制清军入滇。

郑成功抱定破釜沉舟、势在必得的决心，倾尽主力出战，并令家眷随行。大军北上，为免除后顾之忧，不给清军以可乘之机，这次郑成功决定带上家属出征。

二月二十日，郑成功下令给各提督、统领、总镇要各部速办船只，备集粮饷，三月齐集磐石卫待命。郑成功因为张煌言曾多次率领水师出入长江，熟悉长江航道，派人约张煌言会师齐进。三月二十五日，各军如期会集。

大明永历十三年（1659）四月，郑成功亲率十七万大军乘战船三千艘出师北伐。二十八日，明军进攻浙江定海，经过两天激战全歼定海清军，夺取定海炮台，焚毁清军水师战船一百多艘。明军初战告捷。

五月初，郑成功将舰队分成三队，郑成功的心腹大将中提督甘辉率前军为前锋，郑成功亲率中军压阵，总兵陈文达率后军跟进。

大军来到长江口，张煌言劝郑成功拿下崇明作为大军的前进据点，郑成功却不以为意。他认为崇明虽小，却很坚固，兵贵神速，没有必要为这座小城浪费时间，不如先取瓜洲，攻破南京门户，切断清军的漕运粮道，直捣腹心，到时崇明可不攻自破。张煌言的意思是稳扎稳打，进退有据。但郑成功多少有点大意轻敌，未做理会。

明军在崇明停留了十余日，这不符合郑成功速战速决的战前部署。而他之所以这么做，是因为他在等一个人，清苏松常镇提督马逢知。

马逢知原名马进宝，原是左良玉麾下副将，随左梦庚降清后，被委任为金华总兵，永历十年（1656）升任提督。马逢知很早就与明军有往来，但他不肯轻举妄动，还在犹豫观望，不愿明确表态，而郑成功却对他寄予厚望，可是直到郑成功兵败南京，他也没动。

张煌言之前多次出入长江熟悉水道，自请率所部为前军。郑成功于是派张煌言与部将罗蕴章为长江向导使，引导大军入江。张煌言率部乘沙船，一路探勘水道，竖标立记。明军战船蔽江而来，一路之上并不纠缠，经江阴、越狼山、过福山、跃圌山，直抵焦山。

清江宁巡抚蒋国柱兼提督操江，他对明军进入长江有所觉察，之前多次沿江巡视，在长江两岸加强防守兵力，做了一些布置；又加固整修南岸圌山营，北岸三江营及瓜洲的炮，派兵分班巡视，在各处隘口增派人马。但这并不能阻挡明军进入长江。

焦山在镇江东九里大江中，与金山相距十五里，两山遥遥相对。金、焦两山间临江南岸又有北固山。金、焦、北固号称“三山”。

镇江在长江南岸，据江南运河入长江之口，古称润州。瓜洲是靠近江北岸的江中沙洲，在运河入长江处，又称瓜埠洲，以洲如瓜状而得名。瓜洲与南岸镇江、京口互为犄角。

瓜洲为长江嗓喉，南京门户，又扼大运河，控制着供应北京漕粮的运河通道。由瓜洲北上，扬州近在咫尺，南下苏、松朝发夕至。

清军吸取当年张名振、张煌言三入长江的教训，将瓜洲视为江防重点。在谭家洲以北两岸设置木栅，江面以铁索横江，即所谓滚江龙，妄图凭借几条铁链阻挡大明水师。清军到底还是吃了读书少的亏。三国时，吴国为阻挡晋军水师也用过这招，不过，被王濬用几口铁锅，几堆炭火，就轻松搞定。

清军在谭家洲与瓜洲柳堤构筑炮台，配置西洋大炮，以便东西呼应，封锁江面。又在谭家洲上游建木城，用大木板结成巨筏，上铺沙土，可以骑马，木城屯兵四五百人，上面也有大炮。木城顺江浮下，一般的船被撞上十有八九会沉，对航行在长江中的明军战船构成一定威胁。

战前，郑成功对众将分析敌情：瓜洲、镇江为南京门户，必有重兵镇守。江中又有谭家洲炮台与柳堤炮台封锁江面，江上还有“滚江龙”，不可轻敌。须分一军由水路攻取谭家洲夺取炮台，再派精通水性善于泅水的士兵潜入江中斩断“滚江龙”，然后大军直捣瓜洲。

六月十五日，明军进驻瓜洲北岸，攻击开始。

进攻前，郑成功给全军训话激励士气：“此番孤军深入重地，当于死中求生。此役若胜，直克瓜洲城，以后就会势如破竹。进生退死，本藩当身先士卒，冲锋陷阵，以为尔等表率，希望大家奋力杀敌。”

郑成功命提督马信率水师攻谭家洲，令材官张亮派人泅水荡船，限刻斩断“滚江龙”。命张煌言与水师提督罗蕴章等“滚江龙”斩断后，即率部进据瓜洲上游，焚烧木浮营。

张煌言督率水师战船数百艘扬帆而上，直扑瓜洲上游。各船首尾相衔，鱼贯而进，清军集中炮火轰击长江中的明军战船。瓜洲江面狭窄，两岸炮声如雷，明军船队冒着敌人的炮火逆流而上，水流湍急，又是逆水，行进艰难，不少战船被击折樯桅、船帆。但逆水行舟不进则退，事到如今，只有奋勇向前，张煌言令士兵奋力摇桨，逆水驶入金山。数百艘船，仅有十七只突入金山，其中十三只是张煌言的船。

十六日，明军五鼓造饭，辰时进兵。这日天晴日丽，又恰好刮东南风，虽然逆水，却是顺风。上午，明军水陆齐发，郑成功亲自督率亲军与中提督甘辉、左提督翁天佑，建牙树纛，直捣瓜洲。右提督马信带兵攻打谭家洲，后提督万礼率兵抄出瓜洲之后，埋伏在通往扬州的大路旁，以防清军援兵，随时准备剿杀溃败之敌。

一时大江之上，瓜洲城外，樯帆如林，旌旗蔽日。

清操江巡抚朱衣佐同游击左云龙率满汉兵数千，屯扎瓜洲城外迎战，清巡江营都司罗明升领兵五百守谭家洲。

长江中，明军的海船向着“滚江龙”靠近。海船外蒙白絮，靠近“滚江龙”旋即退回，清军以大炮轰击，海船灵活躲避。如此往返数次，江面铁索纷纷断开，沉入江底。原来海船内藏有善于泅水的士兵，在船靠近“滚江龙”时悄悄下水，从水下斩断“滚江龙”。张煌言随即指挥明军发起冲锋，连夺三座木城，清军江防宣告崩溃。

右提督马信督众四面环攻，清巡江营守备罗明升负隅顽抗，但明军兵力占优，攻势猛烈，顺利围歼这股清兵，占领谭家洲炮台。

明军在瓜洲城北与清军只隔一小港，双方铳矢交击，隔水对射。江上明军舰船突破“滚江龙”后直驶瓜洲，登上瓜洲南岸列队。瓜洲清军陷入两面夹击之中，已成瓮中之鳖。郑成功挥军前进，右武卫周全斌率将士登岸后直冲敌阵，身中五箭不但不退反而冲得更猛。明军受到鼓舞士气大振，攻势更加凶猛，清军招架不住，纷纷溃逃。正兵镇韩英、左先锋杨祖以藤牌护身率先登城，拔掉清军的旗帜，换上大明的军旗，明军呐喊着潮水般涌入城内。清江防同知徐腾鲸见大势已去，弃城逃往扬州。清军游击左云龙想逃，被明将陈泽追斩于大来桥下。中午，明军攻占瓜洲。

下午，郑成功布告安民，整军入城。战后的长江，尸体浮沉，江水尽赤。随马信亲历行间的朱舜水记载当时的情形：“满夷断颈折股，虏马截伤惊驰；浮尸积野蔽江，束手就缚，远近称快，欢声若雷。”

瓜洲之战是明军进入长江后与清军的第一次正面交锋，以明军全胜结束。

瓜洲之战摧毁了清军苦心经营的长江防线。依郑成功之意即刻挥师西上直取南京。如果进攻镇江，南京清军派兵驰援，朝发夕至，打不下镇江，反而耽误时间，使南京清军有了准备，更不好攻。张煌言则以为镇江实为长江门户，如不先攻下镇江，西上则有后顾之忧。

郑成功采纳了张煌言的建议，派张煌言与杨戎政总督水师与罗蕴章、袁起震等沿江而上，直趋南京。

张煌言领命前往，恰逢退潮，海舟巨大，航速迟缓，于是全军改换沙船，由岸边牵挽而进。

郑成功随即传谕众将：

兵贵神速，瓜洲已下，水师挺进南都，敌人无暇顾及镇江，我军乘胜直逼镇江。此次须贾勇百倍，攻克镇江，则敌人破胆，南京可不攻自下。

郑成功留援剿后镇刘猷守瓜洲，监纪何平督理江防，明军主力直取镇江。

十八日，明军登南岸列队。郑成功率水师进泊南岸七里港。清江宁巡抚蒋国柱、提督管效忠率军由南京驰援镇江。镇江清军早已飞骑至南京及苏松各府求援。而苏松提督马逢知按兵观望，其他各镇也都畏惧明军，不敢出兵。

二十日，管效忠想趁明军立足不稳之际，发动突袭，率骑步兵分五路杀来，来到明军大营，才知明军早有准备，清军未敢轻动，后退十里在银山附近扎营。

银山在长江南岸西江口，与江中金山对峙，故改名银山。

明军紧逼清军在银山对面的山上扎寨，两军只隔一港。

郑成功察看地形，见银山靠近府城，距清营不到三里，攻下银山可先声夺人，居高临下，占据地利。银山势在必得，但如果白天移营去抢银山，敌营就在附近，很容易被发现，清军多是骑兵，行动快于我军，清军若抢占银山，凭险防守，我军仰攻，势必被动。于是决定夜间行动。

二十一日，郑成功仔细查勘山势及周围道路后，确定各军行动方向，二十二日夜二更，全军出发，衔枚而进，在银山下列阵。

及至天明，清军才发现明军已推进到相距不过一二里的地方，立时惊骇，仓促布阵，明军也布三叠阵，互相策应。

清军抢先发起进攻，兵分五路，直冲明军。第一路清军骑兵两千人，分成三拨，策马杀来，直奔明军中军大营。清军想直捣腹心，冲乱明军阵形。郑成功亲自指挥亲军及左、右武卫挡住敌人。清军精于骑射，想依靠骑兵的冲击力冲垮明军，但明军早有办法对抗清军的冲锋。

明军的藤牌、滚被是专门用来对付骑兵的。所谓藤牌，又叫团牌，以三人为一组，一人执藤牌保护，另两人一人持刀砍马，一人持刀砍人。滚被又称战被，是厚约二寸的大棉被，一人执被，双手持刀，遇箭，将棉被张开挡箭遮人，等箭射过，卷起被子，手持刀刃推着被子滚动前进。然而最令清军害怕的还是身披重铠的“铁人”。铁人是重甲步兵，全身都有铁甲保护。

一股清军骑约三百人闯过明军第一道防线，来到第二道防线前。第一道防线的明军任其左冲右突，安然不动，三百清军随即陷入明军一、二道防线的合围，被第二道防线的明军砍杀殆尽。其余千余名第一拨冲阵清军不得不后退。第二拨清军不敢硬闯，只能开弓放箭，矢如雨下，而第一道防线的明军阵营严整，只以藤牌遮蔽，远远望去犹如一道墙壁，任凭清军放箭，屹立不动。箭支在藤牌前纷纷跌落，等清军箭射得差不多了，忽听一声大喊，防守明军突然发起冲锋，将第二拨放箭的清军打了一个措手不及。清军后退一箭之地，第一二拨侥幸逃回去的清军会合第三拨清军再度冲阵，突然看见明军向两边退避，有的伏在地上，有的向后退却，清军以为明军想跑，策马疾追。就在这时，明军阵中枪炮齐发，清军骑兵纷纷落马。清兵见状，下马步战，用弓箭乱射。明军也火枪弓箭齐发与清军对射，喊杀声惊天动地。

两军近战肉搏。明军奋力死战。“铁人”身披重铠，刀枪不入，所向披靡。清兵抵挡不住，四散奔逃自相践踏，第一路清军被击溃。

其余四路清军见此情形，以一路千余骑牵制明军各提督统领之兵，其余三路合为一股，再冲明军中军大营。郑成功亲自带兵堵击，清军屡冲不动，而明军炮火又占优势，清军只得下马步战，很快，被明军击溃，纷纷夺路逃生，又是一番自相践踏，明军乘胜追杀十余里。

另一路牵制明军的清军，见三路皆溃，犹如惊弓之鸟，不战自溃。

银山之战比瓜洲之战更为惨烈。战斗自早晨战至下午，激战整整四个时辰，四千清军，只逃回去一百四十人，几乎全军覆没。甲仗、弓箭、铳炮等军器尽数被明军缴获。蒋国柱败走常州，管效忠逃回南京。

银山之战，明军全歼镇江清军主力，进围镇江，镇江已成明军囊中之物。清镇江守将高谦、清镇江知府戴可进等在城上亲眼见到明军摧锋陷阵，所向无敌，早已吓得魂飞魄散。郑成功派人进城招降，高谦、戴可进立即献城投降，赴银山军前投诚。

镇江既下，郑成功因周全斌在瓜洲负伤，令周全斌守镇江，调理箭伤，以援剿后镇黄昭协守，仍令高谦协防。以工官冯澄世为常镇道、行兵部事李胤知镇江府。

一时镇江府所属丹徒、丹阳、金坛及句容等县相率来归。扬州府的清廷文武早已逃散。百姓牵羊担酒，前往镇江请师。

郑成功在攻取镇江三天后，才在二十八日，与诸将商议进兵。

郑成功问："此去南京，水陆两者孰便？"

甘辉说："兵贵神速，乘此大胜，敌军亡魂丧胆，由陆路长驱，昼夜兼程，势如破竹，南京可一鼓而下。或先取附近州县，则南京势孤难守，孤城可不攻自下。如从水路进军，现在风信不顺，等顺风，又要耽搁时日，敌人定会召集援兵，撄城固守。"

这时诸将纷纷诉苦：我师远道而来，不习水土，士卒多病，又值炎暑，酷热难当，难以兼程而行。郑成功只得下令由水路进发。

郑成功的士兵多是南方人，即便暑热也能克服，说这么多，其实只是他们习惯坐船，不愿走路。

甘辉是对的，明军要做的就是抢时间，赶在清军布防完成之前，一鼓作气，攻下南京。

可惜，郑成功在关键时刻犯了错误，只能说他也是倾向于走水路。放在平常走水路是要比走陆路快，也更省力，大军不容易疲劳。但此时情况却不同，首先是风向，本来就是逆流而上，又是逆风，船速快不起来，而且，郑成功的战船，多是适合在海上航行的海船，船只巨大，很多地方只能靠拉纤，速度就更慢了。

镇江距南京不过百里，骑兵一天就能到。步兵正常的行军速度也只要三天，强行军两天就到。但郑成功大军走水路居然用了十天，兵贵神速是谈不上了，宝贵的十天，给了清军调集援兵的时间。

七月初九，郑成功率大军来到南京，十二日，部署围城，但直到二十四日兵败，明军竟然没有组织过攻城。原因之一是郑成功中了清军的缓兵之计。明军围城不久，南京城里的管效忠便派人前来，表示愿意投降。不过呢，清廷法令规定，守城超过三十天的，即便城池失守，也不追究主将家属。不然的话，不仅主将有罪，家属也要受到株连。如今城内几位主官的家眷都在北京，还请您宽限几天，三十日期满，便当开门出降。其实，这番说辞，这个骗术并不高明，但郑成功居然同意了。只能说他过于轻敌了。

郑成功自认为南京指日可下，但他的部下们并不像他这么乐观。潘庚钟便直言，这是敌人的缓兵之计，不可相信，当即刻攻城。郑成功却说："自舟山兴师，战必胜，攻必取，他们怎么敢用缓兵之计，他们确实有三十日之说，你不必多疑。"郑成功就败在轻敌上，不仅不抓住机会攻城，反而给敌人充裕的时间从容地调兵遣将，部署反击，大好良机白白错过。

与郑成功的大意轻敌、坐待对方投降相比，清军就忙多了。南京的清军一面假意投降，拖延时间；一面向清廷发出十万火急的求援奏疏。

清苏州水师总兵梁化凤原本驻守崇明，郑成功以城小不攻，让梁化凤逃过一劫，现在，这位清军总兵开始“回报”国姓爷了。六月二十八日，就在郑成功从镇江起兵前往南京的同时，梁化凤也率四千清兵从崇明出发了。他们的目的地是同一个地方——南京。

七月十五日，梁化凤率军赶到南京外围的句容。起初，梁化凤还担心这里有埋伏，特意派兵搜索前进，待确定这里没有明军的伏兵，梁化凤悬着的一颗心才放下，透过这点，他已经明白，明军防备松懈，他的机会来了。

当天夜里，梁化凤率兵从正阳门进入南京。在此前后又有几支清军的小部队也得以轻松入城。两军的力量对比正在悄然发生变化，郑成功还被蒙在鼓里，一心等对方投降。郑成功的乐观情绪也感染了部下的士兵，围城的前锋镇余新部士兵竟然擅离阵地去江边捕鱼。

大意轻敌——南京师溃

七月二十三日清晨，南京城的城门突然打开，清军从城内杀出，梁化凤从仪凤门、管效忠从钟阜门直奔明军营垒杀来。受乐观情绪的感染，在南京城下待了十几天的明军普遍放松了警惕，在清军的突然攻击面前措手不及，之前闲得发慌去江边打鱼的余新部很快被清军击溃。

郑成功预感到清军即将发起进攻，连夜下令移营，他的本意是要加强防守，结果却适得其反。部队奔走一夜十分疲劳，对新的阵地尚未熟悉，清军的进攻就开始了。

郑成功以观音山至观音门一带为决战阵地，左先锋镇杨祖率援勦右镇姚国泰、后劲镇杨正、前冲镇蓝衍驻守山上；中提督甘辉、五军张英屯兵山谷；左武卫林胜、右虎卫陈魁列阵山下迎敌。郑成功亲率右冲镇万禄等往来策应各军；后提督万礼、宣毅左镇万义守桥头大路。左冲镇黄安率水师在江上防守。

七月二十四日清晨，清军列队出城，水陆并进，向明军发动进攻。清苏松总兵梁化凤、昂邦章京（相当于总兵）喀喀木率兵从陆路，清江宁提督管效忠从水路，同时发起攻击。

清军从观音山后攻击杨祖部，经过一番激战，明军溃败，前冲镇蓝衍阵亡，杨祖、姚国泰败走。制高点的丢失，对明军来说后果相当严重，虽然郑成功紧急派右冲镇万禄带兵前去接应，但已经晚了。

明军的失败原因在于指挥呆板，山中与山上驻军全靠郑成功帅旗指挥进退，信息不畅。而郑成功一向军令如山，不久前的瓜洲之役，就有将领因擅自行动而遭斥责。各镇将领未得将令，不敢擅自出击。军令严明当然是对的，但也应该允许将领们有一定的自主权，根据战场形势，随机应变，郑成功的专权、固执，使得明军各部缺乏协同，在优势清军的围攻下，不敢出击，只能各自为战，结果就是被各个击破，错失战机。

清军随即从山上向山下顺势猛冲，中提督甘辉、五军张英被清军包围。尽管二人带兵竭力向外冲，但还是没有成功，甘辉被俘，张英战死。明军各营或屯山中，或屯山外，消息不灵。列阵山下的林胜、陈魁被清军围攻也全军覆没。后提督万礼被清军前后夹攻兵败被俘。郑成功急令潘庚钟接替自己指挥，他亲自前往江边调水师增援。清军在接连攻陷明军多处阵地后，猛攻明军的指挥所，潘庚钟力战阵亡，明军全线溃败。管效忠督率的清军水师此时也从上流拥下，幸亏被左冲镇黄安率军挡住。郑成功见势难挽回，令水军护卫家眷向镇江撤退。

郑成功的北伐是明军最后一次大规模反攻。可惜，大意轻敌，全军溃败，经此一战，精兵猛将折损大半，大将林胜、陈魁、张英、蓝衍阵亡，甘辉被俘不屈被杀。明军元气大伤，很难再组织新的进攻。

潜行千里——艰难的撤退之路

永历十三年（1659）七月二十五日，郑成功率军走水路撤到镇江，稍事休整后，便于二十八日放弃镇江、瓜洲，乘船退出长江。八月初，明军退到崇明，直到这时，郑成功仍想夺取崇明，控制这个长江入海口，至少保留一个前进据点，进可攻退可守。

但南京之战或许是一个转折点。之前，明军怎么打怎么顺，瓜洲、镇江，两战杀得清军闻风丧胆，以至于张煌言的八名部下就能轻松占领一座县城，城里的清军连与明军对抗的勇气都没有，便逃之夭夭。之后，却是怎么打都不顺。明军虽然在南京折损过半，但仍有数万之众。崇明只是一个县城，清军也不多，但就是这么一座小城，明军损兵折将却还是没能打下来。

八月初十，明军在崇明登陆。第二天便大举攻城，明军急需一场胜利挽回士气。尽管只是一座县城，明军却是精锐尽出，郑成功更是亲自督战，右武卫周全斌攻西门，宣毅后镇吴豪攻北门。正兵镇韩英身先士卒带头冲锋，却被清军的火铳击伤，几天后伤重死去。明军攻城受挫，郑成功还想换人带兵攻城，但周全斌劝他，韩英阵亡，军心动摇，再打下去，于我军不利，不如全军南返，休整再战。郑成功虽然心有不甘，但形势如此，也只好下令班师。

郑成功撤得快，却坑苦了张煌言。

张煌言自入长江以来，一直都是开路先锋，沿途清军特别是水师，见了张煌言，纷纷退避，不敢应战。其实，张煌言的直属部队人数很少，兵不满千，船不满百。虽然清军水师一向惧怕明军，但张煌言的实力还不足以将清军吓到这种程度，显然，清军怕的不是张煌言，而是他后面的郑成功，郑氏的海上舰队岂是好惹的。

瓜洲克复后，降表约书纷至沓来。先是镇江府属邑丹徒、金坛等纷纷归附，接着“六合（属应天府）拒兵献城，天长（属凤阳府）杀官献城，仪真（属扬州府）逐官献城”。扬州则有清将周铎反正，号召绅衿百姓，开门迎接明军。形势一片大好，令人振奋。

张煌言沿途招抚十分顺利，各地州县纷纷归附。虽然张煌言招抚卓有成效是因为后面有郑成功大军的武力支持做后盾，但人心思明才是根本。

张煌言率军所到之处，士民百姓夹道欢迎，秀才儒生重新换上大明衣冠，士大夫更是以重睹汉官威仪而激动得热泪盈眶。

很多地方甚至等不及，明军未入境，便提前派人迎接。张煌言从长江水道逆水而上，距仪真（在江北，属扬州府）尚有五十里，地方官绅就已派使者赍版册图籍来迎。

舟行至六合境内，传来镇江大捷的消息。张煌言闻讯大喜。他估计郑成功大军定会乘胜由陆路疾趋南京。明军步兵虽身穿铁甲，但以日行三十里计，五天也能赶到南京城。随即作书致五军都督张英称：“兵贵神速，如从水道进军，巨舰逆流，行进艰难，恐误军机。”请其催促郑成功由陆路疾进南京。

张煌言唯恐迟于郑成功，昼夜兼程。六月二十八日，张煌言便率军抵达南京观音门外。而此时，郑成功的大军才从镇江出发。

观音门在南京城北观音山江岸边，峭壁耸立，是南京北面门户。

张煌言部抵达南京江面后，本以为郑成功大军会很快从陆路攻来，会师南京。不料，在观音门外停泊两天，仍不见大军踪影。此时南京清军已加强防备，张煌言所率沙船船小人少，不得不派数十只轻舟先上芜湖，张煌言殿后，停泊在江北浦口。

七月初一，清军侦知郑成功大军距南京尚远，胆子顿时壮了，这才派快船百余只趁凌晨天色昏暗，从上新河窜出，顺流划桨疾驶而下。当时，张煌言身边只有十条小船，势孤力单，仓促应战，被清军围攻陷入险境。

危急关头，幸好张煌言的主力及时赶到，清军见势不妙，慌忙退去。这时天色已晚，双方各自收兵。

第二天，张煌言率部整装前进，清军作壁上观，不敢出战。忽有部下来报，说江浦已被我军占领。江浦属应天府（清改江宁府），在长江北岸，与南京隔江相望。原来张煌言部下有一队前哨，只有八个人，越过浦口，来到江浦县城。当时城中有二百清军，本来强弱悬殊，但清军已成惊弓之鸟，以为明军大队开到，惊慌失措，狼狈逃窜，从北门逃走。八人乘势追赶从南门进城。

张煌言听说区区八人便吓走二百清兵，夺取一座县城，也觉得是奇事一桩，派人向郑成功报捷。

初四这天，郑成功传令叫张煌言先不要去芜湖，暂时守在浦口。第二天郑成功大军抵达南京附近的七里洲。

张煌言得知大军已到，忙前往商议攻取南京之策。这时，张煌言派往芜湖的部将传来捷报，芜湖已降。张煌言大喜。

郑成功因为南京已经有所准备，加之城高池深，恐一时难以攻下，对张煌言说："如果南京不能很快攻下。江西、湖广的清军援兵就会赶来。芜湖是南京上游门户，守住门户，才能阻遏江、楚援兵，以便从容攻取南京，此重任，非公不足以胜任。"

张煌言本想留在南京，参与攻城，但郑成功坚持己见，一再催促。

张煌言只好率本部兵马溯江而上。船队驶出应天府，便进入和州境内。出了和州，芜湖已遥遥在望。抵达芜湖后，张煌言席不暇暖整日忙于军务，他派出一部从溧阳进窥广德，一部镇守池州控制上游，一部据和州拱卫采石矶，一部从宁国进逼徽州，他自己往来于当涂、芜湖间，准备进取九江，打开江西门户。

正在张煌言踌躇满志，即将挺进江南之时，却传来南京兵败郑成功退走的消息。当时，张煌言人在宁国，开始听到消息，还以为只是小有挫败，胜败乃兵家之常事，不值得大惊小怪。即使撤退，也不过退守镇江，还不至于退到海上去。

张煌言想封锁消息，然而消息却不胫而走。郑成功大军退回海上，原先躲起来不敢见人的清军水师，顿时神气活现。很快，长江上便布满清军的水师战船。之前说过，清军水师怕郑成功，但不怕张煌言。清军将长江严密封锁，张煌言一军孤悬上游，进退不得，被困在江上，四面受敌，处境危急。

张煌言考虑到从水路撤退已不可能，据守城池与清军死拼，孤军势单又没有援兵，很难坚守，一旦城破，又恐连累百姓使生灵涂炭。从陆上突围，将士家眷都在船上，行动不便，张煌言陷入苦思。

恰在此时，谍报来告：有千余艘清军兵船已过安庆，正向下游驶来。这是一支从云南返回的清军，从湖广乘船顺流东下，准备去增援南京。安庆距池州不过数十里，张煌言怕池州兵少，决定全军赶赴上游，支援池州，迎击来犯之敌。

张煌言率军行至繁昌县界，池州的部队恰好往下撤，两军在路上相遇，于是合为一处。大家一致认为，南京溃败的消息尚未传到江西、湖广，我军应乘大船直趋鄱阳湖，号召义勇，夺取江西，再回师攻安庆、池州，就如秋风扫落叶。于是全军西上。

西上是张煌言唯一的选择。当时清军聚集江南，在江西、湖广兵力空虚。八月初七，张煌言驻军铜陵。因为海舟与江船混在一起，海舟船大，行动缓慢；江船较小，速度较快，船速不同，慢慢地彼此的距离渐渐被拉开，已经看不出队形。前队速度快的江船已到乌沙峡，而后队海舟尚远在繁昌的三山，相去数十里。

恰在此时，忽见大队船只顺流而下，原来是驻守荆州的清安南将军明安达礼所率湖北清军去救南京与张煌言军狭路相遇。明军横流奋击，击沉敌船四艘，不少清军溺水而死。战至暮色西垂，双方各自收兵停战，将船各靠一岸停泊。

夜半，忽然炮声大作，轰响江干。明军懵然惊起，以为是清军前来劫营。这时明军已如惊弓之鸟，军士慌忙升帆解缆，各自惊散。其实清军是乘夜向下游开拔，怕明军追击，开炮壮胆罢了。但明军不知道，军心大乱，张煌言禁止不住，以至溃不成军。有的船顺流又漂回芜湖；有的向北潜入焦湖（今巢湖），一支舰队霎时七零八落。张煌言万分痛心，眼见去江西已成泡影，只能另作他图。张煌言下令将海舟凿沉于江中，全军改乘沙船，准备去焦湖，招聚散亡，以图再举。

行进中，有人遮道求见，张煌言忙将来人请入。来人名叫魏耕，浙江慈溪人。明亡后，魏耕奔走江湖，结交豪杰，观察形势，密图恢复。魏耕曾在山阴与番禺屈大钧、山阴祁班孙等密谋进袭南京，上书郑成功，建议由长江直捣南京。此次郑成功大举，他更是密切关注，往来奔走。郑成功败退入海，他急访煌言献策。

魏耕对张煌言说："焦湖入冬就会干涸，不可停舟；不如往英山、霍山，那里山寨尚多，可以持久。我与那里的首领相识，可先往那里说服他们迎接义师。"

霍山、英山二县在庐江府西南的大别山腹地，地近河南东南与湖广东北，当三省交会之处，山险林密，最宜屯聚。清兵南下以来，时有义师据山筑寨。魏耕四处奔走联络，认识很多寨主。

张煌言听从魏耕建议，决定去英山、霍山的山寨。行至安庆府桐城县的黄家棚，发现此地有安庆清兵驻守。清军发现明军也很惊慌，忙退入山中企图扼守隘口。张煌言派精锐骑兵杀散清兵。全军由奇岭进山。仰首四望，危峰峭壁，连天入云。张煌言的部下多生长在东南沿海，精于水战，走不惯山路。走了几天后，人人双脚生茧。又带着家眷辎重，行进艰难，每日只能走三十里。张煌言不得不下令焚弃辎重，轻装前进，然而兵士多日跋涉，疲惫不堪，行进依旧缓慢。张煌言心知此行凶多吉少，但又不忍抛弃这些千里相随的兵士，只得随大众徐徐而行。

八月十七日，走了十天，大军终于进入霍山县界，这里距县城七十里，附近有座阳山寨，可容万人，山上多水泉有义师驻守。山寨头领名叫魏良甫，不料魏良甫已知郑成功南京受挫的消息，决意背明向清，刚刚接受清方招抚。张煌言不知内情，命将佐挟书前往联络，欲暂借山寨驻军，魏良甫当然不肯接纳。张煌言有心攻寨，但山寨居于险要之处，易守难攻，他率领的又是疲困之师，只得率军在东溪岭安营，准备第二天前往英山将军寨。

此时张煌言部下连续行军，十分疲劳，大家三五成群，窃窃私语，日暮途穷，人心涣散。张煌言也是心力交瘁。

第二天，人马起行，向英山前进。张煌言亲率骑兵为前哨。不料这次敌人却是从后面上来。张煌言正要带兵翻越东溪岭，后军忽然来报，敌人的骑兵追上来了。张煌言闻言大惊，急忙掉转马头，准备迎敌，但后队已经溃散，士卒纷纷向谷中奔窜。清军骑兵迎面杀来，张煌言回顾左右，此时他身边仅有二十余骑兵，步兵不到百人。靠这点兵力自料难以抵抗，张煌言策马奔上高坡，想等后军稍稍聚集再迎击敌人。不料，后军已被清军拦腰截断，首尾难顾。而这时敌骑正在聚集，向张煌言扑来，情况危急。张煌言单骑突围而走，身边只有一个童子携印跟随。张煌言所率北伐军至此全军尽覆。

张煌言本欲入英山、霍山的山寨，联络江西、湖广义士，以待天下之变，却不料全军溃败。回想起不久前扬帆长江，激战瓜洲，收复上游，何等轰轰烈烈，似乎还是眼前之事。

张煌言与童子不辨东西，在山中乱转。清军走远了，当地土人却趁火打劫。当地人纷纷出来捡拾散兵丢弃的财物，不少人还不满足，手持鸟铳上山搜索。这时，张煌言帐下一员牙将从后面追来，三人结伴而行，但人生地不熟，在山里绕来绕去，却始终转不出去。不久，他们在山中遇见一个土人拦住去路，要他们留下买路钱。张煌言不想与之纠缠，便取出百金相送。好在土人要钱不要命，得了钱便化敌为友，带张煌言三人来到山间广阔处，准备等天黑带他们出山。

天渐渐黑了，三人换上便装焦急等待。

天黑后，土人果然如约前来，还带来了粮食。众人吃过干粮乘月色上路。中秋刚过，月华如水，满天繁星闪烁，正好赶路。然而秋霄风紧，霜天夜凉，加上走的又是羊肠小道，很不好走。但几人身处险地不敢停留，一夜疾走，竟走了七十多里山路。

等天亮，张煌言才发现十个脚趾已经鲜血殷红，足跟绽裂，这时才觉得脚痛，同时腹中咕咕乱叫，饥饿难挨，不得不敲门求乞。要来一些吃的，几口吞下，又匆匆赶路。

张煌言一行沿途历千难万险终于到达台州。

张煌言由英山、霍山返回浙东，历经安庆、池州、徽州、严州、金华、台州七府，霍山、英山、潜山、怀宁、东流、祁门、休宁、歙县、淳安、遂宁、建德、义乌、天台、宁海十六县，行程两千余里。其间由庐州至安庆，由东建、经祁门至休宁，由严州经义乌、青阳至天台，三度穿行山地，鸟道羊肠，间关崎岖，又遇寇盗，兼之病虐，可谓九死一生，备尝艰辛。

尽管张煌言潜行千里回到了浙江沿海的大本营，但他对局势看得也很清楚，长江之役失败后，东南抗清斗争在实际上已进入尾声。

大战海上——厦门海大海战

永历十三年（1659）九月，郑成功率军回到厦门。这时，郑成功已有心收复台湾。南京之战的教训之一便是携带家眷作战多有不便。大军远征，后方留守兵力不多，厦门、金门只是小岛，距陆地又近，清军得知明军主力远出，势必会来袭扰，家属留在后方也不安全。郑成功迫切需要找到一个可以安置军属的地方，以免除将士的后顾之忧，全力作战。

但是，可供郑成功选择的地方并不多，明军的优势是水师，家属最好是待在岛上。清军最怕的就是与明军打海战，军属在岛上才能保证他们的安全。军属众多，岛必须足够大，同时，这个岛又必须与陆地保持足够远的距离。厦门、金门与陆地近在咫尺，显然不合适。

海岛必须足够大足够远，在郑成功熟悉的海域，只有一个地方符合条件，那就是台湾。

年底，郑成功就开始部署军队，准备收复台湾，作为安置军属的抗清大后方。但工作才开始就被迫停止了。因为清兵来了，郑成功不得不先集中兵力对付这群从万里之外赶来的敌人。

郑成功兵困南京时，清廷派满洲镶黄旗人安南将军达素率满洲八旗主力一万余人从北京南下去南京解围。可他们出发不久，南京就已经解围。南京之战，让清廷的野心再度膨胀，达素又有了新任务，去厦门，寻找郑成功的主力决战，妄图一举消灭郑成功所部明军。为配合其渡海行动，清廷调集浙江、福建和广东数省满汉驻军一同南下，沿海各省清军水师也向闽东集结。

十二月，郑成功得到清军即将大举进犯的消息，随即下令全军收缩，将驻守在沿海数十个岛屿上的明军集中到厦门。

永历十四年（1660）正月，清军前锋进入福建。三月，达素率清军主力抵达泉州，立即以泉州为基地，搜集船只，整修战船，随时准备进攻厦门。明军迅速做出反应，郑成功令宣毅前镇陈泽、奇兵镇黄应、援剿左镇黄昌带领舰队北上封堵泉州港。与此同时，郑成功下令将官兵家眷集中搬往金门，派英兵镇陈瑞带兵保护。

四月，郑成功得报，清军集结完毕，进攻随时可能开始。同时驻守舟山的明军报告：清军从南京、吴淞、绍兴、温州、台州等地抽调的五百多艘战船已经出海南下。

四月初九，郑成功在战前动员即誓师大会：令每镇选二号中船及水艍船为先锋，一号大船在后，遇敌时，先锋船首先冲阵，中军船随策应，每船另选精兵，大船上四十名，中船上二十名，水艍船上十五名，在船舱内待命，当清军战船接舷时，一齐从舱内冲出，与敌近战肉搏。明军战船齐集厦门海，准备同清军决一死战。

清军主力驻在同安，由清军主将达素、同安总兵施琅统率自浙江沿海南下的船队已经进入泉州港，随时准备策应同安主力的行动。漳州方向，由清福建总督李率泰指挥，黄梧为副将。

清军频繁调动，郑成功也在做着紧张的战前部署：援剿前镇防守高崎寨，殿兵镇、前冲镇、智武镇防守蟹仔寨与赤山坪，游兵镇防守东渡寨。援剿后镇张志、宣毅后镇吴豪、后冲镇黄昭、左冲镇郭义负责率水师迎战高崎方面的清军。

清军的意图是兵分两路，南路由李率泰、黄梧率领出海澄，北路由达素、施琅统领出同安，南北对进，夹攻厦门。以郑氏降将黄梧、施琅率领绿营水师打前锋冲在前面，冲破明军水师的海上防线，护送满载满洲八旗官兵的运兵舰在厦门岛抢滩登陆，然后由长于陆战的满洲八旗去攻击明军步兵。

虽然清军的两路主将是达素、李率泰，但谁都清楚，真正的主角是他们的副手施琅、黄梧。这两位也是老熟人了，之前出过场，他们曾经都是郑成功的部将，数年前叛变投敌，如今带着清军来打昔日的军中同袍。两人都是福建人，也都精通水战，对郑成功的布阵战术十分熟悉，郑成功真正要对付的是这两人。

南路清军有四百多艘舰船，以一百多艘海船为主力，北路只有二百多艘船，且多是小船。看到这里很多人会认为清军的主攻方向是南路，可清军的主攻偏偏是北路。

北路集结了满洲八旗精锐，兵力超过一万。清军的狡猾之处就在这里，北路船小，不会引起明军的重视。以南路大舰队作佯攻，吸引明军主力去岛南，掩护北路的主攻。北路距厦门岛相隔仅十几公里，一旦集中全力突破明军的海上防线，抢滩登陆，就胜券在握了。在他们看来，经南京之战而元气大伤的明军，陆战不是满洲精锐的对手。

郑成功处于两难境地：舰队主力放在岛北，等于把岛南赤裸裸地暴露给清军舰队。放在南边，又正中清军下怀。若将舰队平分，南北分守，两头都不占兵力优势。郑成功选择了第二方案：以主力迎击南路清军，只留一部去挡北路。

五月初八，郑成功得到情报，清军将于五月初十发动进攻。郑成功在获悉清军的部署后，亲率前提督黄廷、右武卫镇周全斌、援剿左镇黄昌、右镇林顺、正戎旗镇杨富等水师主力驻防距海澄不远的海门，准备迎战。

五月初十，清军从漳州、同安两个方向同时向厦门发起进攻，厦门海大海战打响！

胜负的关键在于时间，明军能否快速击败南路清军。

清军的南路实际指挥者黄梧十分清楚这一点。他决不会让心急的郑成功如愿。这个狡猾的家伙，经过反复测算，将进攻时间定在五月十日上午八点，此时正值洋流退潮，这样占优势的明军舰队将处于极为不利的下风。清军船队可以挟着顺流的巨大潮力乘风破浪杀来，而郑成功的舰队不得不逆流迎战。轰轰烈烈的厦门大海战从一开始，明军舰队就处于不利的危险境地。

清军船队挟着顺流的巨大潮力蜂拥而上。而郑成功的舰队却不得不逆流抵挡。明军必须挺住清军的第一波猛攻，等潮水完全退去，否则逆潮强行出击，舰队将失去秩序，甚至被潮水卷到外洋，黄梧将不战而胜。这是一场再也输不起的较量，迎来的却是危险的开局。

海战经验丰富的郑成功当然清楚眼前的形势，但他也没有更好的选择，面对扑面而来的清军，郑成功严令各舰顶风抛锚，泊于水中，呈一字阵摆开抵挡清军战船的冲击。战船抛锚意味着明军只能固守原地、各自为战。黄梧这招相当狠毒，他就是要以数舰围攻一舰，用逐次消灭战术，让明军各舰只能眼睁睁看着友舰被歼。

明军火力占优，但清军战船顺风顺水。待双方靠近，彼此进入对方大炮射程后，海上顿时炮声四起，炮弹打在战船周围，激起一个个水柱。但只开了几炮，清军船队便冲到眼前。

担任前锋的忠靖伯陈辉与闽安侯周瑞的坐船，以及援剿右镇杨元标、前提督方左荣所领的数艘战船，位于明军舰队的最前方，首当其冲，成为清军水师的攻击目标。

清军水师以“数船攻一船”，凭借数量优势围攻陈辉、周瑞与杨元标的船只。此时正值退潮，而明军舰队泊于逆潮地，前面的船起碇，船很可能漂向大海，撞到后面的船，因此郑成功在开战之前便严令各船在潮平风顺之前不准起碇。

军令如山，虽然陈辉、杨元标等数艘战船被清军数十艘战船围攻，但其他明军战船只能在远处以炮火做火力支援，而不能赶来救援。

十几艘清军战船向闽安侯周瑞战船靠拢。因为距离太近，周瑞船上的大炮已经不起作用。清军战船靠过来，不等战船靠稳，清兵纷纷接舷跳帮，跳上明军的战船乱砍乱杀，船上明军在周瑞率领下拔刀挺枪来战。双方在船上杀作一团，展开混战，但清军毕竟人多势众，爬上来的清兵越来越多，明军渐渐招架不住，周围的明军由于军令不敢起锚救援，眼睁睁看着周瑞船上的将士力战而亡。

清军在攻杀周瑞后，转而围攻陈辉的大船。清兵用索钩钩住船帮往上爬。清兵看出这是一艘指挥船，船上肯定有明军的大官，为抢功，一时陈辉的船上竟然挤上来两百多清兵。甲板上的明军接二连三被砍倒，陈辉率领部下且战且退，退入官厅。甲板上的清兵蜂拥而上杀到官厅门口，仅存的明军士兵拼死血战堵在门口。陈辉知道，清军很快就会杀进来，危急时刻，他毅然下令甲板下的士兵点燃火药桶，随着巨响，甲板被爆炸的气浪掀起，船上的二百多清兵被炸得血肉横飞。不远处，正在围攻明军的清军目睹了这惨烈的一幕，吓得纷纷后退，不敢再轻易靠近明军战船，只能远远地与明军对射炮矢。但下令点燃火药的陈辉却没有死，他在最后时刻跳海逃生。

明军不惜与敌人同归于尽点燃火药，令清军心惊胆寒，攻势顿时减弱不少，更重要的是清军再不敢轻易跳帮。这船明军没有白白牺牲，他们以自己的生命为主力的反攻争取了宝贵的时间。

战场的另一侧，清军镶白旗前锋参领富察氏佟济身先士卒，忍着风浪带来的强烈眩晕与不适，跳上明军参将林登的座舰，一场混战将林登杀害。主将的被杀激起明军的愤怒。正蓝旗护军统领伊勒图凶悍异常，中箭后仍不顾一切跳上明军战船，但他很快被明军乱刀砍死。经过最初的混乱后，明军渐渐稳住阵脚，以精准的火力打击压制住清军的进攻。

黄梧的南路军在船坚炮利、临危不乱的明军面前吃了大亏，战船频频被炮弹击中，清兵被轰得船翻人亡。一等护卫鄂迈、三等护卫达兰、嵩伊纳、长史鄂禅、骁骑校纳玛尔岱、赫尔赫先后被杀。

此时潮流已渐趋平缓，这大大提高了明军战船上侧舷火炮的射击效率，进口的西洋大炮、自铸的铜百子炮、三眼火铳一齐开火，清军船翻人亡。镶白旗二等侍卫纳岱、正红旗三等侍卫海色、正蓝旗一等护卫哈尔弼、镶红旗前锋侍卫鄂尔吉纳等或被大炮轰死，或被烧死，或坠海而亡，清军的南路攻势彻底失败。

战斗到巳时，潮水渐平而东南风起。反攻的时候到了。郑成功立即下令起锚扬帆，海面上数百艘战舰战旗飞扬，巨帆升起，排山倒海般压向清军。清军见状也赶紧收拢队形将战船集中，企图与明军对冲。郑成功亲自下到八桨哨船上，直抵第一线指挥鼓舞士气。郑成功一声呼喝，将士们高喊响应。战舰撞上敌船，明军立刻跳帮而上，对着清兵奋勇砍杀。明军不但夺回了之前被清军夺取的战船，还缴获数艘清军的先锋船，斩杀清军先锋昂拜。

前锋被歼，后队的黄梧被明军声势所震，不敢向前。不久南风大起，驻泊金门的明军也赶来助战。明军的炮船在清军船队中横冲直撞。清军的战船一艘接一艘被撞沉、击沉。清军水师全线溃败，逃跑中有三艘船不熟悉水道，慌不择路在圭屿附近搁浅。三百多清兵爬上圭屿，但他们很快被明军四面围住，被迫缴械投降。

南路血战的时候，北路也正在激战。南路黄梧的任务是在海上与明军水师主力决战，拖住明军给北路清军制造机会，北路施琅的任务很明确就是掩护清军运兵船抢滩登陆。狡猾的施琅将战船分成三队，尽量避开明军，寻找抢滩点登陆，以便发挥陆战优势。

施琅将船队一分为三，为的就是增加明军的拦截难度。他知道明军肯定会分出相当的兵力和战船去对付南面的黄梧，留在北面的船只会大大减少，分成三批抢滩，一批一批地上，明军便会顾此失彼。

第一队清军被明军挡住。清军主将达素见势不妙，以第二队舰船配合步兵强攻厦门岛北门户高崎山及隔海相望的浔尾寨。两处要塞仅相隔十五里，互为犄角，一旦被清军夺去，厦门就危险了。为守住这里，郑成功不惜耗费人力物力修筑了坚固的工事，要塞以花岗岩砌成，东临海岸悬崖，其下海礁密布，易守难攻。面对蜂拥而来的清军，明军据险而守枪炮齐射，清军地形不利，又暴露在开阔地带，在明军的火力攻击下，死伤惨重。清军镶白旗前锋参领富察氏佟济、镶白旗前锋参领噶布喇被明军击毙。

正在岛南海面与清军激战的郑成功见岛北告急，派出一支奇兵攻击清军后方的重镇罗源，以分散达素的兵力，并在路上设伏，一举痛歼来援清军，击毙正黄旗骑都尉觉罗（宗室）满丕、正黄旗二等轻车都尉瓜尔佳氏雍贵。

明军舰队也以大炮支援，配合高崎守军内外夹攻。清军正白旗二等轻车都尉济三、前锋校鄂勒布、蒙古正蓝旗蒙额图先后被明军击毙于阵前。

然而，正当北面的明军被吸引到西面的高崎时，施琅趁机放出第三队战船，运载满洲八旗精锐急速向厦门岛东面驶去，避开明军舰队，在高崎东面的赤山坪成功抢滩！

满载清军的运兵船在赤山坪登岛，清兵不等船停稳，便纷纷跳下船，涉水登岸。

施琅看着清兵上岸，自以为得计，可他高兴得太早了，不能在海上拦阻你，那就把你们消灭在滩头。

危急关头，明军战船及时回防补位，与岛上守军两面火力夹攻。清兵都挤在滩头，目标明显，躲都没处躲，藏也没处藏，被轰得血肉横飞，尸体很快便铺满滩头。身披重甲而陷于滩淖的清兵，行动不便，十分笨拙，被明军打活靶，抢滩的清兵十之七八都死在海滩上。满洲八旗有一千六百余人被击毙在海岸上，剩下的三百人悉数被俘，抢滩登陆的两千多清兵全军覆没。其实，对这些清兵来说，早知上岸会死得这么惨，还不如死在海里。

清军攻势受挫，士气低落。从北方来的满洲八旗，本来就晕船，风浪一吹，船只不免摇晃，很多人呕吐不止，连站都站不稳，就别提打仗了。在明军的强势反攻下，被动挨打，一艘艘满载清兵的运兵船起火、爆炸、下沉，很快消失在海面上。这时郑成功堂兄郑泰率兵从浯屿赶来加入战斗。明军越战越勇，清军兵败如山倒，海面上到处是船只的碎片，清兵的尸体在翻滚的海浪里上下起伏。清军主帅达素、李率泰弃船而逃才捡回一条命。达素带来的一万满洲八旗精锐，折损十之六七。厦门海大海战，以明军大胜结束。

李定国，郑成功，一个是西南抗清的战神，一个是东南抗清的统帅。他们撑起了大明的半壁江山，这两人如能携手合作，中国的历史很可能将是另一种走向。

可惜，从开始到结束，他们都在各自为战。但即便败局已定，他们仍能面对骄狂的满洲八旗打出强势的反击。李定国在云贵失陷，兵不满万，率军西撤的途中仍能在磨盘山设伏，杀满兵八千，杀败尾随追来的清军。郑成功在南京兵败，精兵猛将折损过半退守海岛的艰难困境中，在厦门海几乎全歼渡海来犯的满洲八旗，此战被击毙、溺亡的满洲八旗精兵有七八千人。清廷依赖的嫡系部队就是他们引以为傲的满洲八旗，但满洲八旗的人数其实并不多，堪战之兵只有七八万人。李定国、郑成功在他们军事生涯的最后时刻，仍能给清军以沉重打击，如此强悍的战力，足以傲视满洲八旗，两战斩杀的满洲八旗总数将近两万，加上历年的战争折损，可以说，到此时，满洲八旗的精锐几乎打光了。

在后来的作战中，清廷不得不重用他们看不起的绿营担当主力（叛徒在任何时代都是被鄙视的）。因为满洲八旗早已威风不在，八旗部队中占据主力的已是蒙古八旗、汉军八旗，扫掉他们威风的正是李定国、郑成功。

荷兰强盗——国姓爷的敌人

厦门海大海战，明军取得了辉煌的胜利。不过，郑成功也很清楚，他可以回旋的余地已经越来越小了。之前，所以能在东南沿海从容与清军对抗十几年，主要原因在于，沿海不是主战场，清军的主力长期都在与西南的永历朝廷李定国的部队对峙。但如今随着西南战事进入尾声，清军可以调动更多的部队来东南，而南京之败损失非小，陆军精锐折损过半，恢复元气至少要好几年。明军现在占据优势的只有水师，但水师再强也打不上陆地，郑成功所有的根据地只有厦门、金门、南澳等几座小岛，靠这么几个小岛很难同清军长期作战。

于是，收复台湾再次被提上议事日程。台湾自古以来都是中国的领土。但明清之际，天下大乱，荷兰人乘虚而入盘踞台湾数十年。郑成功决定让这帮荷兰人哪儿来的回哪儿去，滚出台湾。但郑成功知道，荷兰强盗是不会自己走的，收复台湾，与荷兰人的一场大战势不可免。郑成功的水师很强，但他即将面对的敌人——荷兰强盗的海战实力也不弱。在当时的世界上，能跟荷兰人在海上较量的国家还不多，特别是在东方，也只有明朝才有实力收拾这帮红毛蛮夷。

孙子兵法有云，知己知彼，百战不殆。这里有必要介绍一下这帮漂洋过海来中国沿海骚扰的荷兰人。

1453 年，奥斯曼土耳其帝国攻陷君士坦丁堡，东罗马帝国灭亡。君士坦丁堡是当时东西贸易的枢纽，通过东方的陆上商路被信仰伊斯兰教的土耳其人控制，欧洲人很难再通过陆地去东方贸易。

由于当时的海上商路被阿拉伯人控制着，欧洲人想走海路做生意，就必须寻找新的航路和市场。在利益的驱动下，欧洲人开始派出船队进行海上探险。此后的数百年里，列强的船队往来于各大洋之间，从事各种商业活动之外，也兼职干抢劫。为了海上贸易的方便，他们凭借武力在世界各地建立了许多贸易据点。这就是历史上的大航海时代。

大航海时代的国际贸易依靠海路，谁的造船业发达，谁就能控制东西方贸易。17 世纪，荷兰人一度也当过海上霸主，荷兰人的商船踪迹遍布世界各地，荷兰人也被形象地称为“海上马车夫”。

万历三十年（1602），为避免同行之间的恶性竞争，荷兰将在东印度地区从事商贸活动的十四家公司进行资源整合，合并成一家联合公司。这就是臭名昭著，顶风臭着八百里的荷兰东印度公司。

荷兰东印度公司是全球第一个股份有限公司，总部设在阿姆斯特丹，其董事会由国会指定的十七名董事负责，这十七人号称十七绅士，掌握着东印度公司的最高决策权。

荷兰国会批准东印度公司可以拥有军队，并有权代表荷兰与各国签订条约。鼎盛时期，东印度公司有雇员十万，士兵一万，商船数千艘，军舰四十余艘。

天启元年（1621），荷兰东印度公司在巴达维亚（今印度尼西亚雅加达）设立东亚商馆总部。荷兰人才在亚洲建立据点，第二年就将侵略的触角伸到中国。天启元年（1622），东印度公司派兵非法入侵我国领土澎湖，他们想把澎湖作为他们新的贸易据点。

荷兰人占领澎湖后，又跑到东南沿海捣乱，派兵船封锁漳州。消息传到北京，朝廷震动，天启皇帝下诏令福建巡抚驱逐荷兰人，收复澎湖。

天启四年（1624）二月，福建巡抚南居益亲自督战，派兵渡海对入侵之敌荷兰人发起攻击。八月，经过六个月的进攻围困，荷兰人被赶出澎湖。

虽然被明军驱逐，但荷兰人并未走远。为了开拓新的贸易据点，他们来到当时还是满目荒凉的台湾。

荷兰人在今天的台湾台南一带先后建了台湾城（荷兰人称热兰遮城）、赤嵌楼（荷兰人称普罗文查城）等城堡作为他们的贸易据点。

荷兰人赖在中国东南沿海不肯走，因为他们做的是进出口贸易，荷兰人主要跟中国、日本做生意。荷兰人的国际贸易流程由很多环节组成，首先，荷兰人先用白银从中国购买生丝，然后再把生丝卖到日本。由于日本盛产银矿，丝贵银贱，荷兰人一转手就能赚到更多的白银。拿到白银后，荷兰人再到印度购买棉布和稻米，然后再用稻米和棉布在东印度群岛交换香料，最后，将香料卖到欧洲，换成黄金。

荷兰人在台湾的势力主要集中在台南以台湾城、赤嵌楼为中心的狭小地域。在台湾的荷兰人数量很少，他们的老窝在印度尼西亚的巴达维亚。他们很清楚他们是占据别国领土的强盗，做贼的心理让他们时刻防范着这片土地的真正主人明朝，尤其是郑氏集团。

荷兰人跟郑氏的关系很复杂。几十年前郑芝龙做海盗那会儿就跟荷兰人打交道，今天在一起喝酒，明天就开船在海上对轰。双方有过生意往来，但更多的还是竞争关系。

郑氏与荷兰人的竞争关系在对日贸易上体现得尤为明显，那时的日本也搞闭关锁国。日本人对外只与中国、荷兰等少数几个国家做生意。但郑氏实力雄厚，荷兰人明显干不过郑氏。郑氏是荷兰人在日本最大的竞争对手，但同时，荷兰人也需要中国的生丝，而这些生丝又大部分需要从郑氏那里进口。双方都不喜欢对方，但有时又不得不与之打交道。

台湾城所在的市镇荷兰人叫大员镇，荷兰人在台湾的最高头目也叫大员长官。大员长官掌握台湾最高行政权。在大员长官的主持下，荷兰人定期召开大员会议，与会成员都是东印度公司的高级职员和高级军官，各种法律条规和对外条约都由大员会议最终决定。

当时荷兰在台湾的第十二任也是最后一任大员长官是揆一。这时，他的日子很不好过，郑成功要攻台湾的消息已经传开。1660 年三月，揆一为了防止汉人中有明军的内应，强令所有的汉人士绅大户迁往大员市镇，并派军队监控汉人的日常活动。揆一还下令各地破坏稻田，所有未成熟的稻谷一律焚毁。实际上，明军直到一年后才发起攻台战役。结果就是火烧稻田的荷兰人明年只能饿肚子，自己给自己挖坑，荷兰人干得不错。

荷兰人又是放火又是搞搬迁，但连他们自己也清楚，靠岛上这点人是铁定打不过国姓爷的军队的。揆一虽然折腾得挺欢，但说白了，他这就是给自己壮胆。可行的办法只能是向巴达维亚的总部求援，让他们赶快派援兵来。

可是揆一这个家伙人缘不好，特别是他之前得罪过一个人，没当上第十二任大员长官之前，他就跟当时的第十任大员长官尼可拉斯·富尔堡发生过激烈冲突。揆一接任大员长官时，尼可拉斯·富尔堡已经是巴达维亚东印度委员会的特别委员了。富尔堡当上委员后，自然不会给揆一好脸色，在他的影响下，巴达维亚当局对揆一一直没有好印象。揆一的求援信并没有引起巴达维亚的足够重视，他们普遍认为揆一是神经过敏，小题大做。

尽管如此，巴达维亚当局还是派出绰号为“固执的约翰”（从这个外号可以看出此人不大好相处）的范德兰带领十二艘战船和六百名士兵前往台湾。

巴达维亚对救援台湾并不积极，台湾对荷兰东印度公司来说就如同鸡肋，食之无味，弃之可惜。增兵守岛，可是要花钱的，而荷兰人在台湾赚不到多少钱，荷兰人在台湾的财政一直处于赤字状态，台湾的贸易据点长期亏损，令巴达维亚当局对揆一相当不满。不但揆一增设要塞的请求被他们驳回，连揆一擅自加固热兰遮城的工事也受到他们的批评。但就此放弃这座岛，不仅先前的开发都拱手让人，荷兰和公司的面子上也不好过。

巴达维亚当局给援军实际上安排了两个任务：首先，协防台湾，看看郑成功是否真会来袭；然后，确认台湾安全的话，就和台湾驻军一起出发去攻打澳门。看起来，优先的任务是防守台湾，攻下澳门才是荷兰东印度公司的夙愿，范德兰也对那事后的“分红”垂涎欲滴。

范德兰没有辜负他的绰号，“固执的约翰”名副其实，他一到台湾就跟揆一杠上了。他认为明军不会攻打台湾，所以他到台湾后不久，便坚持要去攻打由葡萄牙人占据的澳门。

其实，范德兰有这种想法一点也不奇怪，荷兰国家虽然只有巴掌那么大，一片乌云盖过来，就全国下雨。可是这帮人野心却不小，总想霸占别人的土地，就算郑成功不打台湾，他们早晚也会打过去。台湾现在是个好地方，但在当时很荒凉，荷兰人想要的不只台湾，他们还计划把葡萄牙霸占的澳门抢过来，甚至他们还打上了国姓爷的主意，想将国姓爷驻兵的厦门、金门、南澳全都夺过来。这帮家伙一天到晚都在琢磨别人家的土地，真是一群欠揍的国际强盗。国姓爷打他们是打对了。

澳门一直是令荷兰东印度公司垂涎三尺的地方，荷兰人只要一听到澳门这两个字就忍不住流口水。葡萄牙在当时早已沦为三流国家，荷兰人认为只要他们的战船开到澳门，分分钟就能把葡萄牙人打得满地找牙，荷兰人打澳门的热情要比打台湾高多了。

“固执的约翰”范德兰的确相当固执，不管别人怎么劝，就是不听。揆一等在台湾的荷兰人跟范德兰一开会就吵架，吵来吵去，也没吵出个结果。最后，揆一说，咱们先别吵了，我说的你不听，那我们不如直接去问问郑成功，问他是不是要打台湾。揆一估计也是给范德兰气晕了，这家伙居然真的派人去问郑成功。荷兰人有时真是蠢得不可思议。

永历十四年（1660）十月二十二日，荷兰人的使者在厦门见到了郑成功。这个使者也不客套，开门见山，直接问郑成功，您是不是要进攻台湾。郑成功这时虽然已经在策划攻台，但尚未准备就绪，当然要忽悠荷兰人啦，说怎么会呢？你们想多了。

但荷兰人也不是那么好忽悠的，荷兰人在将通过各种渠道得到的情报进行分析后得出结论，种种迹象表明，郑成功近期确实要进攻台湾。大员会议认为明军不是不想进攻台湾，只是没有做好准备，一旦时机成熟，必然会攻台。范德兰对大员会议的结论大为不满，而他表达不满的方式也很直接，不跟你们玩了。

永历十五年（1661）二月二十七日，范德兰率领两艘战船和所有军官返回巴达维亚，还将六艘战船派往别处执行任务，留给揆一的只有四艘战船和六百名没有军官带领的士兵，加上揆一原有兵力，此时荷兰在台湾只有一千多名士兵。

范德兰回到巴达维亚后，也不闲着，与富尔堡哥儿俩经常凑在一起骂揆一。巴达维亚当局在认定明军不会攻台后，有人就指责揆一焚毁稻田的命令，除了让公司蒙受巨大的经济损失，还造成人心恐慌，政治影响是极其恶劣的。揆一把上司同僚都给得罪了，这就注定了他不会有好下场。后来，揆一从台湾逃回巴达维亚，直接就被关进号子，被判处终身监禁。揆一判得这么重，估计跟范德兰、富尔堡这哥儿俩的背后努力是分不开的。揆一蹲了很多年的大牢，花了不少钱，才从里面出来。

范德兰回到巴达维亚就把揆一给告了。范德兰告状的结果是巴达维亚评议会宣布解除揆一的职务。解职的命令发出不久，从台湾逃回的“马利亚”号便带来了台湾城被围的消息，要不是派去接任的克连克发现台湾正在打仗，死活不肯登岸就转去日本，揆一在第二批援军抵达之前就该交出他的职位了。

根据巴达维亚当局给揆一的解职通知书，可见范德兰一共控告揆一两大罪状：一是轻信流言，在根本看不到丝毫敌人来犯迹象的情况下，就疯狂地迫害岛上的无辜汉人，“非常多的汉人士绅和平民未经审判就遭受酷刑……乡村地区贫穷汉人被残虐地逐出家园”；二是违抗巴达维亚征伐澳门的命令，白白坐失良机。

很多人不知道，其实与郑成功对峙的揆一在法律上已经不是荷兰在台湾的第十二任大员长官了。

就在荷兰人为郑成功会不会进攻台湾吵作一团的时候，郑成功的大军行动了。

渡海东征——郑成功收复台湾

永历十四年（1660）冬，郑成功派出大批军队战船到广东潮州一带筹集粮食。郑成功只要缺粮，基本都会去那儿，潮州人估计也已经习惯了。第二年正月，郑成功在厦门传下将令，命各部加紧整修战船，听令出征。

永历十五年（1661）正月，郑成功召集部下文武秘密开会。会上，郑成功正式提出出兵攻台收复台湾作为抗清基地的战略设想。

郑成功要打台湾在明军内部早已不是秘密，但公开提出来还是第一次。不过，郑成功的兵将多是沿海富裕地区的人，而台湾那时落后荒凉，很多福建籍的部下对打台湾积极性并不高。

宣毅后镇吴豪去过台湾，他认为台湾水文复杂，水路险恶，大船难进，那里荷兰人的炮火厉害得很，大军到了台湾，水土不服，必生疾病，不赞同出兵台湾。反正来投的建威伯马信却说，三国时蜀地有崇山之险，江东有长江之利，后来不也是为人所并。只要事前做好侦察，随机应变，就可以行事，他表示支持攻台。众将议论纷纷，意见难以统一，形成了僵局。这时参军陈永华说各位将军说的都有道理，不过，事关重大，还得请国姓爷定夺。

郑成功未必想到会出现这种局面，也很尴尬。关键时候，在军中素有威望的老将杨朝栋发言表态支持攻台。郑成功大喜，马上顺水推舟，当即拍板，举兵东征收复台湾。

说起收复台湾，有一个人不能不提，他就是曾在东印度公司任职长达十余年的何斌。在荷兰人眼中何斌是“最干练的汉人”，他们经常派何斌往来于厦门和台湾之间充当使者，与郑成功就贸易问题进行交涉。可是荷兰人不知道，何斌身在曹营心在汉，他一直秘密向郑成功提供荷兰人在台湾活动的情报。永历十三年（1659），何斌的身份暴露，被迫从台湾逃回厦门，并向郑成功献上一份台湾地图。

何斌在台湾期间曾秘密派人测量鹿耳门水道，在这份地图上标出了如何绕过荷兰人的炮台在鹿耳门登陆。郑成功攻台，何斌自告奋勇担任向导，郑成功能收复台湾，他的功劳很大。这些情况，很多史料都有记载，不过，史料夸大了何斌的作用。他们忽略了郑成功的身份，郑成功既是抗清复明的将领，也是一名实力雄厚的海商。郑氏集团在东南沿海纵横数十年，精通潮汐水文等航海知识，他们的足迹遍布从日本到东南亚的海域，对台湾的情况就更是如数家珍。要知道，郑芝龙真正发迹的地方就是台湾，郑氏集团内部熟悉台湾的人比比皆是。这点连揆一也十分清楚，他后来在回忆录里说，当时国姓爷已经雇到三百名非常熟悉台湾海岸的领航员。

郑氏集团与荷兰人打了几十年的交道，不论是荷兰人还是郑成功，在对方眼里早就没有秘密可言。双方对彼此的情况都十分熟悉，可谓知根知底。即使何斌不出现，也会有几十个何斌式的人来完成领航。

郑成功敢于攻台信心源自于明军水师强大的实力。

郑成功的水师最强时，战船总吨位超过九万吨，同期英国海军战船总吨位也不过九万吨，荷兰海军的总吨位只有六点四万吨。即使后来衰弱，郑成功水师战船总吨位也有六万吨，英国海军战船总吨位上升到十万吨，荷兰海军战船总吨位升到八万吨。郑成功水师战船仅从吨位上说可与当时世界上最强的两支海军，英国海军、荷兰海军并驾齐驱。当然这仅是从吨位上看，当时西方的造船、火炮技术已经领先于明朝。但荷兰在亚洲，特别是台湾的战船很少，明军完全可以用数量优势来弥补质量上的差距，用实力碾压荷兰人。

明军分为水师与陆军两部，最大编制是镇。水师有前镇、后镇、一镇、二镇、三镇、四镇、五镇、楼船镇等；陆军部队分为五提督系统，下面各有五镇。郑成功的军队里还有若干独立镇，如冲锋五镇、宣毅五镇、二十八宿镇等；独立镇有特种营，如负责焚烧敌船的火攻营、专司火器的神器营等，作战时，特种营会根据战况配合其他部队行动。

郑成功用于攻台的部队，加上第二批增援部队，总兵力两万五千人。

荷军以连为基本单位，一个连有五十名士兵，上尉连长一名，中尉副连长一名。作战时，荷军以营为作战单位，每营下辖十一个连，有四个火绳枪连、两个滑膛枪连，还有五个长矛连。两营为一团，团长军衔为上校。荷军还设有炮兵营和骑兵营，作战时，他们会配合步兵营的行动。

荷兰东印度公司在台湾的总兵力约有一千五百人，主力驻在热遮兰城。荷军兵力不多，还严重缺乏军官，船舰也很少，只有七艘大船与十二艘小舢板。

荷兰人的舰船虽少，却很先进。十五世纪，欧洲人发明了全帆缆船，相对于中国的横帆船，全帆缆船可以做到两面受风，有效船帆面积比横帆船多出很多，而且全帆缆船的三角帆能更好地适应风向。全帆缆船的船体尺寸可以做得很大，速度上也比横帆船快，在航程和性能上，全帆缆船也超过横帆船。全帆缆船传到荷兰后，荷兰人又对其进行了改装，使之更适合远洋航行。

誓师出征

郑成功在出兵攻台之前，为防清兵趁机来攻，在后方留守了相当雄厚的兵力。郑成功的儿子郑经率洪旭、黄廷、陈永华、林习山等守厦门；郑泰、蔡协吉守金门；陈霸守南澳；张进、郭义、蔡禄守铜山。

永历十五年（1661）二月初三，郑成功率首批攻台舰队从金门料罗湾出发，渡海攻台。第二天船队抵达澎湖。

何斌在攻台前告诉郑成功，说船队用不了几天就能到台湾，台湾物产丰富，到时可就地征粮，不用带过多的辎重。郑成功信了何斌的话，大军只带了很少的粮食上船，结果大军遇到强风，被困在澎湖。大军很快便面临缺粮危机。虽然明军临时从澎湖搜罗了百余石粮食，但这点粮食杯水车薪，甚至不够大军吃一顿的。当时台湾人烟稀少，耕地不多，耕作技术也十分落后。即使是荷兰人也要去福建广东沿海地区买粮，台湾物产丰富不假，但也只是水果多一点，但水果再多毕竟不能当饭吃。

眼看军中存粮将尽，不能再等，郑成功下令不顾风浪强行出海。部将建议等天气转好再出航，但郑成功对众将说攻台之行乃天命所归，天命在我，自当攻无不克，全军即刻开拔。二月初八，大军抵达鹿耳门。入台有三条道可选：鹿耳门、南水道、北水道。其中北水道淤塞，南水道在热兰遮城上的火炮射程之内，只有鹿耳门可走。

郑成功大军趁涨潮顺利通过鹿耳门。舰队通过鹿耳门后，郑成功兵分三路，命宣毅前镇陈泽率百余艘小船驻守北线尾岛，牵制荷兰人战船，以防其反扑。自己带领主力舰队进入台江水域，在中午登陆禾寮港。因为水浅，所以四五十艘大型战舰只能停在北汕口，余下船只开往台湾城外围，包围城池。当地汉人得知郑成功的部队来台，纷纷前来迎接，在当地人的帮助下，明军顺利登陆。

明军与荷军的战斗在海上和陆地同时展开。荷兰人仗着他们的战船巨大、火炮先进，就靠着海湾里仅有的两艘战船“赫克托”号、“斯·格拉弗兰”号和一艘小帆船“温克”号、快艇“马利亚”号就敢主动攻击郑成功的庞大舰队。

海战在鹿耳门水道附近打响，明军派出六十艘战船，每船配置两门大炮，冲出编队前来迎战。荷军率先开炮，他们的“赫克托”号发挥其巨炮威力，很快击沉明军的两艘船。但明军并不畏惧反而冲得更猛，明军战船一拥而上从四面围住“赫克托”号，猛烈开炮。荷舰也拼命还击。大炮产生的硝烟弥漫开来，以至于在台湾城上都看不见战况。

突然，烟雾中传出连续猛烈的爆炸声，连台湾城的门窗也为之震动。待烟雾消散，荷兰人的主力战舰“赫克托”号已经从海面上消失了。据在海上被救起的荷军生还者说，是“赫克托”号不慎引爆了船上的火药。但这个说法并不十分可信，更令人信服的说法是明军的大炮击中了船上的弹药仓引发爆炸。不管怎么说，“赫克托”号被炸沉，加速了荷军的溃败。荷军剩下的三艘船不敢恋战，仓皇逃往外海，最小的快艇“马利亚”号乘机逃走，去巴达维亚报信去了。

在陆战中，荷兰军队再次遭遇惨败。荷军贝德尔上尉率领二百四十名士兵，前往台湾城北边的一处沙洲阻击四千名登陆成功的明军步兵。尽管知道对方的兵力是他的十几倍，但贝德尔上尉并不害怕。在他看来，中国人只是乌合之众，胆小如鼠，只要放一阵排枪，射倒其中几个人，剩下的人便会吓得四散奔跑，全部瓦解。据荷兰人估计，二十五个中国人合在一起也抵不过一个荷兰兵。真不知道，这些家伙哪来的自信。自信过头就是愚蠢。

贝德尔上尉很快就会为他的说不清理由的自信付出代价。还是那句话，荷兰人的愚蠢有时真是到了令人不可思议的程度。

贝德尔上尉骄傲地指挥他的二百四十人的小部队向着明军开来的

方向挺进。双方很快相遇，明军见荷兰军队人数这么少，便打算围歼这帮红夷，派出一支八百人的部队悄悄绕到荷军侧后进行包抄，而对此荷军一点也不知道，他们还在迈着整齐的步伐，自信满满地去找死。确实是找死，二百人就敢跟四千人开战，说他们是找死一点也不过分。

荷军行进到火枪开火距离，开始放枪，明军也发射火枪开弓放箭进行反击。荷兰人这才发现，武器不如他们的中国人，并不会被子弹吓跑；而当他们惊觉从背后出现的攻击时，先前的傲慢瞬间化为恐惧。贝德尔这时也知道大事不妙，想指挥全军以密集队形撤退，但他的士兵早已不听他的指挥，四下奔逃。战斗很快结束，战后在沙洲上留下一百一十九具荷兰士兵的尸体，这其中就包括指挥官贝德尔上尉。侥幸逃出的荷军涉水爬上岸边的领航船，狼狈逃回台湾城。

明军乘胜前进完成对赤嵌楼与热兰遮城的合围。

在明军大兵围城之下，赤嵌楼的荷兰军队率先举起白旗。赤嵌楼荷兰守将猫难实叮率领一百六十名士兵、妇孺仆役一百一十人走出赤嵌楼向明军投降。他不降也不行，城外明军有一万人，他手下的士兵还不到两百人，而且明军占领了赤嵌楼的水源，十几门大炮已经对准了赤嵌楼。不投降的下场，他是清楚的。

郑成功希望能够通过谈判收复台湾城，因此他对待赤嵌楼俘虏的态度很友善。明军收缴了他们的火枪，但不限制他们拥有刀剑等冷兵器，并允许他们在街上随意活动；口粮方面，当时郑成功的亲兵每月配给的米粮只有九公斤，而俘虏每人平均却可分到十二公斤左右的大米。

荷兰人在台湾只剩下台湾城。揆一现在唯一的指望就是巴达维亚的援兵。他还不知道人家已经把他撤了，还在跟郑成功讨价还价。揆一表示只要郑成功退兵，他愿奉上十万两白银，郑成功当然不会同意。其实，揆一也知道这招对郑成功不管用，他只是想拖延时间。郑成功两次写信劝降，揆一都不回复。劝降不成，那就只有兵戎相见了。

三月，明军将数十门大炮推上前沿阵地，炮口对准台湾城，明军的炮击持续一个时辰，发射了八百多发炮弹。台湾城修得很坚固，炮击并未取得预期效果。荷兰人占据地形优势，居高临下，他们的大炮射程很远，荷兰人在修城堡方面确实有两把刷子。不仅城堡建得坚固，上面还有很多炮台。

台湾城是典型的欧洲棱堡。壕沟环绕，墙面用红砖砌成。内城是方形，有上下两层。下层是地下室仓库，储存弹药、粮食，上层是官署、教堂、士兵营房设施。外城也是方形较内城稍低，这里是职员宿舍、办公室、会议厅、医院、仓库等公共建筑。

外城有两个棱堡，一个半月堡，内城有四个棱堡，三个半月堡。棱堡与半月堡各有三门炮；共三十门大炮。荷军的大炮有炮台做掩蔽，还能形成交叉火力，相反，明军的火炮全都暴露在野外，目标明显只有一些简单的工事，结果在炮战中，被敌军的炮火压制，伤亡很大，被迫后撤。

郑成功鉴于对方城池坚固，决定采取长期围困的战术。以一部兵力围城，围而不攻，主力散布到台湾各地屯田，因为郑成功的军粮不够吃了。

五月，明军的第二批部队六千人在陈瑞、陈璋率领下乘坐二十艘大船抵达台湾。明军兵力加强，粮草得到补充后，加紧在城周围筑栅栏、挖壕沟，准备攻城器械。

八月十二日，荷兰人望眼欲穿的援兵终于到了。在海战中逃走的快艇“马利亚”号，在逆风航行五十多天后，把明军攻台的消息送到了巴达维亚。

荷兰东印度公司派雅科布·考乌为救援舰队司令，考乌率领七百名士兵十艘军舰来台湾解围。

当荷兰的救援舰队出现在台湾海域时，城里的荷兰人欣喜若狂，然而他们的喜悦没有维持多久，一场不期而至的飓风将远道而来的荷兰舰队吹得七零八落，在外海漂泊二十多天。等他们再次靠近台湾，等来的是明军舰队猛烈的炮火，荷兰海军又一次被揍得灰头土脸。

对荷兰人来说，也不是没有好消息，派去召回驻在台湾北部淡水、鸡笼两要塞守军的三只船也未完成任务，被风暴直接吹到了福建。在那里他们遇见了清军的靖南王，给台湾城带回一条清荷联手夹击郑氏的“好消息”。清军愿意与荷兰军队联合进攻明军。

早在十年前，清军就曾勾结荷兰人围攻广州。现在清军与荷军为了各自不同的目的再次走到了一起。不过，他们的合作之路并不顺利。清军答应出兵帮助荷兰人解围，但前提是荷兰人必须先派军舰帮他们攻打厦门、金门。清军的强项是陆战，荷兰人的优势是海战，这也是他们狼狈为奸的原因。

联合清军是荷兰人最后的一根救命稻草。荷兰人没有讨价还价的资本，只能接受清军的条件。荷兰救援舰队司令考乌自从被明军水师在海上痛扁之后就明白，靠他这点兵力给台湾解围是没戏的。台湾是个超级大火坑，必须赶紧走。

这位一向对打仗不积极的舰队司令，突然热情高涨，主动请战，自告奋勇愿意带队去打厦门、金门。

舰队司令考乌带着三艘火力最强、速度最快的帆船和两艘小船起航出发了，随行的还有台湾城荷军中最精锐的士兵。按计划，荷军将同清军夹击金门的明军，用围魏救赵来解救受困的台湾城，起码也要运回城中急需的物资。但考乌不想打仗只想借机逃命，船队开到澎湖，考乌便打发五艘船中的三艘返航修缮，他自己则率领两艘好船，带着士兵，掉转方向朝暹罗头也不回地驶去。

援兵跑了。听到消息，台湾城里的不少荷兰士兵立马就崩溃了。一批荷兰士兵在军曹拉迪斯率领下出城向明军投降。他们主动详细介绍了城内的情况，还帮助郑成功制订攻城计划。他们建议郑成功派兵夺取乌特利支圆堡，控制制高点。只要占领乌特利支圆堡，在上面架上大炮，台湾城下方的四角附城便唾手可得；而进入四角附城，就可以避开荷军炮台，用挖坑埋雷之类的办法，台湾城指日可下。郑成功愉快地接受了建议，不过计划只实施了一半，永历十六年（1662）一月二十五日，明军在二十八门大炮的火力支援下，攻占乌特利支圆堡。当得知乌特利支圆堡失守后，荷兰人就决定投降了。揆一在同评议会经过几天的反复权衡后，终于决定“趁早把城堡交与敌人，争取优惠条件，是为上策”。

复　台

郑成功

开辟荆榛逐荷夷，十年始克复先基。

田横尚有三千客，茹苦间关不忍离。

永历十六年（1662）二月一日，台湾城。明军列阵城外，接受荷军投降。荷兰人举着白旗出城投降。荷兰在台湾的最高长官揆一在投降协定上签字，正式向明军投降，交出台湾。被荷兰人占据三十八年之久的台湾，至此又回到祖国怀抱。郑成功收复台湾的历史功绩将永载史册。

心力交瘁——郑成功台湾病卒

郑成功的一生并不算长，但他的人生经历却很曲折，跌宕起伏，足够写一部传奇小说。甲申之际，国家多故，很多人的人生际遇因此而改变，这里面就包括郑成功。要不是清兵入关，他本可像很多官家子弟那般青云直上，过着平淡而富足的生活。他爹是福建的实权人物，他家又是做外贸的，可谓富可敌国。他有花不完的钱，他也不需要为自己的仕途操心，他爹会为他铺好路。

可是，清兵南下，转瞬间，国破家亡。虽然他的父亲曾经拥兵数十万，在东南称霸一方。但他起兵时，身边只有几十名亲信，可以说几乎是白手起家从头再来。虽然他父亲积累的资源让他能够在很短的时间迅速拉起一支队伍，但他真正能靠的其实只有他自己。

十几年的戎马生涯，他有过辉煌，也经历过挫败，曾经指挥十万雄兵横扫东南，也曾大意轻敌一溃千里。郑成功、李定国，他们成为数十万大军的统帅时，都不过才三十岁。年轻的他们承担的却是复兴国家的重任。

郑成功的优点是百折不挠、坚韧不拔。这让他能在屡遭挫折时，愈挫愈奋，队伍从数千人发展到数十万人。但他的缺点也很突出，他偏激固执，心胸狭隘，执法过严，到了不近人情的程度。

南京兵败，让郑成功从巅峰跌入谷底，很多人认为郑成功会一蹶不振，但很快他就用厦门海大捷告诉世人他还是那个郑成功。渡海攻台也是在困难重重中进行的，只要仔细分析当时的形势就不难发现，以郑成功当时的处境，他敢出兵攻台是需要很大的决心跟勇气的。

郑成功有的只是几座海岛，他既要率大军攻台，还要留下必要的兵力在后方防备清军。攻台就意味着，他将要以为数不多的兵力两线作战，他将腹背受敌。很多人反对攻台的原因也在于此，但郑成功还是在十分困难的条件下，毅然决定出兵收复台湾，显示出他过人的胆识与魄力。

很多史料在写到郑成功收复台湾之后，便结束了。接下来的通常都是开发台湾发展生产之类的寥寥数笔简单带过。但事实上，郑氏的危机，恰恰发生在收复台湾之后。

郑氏的危机很大程度上源于郑成功性格上的缺点。收复台湾用了九个月，是郑成功始料不及的。对敌人的长期围困，虽然令敌人苦不堪言，但明军也深受缺粮的困扰。长期以来，粮食都是困扰郑成功的大问题，围城期间，这个问题变得更为严重，很多士兵甚至靠采集野果充饥。郑成功让士兵分散屯田，可是他的士兵都是职业士兵，驾船出海，搏击风浪，攻城拔寨，浴血沙场，他们不会皱眉，但种地是农民的事，让职业士兵改行当农民向来效果都不好，这次也是。屯田，招收流民远比用士兵要好。不过招徕移民不是短期内能见效的，但郑成功过于急躁，急于求成。郑成功变得越来越暴躁，有七个士兵因为嘴馋杀了一头牛吃肉，就被郑成功下令斩杀。

郑成功收复台湾后，在台湾设府置县，改台湾城为安平镇，以赤嵌城为承天府，下设天兴县、万年县。承天府府尹曾在关键时刻支持他攻台的杨朝栋、万年县知县祝敬先后因小斗散粮被杀。在台湾的部将们因此人心惶惶，其实，小斗散粮并不一定是贪污，台湾缺粮的情形，一天比一天严重，小斗散粮也不过是想多撑几天，却为此掉了脑袋。不得不说，郑成功做得过分了。

不久之后，更过分的措施出台了。郑成功下令部队家属要尽数搬迁来台，此令一下，怨声四起。初来乍到，在台湾的部队，因为水土不服已经病倒了一大片，加上岛上闹饥荒，很多士兵甚至私下抢船想逃回厦门。这时，强行让将士家属来台，只会加剧矛盾，令人心更加恐慌。

尽管部下反对，但郑成功坚持己见，别人越劝，他越固执。本来开发台湾是长期政策，搬迁家属来台，也是迟早的事。将士家属久居故地，安土重迁、顾恋家园也是人之常情。但郑成功强令将士搬家，明显操之过急。郑成功急于求成，立令过严，“犯者虽亲信亦无赦”。

弄得台湾人人自危。

不久，有人传言，镇守南澳的陈霸因不愿送家眷入台，企图降清。郑成功未经查实便下令给郑经，命周全斌、杜辉等率大军去平叛。陈霸守南澳二十年，尽心尽力，只是为人孤傲，这才被人算计。盛怒之下的郑成功也不调查清楚，草率出兵。陈霸不敢抗拒，又怕被杀，只得率部降清。接着，又发生金门守军联合抗拒“搬眷入台”命令事件。金门从此不发一船至台湾。

更令郑成功气愤的是家中发生的丑事。留守厦门的儿子郑经竟与自己四弟的奶妈通奸，还生下一个儿子。本来在豪门大族，发生这种事很平常，并不值得大惊小怪。正如《红楼梦》中所言，那些朱门大户也只有门前的石狮子是干净的。但郑成功毕竟是读书人，深受儒家思想影响，最重礼教，注重门风，发生这种事，郑成功肯定不会原谅。知父莫如子，郑经怕郑成功知道真相便谎称是侍妾生子。

年近不惑的郑成功平添“弄孙之喜”高兴了好一阵子。郑成功为此还曾大赏厦门的家人。不料，郑经的原配夫人是前兵部尚书唐显悦的孙女，唐氏虽然温良贤淑，却与郑经感情不和。唐显悦知道此事后，为孙女鸣不平，写信给郑成功告状：儿子干了不道德的事还给予赏赐，“治家不正，安能治国乎”？郑成功看过书信才知被骗，顿时气塞胸膛，盛怒之下，他下令让族兄郑泰去厦门责问妻子董氏治家不严之罪，并严令速斩“董氏、郑经及其私生子与乳母陈氏”四人。镇守厦门的众将闻讯大惊失色。他们力图大事化小，联名上书为董氏、郑经求情，请斩“陈氏及所生婴儿”二人，希望保住董氏与郑经。但郑成功不肯通融，非杀不可，并解下佩剑，命大将黄毓到金门交给郑泰执行。

郑成功的命令让郑泰左右为难，只好将黄毓送到厦门向郑经说明情况。郑经当即将黄毓扣押，召集留在厦门、金门的文武官员开会商议对策。这时，郑成功派部将蔡鸣雷回来接家眷去台。蔡鸣雷不想带家眷去台湾，他也知道厦门、金门的将士多不愿去台，此行是吃力不讨好，可是完不成任务，以郑成功的脾气必然不会轻饶他。于是，蔡鸣雷打定主意，也不回去了。他告诉留守众将，国姓爷一定要杀董夫人和郑经，众将如果抗命就全部处斩。郑成功要杀董夫人跟郑经是真的，但要说不执行命令就杀留守众将，未必是真，很可能是蔡鸣雷夸大其词。众将深知郑成功的脾气，面面相觑，不知如何是好。

这时洪旭说话了。洪旭资格很老在军中素有威望，早年是郑芝龙的部将。郑芝龙降清后，洪旭未降而是追随郑成功抗清。郑成功北伐，令洪旭同黄廷、郑泰一起留守金厦。郑成功东征台湾，命洪旭辅佐世子郑经留守厦门。

郑成功北伐、东征，留守后方的都是洪旭、郑泰，说明郑成功对两人的信任，但就是如此亲信的大臣，事到如今也不肯再执行郑成功的命令。

洪旭对众人说："世子，子也，不可以拒父；诸将，臣也，不可以拒君。惟泰是兄，兄可以拒弟。凡取粮饷诸物，自当应付，若欲加兵，势必御之。"话说得再明白不过了，台湾要钱粮，如数供给，但要是因为留守众将不执行命令而派兵来问罪，那就要用武力抵抗。敢这么说，也就是集体抗令了。

对洪旭的话，郑泰也表示认同。留守大本营的两位重臣表明态度，众将也表示服从。在随后给郑成功的启本中，留守厦门、金门的将领们明确表达了联合抗令的意思。

看到书信的郑成功气愤交加，郑成功极为看重个人的领导权威，如今看到亲信众将集体抗令，心中的气愤、伤心可想而知。

永历十六年（1662），打击接踵而至，先是年初，从北京传来消息，郑成功的父亲郑芝龙和兄弟郑世荫、郑世恩等被清廷处斩。尽管郑成功对此有思想准备，但消息传来，还是令他悲痛万分。

四月，从云南传来消息，皇帝在缅甸被俘，这意味着西南抗清以失败告终。清军将集中兵力进攻东南的抗清势力。

家事、国事，双重打击，郑成功已经承受不住。十余年转战东南呕心沥血，早已令他心力交瘁。如今众叛亲离，苦守荒岛，事已不可为，郑成功崩溃了。

在生命的最后几天，郑成功强撑病体，每天手持望远镜向澎湖方向眺望，希望有船从大陆来，却始终不见那熟悉的海船的踪影。五月初八，失望的郑成功在台湾病逝，享年三十八岁。

第十二章

神州陆沉

流落异域——永历帝逃亡缅甸

永历十三年（1659）闰正月二十六日，筋疲力尽的永历君臣一行终于来到铁壁关前，再往前走不远便是缅甸。永历皇帝朱由榔看着这支追随他一路辗转来到此地的队伍，感慨不已，从昆明出发时的数十万军民，此时仅剩下两千多人。就在昨天夜里，在马吉翔的怂恿下，随驾护卫的平阳侯孙崇雅发动兵变，带着乱兵趁夜色公然抢劫随行军民财物，连皇帝本人也未能幸免，直到高文贵的天威营士兵赶到，乱兵才四散而去。

世代镇守云南的黔国公沐天波与缅甸方面很熟悉，永历就派他与缅人联系。作为明朝镇守云南的军政长官，沐天波享有很高的威望，缅人对他十分恭敬，见沐天波本人亲自前来，纷纷下马见礼。沐天波向他们提出入境避难的要求，缅甸的边关守将很痛快就答应了，但提出了一个要求，随行人员必须解除武装。

缅甸是一个小国，忽见天朝数千人马来到关前，且多佩刀带剑，有所疑虑有这个要求也不算很过分。但即使是缅甸这么弱小的国家，两千人对他们也构不成威胁，况且这两千人里面真正的随驾士兵并不多。永历本可以让沐天波同缅方交涉，但永历急于出国，对缅方的要求，全盘答应，很快，关前弓刀盔甲便堆积如山。

被解除武装的明朝君臣撤入缅甸，日后的悲剧就源自于此。李定国派来护驾的靳统武并未随驾入缅，在送永历等人进入缅甸后，他便率兵返回去向李定国复命。

永历皇帝决定撤入缅甸，很可能并未与李定国商议。李定国虽然同意西撤中缅边境，但不等于撤往国外。事实上，他自己当时也没有想过要退入缅甸。

李定国接到靳统武的报告，说缅甸方面不准明军进入，并解除随驾护卫的武装时，便心叫不好，怀疑缅甸方面居心叵测。解除武装意味着失去反抗能力，一旦有变，只能任人宰割。想到此，李定国急派部下高允臣去追，想追回永历君臣。

高允臣一入缅境便被缅兵杀害，这似乎预示了永历君臣未来的命运。

二十九日，永历君臣抵达蛮莫，缅甸当地土官思线前来迎接。永历怕清兵尾随追来，让人拿出厚礼相赠，请思线砍伐树木阻塞道路。这位思线却在封路后，对随后追赶永历而来的明朝军民痛下杀手，强壮者当即杀害，老弱的分给各土寨为奴，折磨致死的，便投尸于江，消除痕迹，可谓心黑手狠。

二月初二，缅甸国王派来四艘船迎接永历一行，但船少人多，四艘船勉强装下六百多人，剩下的一千多人只能步行。三月初，水陆两路人马才在缅甸都城阿瓦会合。然而等待他们的却是一场骨肉分别的惨剧。缅甸当局在事前未做任何通知的情况下，突然派兵包围驻地，然后强行将随驾军民分散安插在附近村民家看管起来。

五月初，缅甸人将永历君臣安置在与阿瓦城隔河相望的近郊，用竹子围成一座村寨，在里面建了十间草房给永历皇帝居住。至于随从官民，缅甸人就不管了。明朝军民只能自己动手搭草棚。

尽管缅甸国王就住在河对岸的阿瓦城里，永历皇帝却自始至终未见过这位蛮邦头领的真面目。为了避免见面礼节上的麻烦，缅甸国王别说见永历皇帝，就连明朝的使者也不肯见。放在平日，大明天子是连正眼也不会多看这个荒外小国的，但今时不同往日，逃难到此的君臣只求栖身还能有何奢望呢！

八月，缅甸国王派人来请沐天波过江参加缅甸的缅历年节。寄人篱下的永历君臣当然不敢得罪，还特意备了一份厚礼，当时的明朝官民，早已囊中羞涩，但还是尽力准备礼物，向缅甸示好。

沐天波带着礼物满怀诚意过江祝贺，可是他想不到，得到的却是一场羞辱。大明黔国公与缅甸国王地位相当，可是如今，缅甸人也知道大明今不如昔，沐天波带着礼品正准备拜见国王，却被通知，不准穿大明衣冠，要他换上缅甸服装与众多臣属于缅甸的小邦使者一同以臣礼朝见国王。沐天波为不与缅方闹翻，被迫接受这屈辱性的安排。这不仅是对他个人的羞辱，更是对大明的羞辱。

早知有今日之辱，不如当初在昆明，君臣背城一战，同死社稷。

入缅救驾——痛哭而返

永历十三年（1659）二月十五日，巩昌王白文选率军翻山越岭，来到中缅边境的木邦与晋王李定国会师。两人见面后都认为应及早迎回圣驾，散落在云贵一带的明军为数尚多，清军不会久留。只要大家齐心，反败为胜，收复云南还是很有希望的。缅甸人居心叵测，皇上流落在外，也不安全。众将一旦得知，也影响士气。两人经过商议决定，由白文选领兵入缅迎回圣驾。

白文选领兵一路向南，来到磨整，这里已经是中缅边界。此时天气炎热，士兵们长途跋涉，早已汗流浃背，白文选便下令全军解甲休息，派两名部下去找当地的缅甸官员说明大军到此只为接回皇帝。不料，使者走到半路便被缅人杀害。白文选为避免误会，又派十名骑兵前往说明情况，这十名士兵又遭缅兵杀害。

缅甸人接连杀害明军的使者、士兵，见明军没有强烈反应，以为明军软弱可欺。他们看见白文选的部队有很多战马，竟公然闯入明军驻地抢马。缅甸人大概以为明朝的皇帝都已经沦落到来国外避难，明军估计也只剩下几个散兵游勇，不堪一击，更为张狂。

白文选大怒，当即下令全军反击，给这些不知好歹的缅甸人以痛击，明军纷纷挺枪拔刀冲上来砍杀入营抢劫的缅兵。缅甸人这才知道，明军不是可以欺辱的。可是知道也晚了，缅兵抵挡不住明军的进攻，慌忙逃窜，逃到河边，很多人跌进河里淹死，更多的人被明军在岸上斩杀。

缅军主力在河对岸见状，列阵以待。白文选下令砍伐树木做木筏过河。对岸的缅军仗着人多势众，并未把明军放在眼里，就站在那里看明军渡河。估计缅甸军队里也有人读过兵书，知道要半渡而击，想法不错，但显然他们过高估计了他们的能力，更低估了明军的战斗力。

明军前锋部队坐着木筏鱼贯而进，才渡过去一百多骑兵，留在对岸的白文选便下令吹起号角，这是进攻的信号。白文选当然明白缅甸人的用意，他就是要抢在敌人之前，发起攻击，先发制人。虽然先头部队人数很少，但对付缅甸人足够了。

前锋一百多名骑兵随即呐喊着冲进敌阵。缅军可能从未见过如此勇猛的战士，瞬间崩溃，数万缅军被一百多明军骑兵击溃，缅军的阵形被冲乱，缅兵四散奔逃。

白文选趁机率全军渡河，过河后，立即发起追击。缅军被明军沿路追杀，被杀得尸横遍野。据说战场上缅军留下的尸体就有一万多，本来可以好好说话，这群缅甸人偏偏要找打，摆明了，就是欠揍。

被打回原形的缅军这才知道明军的厉害，不敢再寻衅找事。

白文选得胜后也收兵回营，没有深入追杀，毕竟，是来救驾不是来打仗的。要不是缅甸人一再挑衅，白文选也不会动武。更重要的是，皇帝还在缅甸人那里。白文选怕缅甸人伤害皇上，只能适可而止，教训教训缅甸人也就行了。

被揍得头破血流的缅甸人果然来找永历的麻烦，当面质问永历，你既来我国避难，为何让你的军队来我国杀掠。永历不知白文选是率兵来救驾，便让人带着敕令去让明军撤退。缅甸人担心使臣与明军见面得知真相，不让他们见面，使臣所带敕令由缅甸人交给明军。白文选见到敕令，只得遵令含泪退兵。

缅甸人见此招有效，犹如抓到救命稻草，以后有明军前来救驾，他们便如法炮制，让永历皇帝下令退兵，永历也只能照办。

四月，广昌侯高文贵也率领一支人马入缅迎驾。他们走的路大致就是永历入缅的路线。缅军再次出来拦路，结果跟上次差不多，又被明军一阵痛扁，杀得丢盔弃甲，缅甸人只能逼着永历帝再发敕令让明军退兵。高文贵接到谕旨，被迫退兵，回去后不久便忧愤而卒。

永历十四年（1660）九月，白文选再次率军入缅，大军一直推进到缅甸都城阿瓦附近，与永历驻地已经不远。接着，几经辗转，永历朝廷收到了李定国的迎驾奏疏以及给朝廷大臣的书信，书中写道："前此三十余疏，未知得达否？今此缅王相约，何地交递？而诸公只顾在内安乐，全不关切出险一事，奈何？奈何？"缅甸人又要永历发敕书退兵，永历只能照办，明军等候多日，接到敕书，只得再次拔营退兵。

永历十五年（1661）二月二十八日，白文选托缅甸本地人通过秘密渠道上疏永历："臣所以不敢连破缅者，恐缅未破而先害及于皇上尔！为今之计，使缅送驾出来为稳著。"随着局势的变化，缅甸人对永历皇帝的态度也越来越差，永历也盼着李定国、白文选派兵来救驾。白文选秘密建造浮桥，准备渡河迎驾。不料，浮桥被缅甸人发现砍断，救援行动以失败告终。

永历被害——最后一个汉人皇帝

清军在占领云南后，对于是否追击撤到边境的永历皇帝、李定国等明朝军民是有过犹豫的。多数清军将领特别是从北方来的满洲八旗主张稍作休整就班师北还。他们极不适应云贵一带的气候，而且云南山路崎岖、道路艰险，越往边境路越难走。他们急着回京城报功领赏，才不愿去钻山沟。很多人觉得不必追击，因为边境地区荒凉偏僻，粮饷匮乏，缺医少药，就算不追，明军在那儿待着，也挺不了多久，何必劳师动众遭这份罪。赵布泰、罗托都主张各守边界，不肯越界追击。

满洲将领们对追击永历不感兴趣，甚至认为这是份苦差，避之唯恐不及。但有一个人却对追杀永历很感兴趣。这个人就是著名汉奸吴三桂，那个时候汉奸很多，但能当上著名汉奸，吴三桂靠的是业绩，他的双手沾满明朝军民的鲜血。吴三桂坚决要求追杀永历君臣，这点，连他的老上级老师洪承畴都持反对意见。

洪承畴与吴三桂二十年前在关外战场便是上下级，洪承畴更是对吴三桂有提拔之恩，那时他们作战的对象是清军。二十年后，他们为清廷效力。即便如此，洪承畴尚有一丝良心，主张暂停进兵。洪承畴的心思是复杂的，这跟他投降清军后的遭遇有关，清廷对他是利用而非重用，从来没有真正信任过他。相比之下，洪承畴在明朝时身居高位备受赏识，对此，洪承畴心里十分清楚，也因此，他对追击永历并不积极。

清廷经过多次会商，不得不考虑前线将领的感受，让满洲八旗主力北撤返回北京休整，只留下一小部在云南驻守。至于追击永历，自然就交给了吴三桂，因为只有他愿意干。

永历十三年（1659）十一月，洪承畴以年老多病请求解职，得到批准，北上返京。

永历十四年（1660），清廷正式令平西王吴三桂留镇云南，总管云南一省的军政民事。连年用兵，清廷的财政也是捉襟见肘，他们也不想再发兵，实在是没钱打仗，但架不住吴三桂的再三请求。

二月，吴三桂再次上书清廷，请求准许他带兵出境追杀永历。这就是有名的“三患二难”疏。吴三桂此时手下有兵马十余万，他表示只要清廷拨给他二百万两军饷，他就能清除边境地区的明军。

四月，清廷经过廷议会商，同意了吴三桂的请求，拨给他三百三十万两军饷。八月，清廷任命爱星阿为定西将军，率八旗兵从北京南下，协同吴三桂进兵缅甸追杀永历。

永历十五年（1661）正月，缅甸的态度有所变化，他们派使者到昆明，提出以交出永历帝为条件，与清兵联合进攻李定国、白文选部明军。当时吴三桂还在等待清廷的批复，并未做答复。

五月，缅甸发生宫廷政变，缅甸老国王的弟弟发动政变杀了哥哥，自立为王。新国王对永历的态度还不如老国王。七月，这位国王决定先杀明朝大臣，骗永历朝臣过江去吃咒水盟誓。当时，双方的关系已经十分紧张，文武百官都心存疑虑，不敢去。但在人家的地盘上，也由不得他们，还是被迫答应。因为担心缅甸人图谋不轨，马吉翔特意拉上沐天波一起去。沐氏在云南二百年，在云南周边的小国素有威望，有沐天波在，缅甸人不会动手。缅甸人也的确不想让沐天波去，但为了计划不穿帮，他们也找不到理由不让沐天波去。

明朝数十位大臣刚到地方，就被三千缅甸兵包围。显然是早有预谋，缅甸的指挥官不想杀沐天波，派人拉沐天波出来，不要一起死。沐天波见今天这情形，当然明白他们的用意，趁缅甸兵不备，夺过士兵的刀，奋起反抗，接连砍杀九个缅甸兵。总兵魏豹、王升、王启隆也纷纷抓起木棒反抗，但几十人如何能抵抗三千人的围攻，被骗来吃咒水的几十位明朝官员全部遇害，这就是历史上的咒水之难。

缅兵随即冲入永历驻地，疯狂抢掠杀人，永历的嫔妃、大臣妻女数百人纷纷自缢。永历皇帝想自杀，但被人拦下。缅兵将永历帝、太后、皇后、太子等二十五人集中看管。经过这一番屠杀洗劫，永历皇帝成了真正的孤家寡人。此时想杀他的人与想救他的人都在路上。

四月，从北京南下的爱星阿率八旗兵进抵云贵。八月，爱星阿、吴三桂从昆明出发，兵分两路，直扑缅甸。十一月，清军深入缅境，推进到木邦，派人告知缅甸国王要他交出永历帝。

十二月初一，清军逼近缅甸都城阿瓦。清军兵临城下，缅甸举国震恐，缅甸国王不想卷入明清战争，决定交出永历皇帝。第二天下午，一队缅兵突然闯入永历帝的住处，声称清兵要攻城，他们正在抵挡，要永历帝赶快转移，说完也不等永历开口，过来几个人将永历帝抬起就走，太后、皇后、太子朱慈煊也一并被带走。永历帝父子被缅兵押着向外走，他们也不知要被带到何处，缅兵也不告诉他们。走了四五里路，晚上八九点钟，一行人来到河边，因为天黑看不清对岸光景，只听见人喊马嘶，一片嘈杂，永历帝不知对面来人是谁。他要是知道，很可能会纵身跳入面前的这条河。因为对岸等着他的是一路追杀而来的清军。

清军也担心永历帝得知实情会投水自尽，特意派不久前投降的前铁骑营将领王会在河边等候。永历帝的座船抵达河对岸，王会赶忙上前迎接，声称是奉晋王之命前来接驾。估计这个王会还没有剃发易服，也可能是清军有意这么安排。永历帝知道李定国曾多次派人来接驾，王会曾是李定国的部将，永历帝认识王会，因此对王会的说法深信不疑，直到走进清军大营，永历帝才发现大事不妙，上当了。

永历帝愤怒地斥责王会卖国叛君，可是，为时已晚。

永历帝被捕后，吴三桂担心刚刚投降过来的士兵不可靠，派汉人士兵，他也不放心，因此从永历帝被诱捕直到回到昆明，沿途都是由满洲八旗士兵严密看守。

一六六二年三月十二日，永历帝和太子被押回昆明。沿路百姓见皇帝遭难掩面而泣，甚至有人痛哭失声。

散落在各地的忠于明朝的抗清志士，听说皇帝被俘，秘密奔走联络，准备在清兵押解永历帝去北京的路上设伏，营救皇帝。

但狡猾的吴三桂料到路上会有明军救驾，便上书清廷以去北京路途遥远恐生意外为由，建议就地处死永历帝，得到清廷的批准。

起初，吴三桂主张将永历帝斩首，但满洲八旗的将领们不同意。爱星阿说："永历尝为中国之君，今若斩首，未免太惨，仍当赐以自尽，始为得体。"清安南将军卓罗也说："一死而已，彼亦曾为君，全其首领可也。"可见，吴三桂的人面兽心，对明朝皇帝如此残忍，连一直与明朝为敌的满洲将领都看不下去了。吴三桂一心想用残酷的斩首来杀死皇帝，还是满洲将领坚持要给这位大明皇帝保留最后的尊严。

四月二十五日，永历皇帝朱由榔、太子朱慈煊在昆明被吴三桂用弓弦勒死。临死前，十四岁的太子朱慈煊愤怒地斥责吴三桂："奸贼，我朝何负于汝，我父子何负于汝，乃至此耶！"昆明百姓听说皇帝遇害，人人垂泪，罢市举哀。最后一位明朝皇帝也不在了。

战神陨落——晋王李定国病逝

永历十五年（1661）八月，李定国、白文选仍驻兵缅甸，要缅甸方面交出皇帝及扈从大臣。但不久他们就得知缅甸人杀害大臣的事。李定国知道事态紧急，立即与白文选兵分数路营救永历。明军乘十六艘船渡江，这次缅甸人学聪明了，他们没有让明军渡江，因为他们早已知道明军的厉害。一旦让明军过江，他们会死得很惨。五艘船在江中翻沉，剩余的船被迫退回。

营救失败，对前途失去信心的白文选部将张国用、赵得胜私下议论："此烟瘴之地，到这里士兵已经病倒很多，若再深入，气候更加炎热，死的人会更多，再这么走下去，恐怕全都要死在这里，不如回云南，也好过做异乡之鬼。"部下士兵长期转战于热带丛林，条件艰苦，加上水土不服，疾病困饿，士气低迷，听闻将官这么说，军心动摇，人心思归。二人趁夜潜入白文选的营帐，请他率部脱离李定国，退回云南。所谓退回云南不过是一种婉转的说法，他们的意思很明白，要回中国，投降清军。

白文选问："尔等今欲何往？"张国用答："以此人马出云南，何向不重？"意思是凭数千人马就是资本，即使投降，也会得到重用。

文选又问："若皇上何？"答："心力已尽，可见天意。"说完，两人挟持白文选带着部队连夜拔寨不告而别。

第二天早上，李定国得报，白文选部去向不明，他立即意识到事态的严重，当即令儿子李嗣兴带兵去追。行前，李定国还特别嘱咐儿子，发现白部动向，不要动武。显然他已经猜出白部的意图。随后，李定国也率大队兵马跟进。

张国用、赵得胜怕白文选与李定国见面，念及旧日的情义，重归于好，故意走在后面。过了几天，走到黑门坎，二人见李嗣兴仍在后尾随，便带兵抢占附近高地，对随后赶到的李嗣兴部开枪放箭。李嗣兴大怒，正要带兵强行登山反击，李定国及时赶到，叫李嗣兴停止攻击。李定国略带伤感地说昔日军中同袍数十人，今存者只有我与文选。既然他们要走，就让他们走吧。说罢，父子二人带兵返回。

几天后，白文选的部队在去云南的路上遇到了从孟定赶来的吴三省部。他们是来缅甸与李定国会合的，因为天气炎热、路途艰险，他们的战马在路上几乎死光了，但士兵们依然不惧艰难，坚持步行入缅。白文选见此情景，心怀愧疚，流着泪对吴三省说："我对不起皇上与晋王。"吴三省从他们的行军方向上就知道他们是去投降，便故意扬言："云南降者皆怨恨，不得所，人心思明。故我辈咸愿步行到此。"白文选的部下士兵内心也十分矛盾，他们能坚持到现在，还是心有故国的，听吴三省这么说，也都踌躇起来，就连张国用、赵得胜也不再坚持。

白文选决定暂时屯兵锡薄，派人去木邦联系李定国，一个多月过去却等不到消息。这时，吴三桂派降将马宝、马惟兴带兵追赶白文选，白文选见到清军，带领部队登山防守。马宝带着吴三桂的信单骑入营劝降白文选，两人颇有交情，在马宝等人的劝说下，白文选最终还是决定投降。永历十五年（1661）十二月十八日，白文选率官佐四百九十九人，士兵三千八百人，马三千二百六十四，大象十二只，从孟密到昆明投降。

至此，在西南坚持抗清的主力明军只剩下李定国军。

此时李定国驻军九龙江，部下战士还有六千。不久，暹罗（泰国）派使者来见李定国，请李定国率部去暹罗的景线屯驻。使者还拿出明神宗颁给的敕书，以示不忘明朝旧好。使者还表示暹罗愿意出兵帮助明军反攻云南。

暹罗对大明素来友好，他们愿意提供帮助，还有一个原因，当初随永历帝撤入缅甸时，部分军民与大队失散，其中，总兵温如珍带领九十多人辗转进入暹罗。暹罗王对温如珍十分欣赏，将公主嫁给温如珍。而这位温总兵的女儿是晋王李定国的王妃。

李定国对暹罗君臣十分感激，热情款待来使，并派兵部主事张心和前往暹罗联络。

此时部下将士因水土不服已病死数千，明军身在异域处境艰难。

不久，永历帝及太子被俘遇害的噩耗传来，李定国捶胸大哭，痛不欲生。李定国悲愤不已，从此大病不起。永历帝与李定国实际相处的时间并不长，但君臣感情很深。后世史家称赞李定国虽在颠沛流离之间，与永历皇帝，始终君臣相待以礼。实汉唐以来所少有。“从来赐姓者，只有晋王贤。”李定国为大明竭尽心力，耿耿忠心，天地可鉴。

李定国将自己对大明对永历皇帝的忠诚保持到了生命的最后时刻。永历十六年（1662）六月二十七日，李定国在景线病逝，年四十一岁。

李定国临终托孤于部将靳统武，嘱咐儿子李嗣兴：“宁死荒徼，毋降也！”言罢，便闭上了双眼，大明战神壮志未酬含恨去世。

七月二十七日，李定国的表弟马思良与副将胡顺、都督汪道亨率两千人在思茅降清。

十二月，李定国的儿子李嗣兴率仅存的官兵及家属一千二百余人走出热带丛林，在洱海接受改编。

李定国去世后，流落在暹罗的总兵温如珍等明军将士从此就在暹罗定居。散落在缅甸的李定国部下也留在了缅甸，他们自称桂家，因为永历皇帝朱由榔称帝前受封桂王。他们在当地建起望乡台，时常登高眺望故乡，这些流落异域的大明将士以此表达他们的故国之思。

写作此文，只是希望千百年后的人们还能记得那些为保卫明朝衣冠而奋战牺牲的英雄们和他们的事迹。

英雄已逝，正气长存！